明石ライブラリー
164

田中義隆［著］

ミャンマーの教育

学校制度と教育課程の現在・過去・未来

明石書店

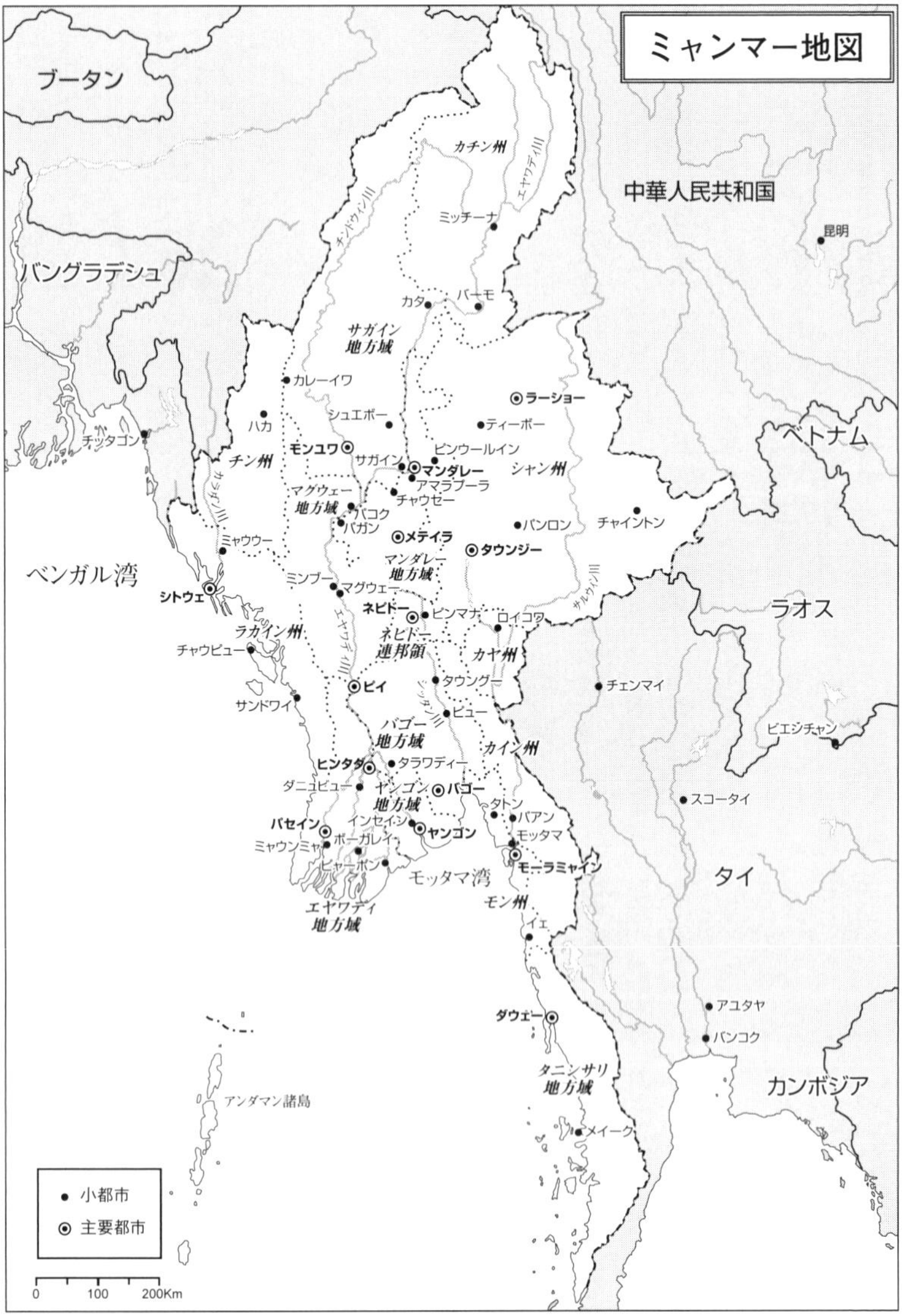

ミャンマー地図
ブータン
中華人民共和国
昆明
バングラデシュ
カチン州
エヤワディ川
チンドウィン川
ミッチーナ
カタ
バーモ
サガイン
地方域
カレーイワ
ハカ
チッタゴン
シュエボー
ラーショー
ティーボー
ベトナム
モンユワ
ピンウールイン
チン州
サガイン
マンダレー
シャン州
カラダン川
マグウェー
地方域
アマラプーラ
チャウセー
パコク
バガン
パンロン
チャイントン
メティラ
タウンジー
ミャウウー
マンダレー
地方域
ベンガル湾
ミンブー
マグウェー
シトウェ
サルウィン川
ネピドー
ピンマナ
ロイコウ
ラオス
ラカイン州
ネピドー
連邦領
カヤー州
チャウピュー
エヤワディ川
ピイ
タウングー
チェンマイ
シッタン川
サンドワイ
ピュー
バゴー
地方域
ビエンチャン
カイン州
ヒンタダ
タラワディー
ダニュビュー
ヤンゴン
地方域
バゴー
スコータイ
タトン
パアン
バセイン
インセイン
ヤンゴン
モッタマ
ミャウンミャ
ボーガレイ
ピャーポン
モーラミャイン
モッタマ湾
タイ
モン州
エヤワディ
地方域
イエ
アユタヤ
ダウェー
バンコク
タニンサリ
地方域
アンダマン諸島
カンボジア
メイーク
小都市
主要都市
0
100
200Km

はじめに

近年、ミャンマーは世界で最も注目される国の一つとなっています。我が国はじめ、諸外国のメディアからは「アジア最後のフロンティア」などと称されて、その動向に注目が集まっています。この主な理由は五十年以上も続いた軍事政権がようやく終焉し、二〇一六年四月からはノーベル平和賞にも輝き、世界的に名声を得ているアウンサン・スーチー率いる国民民主連盟（ＮＬＤ）による民主政権が誕生したからです。

軍事政権時代にはネーウィンを筆頭に、軍人が一手に政権を掌握し、彼らの都合のよいように政治を行ってきました。したがって、同国の経済は悪化の一途を辿り、それに伴って国民生活は急速に疲弊していきました。それにもかかわらず、当時の政権は内向きの対外政策を維持し続けたため、対外貿易や対外援助などはほとんど行われない状態となり、ミャンマーは世界から完全に孤立していました。

しかし、二〇一一年三月にテインセインが政権を掌握した頃からミャンマーに一筋の希望の光が見えてきました。というのも、テインセイン大統領は「このままではミャンマーという国自体が滅亡してしまう」という強い危機感をもち、民主化に向け思い切って舵を切ったからです。彼は、同国のあらゆる分野が直面していた閉塞状態を克服するために大規模な改革を実施しました。教育分野も例外ではありません。さらに、対外的にも開放政策をとり、先進国からの援助を積極的に受け入れました。

こうした改革の動きはNLD新政権にも引き継がれ現在に至っています。今や、教育分野だけを見ても、ユニセフ（UNICEF）、ユネスコ（UNESCO）といった国連組織及びヨーロッパ連合（EU）、アジア開発銀行（ADB）などの国際機関、さらには日本、アメリカ、イギリス、ドイツ、オーストラリア、ニュージーランド、シンガポールなど多くの国々がミャンマーに援助の手を差し伸べるようになっています。

私が初めてミャンマーの地を訪れたのは二〇〇一年五月でした。日本の政府開発援助（ODA）を担う教育専門家の一人として同国の教育現状について調査を行うことが目的でした。それからすでに十六年が経ちますが、同国のこの間の変化には目を見張るものがあります。街の様子や人々の暮らし、街中で見かける外国人観光客の数など、軍事政権真っ只中の当時とは比べようもありません。

教育についても、校舎が改修されたり、教室にホワイトボードといった新しい教具が配備されるなどの変化が見られるようになりました。しかし、教育内容や教育方法といった実質的な部分においてはそれほど大きな変化はまだ見られていません。伝統文化や固有の習慣、さらには人間の思考といった内面的な活動が深く関わっている部分だけに変化を生み出すには時間がかかるのかもしれません。

ただ、一つはっきりと言えることは、先にも触れたように、現在、同国では教育の一大改革が進行しており、これによって将来的には大きな変化が起きるだろうということです。その証拠に、現在では「伝統的な暗記暗唱の教育を何とかして克服していかなければならない」といった、軍事政権下ではほとんど聞かれなかった教育現状に対する批判的な意見が国民から堂々と主張されるようになってきています。

このようなことから、ミャンマーは今、歴史的に大きな節目を迎えているのではないかと私自身強く感じています。そして、この歴史的に重要な節目を、幸運にも目の当たりにしている一人として、それを記録としてきっちりと残しておくことは非常に意義あることではないかと考えていました。本書はこうした理由から生まれたのです。

では、ここで簡単に本書の構成について説明しておきたいと思います。本書は大きく三部構成となっています。第Ⅰ部が「ミャンマーの教育現状」、第Ⅱ部が「ミャンマーの教育の歴史的変遷」、そして第Ⅲ部が「ミャンマーの教育の将来」と、現在・過去・未来という三つの時間軸に分けて構成されています。

第Ⅰ部「ミャンマーの教育現状」では、現在の学校現場で見られるこの国の特徴的な授業実践を紹介（第1章）した後、教育制度（第2章）、教育内容及び教育方法（第3章）、教員養成制度（第4章）について説明し、同国における現在の教育の全体像が理解できるようにしました。

第Ⅱ部「ミャンマーの教育の歴史的変遷」では、第Ⅰ部で述べた現行の制度や実践が歴史的にどのように発展してきたのかを検証するためにミャンマーの教育史の話を中心にしました。近代以前（第5章）からイギリス植民地時代（第6章）、日本占領時代（第7章）、独立直前の時期（第8章）、そして、独立後のパサパラ政権時代（第9章）、政局不安定期（第10章）を経て、ネーウィン軍事政権時代（第11章）、社会主義政権時代（第12章）、最後に、絶対的軍事政権時代（第13章）というように同国の近世及び近代における教育の変遷を時系列に説明しています。

そして第Ⅲ部「ミャンマーの教育の将来」では、ミャンマーの未来の教育がどのように発展していくのか（第14章）、そのためにはどのような課題を乗り越える必要があるのか（第15章）について簡単に触れました。

以上が本書の構成ですが、すでに皆さんもお気付きのように、本書の副題である「学校制度と教育課程の現在・過去・未来」そのものが、まさに本書の構成であり、主要な内容になっています。我が国や西側先進諸国ではこうした自国の学校制度や教育課程について、その歴史的変遷及び現状を解説した文献は決して珍しいものではなく、入手するのはそれほど難しいことではありません。しかし、ミャンマーではこうした文献は、私が知っている限りにおいては、ほとんど皆無に近い状況です。もちろん、その時代々の政府機関によって出された教育政策や教育計画などの資料はあるのですが、「教育史」という一つの流れという視点でとらえた資料や文献というのはほとんどありません。その意味では、本書はミャンマーに興味関心をもつ私たち日本人にはもちろんのこと、ミャンマー人にとっても非常に貴重な図書だと言えるかもしれません。

最後になりますが、本書はミャンマーの教育について研究されている専門家の方々はもちろん、同国に興味関心をおもちの一般の方々にも、ぜひとも読んでいただければと思っています。そして、皆さんがミャンマーという国を理解する上で、本書がその一助になれば、筆者としてこれほど嬉しいことはありません。

田中義隆

ミャンマーの教育——学校制度と教育課程の現在・過去・未来——

目次

第Ⅲ部　ミャンマーの教育の将来　315

※本文中、とくに出所の記載のない写真については、原則として執筆者の撮影・提供による。

第Ⅰ部　ミャンマーの教育現状

第1章　ミャンマーの授業実践

■事例1　解答はクラス全員で一斉に答える！

教科　社会
学年　小学五年生
単元　愛国者ソー・ラー・ポー

本時は「社会」の歴史分野の一つであるカヤ州（Kayah State）の英雄ソー・ラー・ポー（Saw La Paw）についてである。ソー・ラー・ポーはイギリスの侵略に抗議するために、強力なリーダーシップを発揮してカヤ人をまとめ上げ、イギリス植民地軍に勇敢に立ち向かった愛国者であり、ミャンマーの英雄の一人として教科書で取り上げられている。

授業を行うのは学級担任でもある女性教師である。彼女は小学校での教鞭経験がすでに二十年程度あり、学校でも中堅のベテラン教師としての責任を果たしている。

まず、ミャンマーの授業では、習慣として児童生徒が一斉に起立して先生に対して授業開始の挨拶をすることから始まる。本時も例外ではない。児童は声を揃えてゆっくりと大きな声で「先生、こんにちは！」と挨拶をすると、それを受けて教師の方も「皆さん、こんにちは」と答えた。ただし、笑顔を見せるでもなく厳しい顔つきのままであり、まるで教師としての威厳を見せつけるかのような態度に筆者は驚かされた。

児童が着席すると、教師は本時の単元名とその単元目標を白板に書き出し、厳しい表情のままそれを読み上げた。その後、児童に教科書を開かせると、教師自身も教科書を手にとって本時の授業部分をゆっくりと一語一語はっきりと読み始めた。「ミャンマーの愛国指導者たちはあらん限りの武器と男たちを集めイギリスと戦いました。この頃、我が国はイギリス植民地開拓者によってじわじわと侵略され始めていました。こうした中、反植民地の動きが国全体に起こってきました。カヤ州出身のソー・ラー・ポーはイギリスと戦った勇敢な愛国指導者の一人です。ソー・ラー・ポーが…（以下、省略）…」という具合である。

教師の朗読後、今度は児童の番である。児童たちは一斉に大きな声で朗読を始めた。クラス五十四名の児童による一斉朗読は想像以上の大音響で、まるで学校中に轟《とどろ》き亘《わた》っているのではないかと思われたほどである。この凄まじい音響が約五分間続いた。ようやく一斉朗読が終わると、相変わらず厳しい表情を保った教師は何人かの児童を指名して、その児童たちに本文を区切って朗読をさせた。そして、最後まで読み終えると、また別の数名の児童を指名して朗読させるという活動が四回ほど続いた。この時点で、教師による朗読一回、クラス全体での一斉朗読一回、複数の指名された児童による朗読四回と、すでに合計六回も本文を読んだことになる。これだけ読めば、どの児童もある程度の内容は理解できたのではないだろうか。

朗読が終わると、教師はもっていた長い棒を教卓（教師用の机）に叩きつけた。「ピシッ！」という鋭い音が教室内に響き、ざわざわしていた教室が一瞬にして静まり返る。教師はゆっくりと児童に対して最初の質問を行った。「ミャンマーは誰によってじわじわと侵略され始めましたか？」。すでに何度も本文を読んでいる児童は一斉に「イギリス植民地開拓者です！」と大きな声で答えた。引き続き、教師は「ソー・ラー・ポーはどこに軍本部を設置しましたか？」と問った。児童からは「ソー・ロンと呼ばれる村です！」とやはり大きな声で回答が返ってきた。こうした教師からの問いと児童による一斉回答が六回繰り返された。

次に、教師は「次の質問は少し難しいですから教科書をよく見てその答えに当たる部分を探しなさい」と前置きをしてから、「なぜ、ソー・ラー・ポーとカヤ愛国軍はイギリス植民地主義者と戦ったのですか？」と問い、児童に少し時間を与えた。どの児童も一所懸命に教科書からその答えと思われる部分を探している。しばらくして、教師は「探し出せましたか？」と尋ねると、多くの児童から「はい！」という回答。「では、みんなでその部分を読んでください」という教師の指示の後、児童は一斉に声を揃えて、教科書の該当部分を読み始めた。「ある時、彼はマウクメイ地区を攻撃し、イギリス側についていた村長を追放しました…（中略）…イギリス軍はソー・ラー・ポーに対し損害賠償を求めましたが、彼はそれをきっぱりと拒否し彼らと戦うことを決意しました」。

最後に、教師は「よくできました」と言って、三十五分の授業を終えた。

左上：授業開始の挨拶　右上：学習内容を説明する教師とそれに耳を傾ける児童
中央・下：教師の質問に対して一斉に回答する児童

■事例2　教科書を徹底的に暗記する！

教科　ミャンマー語
学年　小学三年生
単元　礼儀正しく

本時は「ミャンマー語」の授業で、「礼儀正しく」という単元の学習である。すでに同単元の学習は二度行われており、本時は第三時間目に当たる。授業者は同クラスの学級担任である女性教師である。彼女は教師になってまだ五年目と若く、授業実践も同僚のやり方や教員用指導書を頼りに行っているということであった。

本時も児童全員が起立して、「先生、こんにちは！」という挨拶の大合唱から始まった。挨拶が終わると、教師はクラスの児童全体を見渡しながら、「皆さん、教科書の本文を覚えてきましたか？」と問った。児童らは「は～い！」と元気よくそれに答えた。教師は満足そうな表情を浮かべると、「では、早速、皆さんにその成果を発表してもらいましょう」と言い、続けて「最初に声を揃えて、大きな声で覚えた部分を読み上げてみましょう」と促した。

児童らは暗記した教科書の本文をゆっくりと、一語一語はっきりとそらで読み上げていく。なかには「完璧に覚えたぞ！」と自慢気に声を張り上げて、まるで怒鳴っているかのような表情で暗唱している男子児童もいる。

「礼儀正しい子どもは先生や両親から好かれます。先生や両親は行動や言葉使いにおいて礼儀正しくすることを子どもに諭します…（中略）…これらの食事作法は身体的な礼儀作法です」。およそ五分ぐらいだろうか、児童全員による大合唱が続いた。筆者には、それはまるでお寺で沢山の僧侶や檀家たちがお経をあげているかのような光景に思えた。さらに筆者が驚いたのは、児童らが大きな声で読み上げた内容は、教科書本文の約半分を占め、その一語一句が全く教科書の記載通りであったことである。

児童が暗唱し終えると、教師は再び満足そうに「皆さん、よくできました」と称賛を与えた。筆者はこの後の授業がどのように進められていくのか興味をもって参観を続けた。すると、教師は「では、次の段落もみんなで一緒に声を揃えていきましょう。でも今度は目をつぶって集中して読み上げてください」と指示を出した。一体、何が起こるのかと思っていると、児童らは再び一斉に教科書の残り半分の斉唱を始めたのである。それも教師の指示通り、どの児童も目を瞑って集中しながらの暗唱である。

「目上の人や先生と話をする時には『カジャ』といった言葉を使います。声をかけられた時には、私たちは『イン』と答えてはいけません…（中略）…生徒はみんな、家であっても学校であってもどこでも礼儀作法と言葉使いについては賢明で正しく使うようにしなければなりません」。およそ十分弱、ようやく児童による教科書後半部分の暗唱が終わった。この暗唱においても、一語一句、全く教科書の記述通りであった。

児童がこの後半部分の暗唱を終えた後、教師は非常に満足そうに、「よくできました。よく覚えましたね」と称賛を与え、三十分の授業が終了した。

右：授業開始直後、教師が児童に本時の学習活動についての指示を与えている
中央：暗記してきた教科書本文（前半部分）を全員で斉唱する児童
下：暗記した教科書本文（後半部分）を目を閉じて暗唱する児童

■事例3　正しい答えが出せればよし！

教科　算数
学年　小学四年生
単元　一〇〇〇〇までの数字の足し算

本時は「算数」の授業で、単元「一〇〇〇〇までの数字の足し算」である。同単元では最初に四桁の整数で繰り上がりのない足し算を学習し、その後、同じく四桁の整数で繰り上がりのある足し算の学習が行われるが、本時は後半部分の繰り上がりのある足し算である。

授業を行うのは学級担任である女性教師である。彼女は小学校で十年にわたって指導を行ってきており、中堅教師として学校の中心的役割を担っている。

まず、恒例の授業開始の挨拶の後、教師は無表情のままおもむろに白板に向かい二つの四桁の数字を書くと、「この二つの数字の足し算はどうしたらいいですか？」と児童に問いかけた。すると、児童は一斉に「筆算に書き換えます！」と答えた。教師は、この二つの数字を筆算の形に書き直し、「では、各自でこの計算をしてみなさい」と指示を出した。児童はノートに計算式を写し計算している。この問題は前時の復習なので繰り上がりがない。どの児童も比較的容易に解答が導き出せたようである。しばらくして、教師はもっていた棒で教卓を叩き「ピシッ！」という鋭い音を教室に響かせた。その音とともに児童は一斉に作業を止めて教師に注目した。そこで、教師は一人の児童を指名した。その児童は椅子の上に立ち上がり、「答えは7,792です」と答えた。正解である。

続いて、相変わらず無表情のまま教師は「では、本時の内容に入ります」と言うと、別の四桁の整数を二つ白板に書き出した。今度の足し算は繰り上がりのある計算である。教師は、二つの整数を筆算に書き直すと、すぐに説明しながら計算を行っていく。児童らは静かに教師の説明を聞きながら白板を見ているが、教師の説明があまりにも早いので十分に理解できないようだ。このことは、彼らの表情を見ていると一目瞭然であるが、授業者である教師本人は説明に集中して白板に向かったままなので、それに全く気付いていない。淡々と説明を終えると、教師は児童に対し「それでは、これをノートに写しなさい」と指示を出し、少し時間を与えた。児童は、白板に書かれた計算式をノートに写し始めるが、単に機械的に写しているだけで、自ら計算を行っている者は皆無であった。しばらくして、教師の「写し終えましたか？」という問いに、「は〜い！」と全員が元気よく答えた。

教師は、本時の内容の説明はもうすでに終わったとばかりに、「では、教科書に練習問題が四つありますので、それを各自でやりなさい」と指示を出した。今度も児童らは「は〜い！」と元気に応答し、教科書の問題をノートに写し始めた。しかし、実際に計算する時になって、多くの児童が繰り上がりをどのように処理していいのか分からず、戸惑っていた。今度は教師もその状況に気付いたのか、困っていそうな児童に対して先ほどの説明を繰り返し行った。筆者も教室全体を見渡して、児童の表情から三分の二以上の児童が計算できていないことが分かった。それに加え、多くの児童が指を使っており一〇以上の数字を指で表すのに苦労していることも見て取れた。

教師は、ある児童に対する説明を終えると、次の児童へ、そしてその児童への説明を終えると、また別の児童へと、同じ説明を何度も何度も繰り返しており、この作業だけで本時の大部分が費やされてしまった。

理解できていない児童への説明をようやく終えた教師は、再び棒で教卓を「ピシッ!」と叩き、児童に作業を止めて前を向くように促した。それから四人の児童を指名し、前に出て練習問題の解答を書くように指示を出した。筆者が見たところ、この四名は最初から比較的スラスラと計算を行っており、クラスの中でもかなり早く練習問題をやり終えていた児童たちであった。指名された四名は恥ずかしそうに前に出ると、たどたどしく自分のノートに書いた計算式と解答を白板に書き出した。四人が解答し終わったところで、教師はそれぞれの解答が正解であることを確認して三十五分の授業を終えた。

1　教師に指名されて答える時、児童は立ちあがって姿勢を正して回答するのがミャンマーの習慣である。ただ、その際、背丈の小さな低学年の児童は椅子の上に立って回答することが通例となっている。

左：指名された児童が自分の椅子の上に起立して回答している場面
右：四桁の整数の足し算の仕方を説明する教師

上：指を使って計算をする児童
下：教師が一人ひとりの児童に説明して廻っている間、計算の仕方が分からない児童はただぼんやりとして時間が過ぎるのを待っている

第2章　ミャンマーの教育制度

1　学校制度

現在、ミャンマーでは教育改革が進行中であり、現行制度と新制度が混在している。改革計画では二〇一六年六月から各教育段階において毎年一学年ずつ新制度が導入されていく予定で、現行制度が新制度に完全に置き換わるのは二〇二二年とされている。そのため、現時点（二〇一七年六月）における同国の学校制度を正確に述べるとすれば、現行制度に一部新制度が混在した複雑な状況を説明しなければならない。

しかしながら、この過渡期の複雑な状況を説明することで、逆に同国の学校制度を理解し難いものにしてしまう危険性があるため、本章では現行制度（二〇一六年六月以前の教育改革前の制度）について説明することにし、二〇一六年六月から導入が開始された新しい制度については第14章でまとめて解

1　ミャンマーでは新学年は毎年六月に開始され、翌年三月に終了する。四月及び五月は長期休暇とされている。

説することにしたい。では、これからミャンマーの現行制度について見ていこう。

■現行の学校制度

ミャンマーの現行学校制度は、初等教育五年、前期中等教育四年、後期中等教育二年という五－四－二制、合計十一年間の単線型を採っている。この制度は一九七三年に成立した基礎教育法（Basic Education Law、一九八九年改正）に基づいて同年六月より施行されたものである。[2] また、幼稚園教育として保育園や幼稚園といった教育機関があり、〇歳児から四歳児を対象にしているが、これは前述の初等教育や中等教育とは違い、教育省（Ministry of Education: MOE）ではなく、社会福祉救済復興省（Ministry of Social Welfare, Relief and Resettlement: MSWRR）の管轄であり、組織系統が全く異なることと、それへの就学有無については各家庭に任されていることなどに注意しておく必要がある。

現行制度の下では、初等教育は五歳児を対象に開始され、後期中等教育を終えるのは十五～十六歳とされている。ただし、ミャンマーの農村部では近隣に学校がなかったり、家庭の事情で子どもが五歳になってもすぐには学校に通わせることができないといった理由から、数年遅れて初等教育を開始する子どももかなり見られる。

初等教育は小学校で行われ、第一学年（グレード1と呼ぶ、Grade 1）から第五学年（Grade 5）までである。通常、第三学年（Grade 3）までを低学年（サイクル1）、第四学年（Grade 4）及び第五学年（Grade 5）を高学年（サイクル2）と呼んでいる。前期中等教育は中学校で行われ、第六学年（Grade 6）から第九学年（Grade 9）までの四年間の課程を履修することになっている。そして、引き続き進学を希望する者には後期中等教育の道が開かれ、高等学校において二年間の課程を履修、すなわち第十学年（Grade 10）及び第十一学年（Grade 11）を経ることになっている。

国際連合教育科学文化機関（United Nations Educational, Scientific and Cultural Organization: UNESCO）によれば、同国の初等教育における純就学率（Net Enrollment）は九四・五％で、一部の僻地を除くと、入学資格のある子どもの大部分が就学している状況にあるが、前期中等教育における純就学率は五〇％以下で未だかなり限定的と言わざるを得ないということである。さらに後期中等教育に至っては三〇％程度とかなり低い状況であることも報告されている。ちなみに幼稚園教育については二〇％程度である[3]。

実は、ミャンマーではこれまで義務教育（Compulsory Education）が法的には定められていなかった。この理由としては、農村部などでは未だに住民の戸籍や登録が不十分であるため、就学年齢児童とその数を把握することが政府にとってかなり難しかったということがあげられる。しかし、近年の初等教育における急速な就学率の高まりを受けて、政府は二〇一三年から小学校教育を無償にすることを発表した。翌二〇一四年には中学校教育の無償化、さらに二〇一五年には高等学校教育の無償化

2　同法は社会主義政権が樹立された際に制定されたもので、その後、社会主義政権に代えて国家法秩序回復評議会（ＳＬＯＲＣ）が政権を握った時点で改正はされたものの、現状から相当乖離しており、早急に新しい法律の制定が望まれている。

3　Index Mundi, "Myanmar - School Enrollment," 2014（www.indexmundi.com/facts/myanmar/school-enrollment）を参照。同統計では、ミャンマーの総就学率（Gross Enrollment）は初等教育が九九・七％、中等教育が五一・三％（いずれも二〇一四年）とされている。

を次々に打ち出した。[4] そして、現時点（二〇一七年六月）においては小学校のみ無償及び義務教育と一般に理解されている。[5]

さて、同国の現行学校制度は一九七三年から施行されたことはすでに述べたが、ここには少し複雑な事情が絡んでおり、それを説明しておく必要があろう。というのは、初等教育五年、前期中等教育四年、後期中等教育二年という各教育段階における履修年限そのものは、一九七三年の施行当初から変わりはないが、各学年の呼称については先に述べたものとは異なっていた。一九七三年からしばらくの間、初等教育は「幼児クラス（Kindergarten: KG）」から始まり、続いて「スタンダードⅠ（Standard I）」から「スタンダードⅣ（Standard IV）」、前期中等教育は「スタンダードⅤ（Standard V）」から「スタンダードⅧ（Standard VIII）」、後期中等教育は「スタンダードⅨ（Standard IX）」から「スタンダードⅩ（Standard X）」と呼ばれていた。この呼称の下では、初等教育はスタンダードⅠからⅣのわずか四年間と誤解されることも多く、特に海外からはそのような誤った理解の下に、ミャンマーの初等教育年限は他国と比べて短か過ぎるという批判が出されていた。そこで、ミャンマー政府は自国の学校制度を正しく理解してもらうという理由で、二〇〇四年から「幼児クラス（KG）」を「グレード1（Grade 1）」、「スタンダードⅠ」を「グレード2（Grade 2）」とい

表 2-1　ミャンマー国内向け及び国外向けにおける呼称の相違比較

児童の対象年齢	5歳	6～9歳	10～13歳	14～15歳
国内での呼称	初等教育		前期中等教育	後期中等教育
	KG	Standards 1~4	Standards 5~8	Standards 9~10
国外向けの呼称	初等教育 Grades 1~5		前期中等教育 Grades 6~9	後期中等教育 Grades 10~11

注：「KG」は「Kindergarten」の略。
（出典）筆者作成

うように読み替えたのである。ただし、この読み替えは対外的な説明ということであったので、ミャンマー国内では二〇〇四年以降も「幼児クラス（KG）」や「スタンダード」という呼称が引き続き使われていた。

これら二つの呼称の存在は、ミャンマー教育省（MOE）をはじめとして、政府内でも時として混乱を招き、例えば、二〇〇四年以降の同国の教育統計には年によって異なった呼称の下で統計値が出されるという状況が発生している。さらに、二〇一六年から導入が開始された新制度において、「幼稚園教育」として位置付けられた「KG」との混乱も起こっている。これについては第14章で改めて述べる。

■ミャンマーの公立学校

ミャンマーには様々な種類の学校が存在している。国家教育法（National Education Law: NEL、二〇

4　ここで言う「無償化」とは、従来保護者から徴収していた授業料や教科書代及び教材費を廃止し、政府が負担することを意味する。また、制服も児童生徒一人につき一セットは無料で支給される。ただし、通学にかかる交通費は各家庭の負担である。加えて、小学校に入学した児童には一人につき一〇〇〇チャットが支給される。

5　ミャンマー連邦共和国憲法（Constitution of the Replic of the Union of Myanmar、二〇〇八年発行）によれば、第二八条に「国家は無料の初等義務教育を実施しなければならない」と述べられており、また改正国家教育法（National Ed ication Law: NEL、二〇一五年六月発行）では、第一七条に「小学校教育における無償義務化が成功裏に施行された後、この無償義務教育は順次拡大されていく」と明記されている。これら二つの法的根拠から現時点（二〇一七年六月）において小学校が無償教育かつ義務教育と理解されている。

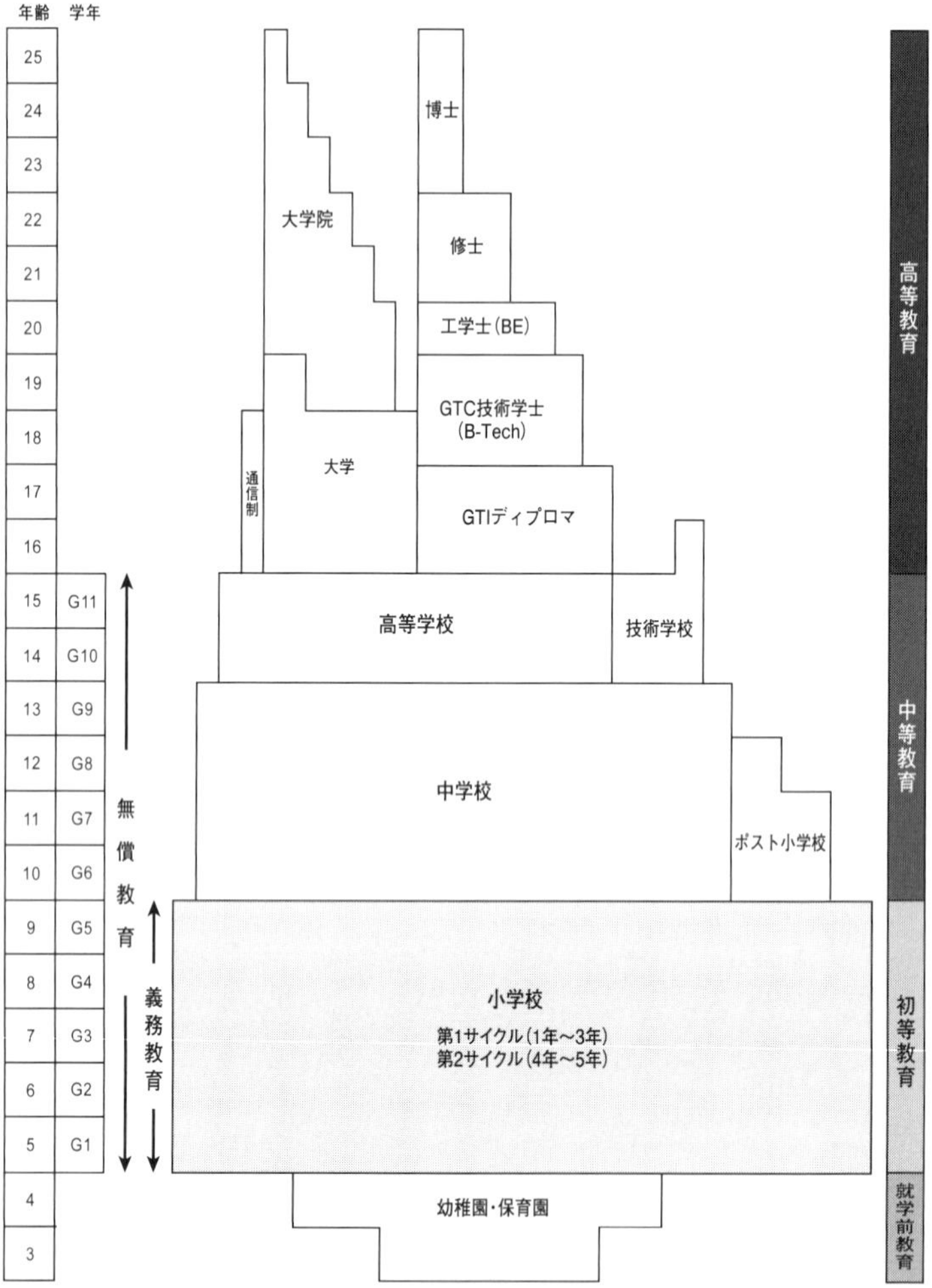

注：2015年には小学校から高等学校までの教育が無償化された。また、2008年憲法と国家教育法(2015年改正)にて初等教育のみが義務教育と一般に理解されている。
(出典)教育省の資料をもとに筆者作成

図 2-1　ミャンマーにおける現行の学校系統図

一四年成立、二〇一五年改正）によれば、政府学校、私立学校、地方組織所有の学校、特別学校、臨時緊急避難学校など九種類の学校があげられているが、基礎教育分野においてその大部分を占めているのが「政府学校（Government Schools）」であり、これは政府、特に教育省によって管理監督されている学校である。[6] 本書では、以下、この種の学校を便宜上「公立学校」と呼ぶことにする。

さて、同国の公立学校について見ていく場合、注意しておかなければならない点が一つある。同国にも小学校、中学校、高等学校が存在するが、それぞれの学校が提供する教育課程の範囲が我が国や諸外国一般のそれとは異なっている。例えば、小学校は正式名を「基礎教育小学校（Basic Education Primary School: BEPS）」と言い、五年間の初等教育課程のみを提供する学校であるが、中学校は「基礎教育中学校（Basic Education Middle School: BEMS）」と呼ばれ、五年間の初等教育と四年間の前期中等教育課程を提供する学校を指す。さらに高等学校は「基礎教育高等学校（Basic Education High School: BEHS）」と呼ばれ、初等教育課程、前期中等教育課程に加えて二年間の後期中等教育課程も提供する学校を指すのである。すなわち、我が国の慣例に従って分かりやすく言えば、同国の中学校は小中併設校、高等学校は小中高併設校と言えるのである。こうしたミャンマー独特の学校構造の下では、当然のことながら、小学校の規模は比較的小さいが、中学校や高等学校になるに従ってその規模は飛躍的に拡大することになる。[7]

6　国家教育法の第六章第三四条を参照のこと。
7　このミャンマー独特の学校形態は、独立後の一九五〇年から施行された新しい教育制度にその基礎を見ることができる。詳細は第9章参照のこと。

同国には「タウンシップ（Township）」[8]と呼ばれる行政単位があるが、通常一つのタウンシップにＢＥＨＳは一～二校、ＢＥＭＳは七～十校、ＢＥＰＳは十～二十校程度配置されている。なかでもＢＥＨＳが最も歴史が古く、地区の伝統校となっている場合が多い。児童生徒は通常その居住地域から最も近い学校が割り振られるが、伝手などを使って他の地区にある「有名進学校」と呼ばれる学校への越境入学も珍しいことではない。

以上が同国の公立学校における基本的な構造であるが、近年、急速な就学率の高まりを受けて、従来のＢＥＰＳ、ＢＥＭＳ、ＢＥＨＳという三つの学校種に加えて、新しい形態の学校が登場してきている。ここでは主要なものとして分校（Branch）とポスト小学校（Post Primary Schools）について触れておきたい。

まず前者についてであるが、学校によっては分校（Branch）をもっている場合がある。すなわち、小学校分校（BEPS Branch）、中学校分校（BEMS Branch）、高等学校分校（BEHS Branch）と呼ばれる学校である。これらの学校は本校の児童生徒数が増え、規模が大きくなったにもかかわらず、本校の敷地が十分でないため、本校とは別の場所に校舎を建築した場合や、本校が地域住民の居住地域か

基礎教育高等学校（BEHS）、正門があり校舎も鉄骨造りで大きい

基礎教育小学校（BEPS）、正門はなく木造二階建ての小規模な校舎である

ら遠いために彼らの要望によって比較的近い場所に校舎を建設した場合など多様な理由から生まれてきたものである。

次に後者の「ポスト小学校（Post Primary Schools）」と呼ばれる学校種は、近年の初等教育における就学率の向上と大きく関係している。ポスト小学校は、初等教育五年間の教育課程とそれ以降の本来は中学校での教育課程の一部を提供する学校を指す。ポスト小学校の多くは小学校課程の後、一年あるいは二年程度の課程を提供している。これは、中学校が遠隔地にあって児童にとって通うことが難しい場合など、もともとは小学校であった学校がそれ以降の教育課程も一部担うようになって出来たものである。この学校種の出現によって、特に農村部などでは、従来であれば小学校卒業後には働いていた子どもたちが、引き続き学校に通い続け学習を継続するようになったと言われている。

次頁の表は、地域別、学校種別に学校数を示したものである。この表によれば、高等学校（ＢＥＨＳ及び分校を含む）は学校全体の六・五％、中学校（ＢＥＭＳ及び分校を含む）は八・六％、小学校（ＢＥＰＳ及び分校を含む）は六九・五％であり、学校全体における小学校の占める割合が非常に大きいことが分かる。また、ポスト小学校の占める割合は一五・四％であり、中学校の約二倍弱と結構大きな割合を占めていることも分かる。

8　この「タウンシップ」は日本語では「郡区」と訳される。

表 2-2　ミャンマーの地域別公立学校数（2013 年）

地方域・州	高等学校	中学校	ポスト小学校	小学校	合計
カイン州	94	103	182	1,133	1,512
タニンサリ地方域	92	117	222	743	1,174
バゴー地方域（東部）	159	213	396	1,497	2,265
バゴー地方域（西部）	123	162	290	1,752	2,327
モン州	139	81	247	957	1,424
ラカイン州	167	157	468	2,000	2,792
エヤワディ地方域	345	542	814	4,909	6,610
カチン州	120	153	194	957	1,424
カヤ州	33	23	33	323	412
チン州	70	116	314	790	1,290
サガイン地方域	294	657	949	3,126	5,026
マグウェー地方域	229	369	799	2,698	4,095
マンダレー地方域	295	355	615	2,757	4,022
ネピドー連邦領	56	69	124	420	669
シャン州（南部）	140	155	340	1,995	2,630
シャン州（北部）	112	130	229	1,599	2,070
シャン州（東部）	36	27	64	572	699
ヤンゴン地方域	285	302	347	1,780	2,714
合計	2,789	3,731	6,627	30,008	43,155

（出典）牟田博光「ミャンマー国教育政策アドバイザー業務　業務結果報告書」国際協力機構（JICA）、2014 年を参考にして筆者作成

コラム1
ミャンマーの僧院学校とコミュニティ学校

ミャンマーの学校制度を語る上で触れておかなければならない重要なことがある。すでに触れたように、同国には公立学校以外にも私立学校や福祉学校、特別学校、臨時緊急避難学校などの多様な学校が存在している。その中でも、特に古くからの歴史があり全国規模で広がっている僧院学校（Monastic Schools）や少数民族地域に散在する地方組織所有の学校（コミュニティ学校）について触れない訳にはいかない。以下、これら二種類の学校について見ていきたい。

（1）僧院学校

僧院学校とは、もともとは同国で近代学校が設立される以前に地域の人々に教育機会を提供するために地元僧侶によって開設された学校である。この学校は、一九六二年に軍部主導による社会主義政権が成立した際に国内のすべての学校が国有化されたことから、正規には法的に認められない組織となったが、そうした厳しい時期においても全国各地で細々と地元民のために教育活動を続けていたという経緯がある。ようやく法的に認知されたのは一九九三年になってからである。現在、僧院学校を管轄する行政機関は宗教省（Ministry of Religious Affairs: MORA）で、教育省とは全く別系統となっている。全国には千五百校程度の僧院学校があり、この数は全学校のわずか三～四％、また、そこに在籍する生徒数も二十七万人程度で、全生徒数のわずか三％程度を占めているに過ぎないが、[9]前述のような経緯から依然として無視することはできない。

近年、ミャンマー政府は「万人のための教育（Education for All: EFA）」と呼ばれる国際的なコンセン

9 Ministry of Education, "Education Statistic Year Book, 2014," 2014 及び Ministry of National Plaaning and Economic Development, "Myanmar Data on CD-ROM," 2015 を参照。

サガインにある僧院学校
（出典）Teaching To Teach in Monastic Schools (http://www.moses.it/en/teaching-to-teach-in-monastic-schools/)

サスに賛同したことから、国内でも、EFA行動枠組みに含まれる「無償で良質な初等教育をすべての子どもに保障」の実現に向けて積極的に取り組んでいかなければならない状況となっている。そして、これを実現するためには僧院学校は欠かせないものと認識されるようになっている。

こうしたこともあって、現在、全国の僧院学校では教育内容は基本的に教育省管轄の公立学校と歩調を合わせ、教育省発行の国定教科書を使用して教育活動が行われている。また、我が国の政府開発援助（Official Development Assistance: ODA）の一環として同国の基礎教育の質的改善を目指して二〇〇一年から普及・浸透が推進されてきた児童中心型アプローチ（Child-Centered Approach: CCA）は、もともとは教育省管轄の公立学校のみを対象としていたが、近年ではこの手法が地方組織や国際的なNGOなどによって僧院学校にも紹介され、この手法に基づいた教育実践を行うための教員研修などが行われるようになっている。これによって、僧院教育における教育の質も近年著しい改善を見せているという報告もある。[10]

(2) コミュニティ学校（カイン州の場合）

コミュニティ学校はミャンマーに居住する少数民族が自分たちのアイデンティティ保持のために設立した学校で、通常の公立学校では扱われない彼らの言語や文化を教育課程に取り入れた独自の教育実践を行っている。コミュニティ学校の代表例としてカイン州（Kayin State）のカレン（Karen）族によるコミュニティ

10 Lall, Marie, "Diversity in Education in Myanmar," Pyoe Pin Program and UKAID, 2016

学校とチン州（Chin State）を中心にしたチン族による教会学校を取り上げて見ていこう。

カイン州は隣国タイの北部と接し、カレン族、首長族、バオ族などの少数民族が居住する地域である。一九八九年以前は同地の主要民族であるカレン族の名前をとってカレン州と呼ばれていたが、一九八九年に現在の名称に変更された。

歴史的に見て、この地域のカレン族は反政府の立場をとり、カレン民族同盟（Karen National Union: KNU）及びその軍事組織であるカレン民族自由軍（Karen National Liberation Army: KNLA）は一九四九年から武装闘争を開始した。この理由は、ミャンマーが

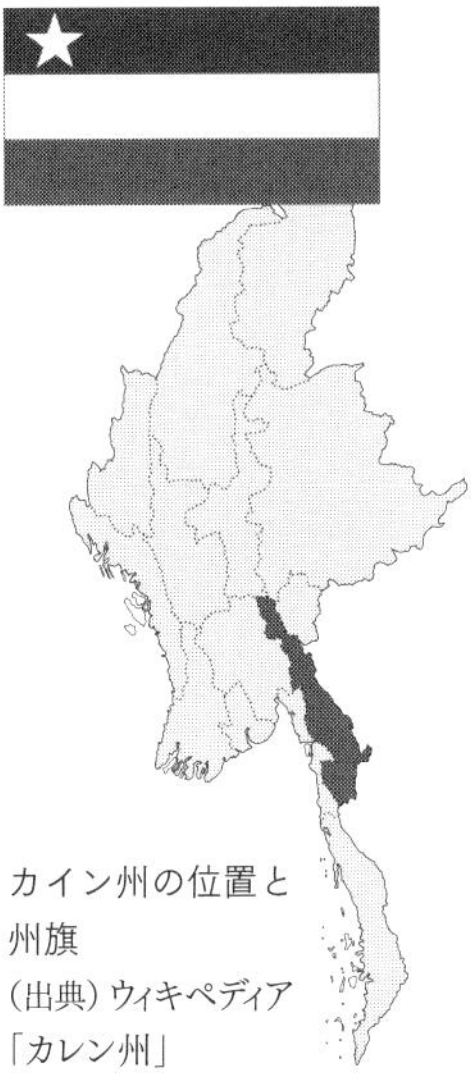

カイン州の位置と州旗
(出典) ウィキペディア「カレン州」

イギリス植民地から独立する直前の一九四七年にビルマ憲法が制定されたが、その中で十年後にビルマ連邦から分離独立を認められるという民族リストからカレン族は除かれていたためである（憲法上、分離独立を認められていたのはシャン族とカチン族のみであった）。この武装闘争が終了したのはテインセイン（Thein Sein）大統領時代の二〇一二年になってからである。

カイン州では、現在、多様な学校種が併存している。政府が管轄する学校、民族集団によって運営されている学校、奉仕団体による学校、コミュニティによる学校などである。カレン民族同盟は独自の自治を行う目的で、その設立と同時にカレン教育局（Karen Education Department: KED）を組織し、カレン族居住地域の教育実践を監督し、カレン語とカレン文化の維持継承に努めている。カレン教育局は独自のカリキュラムを開発しており、このカリキュラムではガウ・カレン語（Sgaw Karen）語で教授することや、同民族語を媒介にしてミャンマー語を学習すること、さらにカレン族の歴史などが含まれる。ただ、こうした独自教

材を使っているカレン族の学校は、カレン教育局が支援している千五百校あまりの学校のうちの二〇％程度しかなく、その他の学校は教育省発行の国定教科書を用いて全国共通の教科学習を行っている。

カレン教育局が支援する学校は、基本的に政府学校ではなく、また特定の奉仕団体ももっておらず、地元のコミュニティによって運営されている。そのため、政府からの予算措置はなく、学校運営はすべてコミュニティ内で行っていかなければならない。そこで父兄の代表やコミュニティの人々が自発的に組織する学校運営委員会（School Committee）が大きな役割を担うことになる。例えば、学校運営に資金が必要な場合、地域の人々から寄付を集めたり、地域に学齢期の子どもがいれば、地域をあげて積極的に学校に通うように薦めたり、学校での学習においてカレン語を使った授業を行い、児童の学習に対する興味をもたせるなど、できるだけ子どもたちが教育を継続できる環境作りを行っている。

カイン州のコミュニティ学校と児童
（出典）USAID, “School Committees and Community Engagement in Education in Karen State,” 2016.

こうした活動以外にも、学校運営委員会はセーフティーネットの役割も果たしている。例えば、経済的に子どもを学校に通わせることができない家庭には金銭的な支援をしたり、病人やけが人が出て、その治療費が出せない家族にはその費用を提供したりといったものである。さらに、学校運営委員会は地域と学校、それにカレン教育局との間の意思疎通の役割も果たしており、地域で発生した問題やニーズを聞き取り、カレン教育局に報告している。

ただ、学校運営委員会は地域の自主的な組織であり、教育政策における意思決定やそれを巡る権限には自ずと限界があり、地域で発生した問題や課題に対して常に上手く対処できるとは限らない。さらに、同地では、政府から派遣された教員（公務員）とコミュニティ学校の教員との間の緊張も高まっている。具体的には、コミュニティ学校の実際の運営においては現地の教員の方が明らかに経験豊富で、同地の民族語も話せるため、学校運営自体の能力は高いと言える。他方、政府派遣の教員は同地の出身ではなく教育経験も乏しい。しかし、政府派遣の教員は正規の公務員であるという職務上の権限を濫用して現地教員を見下し、なかなか協力的に活動を行わないという状況が見られるのである。こうした政府派遣教員と現地採用教員との間の不和はもはや無視できない大きな問題となっている。

以上のように、カイン州ではカレン教育局を核として、カレン語やカレン族の伝統文化の維持・継承を目標に、コミュニティ学校を通じて積極的に独自の教育実践を行ってきており、ある面では非常に成功していると言えなくもないが、根本的な問題はカレン教育局が行ってきたこうした教育実践はミャンマーにおいては正規の教育制度に則ったものでなく、正規教育とは見なされないということである。このため、同地での教育を修了したとしても、さらなる教育、例えば大学などの高等教育機関で教育を継続したくても法的な問題で、それができなかったり、就職の際にこれまで受けてきた教育が企業に認められないなどの問題が出てきている。

こうした問題の解決には、新たな教育政策を待つしかないが、カイン州で行われているこのような地域独自の教育制度をどう扱っていくか、言い換えれば、こうした教育も正規の教育として読み替えることが可能なのか、それとも統一された教育制度を唯一の正規教育として推し進めていくのか、という問題は同国が将来的に解決していかなければならない大きな課題であることは間違いない。

(3) コミュニティ学校（チン州の場合）

ミャンマーには、歴史的にキリスト教宣教師たちの奉仕による教会学校がカチン州（Kachin State）やチン州（Chin State）において大きな影響力をもっていた。ここでは長い間教育実践を続けているチン州の教会学校について見ていこう。

チン州はミャンマーの西端に位置し、隣国インドと接する面積三万六千平方キロメートル、人口約四十八万人の比較的小さな地域である。太平洋戦争末期には日本の兵士がインドのインパール（Imphal）に侵攻するために同地を経由していったことでも知られている。同州はチン族が多数を占めており、彼らはキリスト教を信仰している。これは一八〇〇年代後半に外国人として初めてこの地域を訪れたバプテスト教会派のカルソン（Arthur E. Carson）宣教師を中心とした布教活動によるところが大きいと言われている。

ミャンマーでは長きにわたる軍事政権時代、チン族の用いる言語[11]が公立学校において使用禁止とされていたため、彼らの言語や文化を継承するために教会学校は大きな役割を果たした。教会は、公立学校の夏季休暇を利用して夏期学校を毎年一ヵ月程度開催し、五歳から十五歳の子どもを対象にチン族の言語や民族文化などを教えた。言語教育は基本的な読み書きを中心

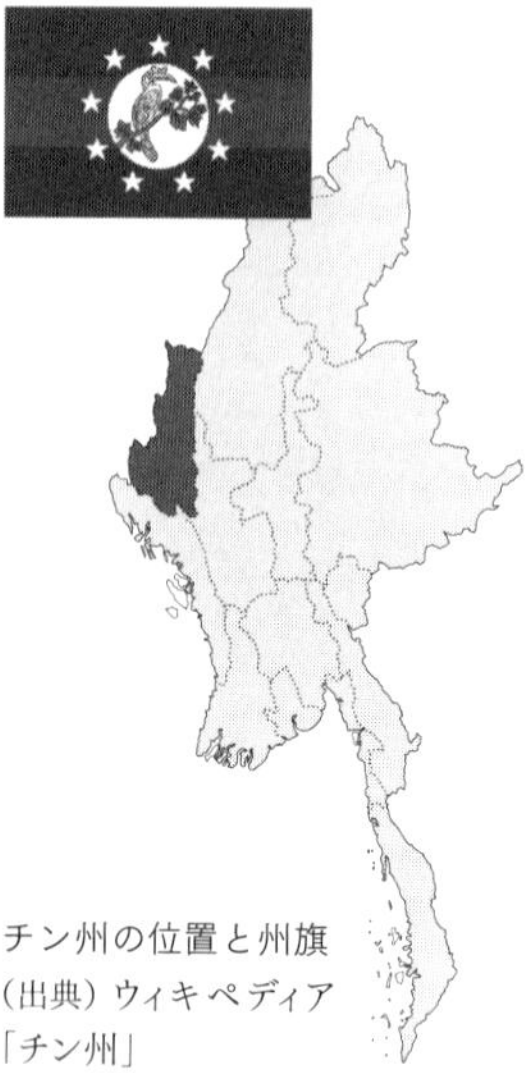

チン州の位置と州旗
（出典）ウィキペディア「チン州」

11　主要言語であるゾミ（Zomi）語以外にも、アショ（Asho）語、クチョ（K'cho）語、クキ（Kuki）語、ルーセイ（Lushei）語、ライ（Lai）語などがある。

に、ローマ字の学習も含まれていた。夏期学校の教員となったのは、ボランティアの若者たちで、彼らは教会による一週間の研修を受講してから教壇に立った。その他、教会の職員や全国に散らばっているチン族の公務員たちもたびたび協力していたようである。教会は教育活動にかかる経費を負担していたが、教会学校での学習内容や教科書などはチン族による独自組織である文学文化委員会によって編纂されていた。

チン族の地域社会
(出典) Corto Maltese 1999 より転載

チン州外でも、教会は積極的に全国各地に散らばるチン族の地域社会において夏期学校を開催し、チン族の言語や伝統文化の教育を行った。チン州外での夏期学校は主としてその地域の住民の住宅が活用された。また、教員は、ヤンゴンやマンダレーなどの大都市で希望する大学生を募集し、彼らに二週間の研修を行った後、各地の夏期学校へ派遣していた。

チン族に含まれるアショ（Asho）族地域社会では、これまでの教会学校の経験から約四千五百名に上るボランティア教員の登録があり、マグウェー（Magway）、バゴー（Bago）、エヤワディ（Ayewaddy）、ラカイン（Rakhine）などの村々や三十八もの郡区にボランティア教員を派遣してきた経験をもっている。

２　教育行財政制度

ミャンマーの教育行財政制度は、前節でも触れたように、現在進行中の教育改革や二〇一六年の政権交代などをはじめとする政治的な変化によって最近の数年だけを見ても大きな変化が見られる。なお、以下では現時点（二〇一七年六月）における同国の教育行財政制度に焦点を当てながら見ていこう。

■教育行財政を担う教育省

現在の教育省は、二〇一六年四月にアウンサン・スーチー（Aung San Suu Kyi）を党首とする国民民主連盟（National League for Democracy: NLD）による新政権発足と同時に改組されたばかりのまだ新しい組織である。連邦教育大臣の下に二名の次官が配置され、全九局[12]から構成されている。

実は、現行の教育省は従来の教育省とはその役割において大きく異なっている。というのは、新政権では効率化のためにこれまで三十一あった省庁を二十一に削減するという大幅改革を行った。このため、これまで別組織であった科学技術省（Ministry of Science and Technology: MOST）が教育省に統合され、現行の教育省の中に旧科学技術省が担っていた業務を行う局が追加されたのである。具体的には「研究革新局（Department of Research and Innovation: DRI）」と「技術振興調整局（Department of Technology Promotion and Coordination: DTPC）」である。

新しい教育省の各局と主要な役割は次のようである。

ミャンマー教育省のロゴ
黄色に塗られたマークに緑色の線で縁取りがなされ、中央に「教育」と書かれている
（出典）教育省

・**高等教育局**（Department of Higher Education: DHE）

大学や専門研究機関など高等教育機関の運営管理を監督する局である。同局内には大学局と学術国際局があり、前者は高等教育に関する学術的、管理的、財政的業務についての権限をもつ。他方、後者は国際交流や海外協力についての権限をもち、ユネスコ（UNESCO）関連の活動、留学生の派遣業務、奨学金などの管理を行っている。また、将来的に計画されている教員養成学校（Education Colleges: EC）の四年制化に伴い、教員養成における教育課程なども管理する予定である。

・**教育研究計画訓練局**（Department of Education Research, Planning and Training: DERPT）

基礎教育分野の教育課程（カリキュラム）、教科書、評価方法などの開発及び現職教員への研修開発や実施などの責任を負う局である。基礎教育に関わるすべての政策や計画等は同局で検討され、実施されるため、業務内容の範囲も広く重要な局である。

・**基礎教育局**（Department of Basic Education: DBE）

全国の基礎教育学校（小中高等学校）の運営及び監督の責任を負う局である。具体的には、学校における指導のあり方、校舎の建築や教室の物理的環境の基準、学校財産管理や金銭出納の管理方法な

12　現時点（二〇一七年六月）において、モニタリング評価局（Department of Monitoring and Evaluation: DM & E）の設置が検討されており、この局が設置されると教育省は全十局となる。

どの方針を決め、定期的な検査を実施する。また、児童生徒の学習記録の形式、年間の授業時数、休暇期間とその時期、全国レベルのスポーツ大会などの実施を行う。

同局の下には地方域及び州教育局、県教育局、タウンシップ教育局などが連なり、中央政府や教育省における教育政策や規則など末端の学校に周知の必要な情報はこの一連の系統を通して行われる。

・職業技術教育訓練局（Department of Technical and Vocational Education and Training: DTVET）

職業教育及び技術教育に関する教育方針を策定し、全国の職業技術専門学校の教育課程（カリキュラム）、教材、機材、施設などの管理監督の責任を負う局である。また、管轄下の学校に対する物理的環境基準を設定したり、金銭の出納管理方法の規準の決定を行い、各学校を定期的に検査し、教育水準の質的維持に努める。

首都ネピドーにある教育省（本省）

・ミャンマー試験局（Department of Myanmar Examination: DME）

全国レベルで実施される卒業試験（Completion Examinations）及び中等教育段階におけるマトリ

キュレーション試験（Matriculation Examination）などを含む試験実施に責任を負う局である。特に高等学校の最終学年（Grade 11）で行われるマトリキュレーション試験は高等学校の卒業試験と大学その他の高等教育機関への進学を決定する重要な試験となっており、試験内容はもとより、細かな実施手順を決定するなどの権限を有するとされている。ただし、残念ながら、同局は試験やアセスメントに関する専門家を抱えておらず、全国レベルの試験の開発はヤンゴン大学（University of Yangon）やヤンゴン教育大学（Yangon University of Education: YUOE）の支援を得ているのが実情であり、同局の実質的な業務は試験実施におけるロジスティック業務が主となっている。

・ミャンマー民族言語局（Department of Myanmar Nationalities' Languages: DMNL）

公用語としてのミャンマー語及び全国に散在する少数民族の母語に関連する教育業務の責任を担う局である。具体的には、辞書編纂、文法やミャンマー語の研究に関する資料の収集、蔵書、記録、グラフィックアートの整備などを行っている。

・オルタナティブ教育局（Department of Alternative Education: DAE）

正規教育とは別のノンフォーマル教育全般について、その教育政策の策定や実施の管理監督の責任を負う局である。ただ、同局は今回の改編で初めて創設された局であり、その業務内容も今後の状況に応じて検討していくとされており、現時点（二〇一七年六月）において、明確な業務や責任はまだ明確にされていない。

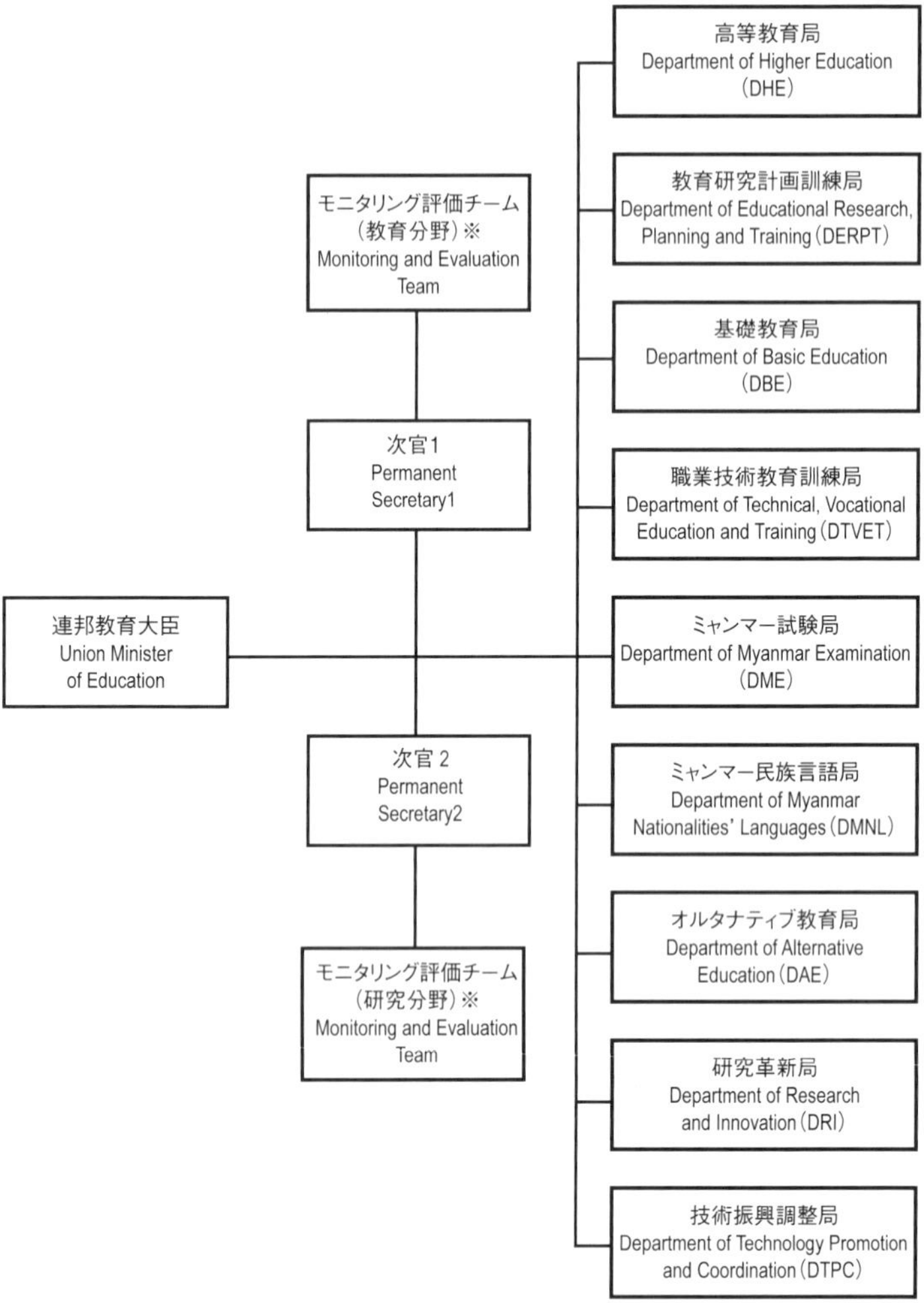

※同チームは現時点（2017年6月）において、モニタリング評価局（Department of Monitoring and Evaluation: DM & E）に格上げされることが検討されている。
（出典）教育省に対する聞き取り調査結果をもとに筆者作成

図 2-3　教育省の組織

・**研究革新局**（Department of Research and Innovation: DRI）

旧科学技術省から移転された局で、科学技術の開発研究を主として行う局である。

・**技術振興調整局**（Department of Technology Promotion and Coordination: DTPC）

研究革新局と同様に、旧科学技術省から移転された局で、科学技術の振興を図ることを主要な業務とする局である。

また、次官が二名配置されているが、主として教育分野に関する業務に責任を負う者と科学分野の研究に関する業務に責任を負う者というふうに業務内容が分担されている。

■ミャンマーの教育財政

ミャンマーの教育予算は、教育省から出される予算要求をもとに財務省（Ministry of Planning and Finance: MOPF）が最終決定し、その予算を教育省に配賦する。予算年度は毎年四月一日から始まり、翌年の三月三十一日で終了する。

表 2-3　ミャンマーの国内総生産・国家予算・教育予算の変化（2011-15 年）

予算年度	国内総生産（GDP）（10 億米ドル）	国家予算（10 億チャット）	教育予算（10 億チャット）	GDP に占める教育予算の割合	国家予算に占める教育予算の割合
2011/12	60.0	8,083	310	0.67%	3.84%
2012/13	59.7	13,406	752	1.01%	5.61%
2013/14	60.1	14,910	893	1.51%	5.99%
2014/15	65.6	19,443	1,100	1.52%	5.66%
2015/16	62.6	20,614	1,400	2.08%	6.79%

（出典）Aung Myat Kyaw, “Myanmar’s Budget System Reform,” 2015（発表資料）、UNICEF, “Snapshot of Social Sector Public Budget Allocations and Spending in Myanmar,”2013., Oxford Business Group (OBG), “Changes to Myanmar’s education sector needed,” 2016, OBG, “Myanmar’s budget targets infrastructure and education,” 2015, ELEVEN, “Myanmar to sepend more on education,” 2017 などを参考にして筆者作成

ミャンマーではこれまで軍事政権が長らく続き、その下では教育分野はそれほど重視されなかった。そのため年間の教育予算もかなり少なく、国家予算のわずか一・三％程度で推移してきた。しかしながら、二〇一一年にテインセイン政権が誕生して以来、教育は同国にとって重要であるという認識の下、教育改革に積極的に取り組み始めたこともあって飛躍的な教育予算の増加が実現した。二〇一二年度の教育予算は前年度の二倍もの額が計上され、それ以降も前年比一五～三〇％の割合で増額され続けている。これらの増額分は主として二〇一三年度から初等教育で始まった教育の無償化に係る支出であったり、近年の就学率の向上による教員不足を解消するために「日給臨時採用教員（Daily Waged Teachers: DWT）」の臨時雇用に係る支出に当てられた。なお、「日給臨時採用教員」については次章で詳細を述べる。

このように同国の教育予算は二〇一一年度以降、急激な増加を見せているが、年間の国家予算に占める教育費の割合は五～六％程度であり、国内総生産（Gross Domestic Product: GDP）に占める割合は一～二％程度と、東南アジア諸国連合（Association of South East Asian Nations: ASEAN）をはじめとする近隣諸国に比

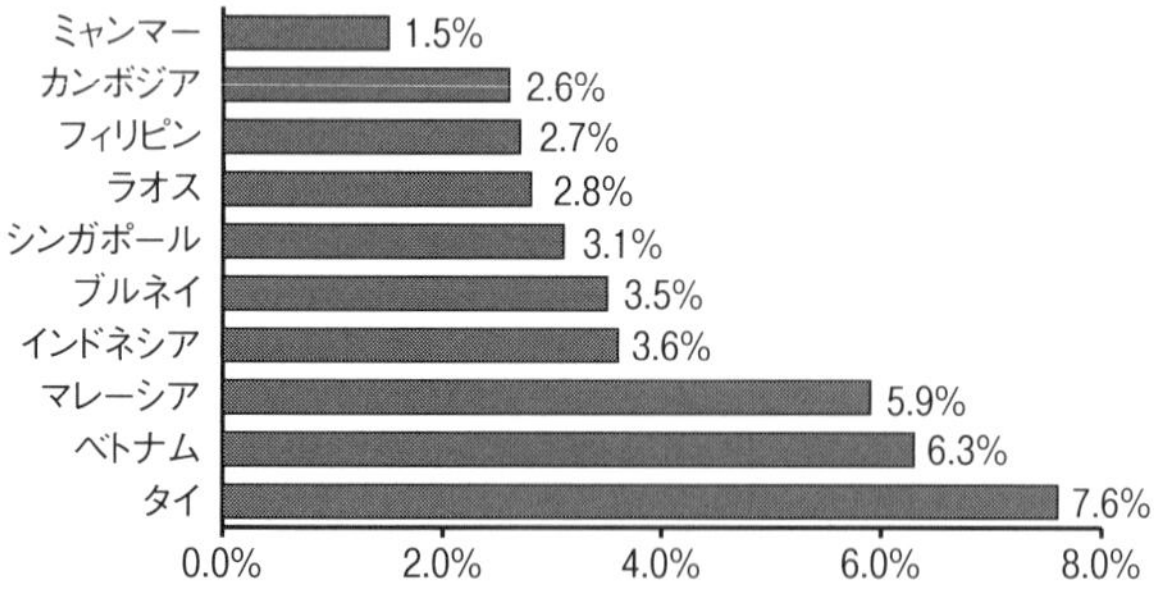

（出典）Aung Myat Kyaw, “Myanmar's Budget System Reform,” 2015 を参考にして筆者作成

図2-4　ASEAN 諸国における GDP に占める教育費の割合の比較（2013/14 年）

べるとまだかなりの低水準と言わざるを得ない。現政権のアウンサン・スーチー大統領顧問兼外相の意向としては、「ミャンマーの教育予算は今後八％程度にまで増やしたい」ということである。[13]

3　教育課程（カリキュラム）

■現行の教育課程

現行教育課程の大枠は基礎教育法（Basic Education Law: BEL、一九七三年成立、一九八九年改正）によって規定されている。[14] 同法第一条にカリキュラム、シラバス、教科書についての定義があり、それによれば、「カリキュラム」とは学校で教授される教科、校内及び校外で行われる訓練を含めた実践的教育活動を指し、「シラバス」はそれら教科及び実践的教育活動の教授についての詳細な内容を指すとされている。また、「教科書」は基礎教育カリキュラム・シラバス・教科書委員会（Basic Education

13　ELEVEN, "Myanmar to spend more on education," August 30, 2016 の記事によるものであるが、ここでの『八％程度にまで増やしたい』という発言は国家予算額に占める教育費の割合を指すのか、それともGDPに占める割合を指すのか、これだけの記述では不明である。なお、筆者の推測では、現状に鑑みて国家予算に占める教育費の割合を指していると考えている（http://elevenmyanmar.com/local/5798）。

14　現在、大規模な教育改革が進行しており、二〇一六年六月からは新制度である幼稚園教育（Kindergarten: KG）が導入されたことで、この基礎教育法は現状に合わなくなった。数年前から新しい基礎教育法をはじめとする関係法規の整備に取り組んでいるが、現時点（二〇一七年六月）まだ成立していない。

Curriculum, Syllabus and Textbook Committee: BECSTC）によって発行された印刷物を指すことが明記されている[15]。

ここから分かることは、同国のカリキュラムは教科区分を基本とし、様々な知識をその枠組みで分類・構成することによって、教科を教えることを通して種々の知識が効率的に習得できるという伝統的なカリキュラム編成、すなわち教科デザイン（Subject-based Curriculum Design）の方法を採っていることである。この方法は従来から最も広く普及しているカリキュラム編成方法で、人々にとって最も馴染みやすいという長所がある一方で、多様化する学習者個々のニーズや欲求に十分に応えられなかったり、学習者の興味や関心を軽視してしまう傾向があるという指摘があることも事実である。

ここで一つ重要な点を指摘しておかなければならない。それは、教科デザインを基にした現行カリキュラムを運用する上でミャンマーの教育関係者の間に大きな誤解があったことである。「カリキュラム＝教科」というあまりにも強い認識から、カリキュラム編成のグランドデザインとも言うべきフレームワークが存在せず、基礎教育における大きな意味での教育目標（基礎教育段階における大目標をはじめ、初等教育目標、前期中等教育目標、後期中等教育目標といった教育段階別の目標などを含む）、各教科の設定についての背景及び理由、学習評価のあり方など、教育活動において大前提となる基本的事項が不明瞭なまま各教科による教育活動が行われているという事実である。実際、同国のカリキュラムの中身を知るものとしては教科書（Textbooks）と教員用指導書（Teacher's Manuals）がすべてであり、個別教科における教授学習内容は詳細に記されているが、ここでの教育がどのようなことを目指して行われるのか、なぜこのような教科構成となっているのか、どのように児童生徒の学習到達度を評価していくのか、といった教育実践の方向性や指針などはどこにも示されていない。要するに、ミャンマーでは長らく教科における教授学習内容こそがカリキュラムであると誤解されてきたこともあり、カリキュラム編成においては教授学習内容を中心に据えた編成方法（Content-based Curriculum: CBT）が採られてきたと言えなくもない。

さて、現行カリキュラムはこのような考え方の下、一九九八年から教育省によって教育段階ごとに順次策定されたものである[16]。その構造（あるいは教科の構造）は主要教科（Core Curriculum と呼ばれている）とそれ以外の教科（Co-Curriculum と呼ばれている、以下、便宜的に「正課併行教科」と呼ぶ）、さらに後期中等教育では選択コース[17]から構成されている。主要教科と正課併行教科の区別は、定期試験の有無であり、定期試験が行われる教科は「主要教科」、定期試験が行われず、学習評価が一切行われない教科は「正課併行教科」とされている。

このカリキュラムの大きな特色の一つは、初等教育に合科教育が導入されたことである。以下の表に示すように、初等教育低学年では「総合学習」、高学年では「社会」という教科が設定されている。これは、いわゆる「融合カリキュラム（Fused Curriculum Design）」と呼ばれる編成方法で、教科の学

15　基礎教育法の第一条には、「カリキュラムとは、本法で述べた教育目標を達成するために、学校で教授される教科及び学校内外における訓練を含む実践的な教育活動全般を意味する。シラバスとは、各教科及び実践的な教育活動の詳細な指導内容を記載したものを意味する。教科書とは、学校や教員養成学校で使用するために同法の下で組織された基礎教育カリキュラム・シラバス・教科書委員会によって発行された冊子を意味する」と述べられている。
16　一九九八年は初等教育カリキュラムであり、前期中等カリキュラムは一九九九年、後期中等カリキュラムは二〇〇〇年である。
17　後期中等教育における選択コースは主要教科（Core Curriculum）として位置付けられている。

表 2-4　教育課程で定められている教科目

	初等教育		前期中等教育	後期中等教育
	サイクル 1（低学年）	サイクル 2（高学年）		
年齢	5-7	8-9	10-13	14-15
学年	G1-3	G4-5	G6-9	G10-11
主要教科（Core Curriculum）				
ミャンマー語 (Myanmar Language)	11	8	5	5
英語 (English)	4	5	6	5
算数・数学 (Mathematics)	7	7	7	5
総合学習 (General Studies)	8			
自然理科 (Natural Science)	(4)			
道徳公民 (Moral & Civics)	(2)			
ライフスキル (Lifeskills)	(2)			
理科 / 科学 (Basic Science / General Science)		4	4	
社会 (Social Studies)		8		
地理・歴史 (Geography & History)		(4)		
道徳公民 (Moral & Civics)		(2)		
ライフスキル (Lifeskills)		(2)		
地理 (Geography)			3	
歴史 (History)			3	
選択コース（下記より 1 コース選択）（Core Curriculum）*1				
経済・物理・化学 (Economics, Physics, and Chemistry)				15

<table>
<tr><td colspan="4">経済・地理・歴史
(Economics, Geography and History)</td><td>15</td></tr>
<tr><td colspan="4">地理・歴史・選択ミャンマー語
(Geography, History and Optional Myanmar)</td><td>15</td></tr>
<tr><td colspan="4">経済・歴史・選択ミャンマー語
(Economics, History and Optional Myanmar)</td><td>15</td></tr>
<tr><td colspan="4">歴史・物理・化学
(History, Physics and Chemistry)</td><td>15</td></tr>
<tr><td colspan="4">物理・化学・選択ミャンマー語
(Physics, Chemistry and Optional Myanmar)</td><td>15</td></tr>
<tr><td colspan="4">物理・化学・生物
(Physics, Chemistry and Biology)</td><td>15</td></tr>
<tr><td colspan="4">地理・物理・化学
(Geography, Physics and Chemistry)</td><td>15</td></tr>
<tr><td colspan="5">正課併行教科 (Co-Curriculum)</td></tr>
<tr><td>道徳公民
(Moral & Civics)</td><td></td><td></td><td>1</td><td>1</td></tr>
<tr><td>ライフスキル
(Lifeskills)</td><td></td><td></td><td>1</td><td></td></tr>
<tr><td>職業教育 / 農業 *2
(Vocational / Agriculture)</td><td>2</td><td>2</td><td>1</td><td>1</td></tr>
<tr><td>体育 *3
(Physical Education)</td><td>4</td><td>4</td><td>2</td><td>1</td></tr>
<tr><td>芸術
(Aesthetic Education)</td><td rowspan="3">3</td><td rowspan="3">3</td><td rowspan="3">1</td><td>1</td></tr>
<tr><td>音楽
(Music)</td><td></td></tr>
<tr><td>美術
(Drawing)</td><td></td></tr>
</table>

注：表中の数値は週当たりの授業時間数を示す。1授業時間は初等教育低学年（サイクル1）が30分、初等教育高学年（サイクル2）が35分、前期中等教育及び後期中等教育は45分である。

*1　選択コースは後期中等教育のみ

*2　初等教育は「農業」、前期中等教育及び後期中等教育では「職業教育 / 農業」となる。また「農業」は2013年より実施された教科である

*3　後期中等教育では「体育 / ライフスキル」という教科になる

（出典）教育省に対する聞き取り調査結果をもとに筆者作成

習を中心としながらもそこで扱う問題の範囲を広げ、本来であれば異なった教科として設定されてもおかしくない教科内容も含めて再編成したものである。この編成方法は、ある分野における広範な知識の獲得を可能とし、当該分野の全体像が把握でき、学習者の興味関心を引き出しやすいという利点をもっていることから、通常、初等教育では推奨されている方法である。

しかし、現行カリキュラムの実際の運用では、残念ながら、この特色ある合科教育が全く機能していない。というのは、低学年の「総合学習」は「自然理科」、「道徳公民」、「ライフスキル」という三科目に、高学年の「社会」は「地理・歴史」、「道徳公民」、「ライフスキル」という三科目に分断されてしまい、それぞれの科目があたかも独立した教科のように扱われてしまっているのである。加えて、「総合学習」及び「社会」は「主要教科」に区分されているにもかかわらず、その中の「自然理科」と「地理・歴史」のみで定期試験が課されるという不思議な状況が生まれている。

ここからは筆者の個人的な推測であるが、もともと同国政府は現行カリキュラムの策定の際に、合科教育としての「総合学習」や「社会」を導入するつもりであったが、実務レベル、すなわち具体的な教科内容の決定や教科書の編成の段階になって、もともとの意図が十分に反映されず、相関カリキュラム（Correlation Curriculum Design）のレベルに変化してしまったのではないのだろうかと考えている[18]。なお、この私の疑問に対して、同国政府からの明確な回答は得られていない。

さらに、二〇一三年から新しく導入された教科「農業」についても触れておこう。教育省によれば、同教科の導入は大統領の指示によって急遽行われたもので、新教科「農業」の時間数を確保するために、これまで行われていた学校活動（School Activities）などの時間が削られたり、廃止されたりしたということである。

以上見てきたように、ミャンマーにはカリキュラム全体を俯瞰するグランドデザインというものがなく、教科書と教員用指導書がカリキュラムのすべてである。そこには、各教科の目標や配当時間数、年間教授学習計画などの情報は記載されているが、残念ながら、すべての教科において教科書と教員用指導書が編纂されているわけではないという問題がある。教育省では一九九八年以来、各教科の教科書及び教員用指導書の編纂を進めてきたが、初等教育を例にとれば、未だに「体育」と「芸術」の教科書はなく、「ミャンマー語」と「農業」には教員用指導書がない。

また、現行のカリキュラム、正確には教科書及び教員用指導書と言うべきであるが、編纂された時期が一九九九年とかなり古く、記載内容が現状と乖離していることが学校現場からたびたび指摘されていることも問題である[19]。他方、専門家からはカリキュラム編成の基礎となる全体のフレームワークがないために、各教科における個々の目標は分かっても、各教育段階においてどのような学力や能力を習得させたいのかが不明瞭であるという指摘や、異なった教科及び学年の間の学習内容に一貫性や

18　現行カリキュラムの策定前の一九九七年には日本の政府開発援助（ＯＤＡ）の一環として、ミャンマーの教育分野に対する我が国の支援が行われ、国際協力事業団（現国際協力機構〈ＪＩＣＡ〉）から教育省に日本人専門家が派遣された。同専門家は当時同国で進行中の新しいカリキュラム策定にも協力していた。その際、我が国で当時話題となっていた「総合的な学習の時間」についての情報提供を行ったようである。そして、これが経緯となり、同国の初等教育に合科教育を導入することが決定したようである（筆者による関係者に対する聞き取り調査）。

19　例えば、小学校の「算数」教科書における貨幣の単位、小学校の「道徳公民」における道徳的価値観の取り扱い方などが現状に合っていないという批判がある。

系統性が欠けている箇所が散見されるという指摘が出されていることも事実である。

■ミャンマーの教科書と教員用指導書

ミャンマーでは教育省によって国定教科書が作成され、全国の公立学校の教員及び児童生徒はこれを使用して教育活動を行うことが義務付けられている。公立学校以外の学校、例えば、私立学校や僧院学校などではこの国定教科書を使用する義務はないものの、公立学校の児童生徒と教育内容を同じくする目的で国定教科書を使う学校も多い。

同国では二〇一三年から小学校で、二〇一四年からは中学校で、二〇一五年からは高等学校で教育無償化が始まり、現在ではすべての児童生徒に教科書が無料で配布され、各自が所持している。

教員用指導書も教科書と同様に教育省によって編纂されているが、これは新しい教科書への変更趣旨やその具体的な教授学習内容を説明する、あくまでも「資料」という位置付けであり、新しい教科書導入に際して教育省主催で全国的に実施される現職教員向けの研修のテキストとして参加者に配布されてきた。したがって、研修に参加していない教員や研修後に教職に就いた若手教員はもっていない。

ここで教員用指導書について、もう少し詳しい実情を説明し

ミャンマーの国定教科書
上段の三冊は小学校教科書、後段左の二冊は中学校教科書、後段右の二冊は高等学校教科書

ておこう。現在、初等教育の「算数」、「総合学習」、「理科」、「社会」の四教科には二種類の教員用指導書が存在し、全国で活用されている。一つは教育省編纂のもので、もう一つは日本の技術協力によって開発されたものである。我が国は二〇〇〇～二〇一二年にかけて政府開発援助（ＯＤＡ）の一環として、ミャンマーの初等教育の質的向上を目指した支援を行ってきた。この支援では初等教育における右記四教科を対象に、児童中心型アプローチ（Child-Centered Approach: CCA）[20]という手法を取り入れた新しい教授法を採用することによって、授業実践自体を児童にとって興味深いものに転換し、ひいては児童の授業内容に対する理解度を高めることを目的にしていた。ここで開発された教員用指導書は「何を教えるか」（教育省編纂の教員用指導書）ではなく、「児童にとって効果的な学習活動をどのように組織するか」という点が強調されている。[21]ミャンマー教育省では、併存するこの二種類の教員用指導書を区別するために、従来の教員用指導書を「Teacher's Manuals」と呼び、日本の支援で開発された教員用指導書を「Teacher's Guides」と呼んでいる。

20　児童中心型アプローチ（ＣＣＡ）は、従来から行われてきた教師による子どもへの一方的な強制や詰め込みによる教育を批判し、子どもの個性や発達段階、置かれた環境などを考慮して、子どもの自発的な学びを尊重しようとする教育及びその方法を意味する。古くはルソー（J. J. Rousseau）やフレーベル（F. W. A. Fröbel）などの考え方に合致し、十九世紀になってデューイ（J. Dewey）らを中心にアメリカで起こった教育運動の系譜を引くものである。

21　我が国の教員用指導書に関係する協力として、ＪＩＣＡによる開発調査「基礎教育改善計画調査（Myanmar Basic Education Sector Study: MBESS）」（二〇〇一～二〇〇四年）、技術協力プロジェクト「児童中心型教育強化プロジェクト（The Project for Strengthening Child-Centered Approach: SCCA）」（二〇〇四～二〇〇七年）、「同フェーズ２（SCCA2）」（二〇〇八～二〇一二年）が行われた。筆者はこのうちのＭＢＥＳＳにメンバーとして参加した。

表 2-5　小学校の教科書及び教員用指導書の有無と編纂年

教科名	教科書	教員用指導書
ミャンマー語（Myanmar）	1999	なし *1
英語（English）	1999	1999
算数（Mathematics）	1999	1999/2009 *2
総合学習（General Studies）		
自然理科（Natural Science）	1999	1999
ライフスキル（Lifeskills）	2005 *3	2005 *3
道徳公民（Moral & Civics）	2013	1999
社会（Social Studies）		
地理・歴史（Geography & History）	1996	1996
ライフスキル（Lifeskills）	2005 *3	2005 *3
道徳公民（Moral & Civics）	2013	1999
理科（Basic Science）	1999	1999
農業（Agriculture）	2013	なし
体育（Physical Education）	なし	1999
芸術（Aesthetic Education）	なし	2000

*1　教育省編纂のものはないが、教員養成学校（EC）が編纂した初等「ミャンマー語」全体を網羅した指導書（1 冊）がある

*2　1999 年編纂の学年別指導書と 2009 年編纂の初等「算数」全体を網羅した指導書（1 冊）が併存している

*3　UNICEF の技術支援によって編纂され、教育省編纂ではない

（出典）教育省に対する聞き取り調査結果をもとに筆者作成

表 2-6　中学校の教科書及び教員用指導書の有無と編纂年

教科名	教科書	教員用指導書
ミャンマー語（Myanmar）	2000	2000
英語（English）	2000	2000
数学（Mathematics）	2000	2000
地理（Geography）	2001	2001
歴史（History）	2000 *1	2002
総合科学（General Science）	2000	2000
ライフスキル（Lifeskills）	2009 *2	2009 *2
道徳公民（Moral & Civics）	2000	2000
職業教育／農業（Vocational/Agriculture）	なし	なし
体育（Physical Education）	なし	2000
芸術（Aesthetic Education）	なし	2000

*1　第8学年のみ2000年発行
*2　UNICEFの技術支援によって編纂され、教育省編纂ではない
（出典）教育省に対する聞き取り調査結果をもとに筆者作成

表 2-7　高等学校の教科書及び教員用指導書の有無と編纂年

教科名	教科書	教員用指導書
ミャンマー語（Myanmar）	2007	2007
英語（English）	2007	2007
数学（Mathematics）	2007	2007
化学（Chemistry）	2007	2007
物理（Physics）	2007	2007
生物（Biology）	2007	2007
経済（Economics）	2007	2007
地理（Geography）	2001	2007
歴史（History）	2001	2007
ライフスキル（Lifeskills）	なし	2000 *1
道徳公民（Moral & Civics）	なし	2000
職業教育／農業（Vocational/Agriculture）	なし	なし
体育（Physical Education）	なし	2000
芸術（Aesthetic Education）	なし	2000

*1　UNICEFの技術支援によって編纂され、教育省編纂ではない
（出典）教育省に対する聞き取り調査結果をもとに筆者作成

コラム2
ミャンマーの教育に関する法的規定と現状

ミャンマーの現行教育政策や制度の根拠となっている主な法律をあげると、憲法、国家教育法、基礎教育法、大学教育法の四つがある。

(1) ミャンマー連邦共和国憲法（二〇〇八年成立）

同国の憲法は正式には「ミャンマー連邦共和国憲法（Constitution of the Repblic of the Union of Myanmar)」と呼ばれ、これまでのビルマ社会主義共和国憲法を改めて二〇〇八年に新たに制定されたものである。同憲法は前文及び全十五章（全四百五十七条）、それに五つの付表から構成されており、教育に関する国家の義務と権利については以下のように記載されている。

第二二条

国家は、（1）民族の言語、文学、芸術及び文化の発展のための支援を行う、（2）民族相互間の連帯、友好、相互及び助け合いを発展させるための支援を行う、（3）低開発地域居住民族の教育、保健、経済及び交通等の社会経済開発のための支援を行う。

第二八条

国家は、（1）国民の教育と保健の向上のために努力しなければならない、（2）国民の教育及び保健に国民を参画せしめるために必要な法律を制定しなければならない、（3）無料の初等義務教育を実施しなければならない、（4）すべての正しい思想・見識と道徳を促進し、国家建設の利益となる時代に即した教育制度を実施しなければならない。

第三六六条

すべての国民は、ミャンマー連邦が制定した教育政策に基づいて、（1）学習する権利を有する、（2）法律に規定された義務教育を受けなければならない、（3）科学的研究、文学及び芸術の発展に向けた創造と研究及び自由な文化研究の権利を有する。

第四五〇条

ミャンマー語を公用語とする。

同憲法は、制定当時の軍事政権に妥当性を与えるものであるという指摘があるように、条文の中には二〇一六年に誕生した新政権の民主主義路線とは相容れない記述も見られるが、教育に関する記述においては現状とそれほど大きな矛盾点は見られない。より詳細については本書の資料1を参照していただきたい。

(2) 国家教育法（二〇一四年成立、二〇一五年改正）

同法（National Education Law: NEL）は、二〇一四年九月三十日に成立したが、その後すぐに全国で学生や市民による同法への反対デモが発生した。これによって教育大臣（当時）は早急に同法の内容を再検討することを迫られ、教育専門家らによる討議を経て、翌二〇一五年六月二十五日に改正国家教育法として発布された。

同法は、全十四章（全六十九条）から構成され、教育の目的や基本方針、教育制度、学校の種類、カリキュラムなどについて規定されている。同法は現時点（二〇一七年六月）において、憲法とともに同国の教育政策を規定する唯一の法律であると考えられる重要なものである。そこで、詳細については本書の資料2に全訳を掲載したので参照していただきたい。

(3) 基礎教育法（一九七三年成立、一九八九年改正）

同法（Basic Education Law: BEL）は、一九七三年に制定、一九八九年に改正されており、基礎教育の目的、基礎教育制度と行政機構について規定している。現行の初等教育五年、前期中等教育四年、後期中等教育二年という学校制度は同法を基にしている。ただ、同法はあまりにも古く、基礎教育の目的など基本的な記述が現状から大きく乖離しており、新しい法律の制定が早急に望まれている。以下、参考までに同法第三条を書き添えておくが、「ビルマ連邦」や『ビルマ型社会主義」などの記述が見られ、現状に全く合致していないことが分かる。

第三条（基礎教育の目的）

（1）ビルマ連邦のすべての国民は、基礎教育を身に付け、健康で真面目な労働者もしくは頭脳労働者になれること、

（2）ビルマ連邦の国民は、ビルマ社会主義の思想をよく理解し、この社会主義社会を維持し、守っていくこと、

（3）すべての国民は、ビルマ社会主義社会を維持していくために、それぞれの進路に合った専門的教育を受けること、

（4）新しい製品の開発に不可欠であり、またそのほかの産業分野の発展にも必要な「理系教育」を重視すること、

（5）国家の文化や芸術、文学などの発展や理解にとって重要な「文系教育」を重視すること、

（6）大学教育に向けて基礎力をしっかりしたものにすること。

（4）大学法（一九七三年成立、一九九八年改正）

同法（University Education Law: UEL）は一九七三年に制定、一九九八年に改正され、総合大学及びカレッジを含む大学を管轄するすべての省庁は同法に従うこととされた。同法では、大学は以下にあげるような目的で設置され、これらの目的を達成しなければならないと定められている。ここでも「ビルマ社会主義」や「社会主義経済」などが強調されており、現状に全く合わないことが明らかであり、早急に新しい法律の制定が望まれている。

（1）ビルマ社会主義の社会を建設するための社会主義的イデオロギーに適応した考え方と道徳観をもちあわせた有能な個人を涵養すること、

（2）社会主義経済、行政及び社会的事業を発展させることのできる個人を養成すること、

（3）生活に密着した人文科学、社会科学を重視し

た教育、訓練を提供すること、
（4）社会主義国家建設のために必要な研究を実施すること、
（5）労働に対して尊敬する意識を育てること、
（6）ビルマ社会主義社会の建設に従事する労働者の知識と技能を継続的に発展させるために貢献すること。

（5）現在の取り組み

先にミャンマーの教育政策や制度を規定した法律について見てきたが、これら以外にも、ミャンマー試験委員会法（Myanmar Examination Board Law、一九七三年成立）、教育研究法（Education Research Law、一九七三年成立）、技術・農業・職業教育法（Technical, Agricultural and Vocational Education Law、一九七四年成立、一九八九年改正）などがある。

すでにお分かりのように、憲法と国家教育法を除く他の法律の成立時期はかなり古く、その内容が現状に全く合っていない。そこで、二〇一一年にテインセイン政権になってからは時代に合った新しい法律を制定しようという積極的な動きがあり、二〇一四年には国家教育法の制定を皮切りに新しい基礎教育法（Basic Education Law: BEL）、初等無償義務教育法（Free Compulosory Primary Education Law: FCPEL）、高等教育法（Higher Education Law: HEL）、職業技術教育法（Technical and Vocational Education Law: TVEL）、私立学校法（Private Education Law: PEL）、教師教育法（Teacher Education Law: TEL）などの草案作成が開始された。現在、草案は出来ているが、二〇一六年四月の国民民主連盟（National League for Democracy: NLD）による新政権誕生を受けて、再度、専門家による内容の検討、そして最終化、その後、国会での審議という過程を踏んでいくことになると思われる。まだ、しばらくは時間を要するであろう。

第3章　ミャンマーの学校現場における教育実践

1　教育書の内容

本章ではミャンマーで行われている教育内容について詳細に見ていきたい。前章ですでに触れたように、ミャンマーでは教育省によって編纂された国定教科書が全国に配布され、全国各地の教員はその教科書をもとに日々の教育活動を行っている。教科書のない教科も存在するが、そういう教科であっても教員用指導書は作成されているため、そこに記載された指導内容と方法に沿って授業実践が行われている。ここで注意しておきたいことは、ミャンマーでは一部の私立学校（インターナショナル・スクールなどを含む）を除いて、ほぼ全国のすべての学校で国定教科書及び国定教員用指導書によって授業実践が行われているため、授業進度などに多少の違いが見られることはあっても、授業内容とその指導方法はほぼ同じと考えてよいということである。このことは、すなわち全国どこの学校でも同じ内容を同じ方法で教えているということを意味する。

以下、同国で現在使われているいくつかの国定教科書の内容を見ていくが、小学校教科書は一九九九年、中学校教科書は二〇〇〇年、高等学校教科書は二〇〇七年にその大部分が編纂されている。この時代は、軍出身のタンシュエ（Than Shwe）による軍事政権真っ只中であり、政治的には内向きで、民主化運動などをことごとく弾圧するなどの強硬手段により、かなり硬直した政治が行われていた時期であることを頭に留めておく必要がある。

■「ミャンマー語」一定の価値観の注入

まず、「ミャンマー語」から見ていこう。同教科は、小学校で行われている全九教科の中で最も重要な教科の一つで、学校現場では多くの時間が費やされ、国語力の習得が目指されている。一般的に国語力とは、聞くこと・話すこと・読むこと・書くことの四つの能力を指すが、ミャンマーの国語教育にはそれ以外にも重要な意図が隠されているようである。

次に示したのは、小学三年生の「ミャンマー語」教科書に最初に出てくる単元「**私たちの国旗**」の内容である。この単元では「国旗に敬礼します」や「国旗に向かってお辞儀をします」という記述から分かるように、まず、ミャンマー国旗が非常に重要なものであり、かつ敬わなければならないと説明される。次に、その理由として「独立を勝ち取るために使った偉大なる記憶に残る旗」であることが強調され、続いて「偉大な記憶」の説明として、国旗に用いられている三色と真ん中の白い星の意味が述べられる。「黄色はミャンマーのすべての民族の団結、智慧、調和、愛情」、「緑は豊饒、平等、安定、平和、緑豊かな国」、「赤は勇気と決断」、そして「真ん中に描かれた星の白は純潔、高潔、共感、力強さ」を表しているというのである。そして、最後にもう一度、「（国旗を掲揚したり、下したり

私たちの国旗

私たちの学校では毎日国旗が掲げられます。始業前、先生も生徒もその国旗に敬礼します。国旗の前にクラスごとに並んだ後、校長先生の「敬礼！」という掛け声のもと、一同は国旗に向かってお辞儀をします。

私たちの国旗は黄色、緑、赤からなる三色旗です。これは私たちが独立を勝ち取るために使った偉大なる記憶に残る旗でもあります。黄色はミャンマーのすべての民族の団結、智慧、調和、愛情を表しています。緑は豊饒、平等、安定、平和、緑豊かな国を象徴しています。赤は勇気と決断を表しています。真ん中に描かれた星の白は純潔、高潔、共感、力強さを表しています。

国旗を掲揚したり、下したりする時には注意を払うとともに敬いの心をもたなければなりません。私たちは国旗を敬い、独立を維持することを誓い、国家に忠誠を約束します。

練習問題

1. 次にあげる単語の書き方を練習しなさい
   「偉大なる」、「智慧」、「表す」、「豊饒」、「力強さ」

2. 次にあげる言葉を使って文を作りなさい
   「お辞儀をする」、「緑」、「勇気」、「安定」、「敬う」

3. 次の問いに答えなさい
   (a) 国旗に対し敬う時、どのようにしますか
   (b) 国旗に使われている色を言いなさい
   (c) 国旗の黄色は何を意味していますか
   (d) 国旗の緑色は何を意味していますか
   (e) 国旗の赤色は何を意味していますか
   (f) 国旗に描かれた星の白は何を意味していますか
   (g) なぜ、国旗に対して敬いの気持ちをもたなければならないのですか

小学3年生「ミャンマー語」教科書の例

（出典）Ministry of Education, "Myanmar Grade 3," Curriculum, Syllabus and Textbook Committee, 2014-15 を筆者翻訳

する時には）注意を払うとともに敬いの心をもたなければなりません」、「私たちは国旗を敬い、独立を維持することを誓い、国家に忠誠を約束します」という記述によって、国旗への尊敬の気持ちは同時に国家に対する忠誠を誓うことを意味していると締めくくられる。

この単元内容を整理すると、〈国旗を敬うこと〉→〈国旗に込められた立派な精神〉→〈国家への忠誠〉という流れで説明が一気に進み、加えて、文章が断定調及び命令調で書かれているため、本文を読み終えた児童が最初にもつ印象は「こうしなければならないのだ」という一種の強迫観念にも似たものである。児童自身がこの文章について自ら考えたり、友人と意見交換を行ったりするような創造的な学びが生じる余地は全くない。

また、本文には小学三年生にとってはかなり難しいと思われる単語がいくつも出てくる。例えば、「団結」や「智慧」、「調和」、「豊饒」、「安定」、「決断」、「純潔」、「高潔」、「共感」などである。しかしながら、こうした難しい単語の意味について授業中に説明する教師はほとんどいない。また、児童にこれらの意味を理解させることまでは教育省からも求められていないと多くの教師は口を揃えて言う。

実際の授業では、教師は児童に対して繰り返し何度も本文を音読させ、暗唱できるようになるまで繰り返し練習させる。その結果、細かな意味は十分に分からないまでも、教科書の練習問題にあるような「国旗に対し敬う時、どのようにしますか」や「国旗の黄色は何を意味していますか」、さらには「なぜ、国旗に対して敬いの気持ちをもたなければならないのですか」といった問いにはすらすらと答えられるようになってしまう。

要するに、本単元「私たちの国旗」ではミャンマー政府がすべての国民に期待する正しい価値観を身に付けさせることが大きな目的であり、「なぜ、そうなるのか?」とか「なぜ、そうしなければならないのか?」といったことについて児童に考えさせる余地は一切与えられていないと言える。あくまでも、政府から見た正しい見解をそのまま鵜呑みにすることだけが期待されているのである。このことは、現行の教科書が軍事政権の真っ只中に編纂されたということと大いに関係があると筆者は考えている。

この単元においては、前述以外にもう一つ指摘しておかなければならないことがある。それは、本文の第二段落目に書かれた「これは私たちが独立を勝ち取るために使った偉大なる記憶に残る旗でもあります」という一文である。この説明から一般的に理解できることは、同単元に掲載されている現行の国旗は、長年の希望であった独立を実現した勇気あるミャンマー民族の強い意志を表し、独立当初から大切に使われてきたものであるという解釈である。しかし、実際には同国の国旗はこれまで何度も変更されており、教科書に取り上げられている国旗は二〇一〇年十月に当時の政権によって突然決定されたもので、独立当初に使われていたものではないのである。独立当初の国旗は赤と青の二色から構成され、左上に白抜きの星が配置されたもので、現在の国旗とは全くデザインが異なる。

参考までに、同国の独立前後から現在までの国旗を時系列に次に示した。これを見ると、第二次世界大戦の末期に我が国によって建国されたビルマ国（一九四二－四五年）の国旗が三色旗であったことが分かる。ただし、真ん中の図柄はコンバウン朝の印章であった緑色の孔雀が配されており白抜きの星ではない。また、現在のシャン州の州旗が三色旗であるが、真ん中は白抜きの丸が配されていることが分かる。いずれにしても、「これは私たちが独立を勝ち取るために使った偉大なる記憶に残る旗」

という記述から判断して、日本軍支配下当時の旗や少数民族であるシャン人の居住地域の州旗との関連は考えにくい。

しかしながら、もう一つ驚くべき事実があった。実は、反植民地主義及び民族主義を掲げて一九三〇年に結成されたドゥバマー・アシー・アヨウン（Dobama Asiayone、一九三〇－四〇年、われらビルマ人協会）の旗が三色旗であり、その真ん中には孔雀が配されていたのである。すなわち、日本占領下のビルマ国の国旗と同じだったのである。そして、ちょうどその頃、「三色の旗」という歌も大流行していたという。ドゥバマー・アシー・アヨウン結成の目的が、イギリス植

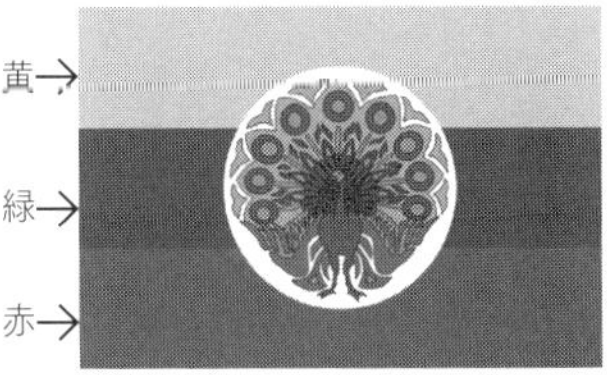

日本占領下のビルマ国の国旗（1942-45年）

独立当初のビルマ連邦の国旗（1948-73年）

軍事政権によるビルマ連邦社会主義共和国の国旗（1973-2009年）

軍事政権によって突如変更された現在の国旗（2010-現在）

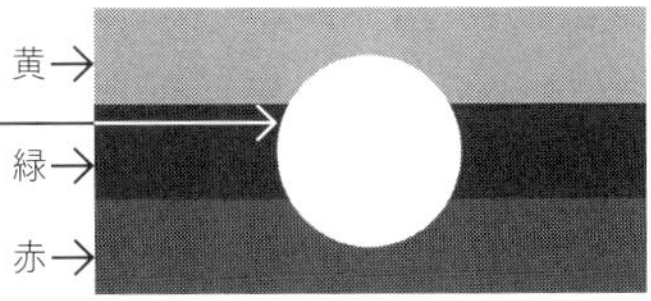

シャン州の州旗

（出典）教育省及びウィキペディア「ミャンマーの国旗」（https://ja.wikipedia.org/wiki/%E3%83%9F%E3%83%A3%E3%83%B3%E3%83%9E%E3%83%BC%E3%81%AE%E5%9B%BD%E6%97%97）

図3-1　独立前後から現在までのミャンマーの国旗の変遷とシャン州の州旗

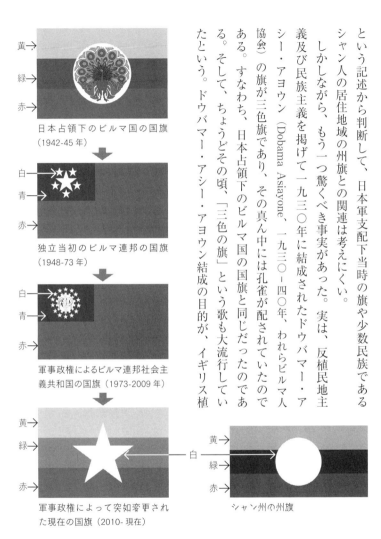

民地政府に対する抗議とビルマの完全な独立の獲得であったことを考えると、三色旗はミャンマーが独立を勝ち取るために使った偉大なる記憶に残る旗であるということにも納得がいく。

ただ、この単元には、右記のような説明が欠落しており、現在の三色と真ん中に白抜きの星を配した国旗が「独立を勝ち取るために使った偉大なる記憶に残る旗である」という風に誤って理解されてしまう可能性が非常に大きい。ミャンマー国民が正しい理解に至るためにも、早期に改訂が求められよう。

もう一つ「ミャンマー語」の例を見てみよう。「**礼儀正しく**」も「私たちの国旗」と同様に小学三年生の教材である。扱われる時期としては学年の半ば頃である。

この単元では、目上の人や先生、両親に接する際の様々な場面での礼儀作法について順に細かく説明されている。まず、姿勢は「体を少し前に曲げて姿勢を低く」しなければならないこと、何かを差し出す場合は「両手でもって丁寧に差し出」さなければならないことが述べられている。その後、食事をする時の作法と話をする時の作法が説明されているが、特に話をする時の作法については、正しい言葉使いから始まり、その話し方にまで説明が及んでいる。

この単元でも、断定調あるいは命令調で記述されており、本文を読んだ児童は決まって「こうしないといけない」という一種の強迫観念に似たようなものが植えつけられるようである。我が国の小学校の国語教育で一般的に見られるように、本文を読んだ後で、児童自身が自分で考えたり、自分の意見や考えを友人と共有するために話し合ったりするなどという余地はここには全くない。また、そういった学習活動はもとから期待されていない。

礼儀正しく

礼儀正しい子どもは先生や両親から好かれます。**先生や両親は行動や言葉使いにおいて礼儀正しくすることを子どもに諭します。**先生や両親に接する時には体を少し前に曲げて姿勢を低くします。何かを差し出す時には両手でもって丁寧に差し出します。

食事の時には目上の人が食べるまで食べてはい**けません。汚れた**手でスプーンに触ってはいけません。スプーンを握るのは左手です。またペチャ**クチャと音をたてて食べてはいけません。静かに食**べなければいけません。これらの食事作法は身体的な礼儀作法です。

目上の人や先生と話をする時には「カジャ（ジュンド、シン）」といった言葉を使います。**声をかけられた時には、私たちは「イン」**と答えてはいけません。「シン（カジャ）」と丁寧に答えます。何かを尋ねられた**時、「イン」と答えてはいけません。肯定的な意**味をもった「オウケ」と丁寧に答えます。

人と話をする時には大声を出したり、**下品な言葉を使ってはいけ**ません。上品な言葉で礼儀正しく話さなければなりません。こうした作法は会話における礼儀作法です。

次の格言を常に思い出しなさい。

「人の言葉がすんなりと人の耳に届く、
蜂蜜のように甘い話し方を心がければ」

生徒はみんな、家であってもどこでも礼儀作法と言葉使いについては賢明で正しく使うようにしなければなりません。

練習問題

1. 次にあげる単語の書き方を練習しなさい
「左手」、「音をたてる」、「下品な」、「蜂蜜」、「賢明な」
2. 次にあげる言葉を使って文を作りなさい
「諭す」、「曲げる」、「～まで食べて（して）はいけません」、「礼儀正しく」
3. 次の問いに答えなさい
(a) 目上の人の前ではどのように振る舞わなければなりませんか
(b) 食事の時、どちらの手でスプーンを使いますか
(c) ペチャクチャと音をたてて食べなければいけませんか
(d) 人と話をする時、大声で話さなければいけませんか
(e) 目上の人や先生に何かを差し出す時はどのようにしますか
(f) 目上の人や先生から呼ばれた時、どのように答えますか
4. 空欄に適切な言葉を入れなさい
(a) 食事の時には（　　）が食べるまで食べてはいけません
(b) （　　）でスプーンを触ってはいけません
(c) 目上の人や先生から声をかけられた時には、（　　）と丁寧に答えます

小学３年生「ミャンマー語」教科書の例
(出典) Ministry of Education, “Myanmar Grade 3,” Curriculum, Syllabus and Textbook Committee, 2014-15 を筆者翻訳

第1章の事例2で見たように、同単元の授業実践では、教師は児童に対して本文の音読を何度も何度も繰り返し行わせる。宿題として本文の全文を暗唱することを課す教師も少なくない。児童も教師から言われた宿題はきっちりと行い、ほぼ全員が暗唱できるようになる。同単元は比較的長い文章であるが、ほぼ全員の児童がそらですらすらと読み上げていたので筆者も非常に驚いた。そして、すべての児童が暗唱できるようになったら、今度は教科書の練習問題を一つひとつ児童に答えさせ、同単元の学習が終わる。

以上、現行の「ミャンマー語」教科書から二つの単元を取り上げ、その内容と授業実践の方法を簡単に見てきたが、これから分かることは、教科書にはある種の明確な価値観が含まれていて教師はそれを児童に徹底的に注入する役割を担っているということである。「私たちの国旗」では自国の国旗に対する尊敬の念と国家への忠誠という価値観であり、「礼儀正しく」では目上の人や先生、両親への接し方、話し方、食事のマナーである。繰り返しになるが、教材を通して児童が感じたり思ったりしたことを、自由に表現したり創作したりする活動は全くない。つまり、同国の国語教育では、「教科書を教える」ことが徹底されており、もっと言えば、教科書に書かれたことを丸暗記することが最良の学習であると信じられている。教科書から逸脱することや教科書に書かれた内容について「なぜ、そうなるのだろう?」などと自由に考えることは問題外とされているのである。

次頁の表は、初等「ミャンマー語」教科書で扱われる教材の種類とその中でかなり強い価値観を含んだ教材の数を示したものである。この表から一定の規則性を見つけることは難しいが、一つ言えることは、初等教育で扱われる教材のうち、かなりの数の教材が強い価値観を含んでいるということである。このことは、言い換えれば、児童が自由に考えたり、創造したりする学習活動が行われにくい環境になっているということでもある。

■「道徳公民」行動様式の矯正

次に「道徳公民」教育を見ていこう。同国では先に見た「ミャンマー語」に並んで「道徳公民」も「道徳的によき人間」（道徳公民教育の目標）を育成するための重要な科目の一つとされている。以下に典型的な「道徳公民」教育の例をいくつか紹介しよう。

まず、**「国家の誇りと愛国心」**は、小学五年生の教科書で最初に扱われる単元である。「道徳公民」教科書で扱われる教材は、そのほとんどが詩や物語であり、そこには当然のことながら強力な価値観が含まれている。この単元も例外ではない。「もし、君がこの国に住んでいるなら、この国に尽くしなさい」と始まるこの詩は、常に国家に感謝するとともに、国家へ忠誠を尽くすことの重要性を説いている。「木陰を住処にしている人々がその木の枝を折らないように…」という例の引用も小学生にとっては分かりやすいものであ

表3-1　初等「ミャンマー語」教科書における教材の種類と価値観を含む教材

教材の種類	1年生		2年生		3年生		4年生		5年生	
	数	%	数	%	数	%	数	%	数	%
詩歌	21	100	10	67	10	34	7	33	6	27
童話・物語	0	0	3	20	4	14	3	14	6	27
説明文	0	0	2	13	14	48	11	53	10	46
手紙文	0	0	0	0	1	3	0	0	0	0
合計	21		15		29		21		22	
うち、強力な価値観を含んだ教材	4	19	5	33	6	20	3	14	6	27

（出典）筆者作成

国家の誇りと愛国心

「もし、君がこの国に住んでいるのなら、この国に尽くしなさい」

これは昔からの言い伝えです。この意味は「自分の住む国に感謝する」ということです。

木陰を住処にしている人々がその木の枝を折らないように、感謝の念をもっている人は自分の国に忠誠を尽くします。

自分の国に忠誠を示さない人は、全く間違った人なのです。

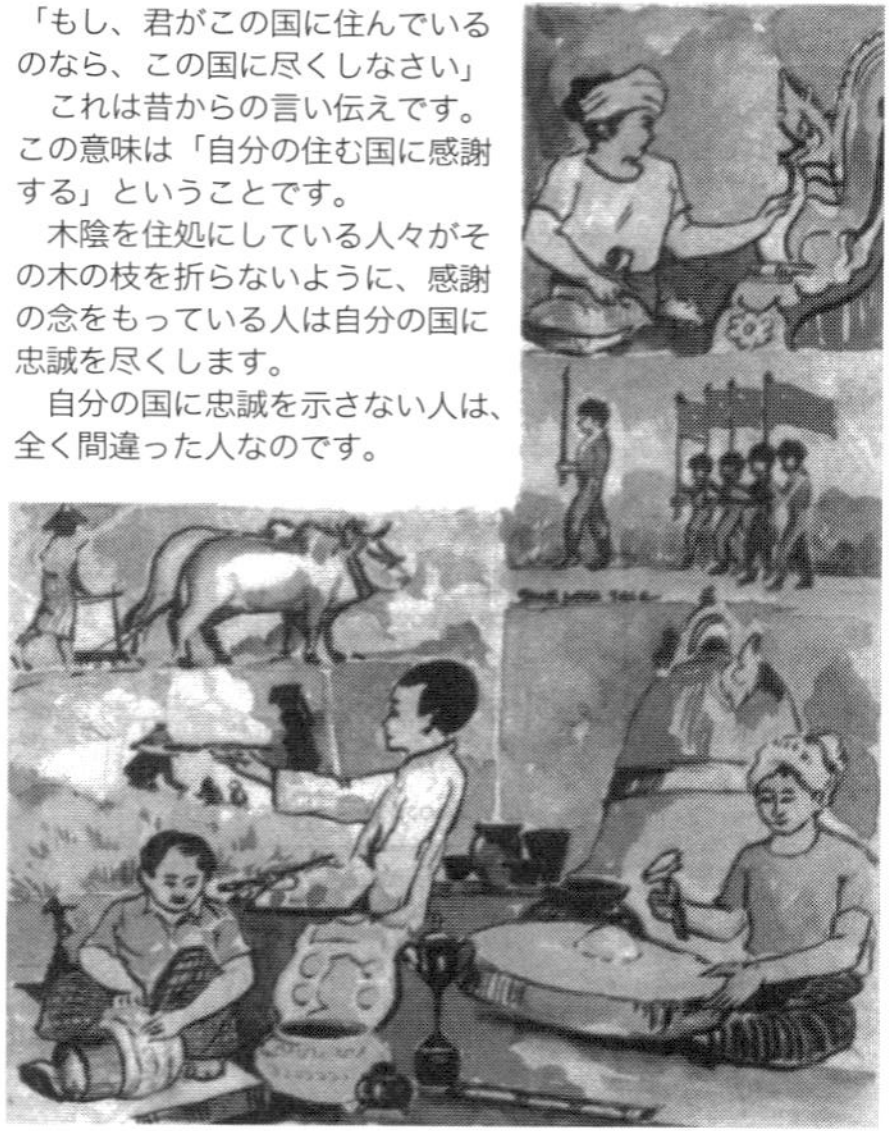

五つの教訓

(1) どのような生き物も殺さない
(2) 他人のものを盗まない
(3) いかなる間違った性的な行為もしない
(4) 嘘をつかない
(5) どのような中毒性のある飲料や薬も使わない

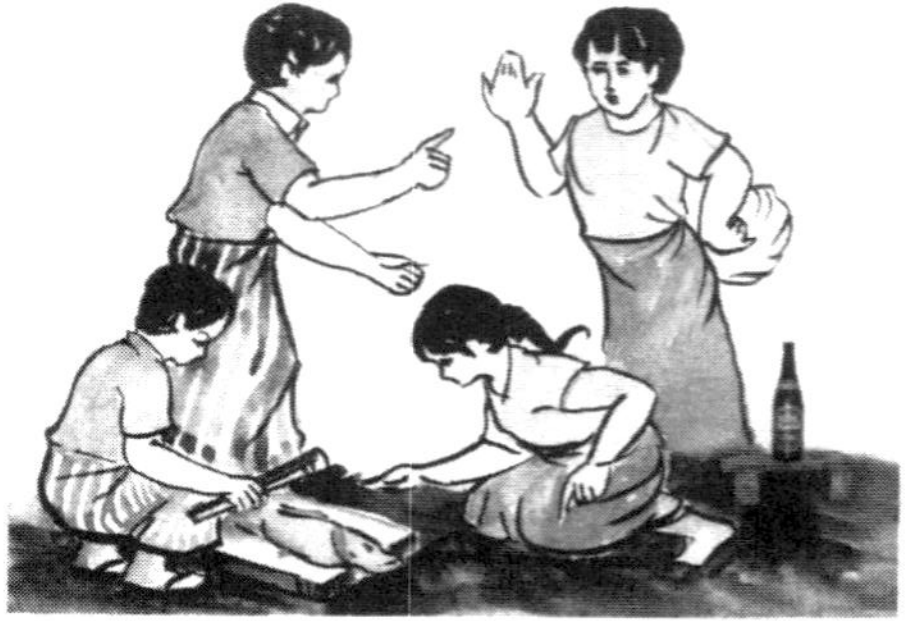

小学5年生「道徳公民」教科書の例

(出典) Ministry of Education, "Moral and Civics Grade 5," Curriculum, Syllabus and Textbook Committee, 2014-15 を筆者翻訳

ろう。そして、最後には「自分の国に忠誠を示さない人は、全く間違った人なのです」と言い切ることで、国家へ忠誠を尽くすことはすべての国民の義務であるかのように強調して終わっている。

また、この単元にはいくつかの挿絵が描かれており、これらはすべての国民が国家に忠誠を尽くしている具体的な姿として描かれている。寺院を磨いたり、軍事練習を行っている人々の姿である。

実際、この単元の授業では、教師は教科書の詩を数回朗読した後、今度は児童に何度も何度も繰り返し音読させ、暗唱できるまでそれを続ける。すべての児童が暗唱できた後、教師は児童に対していくつかの質問をする。「『もし、君がこの国に住んでいるのなら、この国に尽くしなさい』とはどういう意味ですか？」とか、「『木陰を住処にしている人々がその木の枝を折らない』というのはどういう意味ですか？」といったものである。当然、全文を暗唱できている児童はすらすらと答える。そして、最後に「これまでに会ったことのある人のなかで『感謝の念をもった人』を言いなさい」という問いを児童に投げかける。児童はしばらく考えて「両親です」とか、「先生です」といった回答をして授業が終了する。

これに続く単元「**五つの教訓**」では、殺生をしない、盗みをしない、間違った性的行為をしない、嘘をつかない、薬物を使わない、といった五つの事項が明示される。実際の授業実践では何度も音読が繰り返された後、それぞれの意味を児童に確認していく。それが済むと、いつものように全文の暗唱が行われる。

これら二つの単元の教科書記述も、やはり断定調あるいは命令調で書かれており、教師や児童に疑問を挟む余地を全く与えない。筆者はこれらの単元に二つの大きな疑問を感じている。一つ目の疑問は、愛国心や忠誠心をこのように一方的に強要してもよいものだろうか、別の言い方をすると、国家権力（この記述が国定教科書のものであるということから）が一般国民に強要してもよいのだろうかという疑問である。もう一つは、明確な理由なしに「～してはいけない」と禁止事項だけを覚えることにどのような意味があるのかという疑問である。小学五年生であれば、禁止行為にはその理由があるはずであり、それがどのような理由であるかも推測できるはずである。それにもかかわらず、なぜ、その議論をせずに、単に本文を暗唱するだけで終わってしまうのか全く不思議でならない。これも軍事政権による国民から思考力を奪ってしまう教育政策の表れであるのかもしれない。

小学四年生の「道徳公民」の教科書内容についても少し見ておこう。同学年で扱われる単元「**親切心**」もやはり短い詩から内容が構成されている。ここでの内容は、自分より目上の人、自分と同じ年齢の人、自分よりも年下の人に対しての接し方が説明されている。目上の人に対しては「尊敬」と「謙虚」、同じ年齢の人には「好意」、年下の人には「愛情」をもって接することが重要であると説かれている。そして最後には、こうした姿勢の対局にあるものとして「自分勝手な心」が述べられ、こうした心をもたないように諭されている。加えて、この単元には二つの挿絵が描かれており、どちらも目上の人に対する姿勢を表したものである。

それに続く「**善意**」も内容的には「親切心」と全く同じで、「親切心」の詩を別の言い方に置き換えたに過ぎない。他方、四つの挿絵が描かれており、そのうち二つは目上の人に対する姿勢、あと一つは同年代の人への姿勢、最後の一つは年下の人に対する姿勢が示されている。

これらの単元の授業実践でも、児童は本文の詩を暗唱できるくらい何度も繰り返し音読させられ

親切心

年上の人を尊敬し、謙虚に接しなさい
同僚には好意を示し、友達になりなさい
年下の者には愛情をもって接しなさい
もし、君の心が澄んで清ければ、
君はみんなから愛されるだろう
心しなさい！
決して自分勝手な心をもってはいけません

善意

目上の人を敬いなさい
その人たちには謙虚に接しなさい
同年代の人を敬いなさい
その人たちには友好的に接しなさい
年下の人には希望と愛と時には同情してあげなさい
純粋な心ですべての人を愛しなさい
身勝手な望みや気持ちは決してもってはいけません

トゥラ・ゾー作

小学４年生「道徳公民」教科書の例
（出典）Ministry of Education, “Moral and Civics Grade 4,” Curriculum, Syllabus and Textbook Committee, 2014-15 を筆者翻訳

る。その後、教師から「目上の人に接した時のことを説明しなさい」、「同年代の人に接した時のことを説明しなさい」、さらに「年下の人に接した時のことを説明しなさい」という三つの質問が順に出され、児童はそれぞれの質問に対して、両親に感謝した時のこと、友達と仲よく遊んだ時のこと、弟や妹を世話した時のことなどを発表する。

ここまではミャンマーで普通に見られる授業であるが、その直後に出された質問に筆者は思わず驚いてしまった。というのは、教師の口から「友達の中で自分勝手な人は誰ですか？」という質問が出されたからである。しばらくの沈黙の後、児童からは「○○君です」とか、「△△さんです」という個人名が飛び出してきた。教師はこの後授業をどのように進めていくのか、筆者は心配しながら注視していた。すると、教師は名指しされた児童をその場に立たせ、「自分勝手なことをしているのですか？」と問い質したのである。その子は恥ずかしくてその場に立ったまま何も言えないでいる。しばらく間をおいて、教師はゆっくりと諭すように「自分勝手な心をもってはいけませんよ」と言ってその児童を座らせたのである。まるで「公開裁判」のような光景に筆者はしばらく呆然としていたようで、参観をしていた他の先生から「授業が終わりましたよ」という一言をかけてもらって、ようやく授業が終了したことを知った次第である。

これら「親切心」と「善意」の二つの単元内容を再度注意深く検討していくと、単元名と本文の内容があまり合致していないことが分かる。先に見たように、どちらの単元も人への接し方についてであり、単元名で示された親切心や善意を直接的に扱ったものではない。どちらかと言えば、自分勝手や身勝手な心を慎むことが大きなテーマとなった単元である。ただ、残念ながら、こうした意見が学校現場の教師や児童から出されたということを聞いたことはない。批判的な思考をする機会を全く与えられず、ただひたすら教科書の記述を暗記暗唱することが唯一の学習方法であると考えられているミャンマーにおいては、こうしたことに気付く教師はほとんどいないのかもしれない。また、仮に気付いたとしても指摘すること自体がタブーとされているのかもしれない。

以上、四つの「道徳公民」の教材とその授業実践を見てきたが、そこから分かることは、前出の「ミャンマー語」と同様に、ある明確な価値観を含んだ教材を何度も音読させ、教材そのものを児童の頭の中に徹底的に注入しようという意図が見て取れるということである。ただ、「道徳公民」教育が「ミャンマー語」教育と異なっている点は、児童の日常生活における行動にまで入り込み、時にはその行動様式の徹底的な矯正にまで踏み込んでいる点である。例えば、「国家の誇りと愛国心」での「これまでに会ったことのある人のなかで『感謝の念をもった人』を言いなさい」という教師からの問いや、「親切心」での「友達の中で自分勝手な人は誰ですか？」といった問いはまさにその典型的な例と言えるであろう。

次頁の表は、初等「道徳公民」教科書で扱われる教材に含まれる価値観の種類について示したものである。この表からある種の規則性を見つけ出すことはできないが、同国の初等教育における「道徳公民」においては「尊敬・従順」、「責任」、「礼儀」、「共感」、「愛国心・社会団結」という五つの価値観が重視されてことは間違いない。筆者はこの中でも「尊敬」と「従順」が類似の価値観として見なされていることにある種の驚きを感じずにはおれない。これも軍事政権時代の思想が色濃く反映されている証なのかもしれない。

■「社会」　育ちつつある価値観の強化

次に「社会」の歴史分野について見ていこう。先にも触れたように、同国の現行制度では歴史教育は教科「社会」に含まれる一科目「地理・歴史」として小学四年生から開始される。初等教育段階では、同国で活躍した歴代君主及びイギリス植民地時代にイギリス軍と戦った同国の英雄たち合計十九人の物語が扱われる。なお、同国の通史が扱われるのは中学校からである。以下、典型的な二つの例を紹介したい。

最初の教材は小学五年生の教科書からの抜粋で、イギリス植民地軍に果敢に立ち向かうカヤ州の「**愛国指導者ソー・ラー・ポー**」と題された物語である。ここでは、ソー・ラー・ポーの簡単な人物紹介、ソー・ラー・ポーがイギリスと戦うことを決意するまでの背景、ソー・ラー・ポーとイギリスの戦いの三つが順に説明される。教科書の本文を読んで気付くことは、「愛国者」や「愛国指導者」、「愛国軍」というように繰り返し「愛国」という単語が使われ、最後に「我々の国家の誇り」と締めくくられていることである。これ

表 3-2　初等「道徳公民」教科書で扱われる価値観の種類とその数

価値観の種類	1年生		2年生		3年生		4年生		5年生	
	数	%	数	%	数	%	数	%	数	%
尊敬・従順	5	15	1	6	1	5	5	20	3	12
責任	7	21	6	35	7	33	6	24	5	20
礼儀	4	12	1	6	3	14	3	12	5	20
共感	4	12	0	0	2	10	3	12	5	20
愛国心・社会団結	3	9	2	12	1	5	2	8	3	12
その他	11	32	7	41	7	33	6	24	5	20
合計	34		17		21		25		25	

（出典）筆者作成

愛国指導者ソー・ラー・ポー

ミャンマーの愛国指導者たちはあらん限りの武器と男たちを集めイギリスと戦いました。この頃、我が国はイギリス植民地開拓者によってじわじわと侵略され始めていました。こうした中、反植民地の動きが国全体に起こってきました。カヤ州出身のソー・ラー・ポーはイギリスと戦った勇敢な愛国指導者の一人です。

ソー・ラー・ポーがソー・ロンと呼ばれる村に軍本部を設置すると、多くのカヤ人の愛国者が彼の軍に参加しました。彼はイギリス側につく者に対しては誰であっても許しませんでした。ある時、彼はマウクメイ地区を攻撃し、イギリス側についていた村長を追放しました。これに対して、イギリス側は激怒し、マウクメイ地区に軍隊を派遣しました。イギリス軍はソー・ラー・ポーに対し損害賠償を求めましたが、彼はそれをきっぱりと拒否し彼らと戦うことを決意しました。

1888年、イギリスは二つの軍隊を派遣し、ソー・ラー・ポー率いるカヤ愛国軍を攻撃しました。ソー・ラー・ポーはそれに対し何度も抗戦しましたが、装備に勝ったイギリス軍にはかなわず、ついに彼の軍本部はイギリス軍の手に落ちてしまいました。しかし、それでもソー・ラー・ポー率いるカヤ愛国軍はイギリス軍と戦い続けました。このことは、我々の国家の誇りでもあります。

練習1　なぜ、ソー・ラー・ポーとカヤ愛国軍はイギリス植民地主義者と戦ったのですか

練習2　ソー・ラー・ポーがどのようにイギリス軍と戦ったのか説明しなさい

小学5年生「社会」教科書の例

（出典）Ministry of Education, “Social Studies　Grade 5,” Curriculum, Syllabus and Textbook Committee, 2014-15 を筆者翻訳

によって「愛国」はすなわち「国家の誇り」であるということが強調されるのである。まさに先に見た小学五年生「道徳公民」の「国家の誇りと愛国心」につながる内容であることが分かる。
本単元の実際の授業は、第1章の事例1で取り上げたように、教師の朗読から始まり、その後クラス全員による一斉朗読、それから指名児童による朗読と続いていく。何度にも及ぶ朗読がようやく終わったところで、教師から質問が出され、その質問に児童が一斉に答えるというように展開していく。

教師　「ミャンマーは誰によってじわじわと侵略され始めましたか?」
児童一斉「イギリス植民地開拓者です!」
教師　「ソー・ラー・ポーはどこに軍本部を設置しましたか?」
児童一斉「ソー・ロンと呼ばれる村です!」
教師　「なぜ、ソー・ラー・ポーとカヤ愛国軍はイギリス植民地主義者と戦ったのですか?」
児童一斉「ある時、彼はマウクメイ地区を攻撃し、イギリス側についていた村長を追放しました…(中略)…イギリス軍はソー・ラー・ポーに対し損害賠償を求めましたが、彼はそれをきっぱりと拒否し彼らと戦うことを決意しました」

こうした教師と児童のやり取りを注意深く見ていくと、すべての質問は教科書に書かれた内容そのままであり、最後の質問は練習問題として教科書に掲載された問いそのものであることが分かる。教師が自分なりに考え、また児童の学習状況から判断して発した問いではないのである。そして、これらの質問に対する児童の回答も教科書の該当する部分を読んだだけであることが一目瞭然である。やはり、ここでも「教科書を教える」という同国の伝統的で慣習的な教授法が使われており、教師自身が自分の裁量で考えることはもちろん、児童が自分自身で考えたり、創造したりという学習活動は全くないことが分かる。

小学四年生の「社会」からもう一つ歴史教育の例を見ておこう。同学年で扱う教材の中心は古代王朝の君主を讃える物語が中心であるが、この単元「**偉大なる息子ヤーザクマー**（Raja Kumar）」はその中でも一風違った教材である。というのは、ヤーザクマーは歴代の君主ではなく、歴史上偉大な功績があるわけでもないが、歴史教材として大きく取り上げられているからである。これにはどういう理由があるのだろうか。

同単元の内容を見ると、ヤーザクマーはパガン王朝の三代目君主チャンシッター王とその恋人タンブラの間に生まれた男子であり、父親が正式に王位に就くまではチャンピュと呼ばれる田舎町で母親と細々と暮らしていた。しかし、父親が王位に就くと、七歳になっていた彼も母親と一緒にようやくパガンに呼び寄せられ一緒に暮らすようになったという出生の状況が説明されている。その後、十七年後に父親が病床に伏すと、彼は父親の恩に報いるために宝石で飾り立てた仏像を作製したり、パゴダを建立したりし、さらには父親が亡くなった後には父親の功績をすべて石碑に刻むという親孝行をしたことが述べられている。

本単元の授業実践でも、先述の「愛国指導者ソー・ラー・ポー」と同様に、教師による本文の朗読から始まり、その後、児童による本文の音読が繰り返される。児童の音読が一区切りしたところで、

偉大なる息子ヤーザクマー

パガン王朝の英雄の一人であるチャンシッターは、父アノーエタ王の怒りからチャンピュと呼ばれる田舎町に逃れていた時、ある隠者の姪であったタンブラと呼ばれる女性に恋をしました。

アノーエタ王が亡くなり、ソールーが王位に就いた時、ようやくチャンシッターはパガンに戻る決心をし、恋人タンブラに、子どもを産んだらパガンに来なさい、というメッセージを残してチャンピュを去りました。その後タンブラは子どもを産み、その子がちょうど7歳になった時、チャンシッターはパガン王朝の王となりました。

タンブラは息子を連れてパガンの宮殿にやってきました。チャンシッター王は彼女と息子に会うと大変喜び、彼女に対し「ウー・サウク・パン」という称号を授け、女王としました。そして3つの村とたくさんの宝石や装飾品を与えました。息子のヤーザクマーにも「ゼヤシッター」という称号を授け、ダヤワジ地域と山岳部の7つの地域を与えました。

しかし、17年間王位の座についていたチャンシッター王はある時病床に伏してしまいました。息子ヤーザクマーはこれまでに父から受けた恩恵に報いるために、多くの宝石で飾り立てた金色の仏像を作製しました。彼はその仏像を父の代わりとして、遺産として引き継いだ3つの村に寄付することにしました。それを聞いたチャンシッター王はたいそう喜び、「よくやった」と3度も繰り返し息子の行為を称賛しました。さらに息子はミンカバー村にパゴダを建立し、その中にその仏像を安置しました。

チャンシッター王が亡くなると、ヤーザクマーは父が成し遂げたすべての功績を石碑に刻んだのでした。

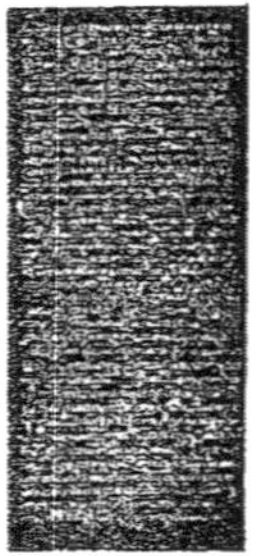

ヤーザクマーが作成した石碑

練習1　チャンシッター王はどのようにタンブラと息子を支援しましたか

練習2　ヤーザクマーは父であるチャンシッター王にどのように恩返しをしましたか

練習3　あなたは、偉大な息子や娘になるために、両親にどのようにして恩返しをするつもりですか

小学4年生「社会」教科書の例

(出典) Ministry of Education, "Social Studies　Grade 4," Curriculum, Syllabus and Textbook Committee, 2014-15 を筆者翻訳

「チャンシッター王はどのようにタンブラと息子を支援しましたか？」や「ヤーザクマーは父であるチャンシッター王にどのように恩返しをしましたか？」という問いが教師から発せられる。これらの質問に対して、児童はいつものように解答と思われる本文の該当箇所を読み上げる。そして最後に、教師は「皆さんは、偉大な息子あるいは娘になるために、ご両親にどのように恩返しをするつもりですか？」と児童に問いかける。これに対し、児童からは「両親を尊敬します」、「言われたことに従います」、「お手伝いをします」といった答えが出され授業が終わる。

以上、「社会」の歴史分野から二つの単元を見てきたが、ここから分かることは、「ミャンマー語」や「道徳公民」と同様に、「社会」の教材にもある種の価値観が含まれており、それを児童に注入することが意図されているということである。ただ、「社会」では、さらに一歩進んで、児童の心の中に育ちつつある価値観を強化することが目指されていると言えなくもない。すなわち「愛国指導者ソー・ラー・ポー」では愛国心や国家への忠誠という価値観が、ミャンマーの英雄（善）対イギリス植民地軍（悪）といった二項対立という単純化された図式を通して教え込まれ、愛国の精神は、現在という一つの時点において重要であるだけでなく、先祖から今日の私たちの時代に至るまでの長きにわたって伝えられてきた伝統的な価値観であることを児童の心に焼き付けるという訳である。「偉大なる息子ヤーザクマー」でも基本的に同じ技法が使われており、つまり、目上の人や両親に対する尊敬の念、従順さ、忠誠心といった態度は、ミャンマー人の祖先においても共通のものとして存在していたことを理解させ、こうした態度は祖先から受け継いだたいへん価値ある態度であることを児童にしっかりと体得させるという訳である。

ここで今一度、最初の疑問に戻ろう。歴代の君主でもないヤーザクマーがなぜ教材として選ばれたのか。その理由は、ミャンマーの軍事政権が国民に対して最も期待していたと思われる従順さや忠誠心といった価値観を教え込むために、ヤーザクマーは最適の人物だったからではないだろうかと筆者には思えてならない。

以上、同国における現行の「ミャンマー語」、「道徳公民」、「社会」という三つの教科を例にとって、その内容と授業実践について見てきた。これらに共通することは、それぞれの教材には国家（当時の軍事政権）が国民に期待する価値観が多分に含まれており、その音読の繰り返しや暗唱を通して、そこに込められた価値観を児童の心の奥底に徹底的に定着させることを意図した教育であるということである。こうした教育においては、児童が自由に考えたり、思考したり、創造したりすることは全く考慮されていない。むしろ、そういったことはタブー視されているとも言えなくもない。こうして、性格や思考方法の基礎が形成される学童期において注入された価値観は、その後、ミャンマーの人々の心の奥底にしっかりとした土台を築き上げ、彼らの生涯における行動規範となっていくのである。まさに、軍事政権の思想が、教育を通じて、知らず知らずのうちに国民の心に浸透し、人格が形成されていく過程を見ているかのようである。

■「算数」意味の軽視

ところで、「ミャンマー語」や「道徳公民」、「社会」以外の教科における教育内容はどうなっているのだろうか。次に、「算数」や「理科」といった理系の教科についても見ていこうと思う。まず、「算数」についてはどうであろうか。

ミャンマーの子どもたちは概して「算数」が苦手である。現行の「算数」教科書では小学一年生で加法と減法、二年生で乗法と除法が扱われる。しかし、小学二年生が終わった時点で四則計算を正確に行える児童はほんの一握り程度しかいない。小学五年生になってもまだ指を使って計算している児童も珍しくない。基本的な四則計算が十分に理解できていないことから、多くの児童がそれ以上の学習内容についていけず、「算数」の学力は低い状態で停滞してしまっている。なぜ、そのようなことが起こっているのだろうか。ここでは、その疑問を解き明かすヒントとして、四則計算の導入部分である「たし算の意味」、「ひき算の意味」（ともに小学一年生）と「かけ算の意味」、「わり算の意味」（ともに小学二年生）の各単元を検証してみよう。

まず、「**第3課　5までの数のたし算とひき算**」の単元では、次に示したように、最初に足し算の意味が説明され、練習問題をした後、引き算に移っていく。ここで最初に注目したいのは「たし算の意味」の部分である。ご存じのように、足し算には「合併」と呼ばれるタイプと「増加」と呼ばれるタイプがある。前者は、「Aさんはリンゴを二個、Bさんはリンゴを一個もっています。AさんとBさんのリンゴを合わせるといくつになりますか？」というものである。他方、後者は「Aさんはリンゴを二個もっていました。さきほど友達からリンゴを一個もらいました。今、Aさんはいくつのリン

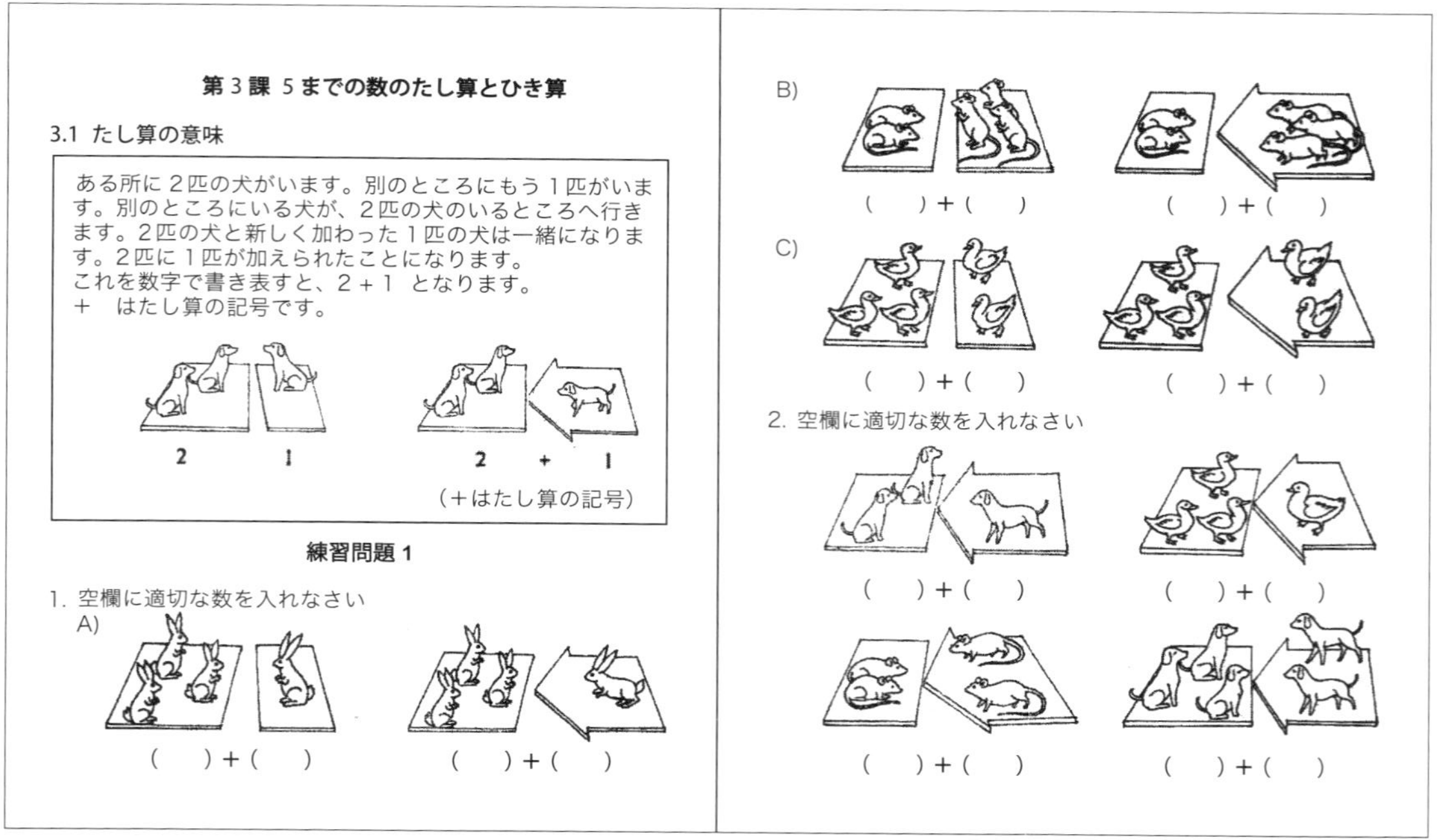

第3課 5までの数のたし算とひき算

3.1 たし算の意味

ある所に2匹の犬がいます。別のところにもう1匹がいます。別のところにいる犬が、2匹の犬のいるところへ行きます。2匹の犬と新しく加わった1匹の犬は一緒になります。2匹に1匹が加えられたことになります。
これを数字で書き表すと、2＋1 となります。
＋　はたし算の記号です。

2　1　　2 ＋ 1

（＋はたし算の記号）

練習問題 1

1. 空欄に適切な数を入れなさい

A)

(　)＋(　)　(　)＋(　)

B)

(　)＋(　)　(　)＋(　)

C)

(　)＋(　)　(　)＋(　)

2. 空欄に適切な数を入れなさい

(　)＋(　)　(　)＋(　)

(　)＋(　)　(　)＋(　)

小学1年生「算数」教科書の例

（出典）Ministry of Education, “Mathematics Grade 2,” Curriculum, Syllabus and Textbook Committee, 2014-15 を筆者翻訳

ゴをもっていますか?」というものである。どちらも計算式は「2+1」となり、答えも「3」であるが、その意味は全く異なっている。

そこで、ミャンマーの教科書の説明を見ると、その説明自体は「合併」のようであるが、図は「増加」を表しているように見える。実は、同国の「算数」教科書では「合併」と「増加」を明確に区別することなくうやむやにしており、「数が増える場合には足し算を用いる」という単純な発想で足し算を教えているのである。このことは文章題を解く際に大きな問題として表出してくる。

では、引き算はどうであろうか。引き算には「求残」、「求補」、「求差」という三つのタイプがある。「求残」とは「ここにリンゴが五個あります。そのうち二個を食べました。今、何個ありますか?」というものである。「求補」は「ここにリンゴとミカンがあわせて五個あります。リンゴは二個です。ミカンは何個ですか?」というものである。最後の「求差」は「ここにリンゴが五個、ミカンが二個あります。リンゴとミカンはどちらがどれだけ多いですか?」というものである。

これらの問いに対する解答はいずれも「5－2」であり、答えは「3」であるが、その意味は全く異なっている。

同国の「算数」教科書では、まず「求残」が扱われ、その意味を教えた後、このタイプの引き算を繰り返し練習する。その後しばらくしてから「求差」が教えられる。ただし、ここで一つ大きな問題がある。次に示す同国小学一年生の教科書を見て分かるように、説明においては、「枝に留まった五羽のオウム」と「鳥かごに入れられた三羽のオウム」を比較してどちらがどれだけ多いか、という単純比較とその差を求めるものとなっているのに対し、練習問題では「花」と「蝶々」といった全く異

「第3課　5までの数のたし算とひき算」の続き

3.6　ひき算の意味

犬が5匹います。今、そのうちの2匹がどこかへ行ってしまいました。
5匹の犬から2匹がいなくなったということです。
これを数字で書き表すと、5−2 となります。
−　はひき算の記号です。

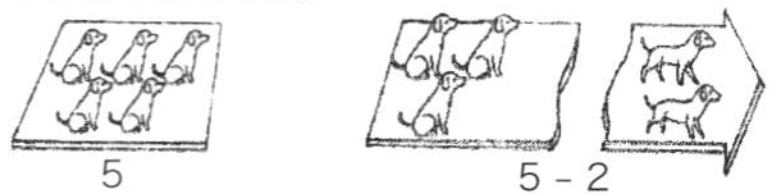

5　　5 - 2

（−　はひき算の記号）

練習問題 6

1. 空欄に適切な数を入れなさい

A）

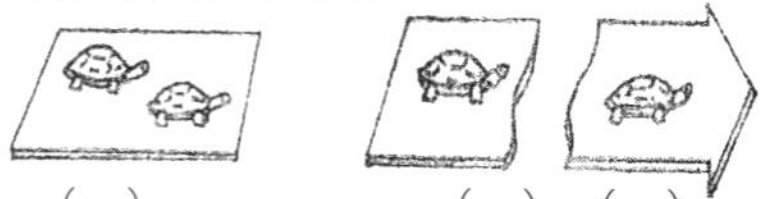

（　）　　（　）−（　）

B）

（　）　　（　）−（　）

「第5課　10までの数のたし算とひき算」の続き

5.3　差異

枝にはオウムが5羽います。鳥かごにはオウムが3羽います。
枝にいるオウムは鳥かごのオウムに比べて何羽多いですか

5　−　3　=　2　　答え　2羽

練習問題 8

1. 花が5輪咲いています。蝶々が7頭飛んでいます。1輪の花に1頭の蝶々が留まるとすると、何頭の蝶々が花に留まれなくなりますか

小学1年生「算数」教科書の例

（出典）Ministry of Education, “Mathematics Grade 2,” Curriculum, Syllabus and Textbook Committee, 2014-15 を筆者翻訳

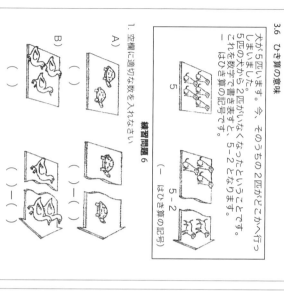

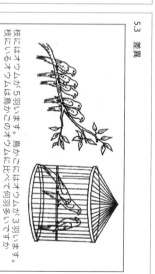

なるものを比較して、それも「一輪の花に一頭の蝶々が留まるとすると、何頭の蝶々が花に留まれなくなるか」という「花一輪対蝶々一頭」という対を作り出し、対が作れない蝶々の数を求めるという非常に複雑な概念を含む問題に変換されているのである。

さらに、同教科書ではもう一つの引き算のタイプである「求補」については全く説明がない。しかし、練習問題の中にこのタイプの問題が紛れ込んでいる。

このように、足し算、引き算について教科書の中でそれぞれの意味の説明が十分に行われておらず、その結果、児童はどういう時に足し算を用い、どういう時に引き算を用いるのかという理解が不十分なままに足し算や引き算を行わなければならないという状況に置かれてしまっている。数が増える時には足し算、数が減る時には引き算を使うというような、「何となく」や「雰囲気」といったもので足し算や引き算を行っているのが現状である。

ただ、そういう状況であるにもかかわらず、この段階ではまだ「何となく」の予想が当たる場合が多く、児童の解答は正解であることが多い。このことが、さらに児童が本当に理解しているのか、それとも「何となく」正解を出せただけなのかの判断を難しくしている。

では、乗法はどのように教えられているのであろうか。小学二年生の教科書の「**第6課　かけ算**」の単元を見ていこう。次頁にある乗法の説明を見て「何か腑に落ちない」と感じた方はどのくらいおられるだろうか。この説明は我が国の算数教育における乗法の説明とはかなり違っている。読者の皆さんの中には、小学生の時、どのようにして乗法の意味を学ばれたか、忘れてしまわれた方もおられると思うので、まずは我が国での一般的な乗法の導入を振り返っておこう。

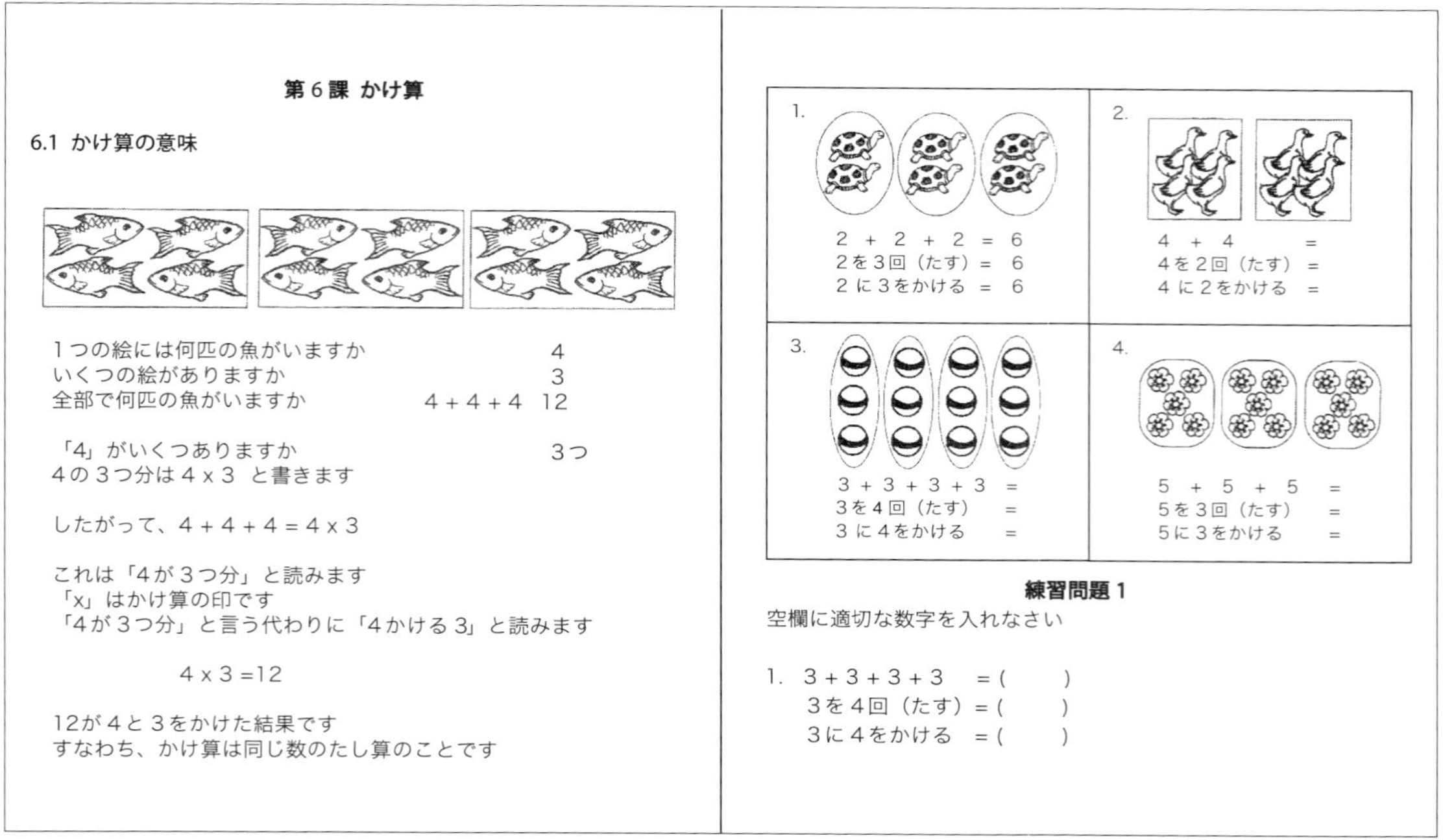

第６課 かけ算

6.1 かけ算の意味

１つの絵には何匹の魚がいますか　4
いくつの絵がありますか　3
全部で何匹の魚がいますか　4＋4＋4　12

「4」がいくつありますか　3つ
4の３つ分は４x３ と書きます

したがって、4＋4＋4＝4x３

これは「4が３つ分」と読みます
「x」はかけ算の印です
「4が３つ分」と言う代わりに「4かける 3」と読みます

4 x 3 =12

12が４と３をかけた結果です
すなわち、かけ算は同じ数のたし算のことです

1.
2 ＋ 2 ＋ 2 ＝ 6
2を3回（たす）＝ 6
2 に 3をかける ＝ 6

2.
4 ＋ 4 ＝
4を2回（たす）＝
4 に 2をかける ＝

3.
3 ＋ 3 ＋ 3 ＋ 3 ＝
3を4回（たす） ＝
3 に 4をかける ＝

4.
5 ＋ 5 ＋ 5 ＝
5を3回（たす） ＝
5に 3をかける ＝

練習問題 1
空欄に適切な数字を入れなさい

1.　3＋3＋3＋3　＝（　　）
　3を４回（たす）＝（　　）
　3に４をかける　＝（　　）

小学２年生「算数」教科書の例
（出典）Ministry of Education, “Mathematics Grade 2,” Curriculum, Syllabus and Textbook Committee, 2014-15 を筆者翻訳

我が国の算数指導では、均等分布と不均等分布の比較から、均等分布の場合の「ずつの数（一当たりの量）のいくつ分」として全量を求める新しい演算として乗法の意味指導が行われる。この「ずつの数のいくつ分」というのは乗法の基本概念であり、この意味を理解しなければ乗法を正確には使えない。

そこで改めてミャンマーにおける乗法の説明を見てみよう。四匹の魚が入った水槽が二つある。魚の合計数を求めるのに「４＋４＋４」と書けるが、これを乗法を使って「４×３」と表すという説明になっている。つまり、同じ数の足し算が乗法に置き換えられるという理解の仕方である。これは本文の最後にも「すなわち、かけ算は同じ数のたし算のことです」と明言されている。「同じ数をたす」というのは専門的には「累加」と呼ばれる。実は、同国の乗法の導入の仕方は、これまでの算数教育の研究成果から見て、あまり薦められるものではない。累加という方法は、見かけ上は乗法と原理はよく似ているが正確には同じものではない。繰り返しになるが、乗法の意味は「ずつの数のいくつ分」である。この基本概念をしっかり理解できていないと後々大きな問題に直面することになる。すなわち、除法に入った途端によく理解できなくて躓《つまず》いてしまうのである。

では次に除法の導入について見ていこう。小学二年生の教科書の「**第７課　わり算**」で初めて除法が扱われる。除法の意味の説明は、次に示す教科書にあるように、十二個の石があり、それを三個ずつ括っていくと、いくつの石の括りができるかという説明の下、「12÷３」という式が作られ、そこから「４」という答えが導かれる。これは決まった数ずつに分ける方法で「包含除」と呼ばれる除法である。

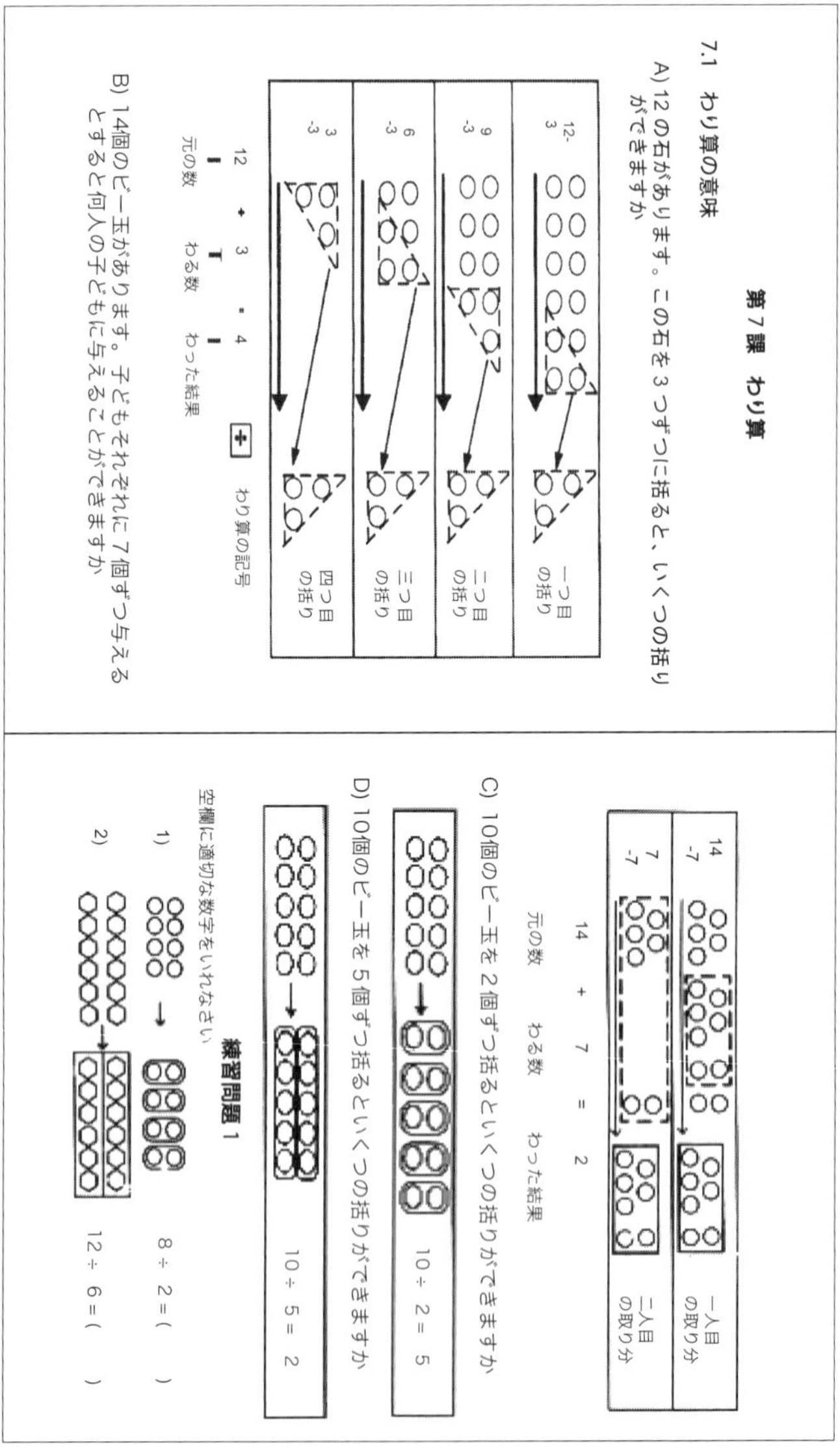

小学２年生「算数」教科書の例

（出典）Ministry of Education, "Mathematics Grade 2," Curriculum, Syllabus and Textbook Committee, 2014-15 を筆者翻訳

「第７課　わり算」の続き

7.2　等しく分ける

A)　6本のバナナがあります。2人の子どもに同じように分けるにはどのように分ければよいでしょうか。
最初にバナナを2本とり、それぞれの子どもに1本ずつ分けます。次に、バナナをさらに2本とり、それぞれの子どもにもう1本ずつ分けます。このように毎回2本ずつバナナをとっていくと何回そういうことができますか。3回です。

1回目
2回目
3回目

6本のバナナを2人の子どもに同じように分けると、それぞれの子どもは3本バナナを受け取ります。これがわり算です。

6本のバナナを2人の子どもに分ける場合、毎回2本のバナナが必要になり、これを3回繰り返します。子どもは3本のバナナを受け取ることができます。

6から2を繰り返し引きましょう。

$$\begin{array}{r} 6 \\ -2 \\ \hline 4 \\ -2 \\ \hline 2 \\ -2 \\ \hline 0 \end{array}$$

この方法では6から2を3回引きます。ですからわり算はひき算と関係があります。

B)　8個のビー玉があります。このビー玉を2人に子どもに同じように分けます。

8個のビー玉：◍◍◍◍◍◍◍◍

	残りのビー玉	マウン君の分	アウン君の分
1回目	◍◍◍◍◍◍	◍	◍
2回目	◍◍◍◍	◍◍	◍◍
3回目	◍◍	◍◍◍	◍◍◍
4回目		◍◍◍◍	◍◍◍◍

それぞれの子どもはビー玉4個を受け取る。
8 ÷ 2 ＝ 4

小学2年生「算数」教科書の例
(出典) Ministry of Education, “Mathematics Grade 2,” Curriculum, Syllabus and Textbook Committee, 2014-15 を筆者翻訳

その後、「包含除」をいくつか練習した後、しばらくすると、六本のバナナを二人の子どもに同じように分けるという別の除法が紹介される。これは先の「包含除」とは異なり、「等分除」と呼ばれるタイプの除法である。

さて、ここでも読者の皆さんは不思議に思われるかもしれない。というのは、皆さんが小学校で初めて割り算を学習された仕方とミャンマーでのその学習方法はかなり異なっているからである。我が国では、普通、割り算の「割る」という言葉が等分割を意味していることも考えあわせて「等分除」から先に教える。教科書の記述も「等分除」が先である。実際、児童がイメージする場合、「等分除」の方が容易でもある。一例をあげると、「魚が十二匹います。四匹一括りにして分けるといくつの水槽の魚は何匹ですか?」と「魚が十二匹います。三つの水槽に等しく分けると一つの水槽が必要ですか?」ではどちらがイメージしやすいであろうか。

しかし、ミャンマーでは難しい「包含除」を先に紹介しているのである。児童のイメージしやすさといったことはほとんど考慮されていない。さらに、「等分除」と「包含除」について、その違いを考えると、「等分除」は乗法における「ずつの数のいくつ分」のうちの「ずつの数」を求める除法であり、包含除は「いくつ分」を求める除法であると言える。ここで思い出してほしい。ミャンマーの乗法では、「累加」という概念を出して乗法を説明したことによって「ずつの数」という概念を教えていない。したがって、児童にとって「等分除」と「包含除」の違いを理解することがかなり難しくなるのである。

先にも触れたように、ミャンマーの子どもたちの乗法と除法の計算力は著しく低く、中学生になってもそのことは変わらない。この基礎的な計算力の低さは「算数・数学」の学習において大きな足かせとなっている。現場の教師からは常に「なぜ、生徒たちはこんなにも掛け算や割り算ができないのか？」という疑問が出されるが、その大きな原因の一つは小学校の「算数」教科書における記述にあると言えるのではないだろうか。

■「理科」科学的な見方・考え方の欠如

次に「理科」の教科書内容を見ていこう。一般に、理科教育の重要な目的の一つに科学的な見方や考え方を養うことがある。ミャンマーにおいても初等理科の目標に「自然現象に興味をもち、それらについて考える習慣を身に付ける」という記述がある。しかしながら、同国の子どもたちの「理科」の知識や能力は極めて低く、科学的なものの見方や考え方の習得という点から見れば、とても満足できる状況ではない。なぜ、そのようなことが起こるのだろうか。これから初等「理科」の教科書から典型的な例を見ていこう。

次にあげる内容は四年生の「理科」の教科書「**第６課　ものの変化**」からの抜粋である。この単元では、物体は熱によって三態に変化することを学習することが本来の目的である。授業では、教師は教科書の図にあるような簡単な実験を児童の目の前で行う。氷をしばらく観察して水になることを確認し、その後ビーカーに入れた水を熱して、水蒸気が出てくることを確認するという具合である。この実験の後、教師は次のように説明する。「氷は固体と言います。氷をしばらく置いておくと温まって水になります。水は液体といいます」。さらに説明は続く。「水を熱すると湯気が出ましたね。これ

第６課　ものの変化

氷（固体）　　水（液体）　　水蒸気（気体）

皿の上に氷のかたまりがあります。しばらくすると、氷のかたまりは溶けて水になります。その水をビーカーに入れかえて熱します。その水は沸騰し、水蒸気が出てきます。

もの（物体）はある状態から別の状態に変化します

練習１　次にあげるものはどのような変化であるかを考え、以下の表の適切な位置に書きなさい

- ●皿の上にアイスキャンディを置いておく
- ●炊飯器でご飯を炊く
- ●バターのかたまりを熱する
- ●灯油ランプを点灯する

固体から液体	液体から気体

練習２　濡れた衣服を太陽の下で干しておくと、なぜ衣服は乾くのか説明しなさい

小学４年生「理科」教科書の例

（出典）Ministry of Education, "Basic Science Grade 4," Curriculum, Syllabus and Textbook Committee, 2014-15 を筆者翻訳

は水蒸気といいます。これは気体です」といった具合である。

ここまでの実験と説明が終わると、教師は児童に「この実験から何がわかりましたか？」と問いかける。児童は一斉に声を揃えて「氷が水になって、それから水蒸気になります」と答える。教師は嬉しそうに「そうですね」と相槌を打つと、教科書の練習問題に移る。教師は各児童に考える時間を少し与え、大方の児童が出来たところで発表させる。練習１の発表において、ある児童が「炊飯器でご飯を炊く」という事象を「固体から液体」の変化であると発表した。これは明らかに間違いであるが、あらぬことか教師は「はい、よくできました」と正解にしてしまった。さらに、練習２では別の児童が「濡れた服が気体になって、なくなっていくからです」と発表すると、教師は少し困った表情を見せたが、すぐに「そうですね。服についた水が気体になって、なくなっていくからですね」と、こちらの発表も正解にしてしまい、最後に「皆さん、よくできましたね」と言って本時を終えたのである。

さて、ここで本単元の内容と授業実践を振り返って見よう。学習内容は物質の三態であり、再度繰り返すが、物質は熱によってその形状が固体、液体、気体へと変化するということを理解することが目的である。しかし、前述の授業実践からは単に目に見える現象だけが実験及び教師による説明によって行われたに過ぎず、「なぜ、そうなるのか？」という科学教育において最も重要な概念理解がすっかり抜け落ちてしまっていることが容易に見て取れる。このことは本授業実践の様々な場面からも証明できる。例えば、教師の「この実験から何がわかりましたか？」という問いに対する児童の回答が「氷が水になって、それから水蒸気になります」というだけであったこと、練習１の「炊飯器でご飯を炊く」という事象を「固体から液体」への変化であると答えた児童とそれを正解としてしまった教師の判断[1]、また練習2で児童から出された「濡れた服が気体になって、なくなっていくからです」という回答と教師による「そうですね。服についた水が気体になって、なくなっていくからですね」という確認などがあげられる。すなわち、「熱」という本単元での鍵概念がすっかり抜け落ちてしまっているのである。

残念ながら、この授業は科学教育（あるいは理科教育）とは言えない。本来は物質を構成する「粒子」についての基本的な考え方（基礎・土台）をここで築いておく必要があるが、そのことが一言たりとも触れられていないからである。なお、同様の内容が、引き続き小学五年生でも扱われているので、そこで「粒子」という概念が学習されるのかどうかを見たいと思う。

次に示したものは小学五年生の教科書「**第4課　異なった形状のもの**」からの抜粋である。授業では、教師が教科書に示された簡単な二つの実験を児童の前で行う。そして、（A）の実験では「温めると温度計の中の水銀が上がっていきます」と説明し、（B）の実験では「ビンの中の空気が風船の中に入っていくので、風船がふくらみます」と説明する。この説明の後に、教師はすぐに「水銀が上がったり、風船がふくらむのは、液体や気体が熱によって膨張するからです」という結論を伝える。

1　筆者は、この問いは本単元の問いとしては非常に不適切であると考えている。「炊飯器でご飯を炊く」という現象では、どうしても「ご飯」に注目して、硬い米から炊き上がったやわらかいご飯への変化を考えてしまいがちであるからである。しかし、この問いはそこに目をつけるとたちまち本来意図された目的を見失ってしまうことになる。ここでは、「炊く」ために米を浸した「水」の変化に注目しなければならないのである。

「第４課　異なった形状のもの」の続き

(A) の実験　温度計をお湯に入れると温度計中の水銀が上がるのはなぜでしょう

（A）液体の膨張

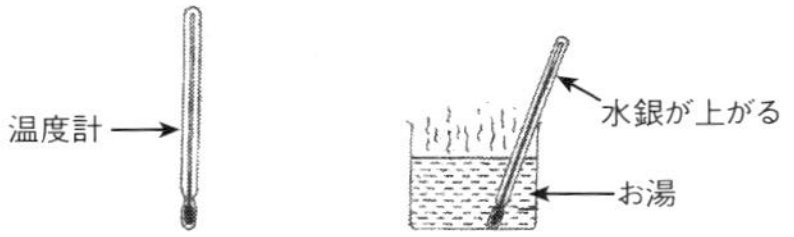

（B）気体の膨張

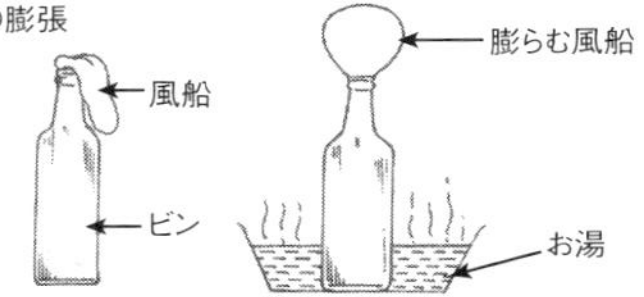

(B) の実験　風船を空のビンの口に固定します。ビンをお湯の中にしばらく入れておくと、だんだんと風船がふくらんできます。ビンの中の空気が風船の中に入っていくからです

液体は熱によって膨張する
気体も熱によって膨張する

練習１　コルクで栓をしたビンを熱いお湯にしばらくつけておくと、コルクはどうなるか

実用的実験　大きさは同じであるが、材質が異なり重さも違うものを使った実験

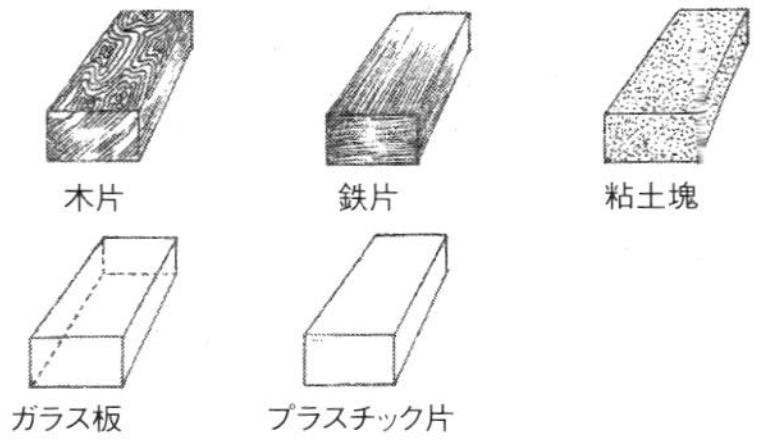

木片と鉄片を手に取りなさい。すると鉄片が木片より重いことがわかります。大きさは同じであるが重さがちがいます。これは密度が違うからです。大きさや形が同じであっても密度が違うと重さが異なります

練習　次にあげる大きさの同じものを重いものから順に並べなさい
「プラスチック片」、「ガラス版」、「木片」、「鉄片」、「粘土塊」

小学５年生「理科」教科書の例
（出典）Ministry of Education, “Basic Science Grade 5,” Curriculum, Syllabus and Textbook Committee, 2014-15 を筆者翻訳

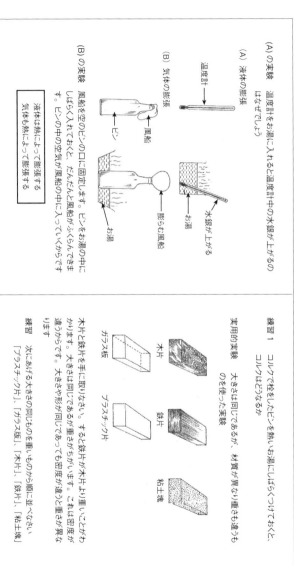

この時、「なぜ、温度計の水銀が上がったり、風船がふくらんだりするのか」ということについて児童に考えさせる機会は全く与えられない。加えて、授業の中で「粒子」という重要な概念が全く説明されていないところに、突然「膨張」という結論をもってこられても児童には何のことか全くわからない。結局、児童は「液体や気体は熱によって膨張する」という結論だけを暗記することになってしまう。

以上、見てきたように、ミャンマーにおける初等理科教育においては現象そのものの説明があるだけで、その現象の背景にある科学的な知識が完全に欠落していると言える。「なぜ、そうなるのか?」、「なぜ、そのようなことが起こるのか?」といったことは軽視されているかのようである。言い換えれば、科学教育において最も重要であり、かつ学習の醍醐味でもある探究や発見といった科学的姿勢を児童のなかに育成しようという意図が全く感じられないと言えるかもしれない。

これまで小学校の「ミャンマー語」、「道徳公民」、「社会」、さらに「算数」、「理科」についてそれぞれの国定教科書の内容を中心に、その教育内容と授業実践について、具体的な事例をあげながら見てきた。その中で分かったことは、教科書内容の多く、特に文系教科では「愛国心」や「忠誠」、「従順」といったある種の価値観が明確な形で含まれており、教科書の記述を暗記暗唱することによって、そこに含まれる価値観を体得することが教育実践の大きな目的になっているということである。これら価値観について児童自らが考えたり、その考えを表現したりすることは全く考慮されていない。別の言い方をすれば、そういった思考や表現はむしろタブー視されていると言えるかもしれない。要するに、教科書に示された価値観はたいへん大きな権威をもっているのである。そして、すべてのミャンマー人が否応なく体得しなければならないものとして示されているのである。

他方、理系教科については、「算数」にしても「理科」にしてもその内容の論理性、科学性において大きな問題があることが分かった。教科目標を見る限りにおいては、数量的思考能力や科学的・探究的能力の育成を目指すことが記載されているが、具体的な教育内容とその実践からはそのことが全く感じられない。それどころか、そういった能力を育成すること自体が暗黙裡に否定されているような印象さえ受ける。児童は、文系教科での学習と同様、教科書に示された現象とその理由を覚え込まされる。そこには現象に対するどのような科学的理解もないと言える。

以上のことから、現行の国定教科書は、ある種の価値観を徹底的に注入し、体得させることを狙うと同時に、思考力や探究力、特に論理的な思考や科学的な思考の習得ということに関しては極めて消極的な姿勢をとっていると言える。

ここからは私の個人的な感想であるが、現行の国定教科書の編纂当時はタンシュエ大将による軍事政権の真っ只中であり、軍部中心のかなり無謀で国民のことは軽視した政治が行われていた。そうした政治を正当化し、政権を安定させるためには、国民全体を無能化し、洗脳することによって、政府に対して反発しない従順な国民を育成していくことが重要な課題であったと考えることができる。高等教育機関のたびたびの閉鎖もその一つであるが、基礎教育においても国定教科書において教育内容を、政権に妥当性をもたせるもの、政権に忠実な国民を形成するようなものにすることが重要だったのであろう。その意味においては、現行の国定教科書は歴史的に見て、ある一定の役割を十分に果たしてきたと言えるかもしれない。

ただ、二〇一五年十一月の総選挙でアウンサン・スーチー率いる国民民主連盟（ＮＬＤ）が大勝し、翌二〇一六年四月には平和裡に速やかな政権交代が起こった。ミャンマーは正式に軍事政権に終わりを告げ、新しい民主主義国家に向かって新しい道を歩み出した。この新しい方向に向かう現在のミャンマーにおいては、現行教科書は思想的にも、内容的にも、教育方法的にも、あらゆる面において時代遅れであることは明らかであり、早急な改訂が求められよう。

２　教育方法

前節では同国の現行国定教科書の内容について具体的な例をあげながら概観してきた。その中で明らかになったことは、文系教科ではある一定の価値観の注入とそうした価値観に基づいた行動の強化が目指され、このことは児童生徒が自ら考えたり、創造することを軽視あるいは否定することによって、ますます強力に推し進められてきたということである。特に、「愛国心」、「忠誠」、「従順」といった価値観の重視は、現行の国定教科書が編纂された当時の政権を考えると、これを正当化するための一つの教育的戦略であったと言えなくもない。

実は、こうした戦略は単に国定教科書の内容だけではなく、学校現場における授業実践、すなわち教育方法においても大きな影響を与えていると言える。同国の教育方法の特徴を端的に述べれば、暗記暗唱を基礎とした教育であると言える。これは同国で古くから行われてきた伝統的な教育方法ではあるが、それが今なお根強く維持されているという事実には驚かされる。もう一つ、試験のための教育という非常に偏った教育方法が用いられているという事実である。以下ではこれら二つの特徴について詳細に見ていこう。

■暗記暗唱が基本

ミャンマーの学校を訪問すると驚かされることがたくさんある。その一つに、各教室から児童生徒の大きな声が、それも何かを斉唱しているかのような声が聞こえてくることである。実は、この声は児童生徒が教科書に書かれた本文を音読あるいは暗唱している声である。前節でも触れたが、授業では教師は何度も何度も教科書を音読することを児童生徒に課す。そして音読練習の後、教科書を見ずに全文を暗唱させる。クラスの児童生徒全員が斉唱する声は想像以上に大きく、教室内で反響し、それが学校中に轟《とどろ》き亘《わた》る。筆者が参観した授業の中にも、ちょうど児童生徒が全文を暗唱するというものが度々あった。第1章の事例2で取り上げた「ミャンマー語」の授業実践などはその好例である。

暗記暗唱を授業実践の中心的な学習活動としている教科目として、「ミャンマー語」や「英語」、「地理・歴史」、「道徳公民」などがあげられる。さすがに高等学校になると、授業中に生徒が一斉に暗唱するというような実践は少なくなるが、それでも「ミャンマー語」や「歴史」などでは依然として行われていることも事実である。

このような暗記暗唱を重視した教育が、傍目からもより鮮明な形で分かるのが定期試験時である。定期試験は単元末試験という形式で年間七回行われることになっているが、その当日の朝になると、早く登校してきた児童生徒の教科書を暗唱する声が校内のあちこちから聞こえてくる。それはまるでお経を唱えているかのようで、それぞれの児童生徒の出す声が校舎に反響して、非常に不思議な雰囲気を作り出す。

こうした暗記暗唱を中心とした教育方法は、ミャンマーにおいては仏教思想とその教えにその発生的根源を見出すことができる。まだ、近代学校が存在しなかった時代、同国では各地にあった僧院や寺院が文化継承の中心となり、地域の人々に様々な教育活動を施していたと記録されている。その教育活動は基本的には個別指導、個別学習を基本としており、仏典などを各人が読み、暗記暗唱することでその中に含まれた意味や内容を理解していくという方法をとっていたと言われている。このような方法が現代になっても変わることなく継続されているのである。

また、このような教育方法を教育哲学思想の視点から見た場合、永続主義的思想（Perennialism）が非常に強く反映されていると考えることができる。永続主義的思想とは最も古い保守的な教育哲学思想の一つであり、知的な人材を育成することを目的として、教師は過去に確立された普遍的な知識や社会的価値観を教え込み、学習者は有用と考えられる多くの知識を出来る限り覚え込むということを繰り返す。永続主義的思想の下では、学習者の興味や関心は不適切なものと考えられ、ひたすら重要な知的情報や価値観の教授学習に重点が置かれる。また、過去に確立された様々な知識や価値観を効率的に教授するために「教科」という枠組みが確立され、その中であらゆる知的情報が段階的・階層的に配列される。教師は絶対的な知的権力者であり、学習者は従順な弟子として扱われるのである。先に見たミャンマーの国定教科書の内容や授業実践から分かるように、同国の教育はまさにこの永続主義的思想を正確に体現したものであると言えないだろうか。

■試験第一主義

ミャンマーの学校教育では試験が非常に重視されており、試験によって進級や進学、さらにその後の人生まで決定されてしまうという厳しい現実がある。我が国も同じような傾向があることが以前から指摘されてきているが、同国の現状は我が国の比ではない。二〇一五年改正の国家教育法（ＮＥＬ）には、「批判的思考力をもち、身体的、精神的、道徳的、社会的、心理的に調和のとれた市民を育成する」といった教育目的が述べられているが、現行の試験を重視した風潮の下では、どうしても試験で高得点を獲得することが第一義であると見なされ、教育方法も知らず知らずのうちにそれを実現するための偏向した方法になってしまっている。

ここでは、試験のための教育になってしまっている現状をよりよく理解するために、まずはその背景にある定期試験制度と進級進学制度について見ていこう。

◇定期試験制度

現在、ミャンマーの学校では児童生徒の学習成果を評価するために定期的に試験が課される。この試験は一般に「単元末試験（Chapter-End Test: CET）」や「学期末試験（Semester-End Test SET）」と呼ばれている。一九九八年以前は学年末に行われる通常「学年末試験（Year-End Test: YET）」と呼ばれる試験成績によって児童生徒の進級及び進学が決定されていたが、児童生徒本人はもちろん、教員や

表 3-3　単元末試験及び学期末試験の時期

時期	試験
6 月	
7 月	第 1 回単元末試験
8 月	第 2 回単元末試験
9 月	第 3 回単元末試験
10 月	第 1 回学期末試験
11 月	
12 月	第 4 回単元末試験
1 月	第 5 回単元末試験
2 月	
3 月	第 2 回学期末試験
4 月	
5 月	

（出典）教育省に対する聞き取り調査結果をもとに筆者作成

父兄にとっても大きな精神的負担となっていたことから、同年「継続評価自動進級制度（Continuous Assessment and Progression System: CAPS）」と呼ばれる新しい制度が導入され、初等教育段階においては試験結果にかかわらず、すべての児童が自動進級できるようになった。[2]

なお、小学一年生及び二年生では単元末試験や学期末試験は行われず、代わりに「ミャンマー語」と「算数」のみ日常の授業実践の中で形成的評価（Formative Assessment）が行われることになっている。それ以外の学年では試験は主要教科（Core Curriculum）を対象に年間七回（単元末試験五回、学期末試験二回）実施される。[3]

単元末試験及び学期末試験は、小学校の場合はタウンシップ教育局（Township Education Office: TEO）、中学校の場合は県教育局（District Education Office: DEO）、高等学校の場合は地方域教育局（Regional Education Office: REO）あるいは州教育局（State Education Office: SEO）が監督責任機関とされているが、その実施を各学校に周知したり、その結果を収集して教育実践を評価する際の参考にしているのみで、実質的な試験実施に関しては各学校長の裁量に任されている。ただし、数年前までは単元末試験の実施時期を各学校に通知し、試験問題案を作成して各学校に参照させ、各単元末試験の成績結果を報告させるなど、かなり厳格な管理を行っていた。

単元末試験は基本的に通常の授業時間を用いて行われ、小学三年生は一教科三十分、四年生及び五年生は三十五分で実施される。中学校や高等学校では一教科四十五分で実施される。一日一教科ずつ行われ、試験後は通常の授業が行われる。各試験は二十五点満点とされている。他方、学期末試験は小学校、中学校、高等学校を問わず一教科一時間とされ、各試験は五十点満点である。一日一教科ずつ行われる。

さて、単元末試験及び学期末試験の作成は各学校長の監督の下、担当教師が行うことになっている。ほとんどの場合、教科書の単元末にある設問をそのまま引用したり、単元末試験用の冊子（従来、監督責任機関から配布されていた）に掲載された例題の数値や語彙を若干変えて活用したりするなど試験内容について十分に検討されることは希である。したがって、児童生徒からすれば、教科書の内容や教科書にある練習問題の正答を暗記しておけば単元末試験及び学期末試験で高得点が期待でき

2　これはミャンマーにおいて従来から採用されてきた「課程主義」から新しい「年齢主義」への転換とも捉えることができ、同国の教育史上における一大変革であった。実はこの二つの考え方には一長一短があり、どちらが良いという判断はなかなか難しい。「課程主義」は国や公権力が子どもに共通に一定の国民的教養を要求するもので、その意味では責任をもって教育しようとしているとも理解できるが、反面、子どもや国民に自由な成長や発達を保障するとは限らない。他方、「年齢主義」は一見無責任にも思えるが、実は個々の子どもの成長や発達を保障するための教育を重視し、国ないし公権力はできるだけ子どもの成長や発達に関与すべきではないという自由主義的な思想が背後にある（安彦忠彦『「教育」の常識・非常識』学文社、二〇一〇年、p.112を参照）。

3　近年、定期試験の実施においては地域によって多少違いが見られるようになってきている。例えば、ヤンゴンでは小学二年生から主要教科について筆記による単元末試験を行っており、その回数も五〜七回の間で行うこととされている。

るので、彼らは学習内容を理解するというよりも、むしろ教科書の暗記暗唱に集中することになる。当然の結果として、試験が終われば、暗記した内容はすぐに忘れてしまい、実質的にこうした定期試験が児童生徒の学習内容についての理解度を評価するものになっていないという指摘が多くの教育関係者から出されている。

参考までに、ヤンキン教員養成学校付属校（Yankin Education College Practicing School: YECPS）の小学五年生で用いた「社会」の単元末試験の一部を示しておく。これは「方角」の単元を学習した後の試験であり、教科書にある練習問題をそのまま使っている。この試験問題を見ると、第一問目からかなり奇妙な設問になっていることが分かる。すなわち、教室などの制限された空間内では、まず「東西南北」を使うことはなく、「前後左右」を使うのが普通であるが、ここでは「食器棚は教室の東にある」などと答えさせようとしている。ただし、教科書でそのように教えるように指示されているので仕方がないと言えばそれまでであるが、何ともすっきりしない気持ちは残る。

単元末試験及び学期末試験の本来の目的は、各単元における児童生徒の理解度を適正に評価し、その状況を各教師が把握すると同時に、個々の児童生徒にもフィードバックしてメタ認知を強化していこうというものであったと考えられる。すなわち、形成的評価としての運用である。しかしながら、実態は残念ながらそのようにはなっていない。というのも、単元末試験及び学期末試験の結果は本人に点数がフィードバックされるだけで、どこが理解できて、どこが理解できていないかというフィードバックはない。それ故、教師もどの児童生徒がどの箇所の理解が十分でなかったかという認識は薄く、単に点数によって「よくできた子」、「あまりできなかった子」と把握しているに過ぎない。

「社会科」単元末試験

1. 下の教室の見取図を見て、空欄に適切な方角名を入れなさい。

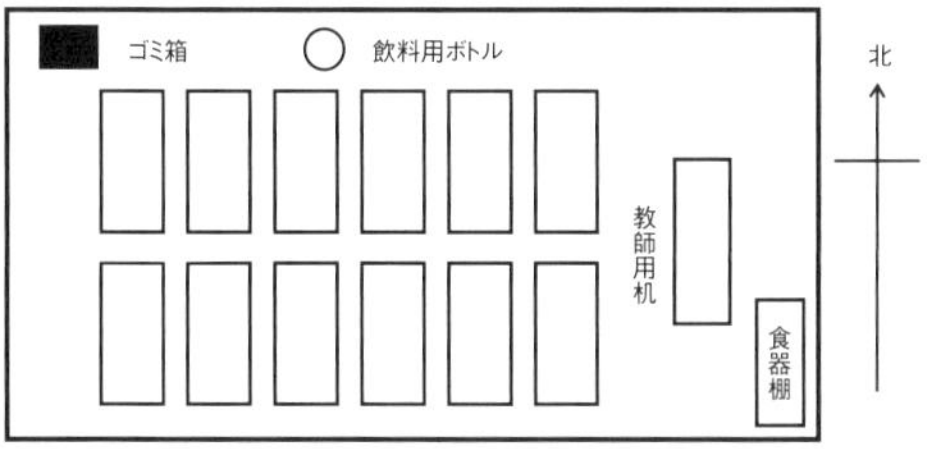

a) 食器棚は教室の（　　　　）にある
b) 飲料用ボトルは教室の（　　　　）にある
c) ゴミ箱は教室の（　　　　）にある
d) 教師用机は教室の（　　　　）にある

2. 下の図を見て、以下の問いに答えなさい

a) 南東に行くと、どのような動物がいますか
b) 南西にいくと、どのような動物がいますか
c) トラはどの方向に行けばいいますか
d) クマはどの方向に行けばいますか
e) 北にいくと、どのような動物がいますか
f) キリンはどの方向に行けばいますか

小学５年生「社会」の単元末試験（一部抜粋）
（出典）ヤンキン教員養成学校付属校より筆者入手・翻訳

なお、数年前から生の得点ではなく、「A」、「B」、「C」といったグレードを児童生徒にフィードバックするようになった[4]。この新制度の導入の背景には、生の得点では「私の方が一点高い！」とか「僕が最高点だ！」など、児童生徒がお互いに言い合い、競争が熾烈化していた状況を改善する目的があったということであるが、これによって児童生徒間の競争が緩和されたかどうかは疑問の残るところである。

また、単元末試験や学期末試験で低い点（通常四〇％未満の正答率の場合）をとった児童生徒については、補習及び追試が行われるが、その際、その児童生徒が理解できていない箇所について、彼らが理解し易いように多様な方法で再教授されることはほとんどなく、従来の授業で行っていたように機械的に正答あるいはその導き方を暗記させるだけである。そして、同じ内容の試験を再度実施するのである。したがって、再受験の児童生徒の中にはあらかじめ正答だけを暗記し、実際には十分な内容理解にまで至っていないにもかかわらず追試では合格点を獲得するという状況が常に生まれている。

こうしたこと以外にも、単元末試験及び学期末試験の実施方法においては現場教員から多くの批判が出されている。すでに触れたように、単元末試験や学期末試験は小学一年生と二年生を除くすべての児童生徒に年間七回実施することが定められている。これらの試験の対象となるのは「主要教科（Core Curriculum）」と呼ばれる教科のみであるが、それでも実施には最低五日程度は必要となる。年間七回の実施ということは、学期中ほぼ毎月試験を行っている計算となり、そのたびに各教師は試験問題の作成・印刷などの準備に追われることになる。これらの作業は通常の業務の上に、毎月追加的に行わなければならず、特に、小規模校ではそのための用紙や印刷設備がなく、紙代やコピー代は教師の自己負担となっている場合が少なくない。そのため、「算数」などのように比較的設問が短い教科は、白板に設問を書き、児童生徒が自分のノートにその解答を記述するという方法が採られているが、「ミャンマー語」や「社会」などになると設問自体が長くなるため、どうしても問題用紙を事前に準備する必要がある。

加えて、単元末試験や学期末試験の実施によって通常の授業が中断されるばかりか、試験の前にはそのための準備として練習問題などを復習として行うことが一般化しており、この復習の時間を確保するために通常の授業が実施できない状況となる。こうした通常の授業ができない状況が毎月のようにあり、教科書の内容を学年末までに終わらせることが難しいという苦情が学校現場から出されているのである。

◇**進級進学制度**

ミャンマーでは一九九八年に継続評価自動進級制度（ＣＡＰＳ）が採用されたことで、小学校段階では基本的に自動進級となり留年はなくなった。中学校や高等学校では定期試験の成績如何によって留年の可能性は残されているが、それでも年間七回実施される定期試験のすべての結果から総合的に判断されるようになり、従来のようにたった一回の試験結果の善し悪しで留年が決定されることはな

４　「A」は八十〜百点、「B」は六十〜七十九点、「C」は四十点〜五十九点の得点獲得者に与えられ、「D」は三十九点以下で不合格を意味する。「D」になると追試を受けなければならない。学年において、ある教科で一回でも「D」をとってしまうと、当該学年における当該教科の成績は「D」となってしまうということである。

くなった。進学についても同様で、前教育段階における総合的な評価によって中学校への進学あるいは高等学校への進学が決定されていた。

しかし、二〇一一年からのテインセイン政権による教育改革によって、この継続評価自動進級制度に大きな変化が見られるようになっている。すなわち、小学校及び中学校の最終学年（Grade 5とGrade 9）において卒業試験が課されるようになったのである。この試験は二〇一四年度から開始され、小学校の卒業試験は県教育局が、中学校の卒業試験は地方域教育局あるいは州教育局によって行われるようになった。試験対象は主要教科（Core Curriculum）のみであるが、小学校卒業試験は一教科九十分、中学校卒業試験は一教科百二十分と長時間にわたり、この試験で一教科でも不合格になった場合には、当該教科についての補習を受けた後、新年度開始直前に行われる追試を受けなければならないという非常に厳しいものである。

教育省の発表では、二〇一四年度の第一回試験において、第五学年の児童の合格率は全国平均で七五％、第九学年の生徒の合格率は五二％となっていた。ただし、補習受講後の追試では九〇％以上の児童生徒が合格したので、最終的にはほとんどの児童生徒が卒業できたことになるが、やはり数パーセント、実数にして小学校で約五万人、中学校で約六万人程度の児童生徒が卒業できなかった。[5]

実は、この卒業試験の導入は同国の教育史上に見る画期的な大変革であったと言える。すなわち、「年齢主義」から「課程主義」へ移行するものであり、ある意味、自由主義的な思想に逆行するものと捉えられなくもない。その点から、卒業試験の内容は慎重に検討され作成されるべきであったが、筆者が見るに、試験内容が十分に検討されたとは言い難い。小学校卒業試験を例にとれば、試験内容が第五学年の内容、言い換えれば第五学年の教科書に掲載された内容のみから構成されており、小学校課程全体を網羅したものになっていないこと、学習内容を理解していれば解ける問題というよりも、むしろ暗記していなければ解けない問題がかなり多いことなどがあげられる。次頁に二〇一四年度に行われた小学校卒業試験（第五学年の児童対象）の「社会」の問題の一部を示したので参考にしていただきたい。

さらに教育段階が上がり高等学校の最終学年（Grade 11）になると、高等学校課程修了と大学入試を兼ねた「マトリキュレーション試験」が実施される。試験教科は「ミャンマー語」、「英語」、「数学」の必修三教科及び三つの選択科目（「物理」、「化学」、「生物」、「歴史」、「地理」、「経済」、「選択ミャンマー語」より三科目選択）の合計六教科目である。各教科の試験時間は三時間で、二日間にわたって実施される。高等学校課程修了と認められるにはこの試験に合格する必要があるが、そのためにはすべての教科目において四〇％以上の正答率が必要とされる。一教科でも正答率が四〇％に満たないと不合格となり、高等学校課程修了と見なされない。同試験における例年の合格率は全受験者のおよそ三五％とかなり低い。不合格者は、翌年、再挑戦できるが、生徒本人はもちろん家族にとっても心理的に大きなプレシャーとなっている。

マトリキュレーション試験で好成績を収めた生徒は、高等教育への進学の道が開かれる。古くから

5　二〇一五年に行われた第二回目の卒業試験では、第一回目と違って、不合格者に対する補習や再試験がなくなり一回限りの試験に変更された。この制度変更により、どれぐらいの不合格者が出たのかは教育省から正式な発表がないので不明である。

セクションA（地理）

1. 以下の文章を読んで正しい答えをカッコ内から選びなさい
  a) ミャンマー連邦共和国の首都は（ヤンゴン・マンダレー・ネピドー）である
  b) パアンは（カチン・カヤ・カイン）州の首都である
  c) 最も人口密度の高い地方域は（ヤンゴン・マンダレー・エヤワディ）である
  d)（ヒスイ・アンチモン・真珠）はミャイット島で産出される
  e) 華氏による水の凝固点は（0度・32度・212度）である
  f) 上空から見て描いた絵を（地図・絵・縮尺模型）と呼ぶ
  g) ミャンマーは（東・南・東南）アジア地域に位置する
  h) ミャンマーの国土は（26万・27万・28万）平方マイルである
  i) ミャンマーの主要な産業は（機械工業・農業・牧畜業）である
  j) 時速5あるいは10マイル未満の風は（無風・弱風・微風）という

2. 以下の文章のカッコ内に適切な語句を入れなさい
  a) シャン州の州都は（　　　　　　）である
  b) チン州における主要作物は（　　　　　　）である
  c) ヤンゴン地方域には（　　　　　　）と呼ばれる造船所がある
  d) ミャンマーで最も高い山は（　　　　　　）である
  e) ミャイット島に居住する主要な民族は（　　　　　　）である

……………………………（中略）……………………………

セクションB（歴史）

5. 以下の文章を読んで正しい答えをカッコ内から選びなさい
  a) ウー・ポー・ソー率いる軍隊は1882年5月2日に（モエカウン・モエメイト・モエネ）を征服した
  b) バ・トゥ・タット・ミョはヤットサルトの（東・北・南）でバ・トゥ将軍となった
  c) パンロン合意の日は、（農民の日・独立記念日・連邦記念日）とされている
  d) バ・トゥ将軍は1945年3月8日に（フランス・日本・ドイツ）と闘った
  e) 英国植民地軍はチン愛国軍の（強力な精神力・頑強な人々・強力な軍隊）を撃退するのに長期間を要した
  f) 英国植民地時代、農民は英国による過剰な（石油・米・木材）貿易のため、経済危機に陥った
  g) ウー・バー・チョーは（新聞記者・ジャーナリスト・雑誌編集者）であり、かつ芸術面でも秀でていた

小学校卒業試験「社会」の試験問題（一部抜粋）
（出典）2014年度実施の小学校卒業試験、「社会」試験問題

あるヤンゴン大学（University of Yangon）やマンダレー大学（University of Mandalay）といった伝統を誇る総合大学のほか、専門大学（Professional Institutes）、単科大学（Degree Colleges）、短期大学（Colleges）など多様な機関への進学が可能となる。また、試験の成績によって大学での専門分野もある程度決定されるようで、一般に理系分野への進学には高い成績が求められ、特に医学系、理学系、工学系は最難関と言われている。他方、文系は理系と比べるとそれほど高い成績は求められておらず、例えば、教育学系への進学は易しいと考えられている。[6]

実は、このマトリキュレーション試験も同国の教育を硬直的なものにしている一因であり、多方面からの様々な批判や新たな制度への改革の必要性が指摘されているが、長年継続されてきた同制度を変革しようという動きまでは出ていないのが現状である。

◇試験のための教育

すでに述べたように、一九九八年からの継続評価自動進級制度の導入によって、従来のように一回限りの試験結果で児童生徒の進級や進学が決定されることはなくなったものの、実際には試験は未だに大きな権威であり、試験の成績によって「賢い生徒（Fast Learners）」や「鈍い生徒（Slow Learners）」といった差別的なレッテルを公然と口にする教師は依然として多く見られる。また、高等学校課程修

6　マトリキュレーション試験の点数によって、大学での専門分野が決定されてしまうが、その基準点が男女によって異なっているようである。例えば、医学系分野への進学に必要な基準点が男子より女子の方が高く設定されているという具合である。

了と大学入試を兼ねたマトリキュレーション試験は、その成績如何によって将来の人生が左右されてしまうこともあって、大きな精神的プレッシャーとして存在している。

こうした状況の下、児童生徒本人はもちろん、彼らの父兄までもが試験の結果に一喜一憂するようになっている。都市部では子どもを塾に通わせたり、家庭教師をつけたりする家庭も珍しくなくなってきている。ただ、全国的に見た場合には、学校の教師が放課後、希望する児童生徒に対して有料の補習を行うことが習慣として定着している。一人当たりの児童生徒から徴収する補習料は一回当たり五〇〇チャット（約五〇円）程度であり、個々の家庭にとってそれほど経済的な負担にはならないようである。しかし、給与が安く抑えられている教師にとっては補習によって得られる収入は決して少なくなく、時には正規の給与よりも補習から得られる収入の方が多いという教師もいるほどである。一時期、教員の間で有料の補習実践が過熱し、正規の授業をおろそかにする者が出てきたことから、政府はある一定の規制を敷くために「私的補習に関する法律（Private Tuition Law）」を公布したほどである。

前章でも触れたように、定期試験の対象になる教科は「ミャンマー語」、「英語」、「数学」、「理科」、「物理」、「化学」、「地理」、「歴史」、「経済学」といった主要教科（Core Curriculum）のみで、正課併行教科（Co-Curriculum）、すなわち「道徳公民」、「ライフスキル」、「農業」、「体育」、「芸術」では試験は行われない。試験が行われないということは、これらの教科目における児童生徒個人の成績は点数という形では出てこないし、進級や進学にも関係がないこともあって、教師をはじめ、父兄の間でもほとんど重視されていない。教師の側から見れば、少しでも児童生徒の定期試験の平均点を上昇させ、地域における「優秀な学校」という評判を得ると同時に、監督責任機関から「あなたの学校はよく頑張っている」という賞賛を得たいと考えており、父兄の側では、進学を有利にするためにも、少しでも我が子が好成績を収めることを願っている。こうした両者の事情が相まって、学校の中には正課併行教科の時間を削って、その分を主要教科の学習に当てているところもかなりあると推測されている。特に、一人の担任教師がすべての教科を教えなければならない小学校では、専門性の欠如及び施設や教材の不足といった理由から、正課併行教科を事実上、全く実施していない学校が非常に多いという報告もある。

また、試験結果が非常に重視されるために、教師の日頃の授業もどうしても試験を意識したものとなってしまいがちである。具体的には、試験に出題される部分は時間をかけて教えるが、試験に出題されない箇所はあまり詳細に説明しないとか、試験に出題されるような問題については理解の有無にかかわらず、とにかく正答を暗記させるというような授業が行われている。さらに試験前には復習の時間が設定されるが、その際、教師によって試験問題が漏らされてしまうこともそれほど珍しくない。児童生徒が高得点を獲得すれば、それは担当教師の力量の高さ故の結果と理解され、ひいては運営管理が上手く行われている学校と評価されるのである。

このように、試験で好成績を収めることだけを目的とした教育のあり方、あるいは学校運営のあり方に対して、従来から警笛が鳴らされてきたことは事実であるが、軍事政権の下では、そうした警笛は少数意見に過ぎず、残念ながら、こうした意見のほとんどが無視され続けてきた。現在、ようやく軍事政権が終焉を告げ、新しい民主政権が誕生したことで、一刻も早くこうした現状を改善していく道を切り拓いてもらいたいところである。

コラム3 タウンシップ教育局

ミャンマーは七つの州（States）及び七つの地方域（Regions）、それに一つの連邦領から構成される。七州とは、カチン（Kachin）州、カヤ（Kayah）州、カイン（Kayin）州、チン（Chin）州、モン（Mon）州、ラカイン（Rakhaine）州、シャン（Shan）州を指し、七地方域とは、サガイン（Sagaing）地方域、タニンサリ（Tanintharyi）地方域、バゴー（Bago）地方域、マグウェー（Magway）地方域、マンダレー（Mandalay）地方域、ヤンゴン（Yangon）地方域、エヤワディ（Ayeyawaddy）地方域を指す。他方、連邦領は首都ネピドー（Nay Pyi Taw）一帯を指し、大統領が直接統治する地域である。

州及び地方域の下には、順に県（District）、タウンシップ（Township、〈郡区〉と訳されることもある）、市・町（City / Town）、小区（Ward）、村（Village Tract）、集落（Village）などが置かれ、それぞれが行政単位としての役割を果たしている。現在、全国には六十三の県、三百二十四のタウンシップが存在している。

例えば、ヤンゴン地方域（Yangon Region）を見てみると、県として「北ヤンゴン（North Yangon）」、「東ヤンゴン（East Yangon）」、「西ヤンゴン（West Yangon）」、「南ヤンゴン（South Yangon）」の四県があり、それぞれが八タウンシップ、十四タウンシップ、十三タウンシップ、十一タウンシップに分けられている。

このタウンシップは教育行政における最小単位となっており、各タウンシップには教育局が置かれ、地域内にある学校の管理監督を行っている。筆者はヤンゴン地方域、東ヤンゴン県にあるヤンキン（Yankin）タウンシップ教育局を訪問したことがあるが、この教育局は、管轄区域内に小学校十一校、中学校九校（分校二校を含む）、高等学校二校の合計二十二の学校をもち[7]、タウンシップ教育局長（一名）、副局長（計画財政

7 これら二十二校のほかに、同管轄区域内には僧院学校一校と私立学校三校（小学校二校、高等学校一校）があるが、これらは同タウンシップ教育局の直接的な管轄ではない。

ヤンキン・タウンシップ教育局

担当と教育計画検査担当の計二名）を含む職員、総勢二十名で、これらの学校の監督業務を行っていた。

タウンシップ教育局の主要な業務として、まず管轄区域内の学校を定期的に訪問し、学校の教育状況を把握するとともに児童生徒の学習状況を確認するという仕事がある。ヤンキン・タウンシップ教育局では年間二回程度、すべての学校を訪問し、その際、月極記録カード（Monthly Report Card: MRC）と包括的個人記録（Comprehensive Personal Record: CPR）を確認しているということであった。また、学校訪問時には授業を行っている教室に飛び入りで参加し、そこで児童生徒の学習理解度や教員の授業実践の質を測っているとのことであった。

タウンシップ教育局は、各学校で行われている単元末試験や学期末試験について、以前はその開始時期や試験内容について一定のガイドラインを通知していたが、現在では各学校の校長に任しており、校長の裁量で試験時期が決定され、教科担当の教員と話し合って試験問題が作成されるようになっている。しかしながら、学年末試験の結果だけはタウンシップ教育局が回収し、その結果を分析し、各学校の教育状況や児童生徒の学習上の問題や課題がないかを検討しているということであった。

加えて、二〇一四年度から小学校及び中学校の最終学年で実施されるようになった卒業試験のうち、小学校卒業試験については県教育局が実施の責任を負っているとは言いながらも、タウンシップ教育局はその実施が円滑に行われるように補佐をしている。

以上のように、教育行政の最小単位であるタウンシップ教育局によってその管轄区域の学校が管理され、国からの新しい教育法令や規則を即時に学校現場に通達するとともに、地域内で問題を抱えている学校があれば迅速に専門的な支援を行うなど、地域内での教育実践が円滑に行われるように教育行政が機能しているのである。

３　学校施設

現在ミャンマー全土には約四万三千もの公立学校があり、その内訳は小学校が約三万校、中学校が約三千七百校、高等学校が約二千七百校となっている。それに加え、中学校課程のすべては網羅していないが、その内の一部を提供するポスト小学校と呼ばれる学校が約六千六百校ある。これらの数値から、ミャンマーの学校全体に占める小学校の割合は約七〇％で、他の学校種と比べて圧倒的に数が多いことが分かる。このことは、ミャンマー政府による初等教育の就学率向上に向けた努力の成果である。すなわち、他の学校種と比べ、小学校は全国の津々浦々で開校されるようになり、最も小さな教育行政単位であるタウンシップ内で初等教育が受けられる体制がほぼ整備されたと言える。

他方、中学校や高等学校の数はまだかなり少なく、一つのタウンシップに中学校であれば七～十校、高等学校であれば一～二校程度というのが通常である。

■大きな地域格差

ミャンマーの各学校の施設状況を調べてみると、その格差の大きさに驚かされる。高等学校や中学校はまだ数がそれほど多くなく、各地域のある程度大きな町や都市を選んで設置されているため、施設も大規模なものが多く、施設自体は古くても修繕や改修が行われたりして何とか日々の教育実践を行う上でそれほど大きな問題はないと考えられる。しかし、都市部だけなく、農村部や僻地に至る全国津々浦々に散在する小学校では施設状況の程度差は非常に大きい。

ヤンゴンにあるバハン第1小学校（BEPS No.1 Bahan）

例えば、大都市ヤンゴンの中心部バハン・タウンシップ（Bahan Township）にある第一小学校（BEPS No. 1 Bahan）は鉄筋コンクリート五階建て校舎を有している。同校は市内でも優秀校として有名であり、毎年数多くの入学希望者が押し寄せる。そのため、学校の敷地はかなり小さいが、大人数の児童を収容できるように五階建ての校舎が近年建築された。現在、千二百名を超える児童が二十五学級（一学年五学級）に分かれて学んでいるが、教室数が不足しているため、午前の部（七時～十二時、小学三、四、五年生対象）と午後の部（十二時～五時、小学一、二年生対象）に分けるという二部制を採用している。当然、午後からの授業は蒸し暑い中で行わなければならず、しかしながら、すぐ外はヤンゴン随一の大通りに面して車の騒音が大きいことから窓を開けることができない。仕方なく、校舎内は空調設備を備え、温度調整が行えるようになっている。

こうした都市型の大規模小学校に共通していることは校庭がないことである。あったとしても非常に小さい。同校もその例外ではない。同校では体育や児童集会などのために使うスペースを一階に準

エヤワディ地方域の農村にある小学校

備しているが、それでも児童二、三十人も入れば一杯で、かつ床はコンクリートとなっているため、あまり運動には適していない。
　他方、農村の小学校はそのほとんどが木造平屋作り・トタン屋根といった非常に簡素な施設である。校舎には教室が設置されているだけで、職員室や図書館などといった付属施設は一切ない。また電気が通じていればよい方で、まだまだ多くの小学校では電気がない。ただ、ミャンマーの学校は一般に午前八時頃から午後二時頃までの日中のみ授業が行われるだけで、それ以降は教員も児童もすべて自宅へ帰ってしまうので、電気の必要性がそれほど高くはないとも言える。農村の学校の多くは小規模で、児童数も百名を越えるような学校は珍しい。一学級も数十名で、学校によっては十分な数の児童がいなので複式学級を編成しているところも少なくない。
　農村部では校舎の外はすぐ広大な土地が広がっており、児童たちは外で自由に遊ぶことができる。地域や学校によっては、どこからどこまでが学校の敷地で、どこからが学校外の敷地であるか、その明確な境界がないところも多い。実は、こうした簡素な造りの小学校は、雨季になるとトタン屋根に雨が打ち付け相当大きな音が出て、教室での教師の声がほとんど聞き取れなくなる。ミャンマーでは雨季が半年以上も続くので、こうした教師の声が十分に聞こえない状況の中でも忍耐強く授業を受けている児童には感心させられるばかりである。

農村部でも僻地に行けば行くほど、小学校の施設はさらに貧弱になってくる。筆者が以前に訪問したサガイン（Sagaing）地方域のある小さな農村では小学校が一校あるのみで、その施設はまるで掘立小屋のようで丸太や煉瓦を積んで三方を壁で囲み、その上に藁や木材を置いて屋根にした程度の小屋に、黒板、長机と長椅子を備えただけという粗末極まりない施設であった。そこに全校児童約五十人が二つのグループに分かれて学習していた。この二つのグループとは低学年（小学一～三年生）と高学年（小学四～五年生）のグループで、それぞれのグループに一人ずつ教師がついて、自学自習のような形態で学習を行っていた。

サガイン地方域の小さな農村の小学校

■教室空間とその課題

ミャンマーの学校施設について述べる場合、これまで見てきたように建築物としての校舎以外に、その内部構造、すなわち教室空間の特徴についても触れておく必要がある[8]。

筆者は、これまでに何度もミャンマーの学校を訪問し、授業参観などを行ってきたが、いつも思うことは、教室内部がかなり殺風景であるということである。ミャンマーの一般的な教室にあるものと言えば、前面に掲げられた白板（あるいは黒板）、後ろに設えられた個々の児童生徒の弁当や持ち物を

教室に見られる国旗（右）と神棚（左）

置く棚、それに生徒二～三人が座れる長机と長椅子のみである。時々、壁に教材やポスターが貼られていることもあるが、そのほとんどはかなり以前に教育省から配布されたであろうと思われる古めかしいものである。学習活動の成果としての児童生徒の作品や彼らの自治的な活動の現れである学級日標や学級規則、さらに掃除当番などの役割を示す張り紙など、我が国の学校では普通に見られる掲示物がミャンマーの学校では全く見られない。

他方、我が国の教室では全く見かけないが、ミャンマーの教室ではほぼ必ず見られるものが二つある。それは国旗と神棚である。国旗は通常、教室前面の壁の中央、ちょうど白板（あるいは黒板）の上に掲げられており、常に児童生徒の目に入るように配慮されている。神棚も前面の壁の入り口に近い側に設えてあることが多く、仏陀の写真と花が供えられている。[9]

では、これからミャンマーの学校の教室空間が抱える課題について見ていき

8　ここで少し技術的なことを述べておきたい。我が国では学校施設を全国一定レベルに整備できるように一九五〇（昭和二十五）年に「鉄筋コンクリート造の標準設計」が作成され、教室の大きさは奥行七メートル×間口九メートルと定められた。また、天井の高さは同年制定の建築基準法で三メートル以上でなければならないと定められている。しかし、ミャンマーには教室建設に関する厳格な規定はない。なお、我が国も近年、教育実践の多様化の影響を受けて、こうした基準や規定の見直しが行われており、従来の規格以外の教室も出現している。

9　これは同国の人口の大部分を占める仏教徒の習慣であり、少数民族地域ではキリスト教やその他の宗教が信仰されており、この限りではない。

たい。通常、ヤンゴンやマンダレーといった大都市や地方都市の学校の教室環境はかなり悪いと言われている。これは一学級当たりの生徒数が多過ぎるためである。筆者が訪問したヤンゴンのある学校では一学級の生徒数が七十人という状況で、教室は生徒で溢れかえっていた。教室には長机と長椅子がぎっしりと置かれ、それぞれに五～六人もの生徒が肩を寄せ合って座っていた。このような状況下では教師は一方的に講義をし、生徒はそれを聞いてノートをとるという学習活動以外に何も行えない。また、教師が一人ひとりの生徒の学習状況を確認したり、把握したりする余裕はなく、一斉講義を行い、一斉学習を強制する以外に授業を進めていく方法はない。我が国であれば、このような状況下では教師の講義を聞かずに悪ふざけをしたり、居眠りをしたりする生徒が続出することは想像に難くないが、ミャンマーでは、教師が厳しく生徒を躾けているためだろうか、どの生徒も前を向いて教師の講義を聞いていた。ただし、教師の説明を十分に理解しているかどうかに関してはかなり疑わしいが…。

　他方、農村部の小さな町や村に行くと、過密学級は見られなくなるが、代わって複数の学級が一つの大部屋で別々に学習しているという一風変わったミャンマー独特とも言える状況に出くわす。学校全体の生徒数はそれほど多くはなく、一学級当たりの生徒数も十数人程度と少ない。しかし、彼らは

都市部に見られる超過密学級
（出典）牟田博光「ミャンマーの教育の現状・課題、特に質の観点から」（発表資料）、2016年より転載

大教室での複数の授業実践
上：農村部の小学校で複数の学級が大教室で別々の授業を行っている　下：地方都市の小学校の大教室で複数の学級が授業を行っているが、衝立で仕切られている
（出典）上：筆者撮影、下：牟田博光、前掲書、2016年より転載

別々の教室で授業を受けるのではなく、一つの大きな教室の中で学級ごとに集まって、それぞれの教師が行う授業を聞くのである。それぞれの教師の声は同じ教室の中で反響し合い、時にはほとんど聞き取れないこともある。ましてや教師から遠い後ろの方に座っている児童生徒は、彼らを担当している教師の声よりも、隣の学級の授業を担当している教師の声の方がよく聞こえるという場合も決して珍しくはない。資金的に多少余裕がある学校は、衝立などでそれぞれの学級を仕切っているところもあるが、農村部の学校ではそういう衝立がある学校自体非常に珍しい。

筆者は以前に一度このような学校を訪問した際、「校舎を建築する際、なぜ個別の教室を作らず、このような大教室方式にしたのですか?」と質問したことがある。それに対し、同行していた当該学校を管轄する教育行政官は、毎年入学する児童生徒数が変動するために学級編成がとても難しいこと、また児童生徒数が十分でないため政府から配置される教員数も少なく一学年一学級というようには学級編成ができない場合が多いことを理由にあげてくれた。したがって、このように柔軟に対応できる大教室方式の方が便利であると説明してくれた。

4　教員とその力量

ミャンマーの学校教員は、現行制度によれば、高等学校もしくは大学を卒業後、教員養成学校（Education Colleges: EC）や教育大学（University of Education: UOE）、あるいは国家民族開発大学（University for the Development of National Races: UDNR）といった教員養成課程をもつ教育機関で、少なくとも六ヵ月、最高で四年の教員養成課程を修了することになっている[10]。しかしながら、現行制度以前に教員になった者や二〇一三年度から臨時措置として雇用された日給臨時採用教員（Daily Waged Teachers: DWT）なども混在しており、すべての教員が現行制度で規定されている学歴を有しているとは言えない。

二〇一五年に同国で行われた学校調査の結果[11]によれば、小学校の教員（教職経験四年以上の場合）については、教員資格を有していない教員が一%、教員養成学校で一年間の課程を修了した教員（CT.Ed.）が二%、二年間の課程を修了した教員（DT.Ed.）が二二%、現行以前の制度における小学校教員の資格を有する教員（Primary Assistant Teacher Certificate: PATC）が二九%、同じく中学校教員の資格を有する教員（Junior Assistant Teacher Certificate: JATC）が四二%、大卒者が四%となっている。他方、同じ小学校の教員でも教職経験四年未満の場合には、教員資格を有していない教員が八%、日給臨時採用教員（DWT）が二二％、教員養成学校で一年間の課程を修了した教員（CT.Ed.）が三八％、二年間の課程を修了した教員（DT.Ed.）が一七％、現行以前のＰＡＴＣを有する教員が一三％、同じくＪＡＴＣを有する教員が一％、大卒者が一％となっている。

この二つの統計から分かることは、現在、小学校で教鞭をとっている教員のほとんどは高等学校あるいは大学を卒業した後、教員養成課程を提供する学校で一、二年の教育課程を修了しているが、教職についてまだ四年未満の経験年数が浅い教員だけを見ると、その半分以上が高等学校あるいは大学は卒業しているものの、一年程度の教員養成課程しか修了していないか、全くその課程を経ていない教員であることが分かる。

筆者はこれまでにミャンマーの数多くの学校教員の方々と話す機会をもったが、そこでいつも感じることは、なぜ、こんなに女性教員が多いのだろうかということである。特に小学校教

10 ミャンマーの現行の教員養成制度については第4章で詳述する。
11 Ministry of Education, "Myanmar School Survery 2015," 2016. を参照。

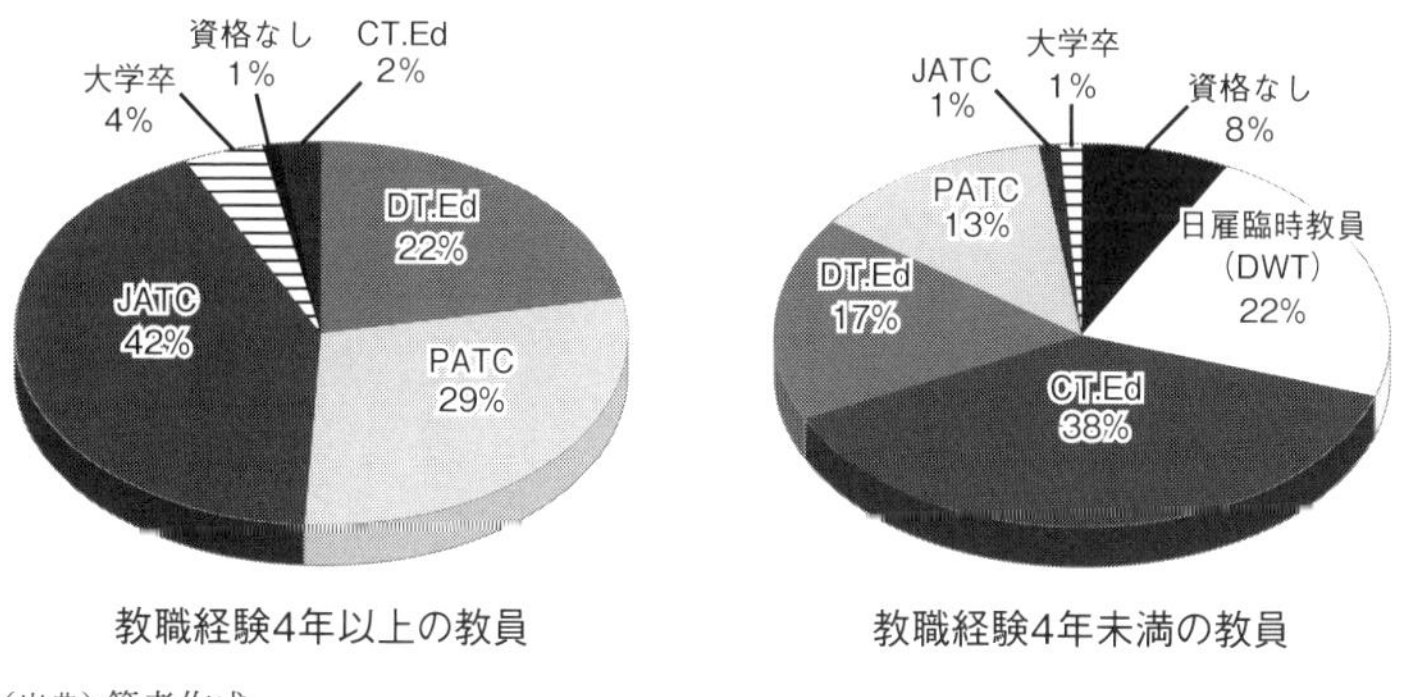

（出典）筆者作成

図 3-2　小学校教員の学歴（2015 年調査）

員はそのほとんどが女性であり、中学校や高等学校になってようやく男性教員が見られるという状況である。これは一体どういうことなのだろうか。実は、この現実の裏にはミャンマーにおける「教師」に対する社会通念と経済的な待遇が大きく影響している。

ミャンマーでは「教師」という職業はそれほど難しい職業だとは考えられていない。毎日、子どもたちに教科書に記載されたことを覚えさせるという易しい業務に加え、一日当たりの労働時間も朝八時から午後二時くらいまでと比較的短く、かつ夏休み（四月〜五月の約二ヵ月間）や学期休み（十一月に一週間程度）などもある。また、基本的に転勤がなく、通常は自分の生まれ育った土地から離れることなく一生同じ場所で暮らせるという利点がある。

こうした社会通念も影響しているのか、「教師」の給与水準は他業種に比べ極めて低い。小学校の初任給が月額約八千円程度、小学校の校長でも一万円程度という低さである。この給与水準では独立して生計を立てていくことは難しい。

こうした社会通念及び経済的待遇の低さから、「教師」という職業は若者が自ら進んで目指す進路ではなくなっている。もちろん、同国の伝統に従えば、「教師」は尊敬に値する人物であると考えられていることは事実であるが、仕事内容自体が単調（ミャンマーでの一般の人がもつ印象）で、かつ給与水準の低さを考えると、優秀な学生はこの進路を決して選択しないことは明らかである。反対に教師になった者の中には、言い方は悪いが、成績が悪すぎて、本来希望していた分野（例えば、医学や工学など）に進むことができず、最終的にこの道しか選択肢が残されていなかったという者もかなりいる。もちろん、早くから教師になることを夢見て、一所懸命勉学に取り組み、成績優秀で大学を卒業した者もいることは確かであり、その事実を否定するつもりは毛頭ない。

加えて、女性の場合、ミャンマーの伝統的な慣習として、地元に残って親兄弟の面倒を見ていくことが暗黙裡の了解としてあり、また、結婚しても必ずしも主たる生計者になる必要はない（男性が主たる生計者となる）という考え方があるため、就職しても転勤がなく地元に残れる教職は、たとえ給与水準が低くても女性であれば受け入れられるのである。

ところで、こうして「教師」の職を得た教員たちの力量はどれほどのものだろうか。率直に言うと、高等学校あるいは大学を卒業しているとは言うものの、彼らはそれほど優秀な成績で卒業した訳ではなく、大半の者が平均程度の成績であったと言える。加えてすでに見てきたように、暗記暗唱型の教育を受けてきたために、自分で考えたり、疑問に思ったことを調べたりするような学習経験はない。また、「覚えること」イコール「分かること・理解すること」であるという大きな誤解をしているために、本当に「理解できる」ということ、いわば「腑に落ちる」ということがどういうことであるのか分かっていない。したがって、理解しやすい方法や教え方という概念をもち得ず、ひたすら「暗記する」、「覚える」ことが最良の学習方法であると誤解している教師が非常に多いのである。

以下では、もう少しミャンマーの学校教員の現状についても見ていこう。

■教科書及び教員用指導書に依存した授業実践

先に見たように、ミャンマーの学校現場で行われている授業は、基本的に教科書の音読、教師による簡単な説明、練習問題といった活動の繰り返しである。教科や学年にもよるが、「ミャンマー語」、

「英語」、「社会」、「道徳公民」といった教科では、特に教科書の音読が繰り返し行われ、それにかなりの時間が費やされる。小学校低学年では本文が短いこともあって、児童が暗記暗唱できるまで何度も音読が繰り返される。中学校や高等学校でも基本的には同じで、教科書の内容がほぼ暗唱できるようになるまで何度何度も読まされる。

授業中、教師による説明や解説はあるものの、それは教科書に掲載されている説明以上でも以下でもない。教科書に書かれたそのままの説明が教師の口から繰り返されるだけである。そして、教師による説明や解説が終わると、今度は各自による練習問題へと移る。児童生徒は教科書を見ながら、各自のノートにまず練習問題を写し、それから答えを考える。その間、教師は机間巡視をするでもなく、理解できていない児童生徒に対して個別に説明するでもなく、教室の前に置かれた自分の椅子に座って別の作業をしている。大抵の場合、本時の内容に直接関係のない作業をしていることが多い。例えば、校長から要求された事務作業などである。また時々ではあるが、新聞や雑誌を堂々と読んでいる教師を見かけることもある。すなわち、同国の教師はあまり個々の児童生徒の学習状況に注意を払っているとは言い難いのである。

実は、こうした授業実践はどこの学校、どこの教室においても共通に見られる。児童生徒の音読が教室に反響していたかと思うと、次の瞬間には静かになって練習問題に取り組んでいるという具合である。これは、すべての教師が教科書の記述と教員用指導書の記載に厳格に従っているからである。

具体的な一例として、小学四年生の「社会」の「偉大なる息子ヤーザクマー」の授業を思い返してほしい。この単元の授業実践では、教師による本文のゆっくりした朗読、本文を細かく区切った数人の児童による音読の繰り返しの後、教師から「チャンシッター王はどのようにタンブラと息子を支援しましたか？」という質問と「ヤーザクマーは父であるチャンシッター王にどのように恩返しをしましたか？」という二つの質問が投げかけられた。これに対して児童は解答と思われる本文の該当箇所を読み上げた。その後、教師から「あなたたちは偉大な息子あるいは娘になるために、ご両親にどのように恩返しをするつもりですか？」というもう一つの質問が与えられ、児童は各々に「両親を尊敬します」とか「言われたことに従います」と答え、授業が終了した。教科書を見れば、そこに書かれた記述や練習問題からある程度想定できる授業進行であるが、教員用指導書を見るとそれがよりはっきりする。この授業での活動はすべて教員用指導書に記載された教授活動であり、学習活動なのである。教師はそれに忠実に従って授業実践を行っていたということが分かる。

また、このことは授業中における教師から発せられた指示や質問だけではない。本単元の授業では、教室の前の白板に石碑らしき写真の拡大コピーが張り出されていた。これは教科書に掲載された写真を教師が拡大コピーしたものであるが、実は、教科書の石碑の写真自体が明瞭でないために、拡大コピーを見せられても、文字が刻まれた石碑であることすら分からない。児童からすれば「何か細長いもの」程度にしか見えない。教師も授業中にこれについて特に説明することはないので、一体、何のために張り出されたのか、その目的すらよく分からない。しかし、教員用指導書を見ると、教材として「ヤーザクマーの彫った石碑の写真」を使うことが指示されており、教師は自分自身の授業実践の意味や流れを考えることなく、教員用指導書に書かれてあるという理由だけで、石碑の拡大コピーを白板に張り出したということが容易に理解できる。

偉大なる息子ヤーザクマー

1. 単元名：　偉大なる息子ヤーザクマー

2. 概念：　両親にとって尊敬されるべき大人になること、また自身が大人になるまでに両親から多大な借りがあることを理解する大人になること

3. 学習目標：　(a) チャンシッター王がどのようにタンブラと息子を支援したのか説明できる
(b) 偉大なる息子について書ける
(c) ヤーザクマーが両親に今までの借りを返すための記録について書ける
(d) なぜ、両親に借りを返さなくてはいけないのか説明できる

4. 教材：ヤーザクマーの彫った石碑の写真

5. 学習活動：　活動1：チャンシッター王がタンブラと息子に対してどのように支援したのか説明しなさい（個人で考えさせる）
活動2：ヤーザクマーが両親にどのように恩返しをしたのか書きなさい（グループで話し合った後、各自のノートに書かせる）
活動3：どのように両親への借りを記録に残したのか説明しなさい（個人で考えさせる）
活動4：あなたは、どのように両親にその恩を返すか説明しなさい（グループで話し合いをさせる）

6. アセスメント：
(a) チャンシッター王がヤーザクマー王子を支援したのはどの地域ですか
(b) チャンシッター王はどのようにしてタンブラを支援したのですか
(c) ヤーザクマーはどのようにして両親へ恩返しをしましたか
(d) ヤーザクマーの両親への恩返しとしての記録はどこにされましたか
(e) あなたは、ヤーザクマーのお話を読んでどう感じましたか

小学4年生「社会」教員用指導書

（出典）Ministry of Education, “Teacher's Guide for Social Studies Grade 4,” Curriculum, Syllabus and Textbook Committee, 2014-15 を筆者翻訳

このように、ミャンマーの学校で行われている授業実践は、各教師が事前に行った教材研究に基づいた実践と言うよりは、むしろ安易に教科書と教員用指導書に従って、そこに書かれた通りに行っているだけの実践に過ぎないのである。

■教員昇進制度から見える教員の不均衡

ミャンマーの教員採用及び昇進制度は先進国のそれと比べて、とてもユニークである。というのは、ほぼすべての教員志望者はまずは小学校の教員として採用され、その後、経験を経るに従って中学校の教員、さらには高等学校の教員というように教育段階的に上級の学校の教員へと昇進していくのである。もちろん、四年制の教育大学を卒業した学生などが小学校の教員を経ずに中学校や高等学校の教員になるという一部の例外もあるが、同国における教員養成の主要機関であり、全国に二十五校ある教員養成学校（ＥＣ）の卒業生はすべて小学校教員として彼らのキャリアを歩んでいく。したがって、同制度の下では常に小学校教員には新規採用者が多数含まれ、また経験年数も浅く比較的若い教員が多いという状況が生まれる。他方、高等学校の教員は経験年数もかなりある年輩の人たちが多いという小学校教員とは正反対の状況が生まれる。

この制度の根底には、小学校で教えることは易しいことであり、反対に高等学校で教えることは非常に高度な知識や技術が必要であるという考え方がある。すなわち、教育内容の難易度がそのまま教員に求められる能力と見なされているのである。ここで思い出していただきたい。ミャンマーの学校では伝統的に教師による講義を中心にした暗記暗唱の学習方法が広く行われている。この伝統的な教育方法では、教師は教科書に書かれた知識を児童生徒にそのまま覚え込ませることが主要な業務と見なされている。基本的に教師に対して質問をしたり、疑問を投げかけたりすることはタブーとされているため、「分かりません」とか「もう一度説明してください」、あるいは「もっと分かりやすく解説してください」といった要求が児童生徒から出されることは皆無である。教師はあくまでも教科書に書かれた内容をそのまま児童生徒に提示するだけなのである。このような教育方法の下では、教師は教育内容を理解できてさえすればよい。児童生徒に分かりやすく教材を提示したり、理解できていない児童生徒に対して異なったやり方で再度教えたりといった、いわば教育心理学や教育方法論の知識はほとんど必要とされないという訳である。

次にあげた表はミャンマーの教員給与をその職位と経験年数ごとに表したものである。この表によれば、教員になったばかりの初任給は九万七〇〇〇チャット（約九七〇〇円）である。小学校教員の場合その経験年数が十一年以上になると給与は一〇万二〇〇〇チャット（約一万二〇〇円）で頭打ちとなる。小学校教員の昇進先は中学校教員もしくは小学校の校長である。この職位における給与はどんなに経験豊富な小学校教員よりもわずかに高い。しかし、逆にそれ以上の職位（高等学校教員やタウンシップ教育局副局長）の誰よりも給与は低い。このように小学校教員から中学校教員（あるいは小学校校長）、そして高等学校教員（あるいはタウンシップ教育局副局長）、さらに中学校あるいは高等学校の校長、そして最高位とされるタウンシップ教育局局長へと昇進していき、それにつれて給与も段階的に上がっていくという制度が採用されているのである。

先にも少し触れたが、同制度の下では、優秀な教員の多くが順調に昇進し、高等学校の教員やタウンシップ教育局の局長となってしまう。それ故、同制度の最下層に位置する小学校教員は常に経験年数が少ない者あるいは教員としての力量がそれほどない者たちの「たまり場」となってしまう。

初等教育は基礎教育の最も基本的な段階であり、そこで習得した学習の質や学習習慣が子どもの将来的な学習やキャリアに大きく影響していくということを今一度再確認し、一刻も早くこのような制度を改善していかなければ、同国の教育のこれ以上の就学率向上と質的向上は望めないのではないだろうか。

■大規模な臨時採用

同国では、近年、急激な工業発展と積極的な社会制度改革が起こっており、政府は増大する社会のニーズに応えられる人材育成を進めていくために教育分野にも注力し出した。具体的には、テインセイン政権時代に、小学校及び中学校教育の無

表 3-4　ミャンマーの教員給与表（2013/14 年時点）　（単位チャット）

経験年数	PAT	JAT 小学校校長	SAT ATEO 小学校校長	中高等学校校長 DTEO	TEO
１年目	97,000	103,000	109,000	150,000	170,000
３年目	98,000	104,000	110,000	152,000	172,000
５年目	99,000	105,000	111,000	154,000	174,000
７年目	100,000	106,000	112,000	156,000	176,000
９年目	101,000	107,000	113,000	158,000	178,000
11 年目＋	102,000	108,000	114,000	160,000	180,000

注：上記の給与額は本給と当該年追加支給額（すべての公務員に 30,000 チャット）を含む。また給与は２年ごとの昇給となっている。

略語：PAT（Primary Assistant Teacher、小学校教員）、JAT（Junior Assistat Teacher、中学校教員）、SAT（Senior Assistant Teacher、高等学校教員）、ATEO（Assistant Township Education Officer、タウンシップ教育局職員）、DTEO（Deputy Township Education Officer、タウンシップ教育局副局長）、TEO（Township Education Officer、タウンシップ教育局局長）

（出典）国際協力機構『ミャンマー国教育セクター情報収集・確認調査（教師教育）　業務完了報告書』別添２、2014 年、p.9 参照

償化が打ち出されたことで基礎教育における就学率が急速に高まってきている。[12]この急激な就学率の高まりにより教員数の不足が大きな問題として浮上してきた。

この状況に対して、教育省は二〇一三年に大学卒業者を「日給臨時採用教員（Daily Waged Teachers: DWT）」として雇用し、小学校に配置する臨時制度を発足させた。この制度によって、同年には約三万人、翌二〇一四年には約四万人が臨時採用教員として雇用された。この制度によれば、日給臨時採用教員は一年間小学校教員として勤務すると翌年には正規教員になれる。

同国教育省によれば、二〇一三年には小学校教員全体における臨時採用教員の割合は全国平均で八％、翌二〇一四年には一三％にまで達したと言われている。このことは同制度が小学校においてかなり大きな影響を与えたということを意味する。また地域によっては、こうした全国平均以上の数値を示しているところもある。例えば、チン州（Chin State）では三五％（二〇一三年）となった。[13]

ところが、二〇一五年になると日給臨時採用教員の全小学校教員に占める割合はわずか一％にまで減少している。この理由は、過去二年間に雇用された約七万人の日給臨時採用教員が一年間の勤務を経た後に正規教員になったためである。[14]なお、この日給臨時採用教員は大学を卒業しているため、学士号は保有しているものの、教員養成のための専門的な教育は受けていない。したがって、教育方法や教授法、教育心理といった面での知識や技能は極めて乏しい。政府は、現場での日々の実践経験や同僚からの指導によって、こうした教育方法や教授法の知識及び技能を徐々に習得していくことを期待していると言うが、初等教育における質的低下を招くことは明らかである。

こうした小学校における日給臨時採用教員の大量雇用が行われたにもかかわらず、同国の統計では、これら日給臨時採用教員数ほどに小学校教員の数は増えていない。実は、日給臨時採用教員として雇用された数とほぼ同じ数の小学校教員（正規教員）が中学校や高等学校の教員に昇格したからである。つまり、先に触れたように、ほぼすべての教員が最初は小学校、そして中学校、さらに高等学校の教員へと昇進していくという同国の昇進制度に則って、日給臨時採用教員が小学校に配置されるや否や、これまで小学校で教鞭をとっていた経験のある正規教員が中学校や高等学校に順次昇進していったという訳である。繰り返しになるが、小学校には常に経験の浅い新任教員が大量におり、いつまで経っても教育の質は停滞したままという状況が続いているのである。

教育省によれば、同臨時制度は今後も継続され、将来的にはさらに約十万人の雇用を計画しているということである。現在、同国の正規の小学校教員（二〇一三年及び二〇一四年に雇用された者を除く）は約十八万人と言われているので、それに対して日給臨時採用教員はすでに七万人であり、将来の十万人規模の雇用も合わせると現在の正規教員数とほぼ同数が日給臨時採用教員となる計算である。し

12　二〇〇〇～二〇一一年の十二年の期間における学校段階別の児童生徒数の変化を見ると、小学校の児童数は七～八％の増加、中学校の生徒数は二一～二二％の増加、高等学校の生徒数はほぼ横ばいという傾向を示している（Muta, Hiromitsu, "Study on the Future Expansion of Education due to Reduced Dropouts," 2014、を参照）。

13　Ministry of Education, "Statistical Year Book, Number of Schools, Teachers and Students Population, 2015," 2016. を参考。

14　日給臨時採用教員（ＤＷＴ）は、各タウンシップでトレーナーによる訓練を受け、それが終了すると証明書が発行され、その証明書をもって正規教員になる仕組みとなっている。トレーナーは主として校長などが務め、彼らは各教員養成学校において日給臨時採用教員に対する研修講座を受講している。

かも、日給臨時採用教員が雇用されると、正規教員は同国の昇進制度に則り、中学校や高等学校の教員になるため、全小学校教員に占める日給臨時採用教員の割合は自ずと五〇%を超えてしまい、もしかすると八〇%以上になってしまう可能性もあり得る。近い将来、ますます初等教育の質の低下が懸念される状況に直面するのである。

コラム4 学校の一日

ミャンマーの朝は早い。通常、朝七時半頃から子どもたちの通学姿があちこちで見かけられる。学校の始業時間は概ね午前八時半から九時頃であるが、子どもたちは始業時間の約一時間前には学校に来ていることが普通である。農村部では多くの子どもたちが徒歩で通学してくるので、通学時間になるとあちこちから子どもたちの話し声が聞こえてくる。他方、都市部ではスクールバスや自家用車で通学してくる子どもが多く、通学時間帯には学校周辺の道路では交通渋滞が起こる。ここで「スクールバス」と書いたが、読者の皆さんが普通にイメージされるものとは大きく異なっていることを指摘しておく必要がある。ミャンマーでは軽トラックの荷台を改造して、そこに客を十〜二十人程度乗せるという民間サービスがある。「スクールバス」もこの種の交通機関であり、言い換えれば「軽トラックを改造した乗合バス」というイメージがぴったりする。

通学してくる子どもたちは、みんな背中に大きなリュックサックを背負い、片手には弁当を下げて、友達と話しながら楽しそうに校舎に入っていく。小学牛などの小さい子どもは教室に荷物を置くと、すぐに校庭に出て友人たちと始業時間まで遊びに興じる。中学生や高校生になると、教室で仲の良い友人とおじゃべりをしたり、自学自習を始める者もいる。

登校時の風景
上：軽トラックを改造したスクールバス
下：朝の子どもたちの通学風景

始業時間になると、教師が鐘を打ち、授業の開始を子どもたちに知らせる。子どもたちも慣れたもので、鐘の音を聞くと、蜂の子を散らすように教室へ飛んで帰る。

各学級には週の時間割が貼られており、基本的にはその時間割に従って授業が行われる。授業は午前九時頃から開始され、小学校低学年は一コマ三十分、高学年は三十五分、中学校及び高等学校は四十五分で進行していく。下に示した週時間割はヤンゴンのある小学校の五年生のものである。この時間割によれば、授業は毎日九時十五分から開始され、午前中に四コマの授業があり、昼休みの三十五分を挟んで午後十二時二十五分から午後の授業が再開される。午後にも四コマの授業があり、授業終了は午後三時である。

この時間割を詳細に見ると、午前中の早い時間に「ミャンマー語」の授業が集中しており、反対に午後の遅い時間には「体育」や「農業」といった教科の授業が配置されていることが分かる。「ミャンマー語」は重要な教科であり児童生徒に集中力がある早い時間

小学校の週時間割の一例*

	月曜日	火曜日	水曜日	木曜日	金曜日
09:00-09:15	朝　礼				
09:15-09:50	ミャンマー語	ミャンマー語	ミャンマー語	ミャンマー語	ミャンマー語
09:55-10:30	ミャンマー語	ミャンマー語	ミャンマー語	英語	英語
10:35-11:10	英語	英語	英語	地理・歴史	地理・歴史
11:15-11:50	芸術	地理・歴史	地理・歴史	芸術	芸術
11:50-12:25	昼食・昼休み				
12:25-13:00	算数	算数	算数	算数	算数
13:15-13:40	算数	算数	道徳公民	ライフスキル	ライフスキル
13:45-14:20	理科	理科	理科	理科	道徳公民
14:25-15:00	体育	体育	体育	農業	農業

＊注　ミャンマーの公立学校は基本的に一年35週、一週5日授業が行われると定められている。また、一週間の内、通常は土日が休日であるが、8月から10月の間、いわゆる「ランタン月」と呼ばれる三ヵ月間は日曜日とあと一日は毎週休日が変わるという状況が生じる。これは仏教の教えに関係しており、太陰暦をもとにしたミャンマーの暦にその期間中の休みが書かれている。

(出典) ヤンゴン市のBEPS 1 Kamayut

帯に行い、それに対して集中力が散漫になる時間帯には「体育」や「農業」といった身体活動を伴う教科を行うことが意図されているのであろう。小学校などで午前中によく子どもたちの大合唱（斉唱）が聞こえてくるのは、その時間帯に「ミャンマー語」が設定されていることも大きな一因である。

なお、小学校の場合、学級担任がすべての授業を担当していることもあって、各授業の始業終業は授業の進捗状況に応じて臨機応変に変えられていることも事実である。加えて、学級担任の専門性や好みによって、ある教科目の授業が他の教科目の授業に振り替えられるということも広く行われている。例えば、「体育」を行わず、その時間を「ミャンマー語」や「算数」に振り替えるなどである。

昼休みになると、お腹を空かした子どもたちは持参した弁当を一斉に広げて、クラスメイトと楽しそうに話しながら食べ始める。また、学校にもよるが、大規模校には大抵「食堂」と呼ばれる場所があり、そこで軽食が食べられる。したがって、そうした学校では昼休みになると子どもたちが「食堂」に競うように駆けつけ食事をとる光景が見られる。

昼食が終わると、子どもたちは校庭や校舎内で思い思いに自由な時間を過ごす。活動的な男児は校庭で追いかけっこをしたり、走り回ったりしていることが多く、他方、大人しい女児は教室で友達と話に花を咲かせている。

昼食時の風景
上：教室で持参した弁当を食べる児童
下：「食堂」で食事をする生徒

授業が終わると、子どもたちはすぐに下校の準備をして家路につく。その際、小学生の場合には、子どもたちは整列した状態で学級担任に引率されて校門まで行く。校門付近にはすでにたくさんの父兄が迎えに来ており、その場で列から離れて父兄と一緒に帰っていく。また、この時間には校門付近に子ども向けの駄菓子や玩具を売る露店商が急遽店を出し、子どもたちを惹きつけている。ミャンマーでは買い食いすることに対しては比較的寛大で、多くの子どもたちが露天商から駄菓子を買っている光景が見られる。

子どもたちが下校すると、教員も同じように帰宅の途につく。小学校の学級担任の場合は、校門まで子どもを引率した直後、校舎内に戻ることなく、そのまま帰宅することも普通である。他の教員や校長、その他学校職員も順次帰宅の途につき、午後三時半頃には学校は再び静寂に包まれる。日本の学校のように、放課後、クラブ活動や生徒会活動があるということはなく、子どもたちが放課後遅くまで学校に残っているということはまずない。教員側にしても、授業が終われば一日の仕事は終了したことと見なされ、何時でも帰宅してよいことになっている。こうして学校の一日は終わるのである。

下校時の風景
上：子どもたちの集団下校風景
下：校門付近で駄菓子を売る露店商

第4章　ミャンマーの教員養成制度

1　教員養成制度と教育課程（カリキュラム）

■教員養成のための教育機関

ミャンマーでは教員になるための教育機関として教員養成学校（Education Colleges: EC）と教育大学（University of Education: UOE）がある。これらの学校は教育省の管轄下に置かれており、前者は全国の主要都市を中心に二十五校[1]、後者はヤンゴン及びサガインにそれぞれ一校ずつある。

歴史的に見ると、教員養成学校は一九九八年に新制度の下で組織されたものである。それ以前には学生に対して恒常的に教員養成課程を提供する教育機関は存在せず、大学で学士号を取得した者が郡

1　現時点（二〇一七年六月）で二十五校とされているが、これらすべてが独自の校舎をもち、教育活動を行っている訳ではない。例えば、ハカ（Hakha）ＥＣ、カタ（Katha）ＥＣ、チャイントン（Kengtung）ＥＣなどはすでに教育省の承認を得ているが、まだ本格的な教育活動は開始されていない。

ヤンゴン教育大学

区の推薦を受けて教員になり、数年間の経験を積んだ後に教員訓練学校（Teacher Training Schools: TTS）、さらには教員訓練カレッジ（Teacher Training Colleges: TTC）で一年間の研修を受けて正式な教員免許を得るという現職教員研修機関のみが存在していた。

他方、教育大学についても二〇一六年の新制度下で組織された機関で、ヤンゴン教育大学（Yangon University of Education: YUOE）とサガイン教育大学（Sagaing University of Education: SUOE）の二校がある。ただし、これらの学校は新制度以前にも教育を専門とする単科大学（Institutes of Education: IOE）として存在していた。

教員養成学校が一九九八年に設置されたことで、教員養成を組織的に行うことが可能となり、以前と比べ無資格教員の数は大幅に減少したと言われている。教員養成学校では一年ないし二年の教員養成課程と現職教員研修が提供されている。一年制課程では「教師教育履修証明書（Certificate in Teacher Education: CT.Ed.)」が取得でき小学校の教員になることができる。他方、二年制課程では「教師教育履修ディプロマ（Diploma in Teacher Education: DT.Ed.)」が取得でき、最低二年間の小学校教員の経験後に中学校の教員になることができる。近年、教員養成学校は一年制課程を廃止し、すべての学生に対して二年制課程を履修することを推奨している。

これらの課程以外に、二〇一六年より新設された小学校教員の養成を目的とした六ヵ月間のポストグラデュエイト初等教員養成課程（Postgraduate Primary Teacher Training: PPTT）」や現職の中学校教員を対象にした一年制の通信課程がある[2]。

教員養成学校は基本的に全寮制で、すべての学生が二年間寝食をともにしながら勉学に励むようになっている。政府からは生活費として各学生に毎月三万チャットが支給されている。

また、教育大学では四年間の教育課程履修により教育学の学士（Bachelor of Education: B.Ed.）が取得でき、この学位取得後まず中学校の教員として二年間の経験を積んだ後、高等学校の教員になることができる。なお、二〇一二年以降の入学者からは、五年間の教育課程履修により中学校勤務を経ずに直接、高等学校教員になることも可能となった。加えて、各教員養成学

ヤンキン教員養成学校

同教員養成学校は全国25校の中で最も歴史が古く、国内最大の教員養成学校である

2　二〇一四年よりＰＰＴＴが新設されたことにより、これまで設置されていた「教師教育資質ディプロマ取得課程（Diploma in Teacher Education Competency: DTEC）」が廃止された。ＤＴＥＣはすでにディプロマを保有している学生を対象とした一年制課程で、前期はＣＴ・Ｅｄの課程を、後期はＤＴ・Ｅｄの課程を履修するようになっていた。本課程修了者は、まず小学校の教員になるが、その後中学校教員への昇進が約束されているというものであった。なお、新設のＰＰＴＴは基本的にＤＴＥＣの前期の教育課程を引き継いだものとなっている。

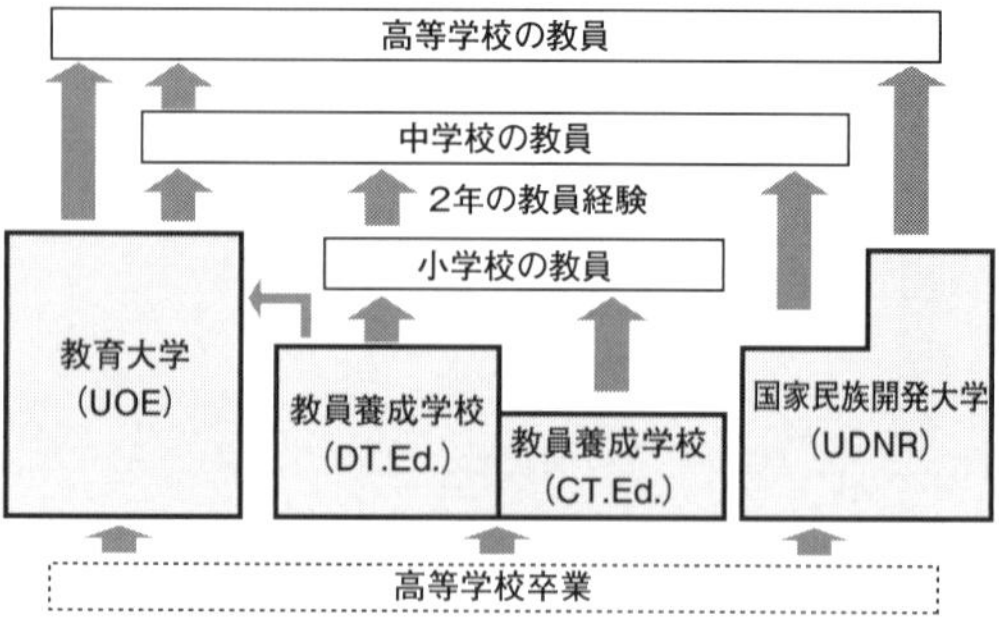

(出典)教育省に対する聞き取り調査結果をもとに筆者作成

図 4-1　現行の教員養成制度

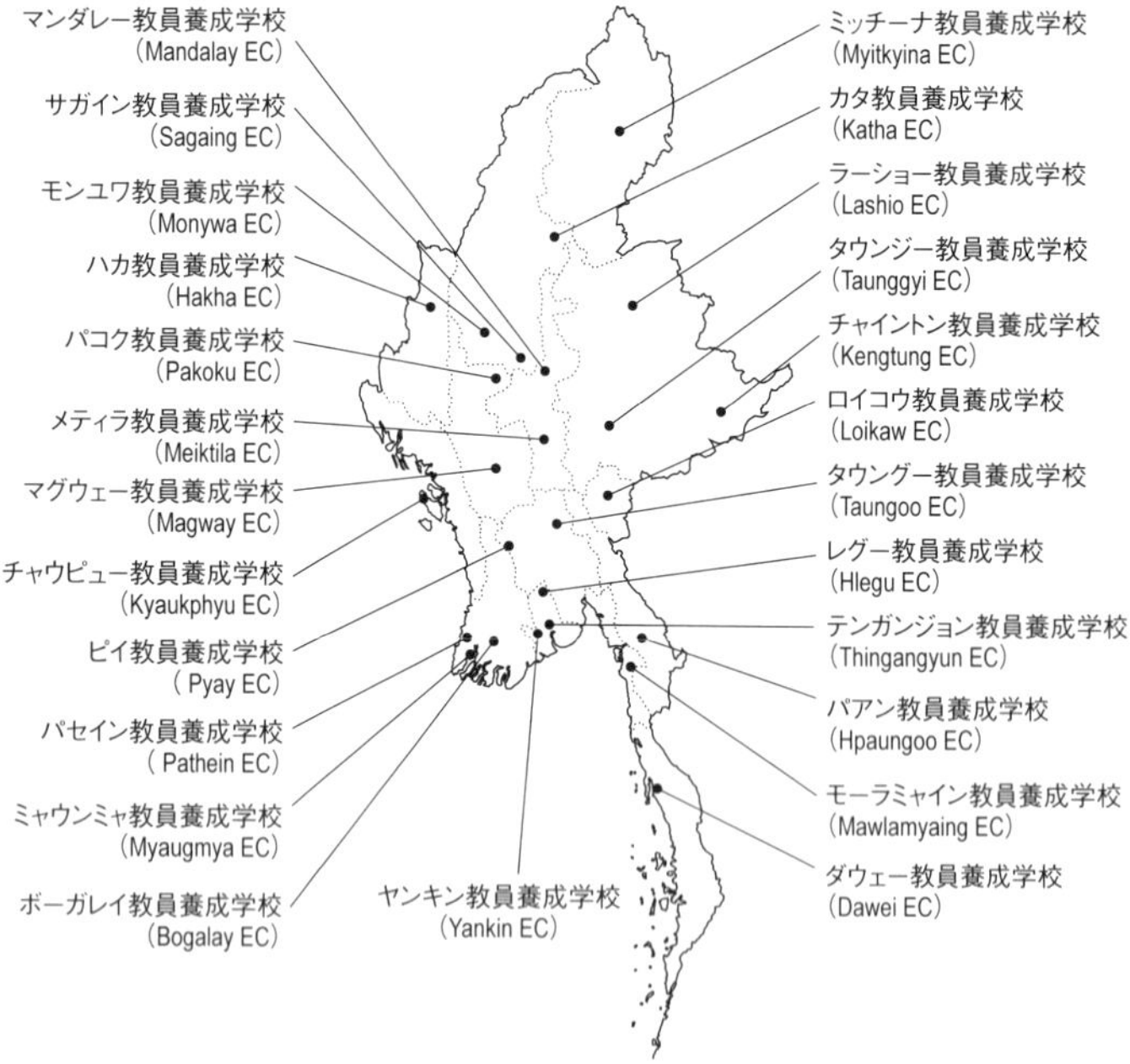

(出典)教育省に対する聞き取り調査結果をもとに筆者作成

図 4-2　教員養成学校 25 校とその分布

校から毎年、成績優秀な三十名前後の学生に対して教育大学の三年目に編入する制度もあり、これはブリッジ・プログラム（Bridge Programme）と呼ばれている。

教員養成学校や教育大学以外にも、国家民族開発大学（University for the Development of the National Races of the Union: UDNR）と呼ばれる教育機関がある。これは国境省（Ministry of Border Affairs: MOBA）の管轄下に置かれた機関でサガインに立地し、教育学学士（B・Ed、五年）が取得できる。[3]

■教員養成学校（EC）の教育課程（カリキュラム）

ここでは教員の養成を行うためにどのような教育課程（カリキュラム）が採用されているのかについて見ていきたい。特に、教員養成ための主要教育機関としての役割を担っている教員養成学校における教育課程について概観する。すでに述べたように、教員養成学校では四コースが提供されている。それぞれのコースにおける教育課程は次のようになる。

（1）教師教育履修証明取得課程（Certificate in Teacher Education: CT.Ed.）

本課程は一年間の課程であるが、実際は前期四ヵ月、後期四ヵ月の合計八ヵ月の講義及び四十日間の教育実習から構成されている。本課程の修了者は小学校の教員となるが、その後、中学校の教員に

3　国家民族開発大学（UDNR）では二〇一五年以前は小学校教員になるための教師教育履修証明書（CT・Ed）取得課程が設置されていたが、現在はなくなった。

なるためには通信制課程を受講する必要がある。

教育課程には、次に示すように「メソッド（Methods）」及び「アカデミック（Academic）」、「正課併行教科（Co-Curriculum）」から構成され、全十五教科目から成る。「メソッド」とは教育理論及び教育心理をはじめ、教科教育法を中心として構成される教科群であり、「アカデミック」とは主要な教科の知識を強化するための教科群である。「正課併行教科」は「アカデミック」と同様に教科知識を強化するものであるが、主要教科ではなく、それ以外の教科を扱う教科群である。

選択教科については、自然科学分野（化学、物理、生物）あるいは社会科学分野（地理、歴史、経済）から二科目を選択することとされている。

表 4-1　教師教育履修証明取得課程の教育内容

メソッド（週2コマ、45分授業）	アカデミック（週2コマ、45分授業）		正課併行教科（週2コマ、45分授業）
教育理論（Educational Theory）	必修	ミャンマー語（Myanmar）	農業（Agriculture）
教育心理（Educational Psychology）	必修	英語（English）	音楽・舞踊（Music and Dancing）
ミャンマー語教育（Myanmar Language Teaching）	必修	数学（Mathematics）	美術、工業芸術もしくは家庭科（Fine Arts, Industrial Arts or Domestic Science）
英語教育（English Language Teaching）	選択	化学・物理・生物（Chemistry, Physics, Biology）	体育（Physical Education）
数学・科学教育（Teaching of Mathematics, Teaching of Science）	選択	地理・歴史・経済（Geography, History, Economics）	
社会科教育－歴史・地理・ライフスキル（Teaching of Social Studies – History, Geography, Lifeskills）			

（出典）UNICEF, “Development of a Teacher Education Strategy Framework Linked to Pre- and In-Service Teacher Training in Myanmar,” 2013

（2）教師教育履修ディプロマ取得課程
（Diploma in Teacher Education: DT.Ed.）

本課程は上記CT・Edの受講後にさらに一年間、合計二年間の課程である。一年目と同様、前期四ヵ月、後期四ヵ月の講義及び四十日間の教育実習から構成されている。本課程の修了者は、まず小学校の教員となるが、その後、中学校の教員への昇進が約束されている。また、本課程修了者の一五%はさらなる学位取得（B・Ed）のために教育大学への進学が認められる。

教育課程は一七教科目から構成されており、アカデミックにおける選択教科についても、一年目のCT・Edと同様に、自然科学分野（化学、物理、生物）あるいは社会科学分野（地理、歴史、経済）から二科目を選択することとされている。

表4-2　教師教育履修ディプロマ取得課程の教育内容

メソッド（週3コマ、45分授業）	アカデミック（週2コマ、45分授業）		正課併行教科（週2コマ、45分授業）
教育理論（Educational Theory）	必修	ミャンマー語（Myanmar）	農業（Agriculture）
教育心理（Educational Psychology）	必修	英語（English）	音楽・舞踊（Music and Dancing）
ミャンマー語教育（Myanmar Language Teaching）	必修	数学（Mathematics）	美術、工業芸術もしくは家庭科（Fine Arts, Industrial Arts or Domestic Science）
英語教育（English Language Teaching）	選択	化学・物理・生物（Chemistry, Physics, Biology）	体育（Physical Education）
数学教育（Teaching of Mathematics）	選択	地理・歴史・経済（Geography, History, Economics）	
理科教育（Teaching of Science）			
歴史教育（Teaching of History）			
地理・ライフスキル（Teaching of Geography, Lifeskills）			

（出典）UNICEF, "Development of a Teacher Education Strategy Framework Linked to Pre- and In-Service Teacher Training in Myanmar," 2013

（3）ポストグラデュエイト初等教員養成課程（Postgraduate Primary Teacher Training: PPTT）

本課程は、二〇一四年に新設されたもので大学を卒業した学生を対象にした六ヵ月の課程である。本課程修了者は小学校の教員になることができる。

教育課程は次のように十三教科目から構成されている。同課程ではアカデミックの教育は行われない。この理由は、本課程の学生は大学においてすでに専攻分野の学習を行い、その分野での知識を有しているからである。

（4）通信制課程

本課程は小学校校長あるいはＤＴ・Ｅｄを保有していない中学校教員を対象とした一年間の通信制課程であり、所属学校においての教育実習（六月第一週に実施）が教育課程に含まれている。本課程修了者は高等学校の教員になる資格を有する。また、教育大学の通信制を修了すると大学の入試を受ける資格が得られ、合格すると、大学での履修によって教育学の学位取得の道が開かれている。

表4-3　ポストグラデュエイト初等教員養成課程の教育内容

メソッド（週4コマ、45分授業）	アカデミック（週3コマ、45分授業）	正課併行教科（週3コマ、45分授業）
教育理論（Educational Theory）	理科教育（Teaching of Science）	農業（Agriculture）
教育心理（Educational Psychology）	歴史教育（Teaching of History）	音楽・舞踊（Music and Dancing）
ミャンマー語教育（Myanmar Language Teaching）	地理・ライフスキル（Teaching of Geography, Lifeskills）	美術（Fine Arts）
英語教育（English Language Teaching）		工業芸術もしくは家庭科（Industrial Arts or Domestic Science）
数学教育（Teaching of Mathematics）		体育（Physical Education）

（出典）UNICEF, “Development of a Teacher Education Strategy Framework Linked to Pre- and In-Service Teacher Training in Myanmar,” 2013

2　教員養成学校（EC）での教育内容とその方法

本節では、教員養成学校における教育の内容を同校で使用されている教科書を参照しながら見ていこう。また、その教育内容がどのような方法で教えられているのかについても述べていく。

■教科書の内容

同国の教員養成学校では教育省が編纂した国定教科書が使われている。この国定教科書は全国に二十五ある教員養成学校で共通に用いられている。これら教科書は、編纂機関が同じ教育省ということもあって、小学校、中学校、高等学校で用いられている国定教科書と仕様やデザインは基本的に同じである。

すでに前節で触れたように、教員養成学校の教育課程は「メソッド」と呼ばれる教授法を中心とした教科群と「アカデミック」、「正課併行教科」と呼ばれる教科内容・知識を中心とした教科群に分かれている。基本的に、「メソッド」及び「正課併行教科」に属する教科目の教科書はミャンマー語で書かれており、他方、「アカデミック」に属する教科目の教科書はすべて英語で書かれている。

教員養成学校（EC）の教科書
左から『教育理論』、『教育心理』、『地理』、『歴史』の教科書

第４課　教育哲学思想

1. 学習目標

一般目標：教育史における偉大な思想家の哲学や考え方を理解する

具体目標：

(a) プラトン及びロックの教育の定義を説明できる
(b) ルソー及びコメニウスの教育の定義を説明できる
(c) ペスタロッチ及びヘルバルトの教育哲学について説明できる
(d) フレーベルとスペンサーによる教育の定義の違いを説明できる
(e) デューイとレーニンの教育哲学について説明できる

2. 学習内容

教育史上、過去の偉大な思想家はその時代の状況あるいは彼らのもつ知識の限りにおいて、教育についての考えを書きとめ定義付けを行った。

(a) プラトンによる教育の定義

教育において、身体及び精神的な要求を完全に満たすことが何よりも重要である。プラトン（BC427-347 年）

(b) ジョン・ロックによる教育の定義

健康な身体における強い精神力の存在こそが教育の目的である。
ジョン・ロック（1632-1704 年）

(c) ルソーによる教育の定義

教育は習慣を育成していく行為以外何ものでもない。
ルソー（1712-1778 年）

(d) コメニウスによる教育の定義

教育とは一人の人間を完成に導く活動である。人間の究極の目標は神に近づくことである。コメニウス（1592-1670 年）

(e) ペスタロッチによる教育の定義

教育は人間のすべての能力を自然な方法で系統的かつ継続的に発展させるための活動である。ペスタロッチ（1746-1827 年）

(f) ヘルバルトによる教育の定義

教育の目標は強固な道徳的品性と興味の多面性の陶冶である。
ヘルバルト（1776-1841 年）

(g) フレーベルによる教育の定義

彼が教育とは忠誠、誠実、純潔を目標とした活動であるとしたように、教育は真新しい人生を導くものである。

フレーベル（1782-1852 年）

(h) デューイによる教育の定義

教育とは、経験の再構成を意味する。それ故、教育はそうした経験の意味を知らしめるとともに、過去の経験に示唆を与えるものである。デューイ（1859-1952 年）

(i) レーニンによる教育の定義

教育と生産の関係を通してのみ国家は発展することが可能となり、机上の学問だけでは不可能である。実用的で応用的な実践が行われて初めて、国家の発展に必要な工業の基本原則が理解され得る。一人ひとりに課された義務は教育と国家にとって必要な事柄とを結び付けることである。こうすることで、教育が国家の経済政策と合致するのである。レーニン（1870-1884 年）

教員養成学校の「教育理論（一年制課程）」教科書

（出典）Ministry of Education, “Educational Theory – Education College First Year Course”, 2014 を筆者翻訳

では、ここで「メソッド」教科群に含まれる代表的な教科である「教育理論」の教科書について見てみよう。同教科の教科書の内容は大きく三つから成っている。①教育理論、②教育技術、③教育経営である。①の内容は、教育やカリキュラム、シラバスといった用語の定義から始まり、学習の基本原則や教育哲学思想などが含まれるが、これらの内容は非常に貧弱である。例えば、学習の基本原則では、「精神的準備」、「満足感」、「練習」、「関係性」といった十項目について説明されているが、「〈精神的準備〉学習を行うためには、学習者の精神が学習を行うために十分に準備できていなければならない。精神的な準備さえ出来ていれば、教師は学習者を動機付けて学習に興味をもたせることができる」とか、「〈関係性〉新しいことを学習するかどうかは、すでに学んだことを思い出すかどうかにかかっている。学習とは既知の事柄と新しい事柄が統合されることなのである。したがって、授業では既存の内容と新しい内容との類似性や関係性を教えることで効果的な学習が可能となる」というたかなり直感的な説明になっており、教育理論としてはかなり貧弱であると言える。

実は、前者はゲゼル（A. Gegell）やトンプソン（H. Thompson）、ヒルガード（E. Hilgard）、さらにはブルーナー（J. Bruner）らによって提唱されたレディネス（Readiness）[4]に関する事項であり、教育理

4　「準備性」を意味する心理学用語で、学習や習得を行う場合に学習者側に学ぶために必要な条件や環境が整っている状態のことであり、特に子どもの教育に用いられる用語である。子どもの心身が発達し、学習する際の基本的な条件となる知識や経験などが形成されて身体などが出来上がっているといった、学習者が学習活動に効果的に関わることができる心身の準備状態のことを示す。また、レディネスは学習の前提条件であり、準備性がある学習者は興味をもち、自ら進んで学習を進めることができるが、準備性のない学習者はその学習に興味をもてず学習効果をあげることが難しい。しかし、準備性さえ整え

論として教授するのであれば、せめて彼らの唱えた「成熟優位説」と「学習優位説」の違いと両者における論争までを含めて扱いたいところである。他方、後者はヴィゴツキー（L. Vigotsky）やエンゲストローム（Y. Engestrom）、ピアジェ（J. Piaget）に代表されるコネクティビズム（Connectivism）や構成主義（Constructivism）[5]に関する学習理論であり、やはりここでもコネクティビズムや構成主義について正確に理解できるようにさせたい。

また、ここで扱われている学習の基本原則は、もともとソーンダイク（E. Thorndike）によって提唱された「学習法則（Laws of Learning）」がその根底にあるので、彼の名前や法則名、さらにはそこに含まれていた「レディネス（Readiness）」、「練習（Exercise）」、「効果（Effect）」などを理解させておくことも必要である。

さらに、教育哲学思想についても代表的な思想家と彼らの教育に対する定義付けがそれぞれ数行程度で記述されているのみで、結局、それぞれの思想家がどのような考え方を唱えたのか、今一つ分からないし、教育哲学思想の系譜や歴史的な教育思想の変遷などについても全く触れられていない。したがって、厳しい言い方かもしれないが、同教科書において教育哲学思想がきっちりと解説されているとは言えない。同教科書で扱われている教育思想家は、プラトン（Plato）、ロック（J. Locke）、ルソー（J. J. Rousseau）、コメニウス（J. A. Comenius）、ペスタロッチ（J. H. Pestalozzi）、ヘルバルト（S. Herbert）、フレーベル（F. Fröbel）、デューイ（J. Dewey）、レーニン（V. Lenin）の九名であり、一五八頁に示したような説明があるだけである。

ここで扱われている九名の教育思想家がどのような基準で選ばれているのかは分からないが、教育哲学思想を包括的に教授するためには、やはりある程度のカテゴリー化と各カテゴリーに属する代表的な教育思想家を説明しておくことが重要であると思われる。例えば、永続主義（Perennialism）、進歩主義（Progressivism）、本質主義（Essentialism）、再構成主義（Reconstructionism）といった教育哲学思想カテゴリー[6]をあげた上で、前述の思想家がどのカテゴリーに属し、彼らが具体的にどのような教育思想をもっていたのかについて明らかにした上で、それぞれの考え方の間にある差異について検討していくという方法が必要である。

次に、②教育技術では、学習目標の設定の仕方から始まり、効果的な教授法が紹介されている。前者ではブルーム（B. Bloom）の教育目標の分類学（Taxonomy）が扱われているが、行動主義心理学（Behaviorism）が根底にあるために、「目標を設定する場合には必ず行動を表す動詞を使わなければな

ば、その後どんな年齢でも学習が可能になるかと言えば、そうではなく、子どもの発達過程にはそれぞれ学習するにふさわしい時期がある。こうした学習の最適期を過ぎてしまうと学習効率が低下してしまい、思うように学習が進められなくなることもある。ゲゼルとトンプソンはレディネスをもってから学習を始めるという伝統的な教育観（成熟優位説）を唱えたのに対し、ブルーナーはどんな課題でも子どもにとって適切な方法を踏まえれば、どんな水準の子どもでも学習させることが可能であるという教育観（学習優位説）を唱えた。

5　コネクティビズムとは、社会的・文化的文脈に着目して、その重要性を指摘した学習理論で、知識の構造はネットワークとなっており、学習とは形式を認識する過程であると提唱するものである。他方、構成主義とは学習者がある対象について彼ら自身による理解を組み立てるような形で教育をすべきであり、学習者の中に既に存在している概念を前提として学習を組み立てる必要があるというものである。

6　永続主義、進歩主義、本質主義、再構成主義といった教育哲学思想カテゴリーについては本章末のコラム５に詳細を掲載しているので参照のこと。

らない」という説明があるなど、構成主義の立場からは到底受け入れられない記述も多数見られる。

他方、後者では二十一の教授法が示され、それぞれについての説明とその手順がかなり詳細に記載されている。参考までに次頁にその内容の一部を示した。記載内容を見ると分かるが、効果的な学習法としてあげられている二十一はあくまでも「代表的な例」でなくてはならいはずが、本文では二十一が教授法のすべてであるような記載になっている。すなわち、この二十一の教授法を使えば、どのような教科目であろうと効果的に教えられるような書き方がなされているのである。また、各教授法の手順が細かく記されており、あたかもこの手順を正確に辿らなければこの教授法を使えないような印象を与えている。例えば、ストーリーテリング法では、「教科教育において最も重要な教授法の一つである」と書かれているが、実際にはこの教授法が活用できる対象や機会は極めて限定的である。小学校低学年の国語や道徳などでは効果的に使えるかもしれないが、算数や理科、あるいは図工や体育ではあまり使うことはできない。

ストーリーテリング法の手順についても、「物語のクライマックスで、一旦話をやめ、『次に何が起こると思いますか』と生徒に問い、想像させる」や「物語の最後で、教師は生徒に『もし、あなたがこの物語の主人公だったとしたらどうしますか』と問う」とあるが、これはその物語の内容や構成によって大きく変わり、必ずしもこうした質問が必要であるとは限らない。あまりにも具体的に記載してあることが、かえって当該教授法に対する誤解を招き、活用においてもその柔軟性を失わせてしまう結果となっている。

最後に、③教育経営については、教育省の組織構造から始まって教員の義務と責任、学校規則など

第9課 効果的な学習のための教授法

1. 学習目標

一般目標：種々の教授法を理解し、活用できるようになる
具体目標：(a) 各教授法の名称を言える
(b) 初等教育において適切な教授法を言える
(c) 各教授法の実施方法を説明できる
(d) 各教授法を理解し、実際の授業で活用できる

2. 学習内容

教授法とは学習者が学習内容を容易に理解できるように教えるための方法である。多様な学習者に対して、異なった教科を教える場合には教授法も固定したものではいけない。学習者個々人のレベルやニーズを考慮した学習者中心の教育という視点から考えると、教授法は以下のように分類される。

効果的な教授法
(1) ストーリーテリング法（Story Telling）
(2) クエスチョン・アンサー法（Question & Answer）
(3) 講義・討議法（Lecture Discussion）
(4) 物語構成法（Strip-Story）
(5) 実演法（Demonstration）
(6) 帰納法（Inductive Approach）
(7) 二分法（Dyadic Exchange）
(8) 実験法（Laboratory Technique）
(9) 問題解決法（Problem Solving）
(10) 発見学習法（Discovery Learning）
(11) 探究学習法（Inquiry Learning）
(12) 実地調査法（Field Trip）
(13) 観察法（Observation）
(14) ロールプレイ法（Role Playing）
(15) 模擬・ゲーム法（Simulation and Games）
(16) ブレーンストーミング法（Brainstorming）
(17) グループ作業法（Nominal Group Process）
(18) 協働学習法（Co-operative Learning）
(19) フィッシュボウル法（Fish Bowl Technique）
(20) 実験学習法（Experimental Learning Approach）
(21) シンク・ペアー・シェアー法（Think-Pair-Share）

(1) ストーリーテリング法

この教授法は教科教育において最も重要な教授法の一つである。物語を語るということは大きな影響力を及ぼし、教師がある出来事について雄弁に語ることによって、生徒はそれについて実際に経験したように感じることもある。

手順
1. 本時の学習で扱う論点について聞いたことがあるか否かを問う
2. 教師を取り囲むように生徒を座らせる
3. 教師は身振り手振りを交えて物語を語る
4. 物語のクライマックスで、一旦話をやめ、「次に何が起こると思いますか」と生徒に問い、想像させる
5. 生徒の想像の正誤にかかわらず、すべての回答を受け入れる
6. すべての生徒が回答した後、教師は物語を続ける
7. 物語の最後で、教師は生徒に「もし、あなたがこの物語の主人公だったとしたらどうしますか」と問う
8. 教師は、生徒の理解を測るために質疑応答を行う

教員養成学校の「教育理論（一年制課程）」教科書
（出典）Ministry of Education, “Educational Theory – Education College First Year Course”, 2014 を筆者翻訳

(2) クエスチョン・アンサー法

この教授法は非常に有用な方法である。クエスチョンを生徒に投げかけるということは、生徒がどの程度内容を理解しているか、学習課題に興味をもっているか、重要な点を覚えているか、また、教師がきっちりとした指導をしたか、などを知ることができる。さらに、この方法を使って生徒の理解度を試験することもできる。

5種類のクエスチョン

1. 直接的質問：具体的な解答を求めるクエスチョン
   例：ミャンマーの首都名を言いなさい
2. 探究的質問：この種のクエスチョンは、生徒が理解している度合いを測ることができ、賢い生徒には引き続き質問を行い、あまり賢くない生徒には一つ以上は行わない
   例：あなたは他にどのように言うことができますか
3. オープン・エンドの質問：この種のクエスチョンでは決まった正解はなく、生徒により深く考えさせる効果がある
   例：それはどういう意味ですか。では、結局、結論はどうなりますか
4. 収斂的質問：この種のクエスチョンは生徒に正解を導き出させることができる。すなわち、授業中に教えた知識が正解であるからである
5. 発散的質問：この種のクエスチョンは生徒の課題に対する興味を引き出し、創造的思考力を高めることができる
   例：どのような方法を使えば、水を蒸留することができますか

手順

1. 教師は左頁にあげた異なった種類のクエスチョンについて理解する
2. 教師は生徒がどの箇所を難しいと考えているか理解する
3. 事実を問う質問、もしくは思考を必要とする質問のどちらが適切かを決定する
4. クエスチョンを通して、生徒に少しずつ知識を教えていく
5. 生徒にクエスチョンを作らせる

(3) 講義・討議法

この教授法は、知識を増やしたり、より深く理解したり、問題の本質やその難しさについて知るために、新しい情報を提供する方法である。教師から課題が出され、生徒はそれについて話し合いを行ったりする

手順

1. どの箇所を生徒に教えるかを決定する
2. 講義の中に含まれる事実内容を整理する
3. 参考書などを参照し、講義ノートを作る
4. 講義における主要な点、重要な点、効果的な例示、まとめを整理する
5. 講義時間をイメージして、リハーサルを行う
6. 実際の授業で講義する
   ア．導入
   イ．事実の提示
   ウ．事実に対する議論
   エ．例を用いた説明
   オ．まとめ

教員養成学校の「教育理論（一年制課程）」教科書（前頁からの続き）

（出典）Ministry of Education, “Educational Theory – Education College First Year Course”, 2014 を筆者翻訳

が内容となっているが、これらが教員養成課程で本当に必要な知識かどうかは議論の余地がありそうである。私個人的には、こうした内容は実際に教員になってから学校現場での経験を通して習得していく方がよいのではないかという気がしてならない。

では次に、「アカデミック」教科群に属する教科の教科書内容を見ていこう。ここでは同教科群の中から「歴史」教科書を例にとりあげて見ていく。同科目は選択科目であり、これを選択する学生の多くは、高等学校でも同科目を履修した学生である。したがって、一応ミャンマー史及び世界史の概要については知っていると考えられる。ただ、教員養成学校での歴史教育がこれまでの教育と大きく異なる点は教科書が英語で書かれており、教科書内容を理解するためには一定の英語力が必要であるということである。ただ、同国の高等学校卒業生の英語力はそれほど高いとは言えず、英語で書かれた本文を読んでその内容を理解することは彼らにとってはかなり難しいことは確かである。

加えて、本文の英語記載において文法的誤りや単語の誤表記などがかなりの頻度において見られ、仮に英語力のある学生であっても正確な理解までには至らないことが懸念される。参考までに同科目の教科書の内容を次頁に示したが、このたった二頁の記載の中だけでも数十ヵ所の文法的誤りがあり、筆者も本文を和訳するのにかなり苦労した。こうした誤りは、教育省において毎年印刷する前に訂正しているということであるが、教育省のカリキュラム課の職員の英語力もそれほど高くなく、また教員養成学校の教員の英語力も決して十分とは言えないので、これまで指摘もされず、訂正もされずに現在に至っているようである。

では、「歴史」教科書の内容を見ていこう。次頁の例からも分かるように、教員養成学校の同科目の教育内容は、それぞれの時代の出来事や社会状況などの概略に留められており、いわば高等学校までの既習内容の復習といった位置付けである。そのため、高等学校の「歴史」教科書ほど詳細な内容にまでは踏み込まないが、これまでの知識を補強するために補足的な知識が散りばめられている印象がある。次頁の「パガン時代」で言えば、「パガンは数多くの別名をもっており、古くは『アリマダナプラ』と呼ばれていた」とか、それに続く「通常はモン人が使っていた『ポカン』や『プカン』、あるいは『ブカン』などの名称が使われていた」という箇所はまさにその典型的な例である。

ただ、筆者は「パガン時代」のこの最初の記述を見て大きな疑問を抱いた。というのは、小中学校の教員になるために「このような細かい知識が果たして必要だろうか」という疑問である。もちろん、詳細な知識を習得していることに超したことはないが、それよりも教育者として大事なことは歴史としての大きな流れについて理解することであると筆者は考えている。そうした大局の理解なしに細かい部分ばかりを知ってもあまり意味がない。先にも触れたように、ミャンマーの教員は学生時代に暗記暗唱の学習を強いられてきたために、内容についての十分な理解に至っていない。特に、歴史教育で言えば、個々の出来事や事件の名称は知っていても、「それがなぜ起こったのか」、「それが後の社会にどのような影響をもたらしたのか」という、ある出来事と他の出来事との関係性や社会的文脈での因果関係がほとんど理解できていない。このような状態で教員になって、仮に歴史を教えなければならなくなったら、その教員は自分自身が受けてきた教育と同じように教科書の暗記暗唱を中心にした教育しかできないであろう。

筆者が考えるに、ここではミャンマーで最初の統一王朝であるパガン王朝の成立をもっと大局的な

第5課　パガン時代

1. 歴史

「パガン」は早くからその名を東洋の国々に知られていた。実はパガンは数多くの別名をもっており、古きは「アリマダナプラ（Arimaddanapura）」と呼ばれていた。しかし、通常はモン人が使っていた「ポカン（Pokan）」や「プカン（Pukan）」、あるいは「ブカン（Bukan）」などの名称が使われていた。モン人にとって、パガンは乾燥した土地と見なされており、この地名も棘のある草で覆われた半乾燥地を意味していた。パガンは間違いなくミャンマー帝国の中心であり、11世紀頃から帝国の拡大が始まった。

パガンの初代君主はアノーヤター（Anawrahta）で、「アノーヤターミンソー（Anawrathaminsaw）」という名で知られていた。彼の統治は1044年から1077年の期間である。彼は記録を残さなかったが、彼の名を刻んだ板がミャンマー全土に広がっていたようで、パガン周辺はもちろん、タグアン（Taguang）、メティラ（Meiktila）、ミンブー（Minbu）、ピイ（Pyay）で見つかっており、その北端はモンミット（Mongmit）にあるワテレ・ユワハウン（Nwatele Ywahaung）、南端はトワンテ（Twante）にまで至る。このようにかなり広範囲における彼の名を記した板の発見は、アノーヤター王が当時かなりの権力を誇示し、北はモンミットから南はエヤワディ河口のデルタにまで及んでいたという説を証明するものでもある。

アノーヤター王が1057年にタトゥン（Thaton）を征服したことは、1084年の作成と推定されるカルヤニ（Kalyani）彫刻から分かる。タトゥン征服の動機は、数々の史料に書かれているような純粋に宗教的な理由からではなかった。彼は領土拡大のために好んで戦闘に及んだのである。

アノーヤター王は息子ソウルー（Sawlu）王にその座を引き継がせた。ソウルー王の伝記はメインルラン（Main Lulan）と呼ばれる彫刻として記録されている。ソウルー王は、残念ながら父のような力強さに欠け、モン人の反乱によって、彼の君臨時代は短命に終わっている。ソウルー王の後、1084年にティライミン（Htihlaing Min）が王位を継承したが、この王はチャンシッター（Kyanzittha）という名で広く知られている。チャンシッター王は1084年から1112年まで統治したが、彼は現代の私たちがその統治を明確な証拠をもって証明できる最初の君主であるとされている。彼は多くの記録を残しており、それらはすべてモン語で書かれている。

シュエズィーゴン・パゴダ（Shwezigon pagoda）に残された記録には彼の偉大さが記録されている。そこには、彼は古代に繁栄したシュリークシュートラ（Sriksetra）都市国家の創始者であり、またビシュヌ（Vishnu）神の生まれ変わりであると記され、さらに、反乱とその鎮圧、国家再建についての彼の功労などが述べられている。しかし、アノーヤター王との関係には一切触れられておらず、彼は永遠の太陽神の子であると宣言したとだけ記されている。

彼の統治時代には数多くの功績が成し遂げられた。灌漑のための溜池や水路の建設をはじめ、1098年4月16日にはモン国の崩壊した仏塔の修復、僧院の設立、仏教経典ピタカ（Pitaka）の収集、ブッダガヤ（Boddhagaya）への使節の派遣、ダムの建設などがあげられる。

また、ティライミンは歌や舞踊、演奏などの芸術の振興にも力を入れた。加えて、古い寺院などを改修したり、王室の者たちを仏教に帰依させたり、人々に道徳的教えを広めたりした。1101年、彼は新しい王宮の建設に取り掛かり、それは翌1102年に完成した。この新王宮の建設については詳細な記録を残している。

ヤーザクマーの記録によれば、ティライミンは28年間の統治の後、1112年に病気によりこの世を去っている。彼の子であるヤーザクマーは父の功績を詳細に記録に残した。しかしながら、この誠実な子は父の後を継ぐとことはなかった。代わってティライミンの孫にあたるアラウンシードゥー（Alaungsithu）が王位を継いだ。

アラウンシードゥーは1098年の生まれで、王の座に就いたのは1113年である。史料によれば、彼はティライミンの有一の孫であった。

教員養成学校の「歴史（二年制課程）」教科書
（出典）Ministry of Education, "History – Education College Second Year Course," 2014を筆者翻訳

視点から考えさせる内容が必要である。例えば、この時期にパガン王朝というこの地域で初めての統一王朝が成立した背景理由や、その中心がパガンでなければならなかった理由、さらにはパガン王朝が長期間にわたって繁栄を謳歌した理由などについて、当時の社会的、政治的、さらに文化的状況などを考慮しながら、史料を参考にして検討していく教育が必要ではないかと考えている。

■教育方法

これまで、教員養成学校における教育内容を使用されている教科書を参考にしながら見てきた。そこで、今度はこうした教育内容がどのような方法で教授あるいは学習されているのかについて見ていきたい。

筆者は、教員養成学校で行われる授業実践をこれまで数多く見てきた。筆者の経験から言うと、同国の教員養成学校における教育方法は基本的には暗記暗唱中心の教育であると思っている。このことは、すでに見てきたように、小学校や中学校、高等学校で行われている教育実践と基本的に同様である。

先にあげた教育理論の内容を再度例にとって見ると、学習の基本原則として教科書では十項目があげられていた。授業では教師が、時には学生がそれを音読し、それをそのまま覚え込むという方法がとられる。もちろん、授業の中で教師は、その項目一つひとつについて説明はするものの、その説明内容は教科書に書かれた内容の域を出るものではない。教育哲学思想についても同じである。教科書にあげられた九名の哲学者の教育定義が教師あるいは学生によって音読され、学生はそれを覚え込まなければならない。わずか数行の説明だけで、こうした教育思想家が真に意図するところを理解しなければならないということ自体大きな問題であるが、教師の方から補足的な説明や解説が加えられることはほとんどない。教師自身もそれほど深く一人ひとりの教育思想家の思想内容までは理解できていないのであろう。

こうした教育方法の下で課される試験はとても見るに堪えない。というのは、試験では「学習の基本理論を十項目書きなさい」とか「フレーベルの教育についての定義を述べなさい」といった設問が出されるが、学生はその解答として、教科書に記載されたものと一字一句全く同じように答えなければ減点あるいは不正解とされるのである。ある学生がフレーベルの教育定義を問う問題で、「フレーベルは、子どもが自分の特性を表現する力を身に付け、成長させること、また自分が生きている世界を認識することを教育の重要な目標として、世界で初めての幼稚園を創設し、そこで、庭で遊び、庭で育てる活動、感性と感覚を育てる歌やあそびの活動、恩物を使った活動などを行った」と回答したところ、教科書の記述ではないとして得点を与えられなかったというエピソードも筆者に耳に入ってきている。

もう一つ興味深い授業実践の例をあげておこう。やはり先に見た教育理論の中の「効果的な学習のための教授法」という単元における授業実践であるが、教員養成学校の中でもかなり優秀な教員が授業を行うということで参観させてもらった。すでに教科書に載っている二十一の教授法の名称については学習済みで、本時はそれらの具体的な内容について学習していくことが目的であった。

教師は、まず学生数名を指名して二十一の教授法の名称を言わせた。その後、「では、一班のメンバー五名は前に出て演技して下さい。その他の人はこの演技を見て何という教授法であるか考え、その名称を答えなさい」と学生に指示を出した。一班らしきメンバー五名は、教室の前に出て、たどたどしいながらも先生役（一名）と生徒役（四名）に分かれて演技を始めた。

先生　この教材を見てシナリオを書きなさい
生徒たち（シナリオを書く）
生徒A　先生、シナリオが出来ました
先生　では、このシナリオに沿って演技しなさい。まずはリハーサルから
生徒たち（リハーサルを行う）
生徒B　先生、リハーサルが終わりました
先生　では、本番いいですか
生徒たち　は～い

ここまでの演技を見た学生の何人かが挙手をし、「ロールプレイ法です」と回答した。教師は「そうですね。よくできました」と言って、次の演技に進むために二班のメンバーに声を掛ける。結局、本時では、三つの班が演技をし、それぞれロールプレイ法、ストーリーテリング法、講義・討議法の演技を行って終了した。

この授業は同国の教員養成学校はじめ、その他の小学校や中学校、さらに高等学校で広く見られる

暗記暗唱を中心とした学習方法とは大きく異なっている。したがって、一見すると非常に斬新で、伝統的な教育方法の殻を打ち破る新しい方法による授業実践であると言えなくもない。その証拠に、この教師自身も本授業には十分満足していたようで、授業後も自信満々の笑顔で筆者に接してくれた。しかし、本授業内容を詳細に検討すると、決して賞賛に値するだけの質の高い授業とは言えないことが分かってくる。

まず一つ目の課題として、この単元での本来の学習目標が忘れられてしまっているということである。本単元では効果的な学習を促すための教授法として二十一あることや、その名称を覚えることでは決してない。これらを実際の授業実践の中で柔軟に使いこなせる能力を身に付けることが求められているのである。しかし、本授業は学生の演技からそこで使われている教授法の名称を答えるということに焦点が当てられてしまっていた。

二つ目の課題は、これら二十一の教授法は教材の種類や文脈によって、使えるものと使えないもの、また効果が大きいもの、それほど効果がでないものなどがあるはずである。どのような教材や文脈で、どの教授法を用いるかという選択が非常に重要になってくる。しかし、本授業は各教授法の表面上の手続きのみに焦点を当てているために、本来最も重要である教材の種類や文脈の状況という点はかなりあいまいにされたままである。先のロールプレイ法の演技でも、学生は「この教材を見てシナリオを書きなさい」から演技を始め、その教材がどんなものであるかという点に関しては全く触れていない。これでは真の意味でこうした教授法が使えるようにはならない。

三つ目の課題は、こうした表面上の手続きの違いだけに焦点を当てていては見分けのつかない教授法があるということである。例えば、問題解決学習法と発見学習法、さらに探究学習法などの違いが好例である[7]。これらの教授法の手続きは非常に類似している。ほぼ同じといっても過言ではない。しかし、その最終的な目的が異なることからこのように違った教授法として区別されているのである。こうした点を教師がきっちり理解しているかどうか、この授業実践を見ていて筆者はかなり心配になった。

以上のことから、この単元では様々な教授法についてより深く知ることにもっと時間を割くべきであったと筆者は考えている。各教授法を用いる場合の教材の種類や対象となる学習者、それらを用いた場合の効果、また用いる際に注意しなければならない事柄や難しさ、いくつかの教授法の使用が可能な場合、どの教授法を選択するか、その際の規準は何か、といった種々の課題を話し合ったり、発表し合ったりしながら理解を深めていくことが必要なのではないだろうか。こうした学習の後、初めて具体的な教材と文脈を想定した上で、ある教授法を用いた授業実践（演技）を行ってみるというのが、よりよい学習ではないかと思えてならない。

7　問題解決学習法、発見学習法、探究学習法の違いは本章末のコラム6に詳細な説明を掲載しているので参照のこと。

コラム5
主要な教育哲学思想とその系譜

(1) 永続主義(Perennialism)

永続主義は最も古く保守的な教育哲学思想である。現在でも多くの学校や教育機関においては、この哲学思想に基づく教育が行われている。永続主義思想によれば、初等教育においては「読み」、「書き」、「算盤」が「道徳」、「宗教」とともに重視され、中等教育においては「外国語」[8]、「修辞学」、「文法」、「論理学」、「幾何学」が教育の中心と見なされる。永続主義の教育は、知的な人材を育成することを目的に、優秀で知識豊富な教師によって、過去に確立された不変的な知識や社会的価値観を教え込み、生徒はできる限り多くのそうした有用と考えられる知識を覚え込むという方法を採用する。この教育においては、生徒の興味や関心は不適切なものであると見なされ、ひたすら重要な知的情報や価値観の教授に重心を置く。また、様々な過去の知識や価値観を効率良く教授するために「教科」という枠組みが確立され、その中ではあらゆる知的情報が段階的、階層的に配列されている。教師は絶対的な知的権力であり、生徒は従順な弟子として扱われる。

永続主義者によれば、教育は知的な社会を創造するためのものであり、教育を通じて知的な教養に満ちた人材を育成しなければならないとされる。この背景には、「実力社会(メリットクラシー)」の創造、『教養に満ちた社会』の創造という考え方があり、多くの国の教育者や一般市民の間から以前として根強い支持を得ている。

8 中世ヨーロッパにおいては、「ラテン語」や「ギリシャ語」がこれに当たる。

(2) 進歩主義(Progressivism)

進歩主義の教育思想は、永続主義の教育思想に対立する形として一九二〇年代にアメリカにおいて大きな社会運動として出現し、長らく支配的であった永続主義思想に基づく知識偏重、暗記中心、及び厳格な教授を強く批判し、生徒の興味や関心に注視し社会で生きていくために必要な知識や技能の習得に重点を置く新しい教育を提案した。進歩主義の教育においては、過去の知識を教え込むことを目的とした教育は無用であると考える。なぜなら、知識は、時代や社会の変遷と共に絶えず変化していくからである。重要なのは実際に社会で生きていくために必要な知識や技能であり、具体的には問題解決能力、科学的検証能力、協調的姿勢、自己修練等とされている。

この思想の中心人物であるデューイ（J. Dewey）は、すべての教育は民主的社会の実現と維持にとって必要不可欠なものであるという考えを基礎に、これまで支配的であった教師の権力と厳格な規律が支配する場という学校観から脱して、学校はミニチュア版民主的社会であると捉え直し、そこで生徒たちが自由に議論し、発表する機会をもつことの必要性を力説する。進歩主義思想のもとでのカリキュラムは、従来の教科中心型の構成とは明らかに異なり、生徒の活動、経験、問題解決を取り入れ、テーマに沿ったプロジェクトとして構成するカリキュラムとなる。このカリキュラムでは、これまで重視されてきた教科内容に基づく識字能力ではなく、児童・生徒の活動・経験が重要であると見なされる。また個々人の競争をあおる教科学習ではなく協同的集団学習が強調される。

（3）本質主義（Essentialism）

本質主義は、永続主義と同様に保守的な教育思想である。しかしながら、永続主義が中世ヨーロッパにおいて発生したという古い歴史をもつのに対して、本質主義は一九三〇年代にアメリカで現れた教育思想で歴史的にはそれ程古いものではない。本質主義が現れた背景には進歩主義による生徒の興味や関心にあまりにも片寄った教育によって、生徒の学力の低下が深刻な社会問題となるという危機感があった。特に冷戦時代のスプートニク（Sputnik）ショック後の欧米各国の科学技術開発重視政策は、進歩主義のもとでの教育ではソ連をはじめとする共産圏に打ち勝つことはできないという国家的危惧の表れであり、この時期以降、本質主義は重要な教育思想として確実に支持を拡大していった。

本質主義の教育は、基本的に永続主義と同じ路線をたどる。「教科」という枠組みを基礎としたカリキュラムを採用し、初等教育では「読み」、「書き」、「算盤」を、中等教育では「国語」、「数学」、「理科」、「歴史」、「外国語」を重視する。また永続主義同様、「芸術」、「音楽」、「体育」、「家庭科」、「職業教育」といった教育を装飾的で副次的なものとして軽視する傾向にある。しかしながら、本質主義と永続主義の間には一つの大きな違いがある。それは、永続主義が過去における知識や価値観を重視するのに対し、本質主義は現代における状況に注目している点である。これは、教育が単なる教養に満ちた人材を育成するという従来の考え方から、現代の発展に寄与できる知識人を育成しようという方向に変化したことを意味する。

(4) 再構成主義 (Reconstructionism)

再構成主義は、一九二〇年世界恐慌の頃から徐々に頭角を現してきた最も新しい教育思想の一つである。進歩主義の教育思想が、従来の永続主義に代わって大きな社会運動として支持を得ていく中で、あまりにも生徒の興味や関心を重視するために学力の低下が起こるのではないかという保守派による危機感が表面化してくる一方で、もう一つ全く別の動きが起こっていた。それは、進歩主義が子ども中心教育という個々の子どもにあまりにも焦点を当てているがために、社会という大きく重要な概念が欠落しており、また、この教育自体が対象としているのは一部の中産階級の子ども達のみであり、他の多くの社会階級の子ども達が無視されているという批判であった。彼等によれば、教育の役割は現実の社会で起こっている問題に焦点を当て、それを解決することにある。さらに、教育を通じて社会を変革していく人材を育成することが重要であると説く。したがって、再構成主義の教育思想のもとでのカリキュラムは現在存在する様々な課題から構成され、教師や生徒はそれらの問題を分析、解釈、評価した上で、その解決においてどのような行動を取ればよいかを考え、実行に移すことが求められる。

コラム6　問題解決学習、探究学習、発見学習

（1）問題解決学習

問題解決学習とは、学習者が直面する問題を把握し、それについて深く考えることにより、その問題を解決するための方策を学習者自身で見つけ出していく過程を通して、問題解決のための思考能力を高めていこうとする学習方法である。この学習は、アメリカ進歩主義教育を代表するデューイの教育思想を基盤にしており、彼の主張する反省的思考（Reflective Thinking）の過程を一般化したものである。通常、問題への直面（Confusion and Embarrassment）→問題の把握（Investigation）→問題解決の仮説の設定（Formulation of Hypotheses）→仮説の推理による検討（Acceptance or Rejection）→その結論に基づく実地による実験的行動（Conclusion and Evaluation）、という過程をとる。

J. デューイ
（1859-1952）
（出典）http://todays-list.com

この学習方法は系統学習とは対極に位置するものであり、近代教育史上、この二者における大きな論争が絶えずある。すなわち、系統学習は様々な事柄を学問的な視点から組織的に順序よく学習していく方法であり、学習者が多種多様な情報の中で必要とされる情報や知識を効果的に習得することができると言われているのに対し、問題解決学習は学問的な知識や情報というより、学習者を取り巻く日常生活、日常経験に焦点を当て、そこで起こる様々な問題について深く考え、分析し、検証するという高度な思考能力・問題解決能力を養っていくことを目的とした学習方法である。

我が国でも大正自由教育期に取り入れられたが、本格的に全国に普及したのは戦後の一九四七年の文部省発行の学習指導要領で問題解決学習が導入されてからである。しかし、後にこの問題解決学習では各教科における基礎・基本の習得が困難であるという批判か

ら、系統学習へ回帰する傾向が強くなった。一九六〇年代以降の日本の教育はまさに問題解決学習を回避し、系統学習を強化していった時期であった。しかしながら、校内暴力、登校拒否、いじめといったことが学校現場において頻繁に起こり、その原因を当時の詰め込み教育、過度の受験競争にあるとした結果、一九八〇年代後半からは再び問題解決学習を見直す動きが出てきた。

ここで、後にあげる発見学習（Discovery Learning）との関係も少し見ておこう。問題解決学習も発見学習もその基礎理論は同じであることからしばしば混同されがちである。しかし、両者の問題解決の過程を注意深く観察することでその違いが明らかとなる。すなわち、発見学習は問題解決を図る一定の方法論をあらかじめ定めてその方法を重視するのに対し、問題解決学習は各学習者がそれぞれに個性的な方法での問題解決を保障しながら、的確な問題解決能力を育成しようとしている点で違いがある。

(2) 探究学習

探究学習とは、まさに文字どおり学習者が探究することを意味した学習方法である。この学習方法が初めて現れたのは、一九五〇年代末から一九六〇年代にかけてのアメリカにおける教育の現代化運動の流れの中においてである。当時シカゴ大学の教授であったシュワブ（Joseph Jackson Schwab）を中心とする学者グループによって提唱され、学習者が主体的・能動的に科学的探究の過程に参加することを通じて、その教科（あるいは学問）における基本的な概念を理解すると同時に、その探究方法を獲得することを目指す学習方法であると説明されている。

J. J. シュワブ（1909-1988）
（出典）http://photoarchive.lib.uchicago.edu/db.xqy?one=apf1-07492.xml

この探究学習の考え方は、デューイの問題解決学習における反省的思考に取り入れられており、さらにブルーナー（Jerome Seymour Bruner）の発見学習[9]とも非常に関連が深い。

（3）発見学習

「発見学習」という名称は古くはルソー（Jean-Jacque Rousseau）やペスタロッチ（Johann Heinrich Pestalozzi）、そしてデューイの教育言説に見ることができる。しかしながら、この言葉が有名になったのは一九六〇年代になってからであり、その代表が当時ハーバード大学教授であったブルーナーである。彼は、一九五九年に全米科学アカデミーが召集したウッズホール会議の議長を務め、その翌年『The Process of Education（教育の過程）』を発表した。この著書の中で、発見学習についての彼なりの理論を纏めている。その要旨は、発見学習は問題を見つけ出す能力や態度を育成することを目指し、そのためには学習者の学習への興味・意欲を外発的動機付けから内発的動機付けへ転換させる必要がある。そして、この学習によって発見の仕方を学習することができ、この学習によって獲得した記憶はすぐに忘れ去られることなく長らく把持される、というものである。すなわち、発見学習とは学習者が単に物事の結論のみを学習するのではなく、その結論を得るまでの過程を学習するものである。例えば、AとBという異なった事柄の間に存在

J. ブルーナー
(1915-2016)
（出典）http://what-when-how.com/child-development/jerome-s-bruner-b-1915-child-development/

9　シュワブの「探究学習」とブルーナーの「発見学習」は極めて近い関係にあり、明確に相違点を見つけることは難しいために、よく混同されることがある。ここで敢えて彼らの言説からその相違点を見ると、ブルーナーの発見学習は「学問（教科）の基本的な概念を、児童生徒自身の発見によって獲得すること」を目的とした学習方法であるのに対し、探究学習は「科学的探究の過程を重視し、探究の能力獲得に力点を置いた」学習方法であるということができる。

する関係やABとCDとの間に存在する関係を帰納的に見つけ出し、さらにEとFや、ABとEFについても既習の学習が成り立つかどうかを確かめていくような学習方法であるということが言える。[10]

我が国ではこの発見学習は学習指導方法として取り入れられた。すなわち、教育内容やカリキュラム開発とは切り離されて教育界に紹介されたのである。我が国におけるこの狭義の発見学習は、系統学習の中の一つの単元において「問題把握↓仮説↓検証↓まとめ」という発見のプロセスを用いることで、系統学習ではあるが、詰め込みや暗記中心の教授学習ではないという当時の系統学習と問題解決学習の論争をやわらげる役目を果たした。しかしながら、この発見のプロセスは、児童生徒が自ら発見するという当初の発見学習の概念とはほど遠く、教師に導かれたものであるという欠点が指摘されていた。

10　水越敏行『発見学習の研究』明治図書出版、一九七五年における水越氏の解釈である。

第Ⅱ部　ミャンマーの教育の歴史的変遷

第5章　近代以前の教育

もともとビルマ（ミャンマー）[1]では地域単位の自給的農業が営まれ、人々はそれによって生計をたてていた。各村落には僧院が建設され、そこでは希望すれば貴賤や信条に関係なく、男子であれば誰でも読み書き計算などを学ぶことができた。ここでは固定した学級や試験はなく、学ぶ内容によって適切な集団に分けられていた。当時の一般的な状況としては八歳の子どもから十六歳あるいは二十歳ぐらいまでの青年が少なくとも三年程度そこで教育を受けていたようである。

僧院（あるいは僧院学校〈Monastic Schools〉）での教育は宗教的であり、かつ倫理的であったことは言うまでもない。ここでの教育内容は仏教の聖典（仏典）である「三蔵（Tripitaka）」[2]に書かれた内容を中心にして構成されており、そこには俗世間の道徳的・社会的規律が示されていた。もちろん、こうした仏教的な内容だけではなく、基礎的な算術や天文知識、ビルマ文学なども教育内容に含まれていた。ただし、僧院学校における最も重要な学習と位置付けられていたのはパーリ語（Pali）学習であった。パーリ語は上記「三蔵」で使われている文字であり、同書を学習するには必要不可欠な言語だったからである。[3]

当時の僧院学校の一日のスケジュール例

4：00 - 4：30	起床
7：00 - 8：00	暗記暗唱の学習
9：00 - 11：00	僧院での義務的活動（清掃など）
12：00 - 16：00	僧侶の指導による学習
18：30 - 20：30	新参者あるいは年長者による本日の復習
21：00	就寝

（出典）Lily T.K. De, “Colonial Education in Burma and Malaya: The Move Away From Indian Education Policy,” 発行年不詳

上に示したものは、当時の僧院学校における一日の活動例である。これを見ると、僧院学校の朝は早く、特に朝の教育活動は暗記学習から開始されることが分かる。さらに、学習時間は午前、午後合わせて七時間程度行われていることも分かる。

このように、当時のビルマ社会は男女による待遇差はあったものの、それ以外の面では極めて民主的で、修道士に対する仏教教義も極めて平等的扱いであったと言える。ちなみに、一七〇〇年代にはヨーロッパから数多くの旅人が同地を訪れたが、いずれも同地の人々の読み書き能力や教育水準の高さに驚きを示していたことが数々の文献に残されている。

基本的な学習（ほとんどは僧院にて修道士になるための修業として

1 「ミャンマー」という名称が対外的に正式に国名として採用されたのは一九八九年である。それまでは「ビルマ」という名称が使われていた。第Ⅱ部の内容はそのほとんどが一九八九年以前の同国の教育状況であるため、基本的に旧称である「ビルマ」を使う。

2 「三蔵」は、僧伽（僧団）規則、道徳、生活様相などを記した「律蔵（Vinaya Pitaka）」、釈迦が説いたとされる教えを記した「経蔵（Sutra Pitaka）」、上記の二書の注釈、解釈を記した「論蔵（Abhidhamma Pitaka）」の三種から構成されている。

3 古代中西部インドが発祥とされる代表的な言語で、上座部仏教の経典で使用されていたことで有名である。ビルマにもパガン時代にはパーリ語で書かれた書物が入ってきており、後に本文で述べるように、日用品や子守唄などにも同言語が使われていたこともあり、民間の人々が接する機会も多かったと考えられている。

僧院学校
（出典）Chai Ada, “The Effects of the Colonial Period on Education in Burma,” 2014. より転載

実施されたが）を終えると、すべての男子は仏界に入り、十代をその中で過ごした。同国では母親が子どもを仏陀の生まれ代わりになるようにと、仏界へ入ることに非常に熱心であったと言われている。仏界に入ると、読み書き計算以外にも、特別な僧院では歴史や地理、占星術、医学を学ぶことができた。この意味からも、ビルマは西洋世界と比較しても教育的に決して遅れていたとは言えず、将来の生活にとっての知恵を豊富に学んでいたと考えられる。

　僧院の中には、現在で言う「大学」のような機能も併せもっていたものもあった。そこでは仏教哲学をはじめ、高度な医学、占星術などが教えられていたため、若者の中には十代を終えてもまだ僧院で学び続ける者もいた。こうした若者は生涯にわたって僧侶の道を歩む者が多いが、その道を究めるか否かは個人の自由であり、俗世間に戻ってきた若者の多くは政府の高級官僚として採用された。

　実は、同国においては僧院での教育が普及する少し前、西洋の宣教師たちによる学校がいくつか開かれ、そこで西洋的な教育が行われていたことも指摘しておかなければならない。バーナバイト（Barnnabite）神父によるタンリン（Thanlyin）での教育活動（一七二一年頃）、ジャドソン（Judson）夫妻によるケイカミ（Kyeikkhami）[4]での教育活動（一八二六年頃）などは最初の外国人宣教師による教育活動であるが、その後、徐々にその数は増えていき、一八六四年までには全国に二百四もの外国人宣教師による学校が存在していたと言われている。

他方、当時の職業教育はどのようであったであろうか。すでに触れたように、当時のビルマ経済は地味で、人々の生活も簡素なものであったことから、現代のように、ある種の職業技術が学校などの教育機関で提供されるというようなことはなく、様々な仕事の中で徒弟制度を通して親方から弟子に技術が伝えられた。十代の男子は、親や親戚と一緒に働くことで、例えば、蹄鉄や車輪の制作、大工仕事、紡績仕事、織工仕事などを覚えた。他方、高度な技術を要する漆器や煉瓦造り、木工、象牙彫り、織布、剣の製造、彫刻や建築などは熟練工の下に弟子入りして、一緒に作業をしていく中で徐々に習得していった。

この当時、身体的運動も生活の中で非常に重要な役割を果たしていた。男子は積極的に種々の競技に参加し、乗馬、剣術、格闘、拳闘、水泳などあらゆる競技の腕前を磨くことに余念がなかった。

以上、近代以前のビルマの教育について述べてきたが、その主体は男子であったことを指摘しておかなければならない。では、当時の女子教育はどのようであったのであろうか。ビルマのことわざに「無知の男はめくら、布の織れない女は手無し」というのがある。実は、当時の女性においては、富貴な階級出身者のみが識字能力を身に付けていた。とは言いながらも、ビルマ女性はパガン朝時代から日常生活を通して教育を受けていたと言える。例えば、日常使っているお皿に彫られたパーリ語に

4　タンリン、ケイカミはどちらも現在のヤンゴン南部に位置する地域である。

親しんだり、母親が歌う子守唄からパーリ語の文章を覚えたりしていたのである。一八七二年に発行された同国についての報告書には「ビルマ女性の大多数は識字能力をもたないが教養がある。彼女たちは、幼少の頃から織布や紡績はもちろんのこと、家事全般について教えられており、十代では立派な家政婦として働ける」と記されている。このように、ビルマの女性にとっては、実生活そのものが教育であり、教育は実生活そのものであったと言える。偶然にも、十九世紀頃からアメリカなどの教育先進国で興った進歩主義教育の基本が、近代を迎えるビルマ社会においてすでに見られていたということも言えよう。

第6章　イギリス植民地時代の教育（一八五二－一九四一年）

イギリス植民地時代にはイギリス本国における資本主義体制を擁護する教育体制が布かれ、植民地政府の経営を担う優秀な現地人官僚を育成することが目指された。ここで実施された教育は大きく見て、①東洋的な教育や文学よりも西洋型の教育と文学（英語文学）を重視、②教育活動での英語の使用、③イギリス文化を尊重する人材を育成し、ビルマ現地人と支配層（イギリス人を指す）の架け橋的な役割を担わせるといった三つの特徴をもっていたと言われている。

以下、この時代に行われていた教育について詳細に見ていこう。

1　近代的教育の導入とその模索

第一次英緬戦争（一八二四－二六年）の結果、テナセリム（Tenasserim、現在のタニンサリ〈Tanintharyi〉）とアラカン（Arakan、現ラカイン〈Rakhine〉）地方を支配下に収めたイギリスは、ビルマに西洋の近代的な教育内容を導入することを目的として、各地に政府学校（Government Schools）を開校していった。

一八三五年に最初の学校をモールメン（Moulmein、現モーラミャイン〈Mawlamyaing〉）に開校すると、三七年にはチャウピュー（Kyaukphyu）、四六年にはアキャブ（Akyab、現シトウェ〈Sittwe〉）とその数を増やしていった。そして、第二次英緬戦争（一八五二－五三年）によって下ビルマ（Lower Burma）を併合すると、その中心であるプローム（Prome、現ピイ〈Pyay〉）にも政府学校を開いた。

当時のイギリス植民地政府は、ビルマでの人材育成は初歩的な教育のみで十分であるという強い考えをもっており、前述のように順次、政府学校を開校しながら近代的な教育の導入を行っていたが、次第に学校施設や教育活動を維持していくためにはかなりの費用がかかることが分かってきた。そこで、できるだけ安価に植民地経営を行いたいイギリス植民地政府は、新たな政府学校の開設に代えて、既存の僧院学校を活用することを思いつく。しかし、そのためには全国に散在している僧院学校を政府の管理下に置く仕組みが必要であった。

一八六六年、イギリス植民地政府は教育局（Department of Education: DOE）を設置すると、すぐに局長一名と巡回教員四名を任命し、早速、支配下の下ビルマ及びテナセリム、アラカン地方に点在する僧院学校の監督にあたらせた。巡回教員らは僧院学校の僧侶を説得し、西洋の近代的な教育、特に、英語、計算、土地測量（地理）を導入するために各地を奔走した。

アーサー・パイレ
（出典）http://www.ebay.co.uk/itm/ARTHUR-PURVES-PHAYRE-First-Commissioner-of-Burma-Antique-Print-1886-/351380503566 より転載

実は、僧院学校の活用やそこで英語、計算、土地測量といった近代的な教育内容を導入するという考えは、イギリス領ビルマ州の初代長官（Chief Commissioner）であったアーサー・パイレ

（Arthur P. Phayre）の強い意向が働いていたと言われている。彼は、僧院学校でこうした新しい学科を導入する際には教科書さえ配布すれば容易に行えると考えていた。しかし、実際には伝統的な方法を重んじる僧侶（教員）の強い反対にあうなどの困難に直面し、僧院学校における近代教育の導入は失敗に終わった。

この結果を受けて、イギリス植民地政府はこれまでの方針を大きく転換する必要に迫られることになった。植民地政府の支出をできるだけ抑えるために、外国人宣教師による教会学校を奨励したり、ホームスクーリングの促進を図ったり、さらには政府学校や僧院学校を中央政府ではなく、地方政府（県や郡区など）の管轄に移したりしたのである。こうすることで学校の運営自体はそれを所有する組織や機関によって賄われるため、植民地政府は少額の補助金を交付するだけの財政負担で済んだ。

このようにイギリス植民地政府は、ビルマにおける教育制度を徐々に構築していったが、その初期においては先にあげたように「ビルマでの人材育成は初歩的な教育のみで十分である」という考えもあって、小学校や中学校段階の教育に留まっていた。しかし、イギリス植民地政府は政府の運営を担うイギリス人官僚と現地人の橋渡し役をする優秀なビルマ人を育成する必要にも迫られ、一八七四年に同国初の政府高等学校（Government High School）をラングーン（Rangoon、現ヤンゴン〈Yangon〉）に開校した。開校当初は生徒十名のみであったが、そのうち二名がカルカッタ大学（University of Calcutta）のマトリキュレーション試験（Matriculation Examination）に合格するという快挙を成し遂げた。[1]

1　当時はまだビルマ国内には高等教育機関（大学）はなく、進学する場合にはイギリス領インドの高等教育機関（カルカッタ大また、政府高等学校に二年ほど先んじて、一八七二年にはアメリカのバプテスト（Baptist）教会による教会高等学校（Missionary High School）も存在していた。九二年からはカッシング（Josiah Nelson Cushing）が校長となり、翌年には生徒一名がカルカッタ大学のマトリキュレーション試験に合格し一躍有名になった[2]。

このようにイギリス植民地政府は、一八〇〇年代後半から高等学校の設置を行うようになり、一九四〇年までにその数は三十八校（政府高等学校のみの数）にまでなっていた。さらに、補助金を支給していた教会高等学校なども含めると、全国に合計百四十校の高等学校が存在していた。

2　三分岐した学校系統の出現

イギリス植民地政府による補助金交付制度による学校運営が進展していくに従って、ビルマ国内に存在していた学校は、そこで使われる教授言語や受入児童の違いなどから、大きく二つの種類に制度上区別されるようになった。当時多くのビルマの子どもたちが通っていた僧院学校やホームスクーリングは「現地語学校（Vernacular Schools）」と呼ばれるようになり、他方、外国人宣教師による教会学校の多くは「英語・現地語学校（Anglo-Vernacular Schools）」と呼ばれるようになった。

こうした既存の学校以外に、一九〇五年、東インド会社の幹部やイギリス軍人、植民地政府の高官など、ヨーロッパ人の子弟の教育を主目的とした学校が避暑地として有名なメイミョー（Maymyo、現ピンウールイン〈Pyin Oo Lwin〉）に初めて開校された。この学校は政府高等学校（Government High

School）であり、植民地政府によって管理監督された数少ない学校である。ヨーロッパ人子弟の受け入れを中心とした学校はこれ以外にもあったが、残りはすべて外国人宣教師によって設立された教会学校であった。こうしたヨーロッパ人子弟のための学校はある意味、特権階級のための学校であり、前記二つとは区別され「英語学校（English Schools）」と呼ばれるようになった。

このようにイギリス植民地時代には、①現地語学校、②英語・現地語学校、③英語学校、という三つの学校種が併存することになったのである。[3] これら学校種のうち、英語学校及び英語・現地語学校は一部を除いてはすべて私立学校（政府からは補助金の交付があるのみ）であり、授業料も高く、選ばれた僅かの家庭の子どもしか入学できなかった。特に、英語学校へのビルマ人子弟の入学は全生徒の一〇％までと制限されていた。また、これらの学校では大学進学を目的とした教育課程が準備されて

学など）に行かなければならなかった。その意味で、ラングーン政府高等学校は当時としては、ビルマ国内の最高学府であったと言える。一九二〇年にビルマ国内にラングーン大学（University of Rangoon、現ヤンゴン大学〈University of Yangon〉）が設置されると、同政府高等学校は、同大学の一部となった。なお、ここで言うマトリキュレーション試験は、現在ミャンマーで行われている高等学校課程修了と大学入学を兼ねたものではなく、単に大学入学のための試験であった。

2　同校は校長の名をとって「カッシング学校（Cushing School）」とも呼ばれた。しばらく後になって同校は「バプテスト・カレッジ（Buptist College）」となり、一九一八年には「ジャドソン・カレッジ（Judson College）」と名称を変更している。さらにラングーン大学が設置されると、同大学の一部となった。

3　現地語学校はビルマ語を用いて教育を行っていた学校であり、英語・現地語学校は英語を主要な教授言語としながらも、低学年では補助的にビルマ語を使うことが許可されていた学校である。英語学校は英語を主な教授言語としていた学校であり、ここではビルマ語は第二言語として位置付けられていた。もちろん、それぞれの学校種では教育課程も異なっていた。

表 6-1　1940 年当時のビルマの学校種とその数

学校種	小学校	中学校	高等学校	合計
英語学校（English Schools）	7	113	140	260
英語・現地語学校（Anglo-Vernacular Schools）				
現地語学校（Vernacular Schools）	5,438	863	251	6,552
合計	5,445	976	391	6,812

（出典）Thein Lwin, "Education in Burma (1945-2000)," 及び U Than Oo, "History of Myanmar Education Department," Pyinnyadazaung, 1999 を参考にして筆者作成

いたため、卒業生の多くが大学教育への道を進み、将来的にはイギリス植民地政府の官僚や役人となった。このように、英語学校や英語・現地語学校はビルマの生活に根ざした教育という視点から見ると、かなり異質な組織であったと言える。すなわち、大学教育を目指した単一的な教育課程が用いられ、そのための集中的な教育が行われたことで、実生活で必要な知識や技術とはかなりかけ離れていたと言える。

他方、現地語学校は当該地区の教育局（県学校委員会〈District School Boards〉あるいは市区委員会〈Municipal Committees〉）によって管理監督された学校であり、全国各地に点在し、ビルマ人子弟すべてに開かれた大衆学校であった。しかし、英語学校や英語・現地語学校と比べると、教員の質（研修有無や学歴など）や給与水準が低く、昇進機会も極めて限られていたことから、それほど高い質の教育が提供されていたとは言えない。したがって、現地語学校に通う優秀な児童生徒を英語・現地語学校に編入させるために、「橋渡し奨学金（Bridge Scholarship）」という制度が創設されたが、奨学金の規模・提供額も十分でなかったことから、ほんの僅かな児童生徒だけが享受できたに過ぎなかった。ちなみに、一九三二年発行の「ビルマ報告書（Report on Public Instruction in Burma）」によれば、奨学金を得た児童の割合は、スタンダードⅣ（当時の小学校の最終学年）[4]に進級できた児童一

万人当たりわずか二十八人であったと報告されている。

現地語学校の卒業者の中には村の教員や調査員、保健員などになる者もいたが、こうした者はほんの一握り（わずか二％程度）にしか過ぎず、ほとんどの者は木材伐採、水運搬などの仕事にしか就けなかった。それに加えて、当時の初等教育は四年間（スタンダードⅠ～Ⅳ）であったが、七五％もの児童が第一学年（スタンダードⅠ）を終えるまでに退学し、八八％の児童が第四学年（スタンダードⅣ）を修了できない状況であったという報告もある。[5]

このように英語学校や英語・現地語学校の卒業者に開かれた将来的地位と現地語学校の卒業者の就職分野の間に大きな差が明らかに存在し、次第に「支配階級と被支配階級」という身分が形作られ、身分制社会が形成されていった。ただし、当時はまだビルマ人の中から強力な愛国精神や民族的昂揚が生じることはなく、イギリス植民地政府下の身分制的社会制度に反旗を翻すことはなかった。

では、当時の英語学校及び英語・現地語学校の教育課程を見ていこう。残念ながら、現地語学校の教育課程についての資料は見つからなかったので、右記の二つの学校種のみ説明することにする。当時の教育課程における教科構成には大きな特徴がある。まず、主要教科（Main Subjects）と追加教科（Additional Subjects）に大きく分けられ、それぞれがさらに必修教科（Compulsory Subjects）と選択教科（Optional

4　イギリス植民地時代の学校（英語学校、英語・現地語学校、現地語学校を含む）では、スタンダードⅠ～Ⅳまでの四年間が初等教育、スタンダードⅤ～Ⅶまでの三年間が前期中等教育とされていた。詳細は本節後半を参照のこと。

5　Campbell, "Report of the Vernacular and Vocational Education Re-organization Committee," Rangoon: Government Printing Press, 1938, p.153-154.

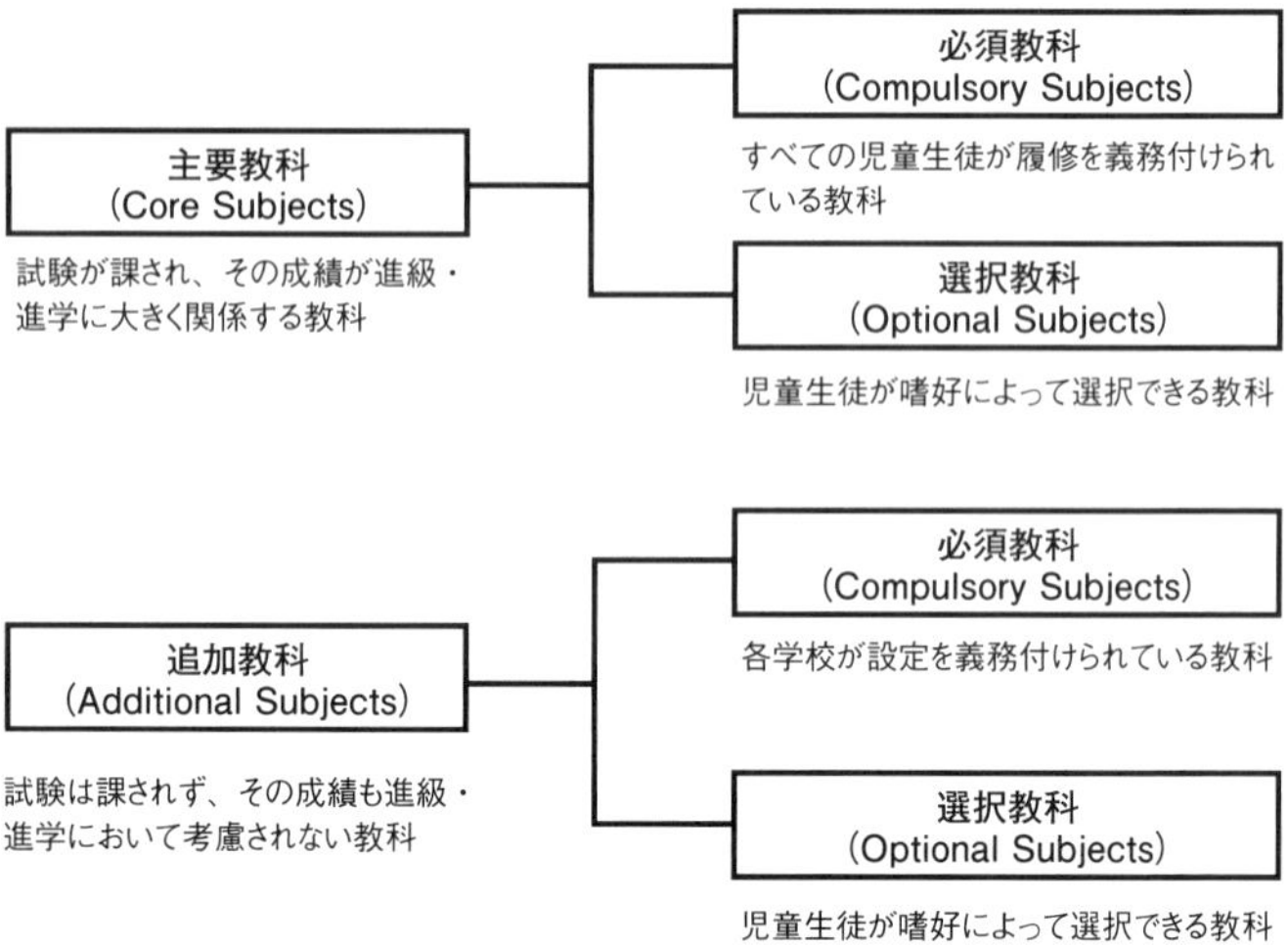

(出典) U Than Oo, "History of Myanmar Education (Curriculum Sector) 1948-1998," Myanmar Education Research Bureau, 1999 を参考にして筆者作成

図 6-1　英語学校、英語・現地語学校における教育課程の教科構造

Subjects）に二分されていたということである。主要教科は試験が課され、その成績は進級や進学に大きく影響した。他方、追加教科は試験が課されず、そこでの学習成果は進級・進学に一切関係がなかった。

すでに触れたように、英語学校と英語・現地語学校はどちらもイギリス植民地政府の経営を実質的に担う優秀な官僚の養成を目指していたことから教育課程はかなり類似していたと言える。両者とも小学校では七～八教科、中学校では九～十一教科で構成されており、これらは語学、数学、地歴、身体訓練といった伝統的な教科から成っていた。しかし、これらの学校の教育課程にわずかながら違いがあった。その違いの一つは、「現地語」教育の有無である。英語学校にはもちろんこの教科は設定されていなかったが、英語・現地語学校では「現地語」

という教科が設定されていた。「現地語」にはビルマ語（Burmese）、タミル語（Tamil）、グジャラート語（Gujarati）、ウルドゥ語（Urdu）、ベンガル語（Bengali）、ヒンディ語（Hindi）、テルグ語（Telugu）、カレン語（Sgaw-Karen）などが含まれていたが、これは当時のイギリス植民地がインド及びビルマ全域に及んでいたことによるもので、実際上、ビルマ州[6]の英語・現地語学校ではビルマ語が中心に教えられていた。

二つ目の違いは、中学校課程における「歴史」の位置付けである。英語学校ではこの教科は主要必修教科とされたのに対し、英語・現地語学校では追加必修教科という位置付けであった。この理由として考えられるのは、中学校「歴史」では、ビルマ史あるいはイギリス史（もしくは民族史）が内容となっており、将来的に植民地経営を担う人材にとっては必要不可欠な知識と見なされていたためであると考えられる。すなわち、将来的に植民地政府の中枢で働くことが期待されている生徒（英語学校卒業者）には絶対に必要な教科であったということである。

三つ目の違いは、英語学校には「基礎理科」が追加必修教科として設定されていたが、英語・現地語学校にはそれがなく、追加選択教科として承認され設置されない限り理科教育は受けられなかった。すなわち、理科教育はエリート中のエリートだけが学習すればよい教科だと考えられていたと言える。

6　ビルマは、第二次英緬戦争（一八五二‐五三年）の後、「イギリス領ビルマ州」となり、第三次英緬戦争（一八八五年）後には「イギリス領インドのビルマ州」となった。

表 6-2　英語学校の初等教育課程

区分		教科	スタンダードⅠ	スタンダードⅡ	スタンダードⅢ	スタンダードⅣ
主要	必修	英語（English）	✔	✔	✔	✔
		地理（Geography）	✔	✔	✔	✔
		算数（Arithmetic）	✔	✔	✔	✔
追加	必修	歴史（History）	✔	✔	✔	✔
		基礎理科（Elementary Science）	✔	✔	✔	✔
		身体訓練（Physical Training）	✔	✔	✔	✔
		衛生（Hygiene）	✔	✔	✔	✔
		裁縫（Needlework）（女子のみ）	✔	✔	✔	✔
	選択	承認された教科（Any Approved Subjects）				

（出典）不詳 "Burma Educational Calendar – April 1st 1941 to March 31st 1942," Government of Printing and Stationary, Rangoon, Burma, 1941 を参考にして筆者作成

表 6-3　英語学校の前期中等教育課程

区分		教科	スタンダードⅤ	スタンダードⅥ	スタンダードⅦ
主要	必修	英語（English）	✔	✔	✔
		第二外国語（A Second Language）*	✔	✔	✔
		地理（Geography）	✔	✔	✔
		歴史（History）	✔	✔	✔
		算数（Arithmetic）	✔	✔	✔
		代数（Algebra）	✔	✔	✔
		幾何（Geometry）	✔	✔	✔
追加	必修	身体訓練（Physical Training）	✔	✔	✔
		基礎理科（Elementary Science）	✔	✔	✔
		裁縫（Needlework）（女子のみ）	✔	✔	✔
		衛生・家庭科（Hygiene with Domestic Economy）（女子のみ）	✔	✔	✔
	選択	承認された教科（Any Approved Subjects）			

* 第二外国語としては、フランス語、ラテン語、ビルマ語が許可されていた。
（出典）不詳 "Burma Educational Calendar – April 1st 1941 to March 31st 1942," Government of Printing and Stationary, Rangoon, Burma, 1941 を参考にして筆者作成

表 6-4　英語・現地語学校の初等教育課程

区分		教科	スタンダードⅠ	スタンダードⅡ	スタンダードⅢ	スタンダードⅣ
主要	必修	英語（English）	✔	✔	✔	✔
		現地語（A Recognized Vernacular）*	✔	✔	✔	✔
		地理（Geography）	✔	✔	✔	✔
		算数（Arithmetic）	✔	✔	✔	✔
追加	必修	身体訓練（Physical Training）	✔	✔	✔	✔
		衛生（Hygiene）	✔	✔	✔	✔
		歴史（History）	✔	✔	✔	✔
		裁縫（Needlework）（女子のみ）	✔	✔	✔	✔
	選択	承認された教科（Any Approved Subjects）				

* 現地語としては、ビルマ語、タミル語、グジャラート語、ウルドゥ語、ベンガル語、ヒンディ語、テルグ語、カレン語が中学校奨学金試験で課されていた。
（出典）不詳 “Burma Educational Calendar – April 1st 1941 to March 31st 1942,” Government of Printing and Stationary, Rangoon, Burma, 1941 を参考にして筆者作成

表 6-5　英語・現地語学校の前期中等教育課程

区分		教科	スタンダードⅤ	スタンダードⅥ	スタンダードⅦ
主要	必修	英語（English）	✔	✔	✔
		現地語（A Recognized Vernacular）*	✔	✔	✔
		地理（Geography）	✔	✔	✔
		算数（Arithmetic）	✔	✔	✔
		代数（Algebra）	✔	✔	✔
		幾何（Geometry）	✔	✔	✔
追加	必修	身体訓練（Physical Training）	✔	✔	✔
		衛生（Hygiene）	✔	✔	✔
		歴史（History）	✔	✔	✔
		裁縫（Needlework）（女子のみ）	✔	✔	✔
		家庭科（Domestic Economy）（女子のみ）	✔	✔	✔
	選択	承認された教科（Any Approved Subjects）			

* 第二外国語としては、フランス語、ラテン語、ビルマ語が許可されていた。
（出典）不詳 “Burma Educational Calendar – April 1st 1941 to March 31st 1942,” Government of Printing and Stationary, Rangoon, Burma, 1941 を参考にして筆者作成

表 6-6　英語学校、英語・現地語学校の後期中等教育課程

区分		教科	スタンダードⅧ	スタンダードⅨ	スタンダードⅩ
主要	必修	英語 (English)	✔	✔	✔
		ビルマ語 (Burmese)	✔	✔	✔
		現地語 (A Recognized Vernacular) *1	✔	✔	✔
		数学 (Mathematics)	✔	✔	✔
		歴史もしくは地理 (History or Geography) *2	✔	✔	✔
		物理・化学 (Physics and Chemistry)	このうちから 1 教科を選択		
		総合科学 (General Science)			
		植物学・動物学 (Botany and Zoology)			
	選択	歴史もしくは地理 (History or Geography) *3	必修で履修していない科目を選択		
		数学応用 (Additional Mathematics)			
		パーリ語 (Pali)			
		サンスクリット語 (Sanskrit)			
		イラン語 (Iranian)			
		アラビア語 (Arabic)			
		ラテン語 (Latin)			
		測量・調査基礎 (Mensuration and Elementary Surveying)			
		簿記 (Book-Keeping and Commercial Correspondence)			
		速記・タイプ (Shorthand and Typewriting)			
		絵画 (Drawing)			
		農業 (Agriculture)			
		家庭科・衛生 (Domestic Economy and Hygiene) (女子のみ)			
		裁縫・仕立て (Needlework and Dressmaking) (女子のみ)			
		ビルマ語応用 (Advanced Burmese)			
		物理・化学もしくは総合科学、植物学・動物学 (Physics and Chemistry, or General Science or Botany and Zoology)	必修で履修していない科目を選択		
		力学 (Mechanics)			
		商業 (Commerce and Business Organization)			
		フランス語 (French)			
		中国 (Chinese)			
		家庭科 (Domestic Science)			
追加	必修	身体訓練 (Physical Training)			
	選択	承認された教科 (Any Approved Subjects)			

*1　この教科は英緬語学校のみ。ビルマ語、タミル語、グジャラート語、ウルドゥ語、ベンガル語、ヒンディ語、テグル語、カレン語が主要な言語
*2　この教科の代わりに、「数学応用」に置き換えても可
*3　これは必修で履修した科目と異なった科目をとること
(出典) 不詳 "Burma Educational Calendar – April 1st 1941 to March 31st 1942," Government of Printing and Stationary, Rangoon, Burma, 1941 を参考に筆者作成

3　職業訓練教育の未発達

イギリス植民地時代には、商工業分野はほぼイギリス人をはじめとする外国人に掌握されていたため、ビルマ人の若者にとっては、政府の役人になる以上に、こうした分野へ職を得ることは非常に難しいことであった。したがって、当時はほんの一握りのビルマ人のみが商工業分野に進出しており、大多数のビルマ人にはあまり関係がなかった。こうした状況の下では、ビルマ人を対象にした職業訓練教育は発展するはずもなく、当時は以下にあげる少数の職業訓練学校が国内に存在したのみである。

またこれら以外にもイラワジ造船所（Dockyards of the Irrawaddy Flotilla Company）やラングーン鋳物（Rangoon Foundry）、さらに政府と関係のある企業が、インターン制度という職業訓練の機会を若者に提供していたが、量的には非常に限られて

表6-7　職業訓練を提供した教育機関

	教育機関名	所在地
1	政府技術専門大学（Government Technical Institute）	インセイン（Insein）
2	林業学校（Forestry School）	ピンマナ（Pyinmana）
3	獣医学校（Veterinary School）	インセイン（Insein）
4	ハーコート・ブトラー公共衛生大学（Harcourt Butler Institute of Public Health）	ラングーン（Rangoon）
5	ラングーン大学医学校（Medical College, University of Rangoon）	ラングーン（Rangoon）
6	国立ポリテック校（State Polytechnic）	ラングーン（Rangoon）
7	国立芸術学校（State Schools of Fine Arts）	ラングーン（Rangoon）
8	サンダース織物大学（Saunder's Weaving Institute）	アマラプラ（Amarapura）
9	政府漆器学校（Government Lacquer School）	パガン（Bagan）
10	商業学校（私立学校）（Commercial Schools）	各地
11	政府統計学校（Government Survey School）	シュエボー（Shwebo）
12	養成学校（教員、警察官、郵便・電信）（Training Schools and Classes for Teachers, Police, Posts and Telegraphs）	各地

（出典）Ba Kyaw, "Octennial Report on Education in Burma (1947-48 to 1954-55)," The Union of Burma, Ministry of Education, 1955. を参考にして筆者作成

いた。

加えて、特殊な例ではあるが、非行に走った青少年を更生させることを目的とした「少年院（Reformatory School）」がラングーンのインセイン（Insein）に開設され、そこで学科学習や道徳教育をはじめ、手工芸などの技術教育が提供された。

4　民族学校の勃興

すでに触れたように、イギリス植民地時代には三つの種類の学校による差別的な教育が行われていた。しかし、こうした状況が長らく続くと、ミャンマー国民の中に徐々にではあるが、愛国精神が高揚し、教育制度の変更を要求する声が出されるようになってきた。そして、ついに一九二〇年十二月五日にはラングーン大学（University of Rangoon）の学生による大規模なストライキが起こった[7]。このストライキは一週間もしないうちに全国に広がり大規模に展開されていった。学生たちはイギリス植民地政府の意図に沿って設立された大学や学校には戻らないことを強く決意し、そうした学校に代えて、彼らビルマ人のための学校を設立することを一般の民衆たちをも巻き込んで叫び続けた。

このストライキからおよそ一年後、地域住民の協力を得て全国各地に民族学校（National Schools）が設立された。その数は瞬く間に増え九十にも上った。もちろん、この民族学校は政府からの支援は一切受けず、地域住民の寄付によって運営されたことは言うまでもない。当時、民族学校に就学していた児童生徒数は約一万六千人という記録があり[8]、この数は当時のビルマ国内の全児童生徒数の約六

○％に相当する。

このように突然出現した民族学校ではあるが、その規模が拡大していくにつれ、これらを監督していく組織が必要となってきた。そこで、民族教育評議会（National Education Council）が設置され、民族学校行政事務所（National Schools Administration Office）がラングーン市内に開設されるようになった。同評議会の主要な役割は、①すでに存在している民族学校の運営管理と新たな民族学校の設立、②民族図書館（National Libraries）や民族博物館（National Musiums）の設立、③外国文献のビルマ語への翻訳、④ビルマ語で書かれた図書の出版、⑤民族教育（National Education）の振興、などであった。実は、この民族教育評議会や民族学校行政事務所は当初、植民地政府下にあった教育局とは全く繋がりはなく、ビルマ人の有志によって運営されていたが、民族学校の影響力が増大してくると、イギリス植民地政府もこれらを無視することはできなくなり、次第に教育局も民族教育評議会に協力しながら、民族学校の運営管理に手を貸すようになった。

こうした民族学校に就学する児童生徒数の急増によって、その卒業生のさらなる進学の受け皿につ

7　このストライキの直接の原因は、イギリス政府が定めたラングーン大学法（Rangoon University Act）に反対するものであった。というのも、この大学法はイギリス本国のオックスフォード大学やケンブリッジ大学を模範として作られ、全寮制で選ばれた少数の学生のみを収容すると定められていたからである。また、教育課程も植民地政府に忠実な官僚の養成向けに作成されていたのである。したがって、学生たちはこの大学法に反対し、全寮制の廃止、学生の収容人数の増加、教育課程の改正などを要求して立ち上がった。

8　U Than Oo (2)、前掲書、一九九九年を参照。

いても検討せざるを得なくなってきた。すなわち、民族カレッジ（National College）の設立である。一九二〇年、ラングーン市内のシュエキン僧院（Shwe Kyin Monastery）内に民族カレッジが開校された。

しかし、一九二三年両頭制[9]が導入される頃になると、これまでの状況が一変してくる。というのは、資金難を理由に閉鎖を余儀なくされる民族学校が出てくるようになり、仕方なく、政府からの支援を受ける学校も出てくるようになったのである。こうして民族学校は、政府から全面的支援を受け、政府によって管理される政府学校（Government Schools）と政府から一部支援を受けるだけの政府支援学校（Government Supporting Schools）という二つの形態に分かれることになった。なお、民族カレッジは一九二四年には閉校された。

では、民族学校における教育制度を見ていこう。この時期、植民地政府に対抗して興った民族学校では、これまでの英語学校や英語・現地語学校とは様々な面で異なっていた。まず、小学校（四年間）、中学校（三年間）、高等学校（三年間）という三区分・十年制の学校系統ではなく、予備学校（Preparatory Schools）（六年間）と高等学校（High Schools）（五年間）という二区分・十一年制が採用された。同時に五歳児から七歳児を対象にした幼児クラス（Kindergarten Classes）（一年間）も設置されていたことにより、民族学校は合計十二年間の教育を提供していた。次に、学年の呼び方をこれまでの「スタンダード（Standard）」から「フォーム（Form）」に変更したことも大きな違いである。これらの改革は、民族学校がこれまでの学校組織とは根本的に異なることを内外に明らかに示す目的があったと考えられる。

では、民族学校における教育課程はどのようだったであろうか。一見すると構造的にはかなりの程度、英語学校や英語・現地語学校のものと類似していると言える。すなわち、教科区分として主要教科と追加教科に分けられ、それぞれがさらに必修教科と選択教科に分けられている。しかし、教科構成の中身は大きく異なっている。予備学校課程では、「ビルマ語」が主要必修教科とされ、その他は「基礎理科」と「宗教」が追加必修教科と定められ、すべての児童生徒が履修することになっている。また「絵画」が追加選択教科として設定されている。これまで芸術系教科がなかったことを考えると、「絵画」の設定は非常に大きな改革であったと言える。

高等学校課程では、英語学校や英語・現地語学校における「地理」もしくは「歴史」のどちらか一教科の履修でよかったものが、民族学校では両者の履修が義務付けられている。また、予備学校と同様、従来はなかった「宗教」と「衛生」が追加必修教科として加えられている。そのほか「公民」も主要選択教科として加えられている。しかしながら、民族学校では自然科学系教科がなくなっており、予備学校で履修した「基礎理科」を引き続き高等学校でより専門的に学ぼうとしてもその機会がない。ちなみに、ミャンマーの基礎教育において、「理科（あるいは科学）」の位置付けは時代によって大きく変化してきたことをここで指摘しておきたい。詳細は順次、各時代の教育課程を見ていく中で解説していくが、近代学校制度がある程度確立されて以降、科学教育が教育課程から削除されるのは、この民族学校（高等学校）がその起点であると言える。

9　両頭制とは、政治機能を二分、すなわち中央政府は引き続きイギリス政府が支配するが、各州の農業や教育、徴税といった事項については州議会が責任を負うという政治形態である。

表 6-8　民族学校の幼児教育課程

幼児クラス（5-7 歳対象）	前半 6 ヵ月	後半 6 ヵ月
屋外遊戯（Open Air Play）	✔	
お話（Chats on Home Life）*1	✔	
語彙の学習（Study of Alphabet）	✔	
歌（Singing）	✔	
遊戯（Games）	✔	✔
数と空間の学習（Number and Space Work）	✔	
お絵描き（Drawing）	✔	✔
工芸（Handwork）	✔	✔
英語入門（English）*2	✔	✔
読み方（Reading）		✔
朗読の時間（Recitation）		✔
書き方（Writing）		✔
算数（Arithmetic）		✔
自然と物の学習（Nature Study and Object Lessons）		✔

*1 「お話」は家庭での生活に関する様々なテーマの物語を意味する
*2 「英語入門」では日常会話の中で、ビルマ語に交えて英語を使う練習をする
（出典）Council of National Education, "Syllabus for National Schools," Rangoon National Printing Works, Burma, 1923.

表 6-9　民族学校の予備学校教育課程

区分		教科	フォーム I	フォーム II	フォーム III	フォーム IV	フォーム V	フォーム VI
主要	必修	ビルマ語（Burmese）	✔	✔	✔	✔	✔	✔
		英語（English）	✔	✔	✔	✔	✔	✔
		算数（Arithmetic）	✔	✔	✔	✔	✔	✔
		地理（Geography）	✔	✔	✔	✔	✔	✔
		数学（代数・幾何）（Mathematics-Algebra & Geometry）〈男子のみ〉					✔	✔
		衛生・家庭科（Hygiene & Domestic Economy）〈女子のみ〉					✔	✔
	選択	数学（代数・幾何）（Mathematics-Algebra & Geometry）〈女子のみ〉					✔	✔
追加	必修	宗教（Religious Instruction）*1	✔	✔	✔	✔	✔	✔
		衛生（Hygiene）〈男女用〉	✔	✔	✔	✔	✔	✔
		身体訓練（Physical Training）	✔	✔	✔	✔	✔	✔
		基礎理科（Elementary Science）	✔	✔	✔	✔	✔	✔
		裁縫（Needlework）〈女子のみ〉	✔	✔	✔	✔	✔	✔
		ビルマ史（Burmese History）*2（教師による物語朗読）	✔	✔	✔	✔	✔	✔

		絵画（Painting）	✔	✔	✔	✔	✔	✔
	選択	国家教育委員会によって承認された教科（Any Subjects Approved by the Council of National Education）						

*1 「宗教」は仏教徒の児童生徒のみ。他宗教の児童生徒は該当宗教本を持参して黙読可
*2 「ビルマ史」はフォームI～IIIでは教師による物語の読み聞かせ、フォームIV～VIはビルマ史読本
（出典）Council of National Education, "Syllabus for National Schools," Rangoon National Printing Works, Burma, 1923.

表6-10　民族学校の高等学校教育課程

区分		教科	フォーム VII	フォーム VIII	フォーム IX	フォーム X	フォーム XI
主要	必修	ビルマ語（Burmese）	✔	✔	✔	✔	✔
		英語（English）	✔	✔	✔	✔	✔
		算数（Arithmetic）	✔	✔	✔	✔	✔
		歴史（History）	✔	✔	✔	✔	✔
		地理（Geography）	✔	✔	✔	✔	✔
	選択	ビルマ語応用（Additional Burmese）	✔	✔	✔	✔	✔
		英語応用（Additional English）	✔	✔	✔	✔	✔
		公民（Civics）		✔	✔	✔	✔
		歴史応用（Additional History）	✔	✔	✔	✔	✔
		地理応用（Additional Geography）	✔	✔	✔	✔	✔
		数学ー代数（Mathematics-Algebra）	✔	✔	✔	✔	✔
		幾何（Mathematics-Geometry）	✔	✔	✔	✔	✔
		パーリ語（Pali）	✔	✔	✔	✔	✔
		簿記（Book-Keeping and Commercial Correspondence）	✔	✔	✔	✔	✔
		家庭科・衛生（Domestic Economy and Hygiene）〈女子のみ〉	✔	✔	✔	✔	✔
		農業（Agriculture）	✔	✔	✔	✔	✔
		絵画（Drawing）	✔	✔	✔	✔	✔
追加	必修	宗教（Religious Instruction）	✔	✔	✔	✔	✔
		身体訓練（Physical Training）	✔	✔	✔	✔	✔
		衛生（Hygiene）	✔	✔	✔	✔	✔
	選択	国家教育委員会によって承認された教科（Any Subjects Approved by the Council of National Education）					

（出典）Council of National Education, "Syllabus for National Schools," Rangoon National Printing Works, Burma, 1923.

5　高等教育の始まり

ビルマの最初の高等教育機関は一八七八年に開校されたラングーン・カレッジ（Rangoon College）である。しかし、当時のビルマはイギリス領ビルマ州であり、イギリスが支配する大帝国のほんの一州に過ぎなかったため、ラングーン・カレッジも単体の教育機関ではなく、インドのカルカッタ（Calcutta）大学の分校と位置付けられており、総合的、専門的な教育を行うまでには至っていなかった。ラングーン・カレッジは、その後一九〇四年には「ラングーン政府カレッジ（Rangoon Government College）」、一九二〇年には「ラングーン・ユニバーシティ・カレッジ（Rangoon University College）」と名称を変更され、同年、さらにバプテスト教会学校であったジャドソン・カレッジ（Judson College）を統合して「ラングーン大学（University of Rangoon）」となった[10]。

1900年代初頭のラングーン・カレッジ
（出典）Arnold Wright, "University of Yangon" Wikipedia より転載

一九三〇～四〇年代におけるラングーン大学への入学のために課された試験（マトリキュレーション試験[11]）科目は、「英語」、「ビルマ語」、「数学（幾何、代数を含む）」の三教科及び選択の二教科をあわせた合計五教科であった。選択教科としては、「古典（Classical Language）」、「数学応用（Additional Mathematics）」、「地理（Geography）」、「歴史（History）」、「力学（Mechanics）」、「家庭科（Domestic Science）」、「理系教科群（物理・化学〈Physics and Chemistry〉、総合科学〈General Science〉、あるいは植物

学・動物学〈Botany and Zoology〉の中から選択）」が設定されていた。

　この入試科目を見る限りでは、英語学校もしくは英語・現地語学校を卒業した生徒にとっては、これらすべての教科目を主要必修教科として履修しており、有利であったことは否定できない。他方、民族学校を卒業した生徒にとっては、選択教科としての「数学」を複数にわたって履修する必要があり、また「理系教科群」は履修していないので、入試科目として選択できないなどの制限があり、明らかに不利であることが分かる。

　これら入試科目だけを見ても、当時の高等教育はイギリス植民地下の体制に合わせて作られたと言え、一部のエリートを除く多くのビルマ人にとっては非常に大きな壁が存在していたと言えるであろう。

6　教員養成の開始と教員訓練カレッジ（TTC）の登場

　ビルマにおける教員養成の起源は、外国からの宣教師たちによって設立された師範学校（Normal Schools）である。もともとこうした師範学校では、キリスト教の布教を目的にした牧師の養成や選別

10　その後、一九六四年には「ラングーン学芸大学（Rangoon Arts and Science University）」、そして一九八九年、『ラングーン」から「ヤンゴン」への地名表記の変更に伴って「ヤンゴン大学（University of Yangon）」となり現在に至っている。
11　ここで言うマトリキュレーション試験は、現在ミャンマーで行われている高等学校課程修了と大学入試を兼ねたものではなく、単に大学入試のみの試験を指す。

された一握りの優秀な生徒の宗教的な訓練が行われていたが、それがやがて教員養成訓練へと変化していったのである。

『ペグー県行政報告書（一八五五－五六年）』(Report on the Administration of the Province of Pegu for the Year 1855-56)』によれば、この時期すでにビルマ州の主要な都市であるラングーン〈Rangoon、現ヤンゴン〈Yangon〉〉、バセイン〈Bassein、現パセイン〈Pathein〉〉、ヘンザダ〈Henzada、現ヒンタダ〈Hinthada〉〉、プローム〈Prome、現ピイ〈Pyay〉〉にアメリカのバプテスト教会宣教師によって設立された師範学校があったことが記されている。[12] さらに、別の記録には一八六三年当時、モールメン〈Moulmein、現モーラミャイン〈Mawlamying〉〉にカレン師範学校があったことが記されている。これらの師範学校はすべて私立であり、「現地語師範学校（Vernacular Normal Schools）」として現地語学校の教員養成にあたっていた。

他方、「政府師範学校（Government Normal Schools）」が設立されたのは教育局が設置されて七年後の一八七四年になってからである。この最初の政府師範学校はラングーンにあった政府高等学校（Government High School）内に置かれ、初年度は二十六名の生徒で出発している。その後、アキャブとモールメンにもそれぞれ師範学校が開校され、年間およそ百名の生徒の訓練を行うようになった。一九一一年までに政府師範学校は五校、政府支援教会師範学校（Government Supporting Normal Schools）は七校に拡大し、年間四百六十名の生徒の訓練が行われるようになっていた。

一九一二年になると、師範学校において小学校教員養成に特化した教育課程が開講されるようになった。これは「E.T.C.（Elementary Training Classes）」と呼ばれ、現地語学校の初等段階を担当する教員養成課程であった。当初、この課程を開講していた師範学校は二校のみであったが、年を追うごとにその数は増えていった。

一九二一年になるとラングーン・ユニバーシティ・カレッジ（Rangoon University College）において教員養成ディプロマ課程（Diploma in Teaching）が開始された。そして、翌年には同カレッジに教育学部（Department of Education）が設置された。少し話が逸れるが、当時、同学部の教授として採用されたのはヨーロッパ人の女性一名[13]のみで、彼女がすべての講義から学部経営までを行わなければならなず、なかなか大変だったことが記録に残されている。

さて、話をもとに戻そう。この教員養成ディプロマ課程は大学院レベルの一年制課程であり、これまで師範学校で提供されていた教員養成訓練よりも高度なものと位置付けられ、修了者は高等学校の教員になることができた。ただし、当時、同大学を卒業した学生は誰でも教員になることができたので、わざわざディプロマ課程で学ぼうという学生はほとんどいなかったというのが実情である。したがって、開設一年目には学生数は十一人のみで、その内ビルマ人は六名しかいなかった。また、同課程には教育実習が含まれていなかったため、学生は本課程とは別に学校現場で一年間の教育実習の経験を積む必要があった。そして、本課程の卒業試験に合格し、教育実習を完了した学生にのみに修了証が出された。この後、教育学位を欲する学生は国内ではなく、海外に留学しなければならなかっ

12　U Than Oo (2)、前掲書、一九九九年を参照。
13　記録によれば、彼女はスコット女史（Miss M.E. Scott）とされている。またしばらくしてからクラーク博士（Dr. G.F. Clark）が教育学部教授として雇用された（Institute of Education, "Education Panorama Volume I, Number 2," 1985, p.33 参照）。

た。[14]

一九二八年からはディプロマ課程以外にも、現職教員のための「拡大課程（Extension Courses）」が開講された。この課程は十月に学校が短期休暇に入る時期に合わせて開かれ、中学校の現職教員らが参加した。もちろん、同課程への参加は強制ではなかったが、年々、参加者は増加し、一九三一年に同国初の教員訓練カレッジ（Teacher's Training Colleges: TTC）（詳細は後述）が開校された後でさえ、この課程は継続されるほど人気があった。

各地での新設学校の開校とビルマ国民への教育の浸透が進むにつれて、これまでのディプロマ課程と拡大課程だけでは「より多くの教員を養成してほしい」という社会的要求に十分に応えることはできなくなってきていた。ちょうどその頃、一九二四年十一月に開かれたラングーン大学会議において、総長から「我が国には未だ教員養成のための学校というものがない。適切な教員養成が可能でない限り、教育における進歩はないと言っても過言ではない。これは世界各国の経験から明らかなことである」という言及があった。[15]こうして、一九二八年から教員養成のための学校設立に向けた計画が開始されたのである。

この計画では、新しい教員訓練カレッジ（Teacher's Training Colleges: TTC）の教育課程と教員になるための資格についての青写真が示された。それによれば、中学校の教員になるためには高等学校課程を修了し、その後二年間の教員訓練課程を経て「教員訓練修了証明書（University Trained Teachers Certificate: U.T.T.C）」を取得すること、高等学校の教員になるためには大学を卒業し、その後一年間の教員訓練課程を修了して「教育学学士（Bachelor of Education Arts: B.Ed.）」を取得することとされた。既存のディプロマ課程はそのまま維持され、すべての大学卒業生に開かれた一年間の課程として高等学校教員を養成することとされた。そして、これら中学校及び高等学校の教員になるための新しい教育課程は、これまで師範学校で行われていた教育課程にとって代わるものであるとされたのである。このことは、すなわち政策的に師範学校を継続していくことの妥当性はなくなり、閉校の可能性を意味した。一九二九年時点で百八校の師範学校（うち九十九校が政府師範学校、残り九校が政府支援師範学校）が存在しており、これら学校関係者の間では、多くの予算と優秀な人材の投入によってかなり大きな成果を上げていたと考えられていただけに、この青写真は到底賛成できるものではなかった。[16]

しかしながら、こうした既存の組織からの猛反対にもかかわらず、教員訓練カレッジの設立計画は着々と進められ、建設用地もラングーン大学の南側に取得され、主要棟、学生宿舎棟、付属校、事務棟などを含む新しい教員訓練カレッジの建設が開始された。そして、一九三一年七月にラングーン教員訓練カレッジ（Rangoon Teacher's Training College）がラングーン大学傘下のカレッジとして開校さ

14　ビルマ奨学金諮問委員会（Advisory Board of Burma Scholarship）によれば、一九二七年当時五名のディプロマ課程修了者を学位取得のためにイギリスに送ったということである。
15　Institute of Education, "Education Panorama, Volume I, Number 2," 1985, p.34 参照。
16　教育局発行の『教育報告年鑑 1938-39（Annual Education Report of the Directorate of Public Instruction for the 1938-39）』によれば、一九三九年時点で、主として外国人宣教師によって開講された英語・現地語師範学校はほぼ完全に消滅したが、現地語師範学校はその数を減らしはしたものの生き残り、また小学校教員養成に特化した「ＥＴＣ」課程や現職中学校教員を対象にした「拡大課程」も継続された（U Than Oo〈2〉、前掲書、一九九九年）。

れた。開校当初の学生数は、「教育学学士（B・Ed）」課程が二十六名、「教員訓練修了証明書（UTC）」課程が六十五名であったが、年を追うごとに順調に増加し、第二次世界大戦勃発で教員訓練カレッジが閉鎖される直前の一九四一年にはそれぞれ六十八名、九十五名にまでなっていた。なお、ラングーン教員訓練カレッジの開校によって、ラングーン大学の教育学部は閉鎖された。[17]

17　ラングーン大学の教授であり、経営責任者であったクラーク氏がラングーン教員訓練カレッジの校長となり、スコット女史及びもう一名の教授（U Ba）も彼と一緒に同校に移った（Institute of Education, "Education Panorama Volume I, Number 2," 1985, p.36 参照）。

第7章　日本占領時代の教育（一九四二－四五年）

ビルマの独立を勝ち得るという名目で、日本軍の支援の下、一九四一年十二月にビルマ独立義勇軍（Burmese Independence Army: BIA）が組織されると、翌年一月にはアウンサン（Aung San）を指揮官としてビルマに進軍し、たちまちラングーンを占領した。[1] ＢＩＡはイギリス植民地主義者に攻撃を加え、彼らをインド国境にまで撃退することに成功した。こうしてイギリス植民地軍は同年五月までには完全にビルマから撤退した。

ビルマ占領後、一九四二年三月、林《はやし》集団（第十五軍）[2] 長は日本軍政部を編制した。これは総務部、産業部、財務部、交通部、宗教部から構成され、教育分野の業務は総務部が担うことになった。ま

1　日本軍はビルマ人の若者十三人を日本に連れて行った後、中国南部に位置する海南島で軍事訓練を実施した。彼ら十三人の中には後に活躍するアウンサンやネーウィンなどが含まれており、ミャンマー史において「十三人の志士」と呼ばれている。彼らはタイ・バンコクでＢＩＡを組織すると、そこから国境を越えてビルマ入りした。

2　一九四三年三月には軍の改編により、新たにビルマ方面軍として森集団が新設され、林集団はビルマ方面軍の下に置かれた。しかし、ビルマでの基本的な教育政策は林集団下のものが受け継がれた。

た、同年八月にはビルマ人による中央行政機関を設立し、バモー（Ba Maw）を長官とした[3]。その後、十一月に文教部（Ministry of Education, Heakth and City Development）[4]が特設されてからビルマにおける教育政策は本格化していった。

1　日本軍のビルマにおける教育基本政策

実は、日本軍占領下のビルマの基本的教育政策は、一九四二年三月に出された「林集団占領地統治要綱」にその大枠を見ることができる。この第四一条には「教育ハ当分現制度ヲ踏襲シ急激ナル改編ヲ行ハサルモノトス。排日教育並ニ拝英米教育ヲ絶滅シ逐次日本語ノ普及ヲ図リ努メテ英語ノ使用ヲ避クル如ク施策ス」と述べられている。また同年八月に出された「林集団命令」には「教育ニ於テハ拝英米思想ヲ絶滅シ大東亜共栄圏理念ヲ徹底セシムルト共ニ速カニ日本語ノ普及ヲ図リ英語ノ使用ヲ避クルニ至ラシムヘシ。民衆特ニ青少年ニ対シ剛健勤勉ナル資質ヲ付与シ技術能力ヲ向上セシムル如ク着意スルヲ要ス」と述べられている。

こうした二つの命令に基づき、ビルマの教育政策は進められていったが、一九四二年十一月には設立されたばかりの文教部からラジオを通じて次のような具体的な教育計画が流された。「旧来の非効率的で有害な教育制度は根絶せねばならず、ビルマ人をして、他の大国がすでに達成している水準にまで至らしめることを可能にする新教育制度が樹立されなければならない。母語であるビルマ語を教授言語として教育が行われることになる…（中略）…十一月十六日、新しい教育方法を使う男女中等学校教員錬成所が設置され、ラングーンはじめ国内全土の新学校の設立に向けて、適切に訓練された教員が養成されよう。これらの錬成所の生徒は、中等学校と初等学校では幅広い初等基礎知識を確実に教えるよう教育されよう。中等学校の施設においては技術教育ならびに普通教育が提供されよう。大学教育も、これに適格でかつそれを望む者に対して提供されよう。各学校段階で最も重要な部分は身体的訓練になろう。ビルマの子どもたちのための書物ができるだけ早急に作成されよう。各種の世界事情に関して、国際的な好評を得ている著作がビルマ語に翻訳されることになろう」[5]。

すなわち、このラジオ声明で述べられたことは、基本政策には従来と大きな変化はないが、ビルマ語を教授言語とする一般教育（General Education）[6]が行われること、中等学校では技術教育が重要であること、さらに各教育段階では身体的訓練が行われることなどが強調された。

3　日本軍は、ビルマ人から構成される中央行政機関及び地方行政組織をつくり、それを管理するという間接統治を行った。ただし、ビルマ族と民族的に対立関係にあったカレン族の多いシャン州及びカレン二州（現カヤ州）の行政は、軍が直轄した（石井均「日本軍政下における南方占領地の教育政策に関する研究―ビルマと北ボルネオの場合―」、『岡山県立大学短期大学部研究紀要第一巻』岡山県立大学短期大学部、一九九四年、p.67 参照）。

4　文教部には、一般教育課（General Education Bureau: GEB）、産業教育課（Industrial Education Bureau: IEB）、翻訳課（Translation Bureau: TB）の三課があった（U Than Oo〈2〉, 前掲書、一九九九年参照）。

5　石井、前掲書、一九九四年、p.67-69 参照。

6　日本占領下のビルマにおいて、同国で初めて「一般教育（General Education）」という用語が使われ、政府の文教部においても一般教育課（General Education Bureau: GEB）が設置された。この用語は、一九六六年にビルマ連邦基礎教育法（The Union of Burma Basic Education Law）が成立するまで用いられた。

当初、日本軍はビルマに進軍するとすぐに学校などの施設を占領してしまったことから、学校でのすべての教育活動は停止せざるを得ない状況となっていた。この状況を改善するために、文教部は三千の小学校、三百の中学校、百の高等学校を開校するという計画を作成した[7]。この計画が意味するところは、すでに見た「林集団命令」に基づき、従来の英語学校、英語・現地語学校、現地語学校という三つの種類の学校群を廃止し、単一の学校種によって同一の教育を行うということであり、また同時に、学校での教育活動はすべてビルマ語で行われるということであった。このような教育制度の変革は、すでに見てきたことから明らかなように、戦争による学校施設の深刻な不足による「仕方がないもの」というよりは、むしろ戦前から国内に浸透していた新しい教育思想に沿った行動であったと言うことができる。このことからも、この戦争と日本軍の占領という主権者の変更は、ある意味、長く続いてきた従来の三種類の学校群による教育制度と英語を主要な教授言語とするという教育方法に最後の大きな鉄鎚を下すものであったと考えられる。

こうして文教部の指導の下、新しい教育課程が作成された。この教育課程はより実生活に直結したものであったと言われている。例えば、「公民教育」が初めて設置され、「絵画」、「音楽」、「衛生」、それに「理科」が必修教科とされた。また、ビルマ側は「英語」教科の設置を希望したが、これは日本軍政の強力な反対によって実現しなかった。また、これまで使われていた教科書、特に「ビルマ語」、「歴史」、「地理」などは日本にとって不適切な箇所が修正ないし削除された。こうした作業と並行して、ビルマ行政府の文学図書局（Bureau of Literature and Libraries）では新しい教科書の編纂が進められた。そして、これら新しい教科書はすべてビルマ語で書かれた。また、ビルマ協会（Burmese

Academy）内にある「ピンニャ・タグン・アルヒン（Pyinnya Tagun Alhin）」ではビルマ語辞書やビルマ語百科事典の編纂が進められた。またこの頃、国立音楽学校（State School of Music）や国立絵画学校（State School of Painting）なども設立された。

この時期に採られた教育制度は「利益を共有する大東亜共栄圏」の発展を目指したもので、イギリスの利益に叶う教科目や言葉遣いなどはことごとく削除されるとともに、日本軍人による日本語学習が強制された。この背景には、大東亜共栄圏の人々が日本語を駆使することでお互いに効率的な共同体制が構築できるという考えがあったからである。

２　日本軍政下での教員錬成

先にも述べたように、ビルマの学校教育において英米依存と拝英米思想を一掃し、大東亜共栄圏の理念を徹底させるためには、教員に対してその理念を理解させる必要があった。

日本軍によるビルマ占領後、これまで機能していた師範学校やラングーン教員訓練カレッジは閉鎖されたため、日本軍政部は一九四二年十月、新たな教員錬成所（Normal College）をラングーン市庁

7　実際には計画通りにはいかず、小学校二千百七十九校、中学校百六十一校、高等学校五十五校、合計二千三百九十五校の開校に留まった（一九四三年時点）。これは当初計画三千四百校から見れば七〇％の実現であったが、日本軍占領前には全国に五千四百四十五校あったことを考えると、その四四％程度しか回復されなかったことを示す。また、これら再開された学校で学ぶ児童生徒数は約二十六万五千百と記録されている（U Than Oo〈2〉、前掲書、一九九九年、p.155-156参照）。

舎内に開校し一ヵ月の短期教員講習会をたびたび開いた。この講習には約七百名が受講し修了したとされている[8]。しかしすぐ後に、臨時的な講習会ではなく、恒久的に教員を錬成することが必要であるとの意見が強くなってきたために、軍政部は翌一九四三年二月に市庁舎内の教員錬成所をラングーン市内のチンチャウン宮殿（Chinchaung Palace、現カンボーザ宮殿〈Kanbawza Palace〉）[9]に移し、規模を拡大するとともに六ヵ月の錬成課程を提供するようになった。この錬成課程には百三十一名が集まり、修了者には「高級錬成履修証明書（Higher Grade Certificate）」が与えられた。この教員錬成所は、さらに同年六月には市内の聖ジョン・コンベント学校（Sait John Convent School、現BEHS No.2, Latha Township）[10]に移され、三ヵ月課程と一年制課程が提供されるようになり約三百名が参加した[11]。

教員錬成所での授業科目は、「日本語」、「日本歴史」、「大東亜共栄圏理念」を主要な内容としたほか、「教練」、「体操」、「勤労作業」、「団体訓練」などの実技科目もあった。講師はいずれも軍政部の職員（日本人）であり、その成果として『緬甸軍政史』によれば、「緬甸人ノ欠陥タル怠惰、安逸ノ性情並ニ不規律、無統制ノ習慣、勤労蔑視ノ弊風ノ一掃ニ努メツツアリシガ、漸次勤労愛好ノ風ノ生ジツツアルハ洵ニ喜バシキ事象ナリ」と記されている[12]。

3　日本軍政下でのラングーン大学

ビルマで最初の高等教育機関であり、イギリス植民地占領下の一九二〇年に設置されたラングーン大学は、日本軍占領下ではどのような状況であったのだろうか。

日本軍占領当初はすべての教育機関が閉鎖され、ラングーン大学も同様であった。しかし、徐々に小中高等学校などが再開されてくると、日本軍政下で新設・任命されていた「大学関係事項特別担当官（Officer on Speacial Duty for University Affairs）」によってラングーン大学の再開が検討されるようになってきた。ただ、再開する場合の土地の問題があり、なかなか容易には再開は進まなかった。ちょうどその時、教員錬成所の校長であったウー・バー（U Ba）によって同教員錬成所の敷地の一部を提供する旨の提案があり、ラングーン大学は、その提案を受諾し、一九四四年二月にようやく再開を果たした。再開当初の学生数は二百名であったことが記録に残されている[13]。

4　日本軍による日本語教育

日本軍がビルマを占領してすぐ軍内では日本語の普及についての議論が起こった。そこで文教部は「林集団命令」に則って、日本語を必修科目にするなどの措置をとった[14]。しかし、ビルマの従来の学

8　現ヤンゴンのダウンタウン東端に位置するパズンタウン・タウンシップ（Pazuntaung Township）付近である。
9　現ヤンゴンのインヤー湖（Lnya Lake）の南東部付近にある。
10　現ヤンゴンのダウンタウンのボージョー市場（Bogyoke Market）付近にある。
11　U Than Oo（2）、前掲書、一九九九年、p.159-160 参照。
12　石井、前掲書、一九九四年、p.70-71 参照。
13　U Than Oo（2）、前掲書、一九九九年、p. 160-161 参照。
14　当時、ビルマ軍政部の文教部長であった田上辰雄氏は当時のことを回顧して「私は、英語は意思疎通の方便であって、これ

校での日本語教育には限界があるとのことから、こうした普通の学校とは別に日本語学校を各地に設立し、そこでの日本語教育に力を入れた。

一九四二年六月一日に軍蘭貢《ラングーン》日本語学校（上田天瑞校長）が軍の直接的経営指導の下に開校され、これが同国における日本軍による最初の日本語学校となった。翌一九四三年二月には「日本語学校設立並ニ経営要綱」が出され、「日本語学校ハ軍政ノ円滑ナル遂行及原住民トノ親善強化ノ為メ現地各民族ニ対シ日本語教育ノ基礎ヲ授ケ以テ全緬甸ニ日本語ヲ迅速ニ普及スルヲ目的トス。同時ニ日本軍ヘノ協力並ニ大東亜共栄圏理念ノ把握ニ就キ特ニ留意スベキモノトス」[15]と定められた。この要綱に基づき、行政管内に四十校（うち教員錬成所一校を含む）、シャン政庁管内十校（うち教員錬成所一校を含む）の設立が計画され準備が進められた。これらの学校に配置する教員は二百四十名と見積もられ、日本本国から派遣される予定であったが、一九四三年七月時点で着任した教師はわずか十六名であり、当時すでに開校されていたラングーン〈Rangoon、現ヤンゴン〉、オッタマ（位置不明）、マンダレー〈Mandalay〉、メイミョー〈Maymyo、現ピンウールイン〈Pin Oo Lwin〉〉、サガイン〈Sagaing〉、バセイン〈Bassein、現パセイン〈Pathein〉〉、ペグー〈Pegu、現バゴー〈Bago〉〉、タトン〈Thaton〉、モールメン〈Molmyaine、現モーラミャイン〈Mawlamaying〉〉の九校に赴任した。これら日本語学校、特にラングーンの日本語学校では年間三千名もの卒業生を出し、その多くは軍関係の職に就いたようである。

このように日本語教育が積極的に推し進められるに従い、日本語教員の不足はもちろん、日本語教科書や教材の不足が深刻度を増してきた。日本本国でもなかなかこの問題に取り掛かることが出来なかったため、ビルマにおいて一九四三年四月に日本語学校及び日本語学校教員養成所の日本語教科書編纂委員会が設置された。その編纂方針は「日本語学校及日本語教員養成所教科書編纂要綱」（一九四三年四月）によれば、「短期速成ヲ以テ醇正ナル日本語ヲ授ケ且ツ現地ノ事情ニ則シツツ日本精神ノ把握並ニ大東亜共栄圏ノ理念ノ徹底ヲ図リ、日本ニ対スル協力ノ精神ヲ啓発スルト共ニ緬甸建設ニ挺身スル人材ヲ養成シ得ルヤウ編纂ス」とされ、計画では全五巻からなり、第一巻から第四巻まではそれぞれ三ヵ月、合計一年で学習を完了するようにし、最後の第五巻目は研究科用で六ヵ月で完了するものとされていた。ただし、これが完成したのは一九四五年に入ってからで、終戦を迎えたために結局は使われなかったようである。

5　日本軍政末期の状況

当時のビルマでは子どもの就学率はまだまだ低かった。そして、日本占領下においてはその割合は低くなることはあれ、伸びることは決してなかった。これは、新しい学校制度の下で受入可能な児童生徒数の見積自体が低かった（戦前の全就学児童生徒数の半数にも満たなかった）ことも大きな原因であるが、それ以外にも日本軍の学校施設の占領やそれによって教育活動に必要な教具教材の著しい不足

を敵視するのは正当でないことを主張し、ビルマ従来の学校における語学の選択は自由にして、日本語学校を別に併立していくことを主張した」と述べている（田上辰雄「ビルマ進駐直後の軍政と日本語学校」セクパン会編『せくぱん―ビルマ日本語学校の記録』修道社、一九七〇年、p.6参照）。

15　森第７９００部隊『緬甸軍政史』一九四八年、p.116参照。

で、教育活動を行うことが非常に難しかったことがあげられる。加えて、崩壊寸前の同国経済の中で生活をしていくためには、子どもを軍隊に入れることが最善の道であるという考え方をもつ父兄もたくさんおり、そのために就学率は落ち込む一方であったのである。

一九四四年に入ると、連合国軍の爆撃が頻繁に起こるようになり、それによってビルマ人の日常生活自体が脅かされるようになってきた。生活物資は不足し、加えてインフレによる物価高騰は人々を苦しめた。学校教員も自身の生活を守るために、これ以上給与の低い教員の職に留まっていることはできなくなり、多くの教員が職を離れるようになってきた。こうして深刻な教員不足が起こるようになり、子どもの就学率は下降の一途を辿ったのである。

第8章　独立直前の教育政策（一九四五－四七年）

日本軍政が終わると、一九四五年七月にはイギリスが再びビルマの地に戻り、軍事体制下[1]での統治を再開したした。そして、ビルマ総督は早速「シムラ白書（Simla White Paper）[2]」で示された教育再編を具体的に進めるため、教育省（Department of Education: DOE）を復活させて、手始めに小学校二千六十校とポスト小学校（Post-Primary Schools）四十二校の建設に着手した。

実は、イギリス軍はシムラに退却した直後の一九四二年にトゥン・アウン・チョウ（Tun Aung Kyaw）を座長とする教育再編委員会（Education Reconstruction Committee: ERC）を編成し、これまでのビルマでの教育制度を検証するとともに、将来的なビルマ教育の再編案を作成していた。この案に

1　イギリス軍による軍政（British Military Administartion: BMA）は一九四五年七月一日から十月十五日までの三ヵ月半の期間続いた。

2　日本軍がビルマを占領していた時期、インドのシムラに退避していたイギリス軍によって一九四五年五月十七日に作成されたビルマ統治に関する文書である。この文書には、今後三年間ビルマを統治する権利はビルマ総督にあることなどが記載されていた。

は、①これまでの三つの学校種を廃止すること、②すべての学校は政府によって監督管理されること、が明記されていた。このことは、私立学校であった英語学校及び英語・現地語学校の廃止、多様に分岐していた教員の階級や種類の統合化、新しい教育課程の実施に不可欠な専門的な分野の教員の雇用などが意図されていた。また、この案では宣教師団や個人が独自の資本で私立学校を維持したい場合にはそれを認めることや、すべての学校で児童の精神的支柱を形成するために「宗教（Religious Instruction）」を必修教科とし、その実践に必要な仏教聖職者や仏教以外の宗教者の登用を考慮することなども記載されていた。

同案における新しい学校制度は三つの教育段階に分けられ、それぞれの履修年限は次のようであった。小学校（Primary Schools）はスタンダードⅠからⅤまでの五年間で六歳児から対象、ポスト小学校（Post-Primary Schools）はスタンダードⅥからⅨの四年間、大学前教育学校（Pre-University Schools）はスタンダードⅩからⅫの三年間とされていた。また教育課程も、同国は農業国であり、大部分の人々が農村で生活しているということを考慮して、「手工芸（Handicrafts）」や実践的活動が導入されるとともに、「体育（Physical Education）」も重視された。

また同案では、小学校及びポスト小学校では教授言語として英語とビルマ語を用いることが推奨され、大学前教育学校及び大学では英語が教授言語とされていた。また、民族語については、学級において児童の大多数が少数民族出身である場合には、小学校においてのみ教授が許されるとされていた。

さらに、ビルマ語のローマ字表記の導入も提案されていた。この理由は外国人がビルマ語を学ぶ際

表8-1　教育再編委員会（ERC）で提案された学校制度と教育課程

教科	小学校					ポスト小学校			
	スタンダードI	スタンダードII	スタンダードIII	スタンダードIV	スタンダードV	スタンダードVI	スタンダードVII	スタンダードVIII	スタンダードIX
宗教（Religious Instruction）	✔	✔	✔	✔	✔	✔	✔	✔	✔
言語（読み書き）（Language: reading & writing）*1	✔	✔	✔	✔	✔	✔	✔	✔	✔
算数（Arithmetic）	✔	✔	✔	✔	✔				
数学基礎（Elementary Mathematics）						✔	✔	✔	✔
地理（Geography）	✔	✔	✔	✔	✔	✔	✔	✔	✔
歴史（History）						✔	✔	✔	✔
自然理科（Nature Study）	✔	✔	✔	✔	✔				
科学（Science）						✔	✔	✔	✔
衛生（Hygiene）	✔	✔	✔	✔	✔				
手工芸（Handicrafts）	✔	✔	✔	✔	✔	✔	✔	✔	✔
体育（Physical Education）	✔	✔	✔	✔	✔	✔	✔	✔	✔

*1「言語」は「英語」と「ビルマ語」を指す
（出典）Thein Lwin, "Education in Burma (1945-2000)," 1999 を参考にして筆者作成

に便利であるということ、電報などを打つ際に効率的であるということがあったようである。

しかし、イギリスがビルマに復帰し、この案を実施に移そうとした時、学校現場をはじめ、一般民衆からの大きな非難を浴び、結局、実施に移されることはなかった。[3] その理由として、現状に合致しておらず、既存教員の人的リソースなどを勘案すると同案を採用することができ

3　教育再編委員会の教育改革案は実施に移されることはなかったが、同案の中の提案の一部は地域単位で取り入れられたものもある。例えば、ローマ字表記については、チン（Chin）州やカチン（Kachin）州で採用されて現在に至っており、また、カイン（Kayin）州ではすべての集団ではないがローマ字表記を用いている集団もいる。これはキリスト教宣教師の影響も大きかったと考えられる。

教育政策諮問委員会による新しい教育政策案

① 初等教育の無料化について検討し、政治状況や財政状況に応じて徐々に実施していくこと
② 政府支援学校を廃止し、すべての教育は国家によって支援されること
③ 英語学校、英語・現地語学校、現地語学校という従来からの三つの学校種を廃止し、単一の学校種に統一すること
④ 各教育段階における学年を変更し、小学校はスタンダードⅠからⅤまで、高等学校はスタンダードⅥからⅨまで、大学前教育学校はスタンダードⅩからⅪまでとすること
⑤ スタンダードⅤ及びⅨにおいて卒業試験、スタンダードⅪにおいてラングーン大学による試験を実施すること
⑥ 各教科の教授言語は英語とビルマ語とすること
⑦ 民族語の教育については、これまでのように地方政府の管轄とするのではなく、中央政府によって直接的に管理すること

（出典）U Than Oo (2)、前掲書、1999年、p.187-188参照

る学校は非常に限られていること、単一学校種への変更が提案されているにもかかわらず、依然として教員の地位や給与には格差がつけられたままになっていたことなどがあげられていた。

なお、筆者が見たところ、学校制度としては六歳児から対象とする五－四－三制の十二年制が採用され、従来の制度よりも就学年限が二年程度延長されていることや、教科構成において「自然理科」や「科学」などが教育段階の早い時期から導入されていることなどから、現代的な視点からも遜色はない内容であり、当時のビルマの状況には合わないという大きな批判はあったものの、かなり思い切った改革案であったと考えている。

結局、ビルマ社会からの批判を受けて、教育局は一九四六年二月に新たにウー・バー（U Ba、元教育大臣）を座長とする教育政策諮問委員会（Education Policy Enquiry Committee: EPEC）を立ち上げ、よりビルマ社会に合った教育改革案の検

討に入った。そして、設立からちょうど一年後の一九四七年二月に報告書が提出され、前頁に示した七点が提案された。そして、この報告書の提案に基づいて、独立後のビルマにおける教育政策が実施に移されることになった。

第9章　独立後のパサパラ政権下での教育（一九四八－五八年）

1　独立当初の大規模な教育改革

一九四八年一月四日、ビルマはようやく念願であった独立を成し遂げた。この独立時に政権を掌握したのはウー・ヌー（U Nu）率いる反ファシスト人民自由連盟（Anti-Fascist People's Freedom League: AFPFL、以下「パサパラ」とする）[1]であった。同政府は戦争によって疲弊した国家を立て直すことを第一の課題として、まずはそれに尽力した。

ビルマ連邦初代首相のウー・ヌー
（出典）https://en.wikipedia.org/wiki/U_Nu より転載

すでに述べたように、独立直前の一九四六年二月には教育政策諮問委員会（ＥＰＥＣ）が設置され、同委員会からの報告書やその他様々な報告書の提言に基づき、独立と同時にビルマの新しい教育政策が策定された。この政策では、迅速な国家再建にとって大衆教育（Mass Education）の普及が重要であることが説かれ、一九四九年に大衆教育協議会（Mass Education

Council）が組織されると大衆教育の施行に向けた準備が着々と進められた。大衆教育は、すべての国民が十分な知識を有し、健康で、福祉精神に溢れ、よき国民となることが目的とされた。

また、一九五〇年から施行された新しい教育制度では、小学校から高等学校までの教育は「一般教育（General Education）」[2]と称されるようになり、多くの点で変更が行われた。まず、学校種は政府管轄の「国民学校（State School）」の一種のみとなり、これまで長い間三種類の学校に分岐していた複線型学校制度から単線型学校制度に変更されるとともに、学校運営の面から政府学校と政府支援学校という二つに区分されていた壁も取り払われ、すべて政府によって運営されるようになった。このことは、すべての国民学校の教育費が政府によって負担されることを意味した。ちょうど時期を同じくして、大学教育も無償になったため、実質的にはビルマの教育は完全無償化されたと言える。ただし、パサパラ政権ではまだ「義務教育」には触れられなかった。[3]

さらに、従来から存在していたポスト小学校が近隣の小学校に併合され、中学校あるいは高等学校に格上げされることになった。同時に、各教育段階の学年呼称も変更された。実は、第2章で述べたミャンマー特有の学校形態はこの新制度の下で生まれたと言える。すなわち、国民小学校（State

1　同組織はミャンマー語では「パサパラ（Pha Ta Pa La）」と呼ばれたため、通称「パサパラ政権」とも呼ばれる。
2　この「一般教育（General Education）」という用語は、一九四二年の日本占領時代に同国で初めて用いられている。したがって、その用語が独立後も引き続き、使われたというのが正確な表現であろう。
3　パサパラ政権下において、「義務教育」については正式には触れられなかったものの、同政府では義務教育の早期の導入は十分に考慮されていた。したがって、初等教育の義務化に向けた試行実験がラングーン郊外で二年程度実施された。

Primary Schools）がキンダーガーデン（Kindergarten: KG）からスタンダードⅣ、国民中学校（State Middel schools）がキンダーガーデンからスタンダードⅦ、国民高等学校（State High Schools）がキンダーガーデンからスタンダードⅨの教育課程を提供する学校となったのである。

加えて、これら国民学校ではすべて同じ教育課程が用いられることになった。教室での教授言語はビルマ語とされ、英語学習は中学校（スタンダードⅤ）から導入されることになった。このビルマ語を教授言語とすることに伴って、仏教の教え（Buddism Lessons）が道徳として教授されるようにもなった。

アセスメント面でも大きな変更が行われた。スタンダードⅨで高等学校卒業試験（High School Final Examination）が実施され、その成績如何で卒業の可否が決められるようになった。加えて、各教育段階では学習記録表制度が導入され、児童生徒の知的能力や身体的発達、道徳的発達などが、学習態度や特性などとともに記録され保存されるようになった。

以上のように、新しい教育制度が実施に移され、様々な変化が見られるようになったが、教育課程及び教科書については、新規に開発することが間に合わず、仕方なく植民地時代に使用していた教育課程及び教科書を可能な限り手直ししながら引き続き使用することになった。しかしながら、その陰では新しい教育課程と教科書の開発についての努力が進められていたことも忘れてはならない。

2　ピードーター計画と「新生活の創造」教育計画

一九五二年八月には「新生活の創造（Creation of New Life: CNL）」[4]と呼ばれる教育計画が採択された。これは同年開始されたピードーター（Pyidawtha）計画（今後八年間で到達すべき経済目標を設定したもの）の下で策定された計画であることから「ピードーター教育計画」[5]とも呼ばれる。この教育計画では以下の五つが目標として掲げられた。

(1) すべての国民が読み・書き・計算のいわゆる3Rsを習得する
(2) 十分な技術者及び専門家を育成する
(3) 国民としての多様な義務を遂行できるように若者に対して訓練を施し、技術を習得させる
(4) 非識字者の根絶と五大能力を備えた国民を育成する
(5) 民主主義を根付かせる

前記(1)と(4)は、国民学校における教育（大衆教育）が目指すべき目標であり、特に(4)で謳われた五大能力とは、①知的能力（Intellectual Strength）、②身体能力（Physical Strength）、③道徳観（Moral Strength）、④経済力（Economic Strength）、⑤社会能力（Social Strength）を指した。[6] そして、こうし

4 「新生活の創造」という名称は、従来の植民地下での生活、いわゆる隷属化の生活を脱し、独立国家の国民として新しい生活を送るという意味を指している（U Tan Oo〈1〉,"History of Myanmar Education,"MERB, 1999, p.21 参照）。

5 「ピードーター（pyidawtha）」とは「福祉国家」という意味であることから「福祉国家教育計画（Education Plan for Welfare State）」とも訳される。

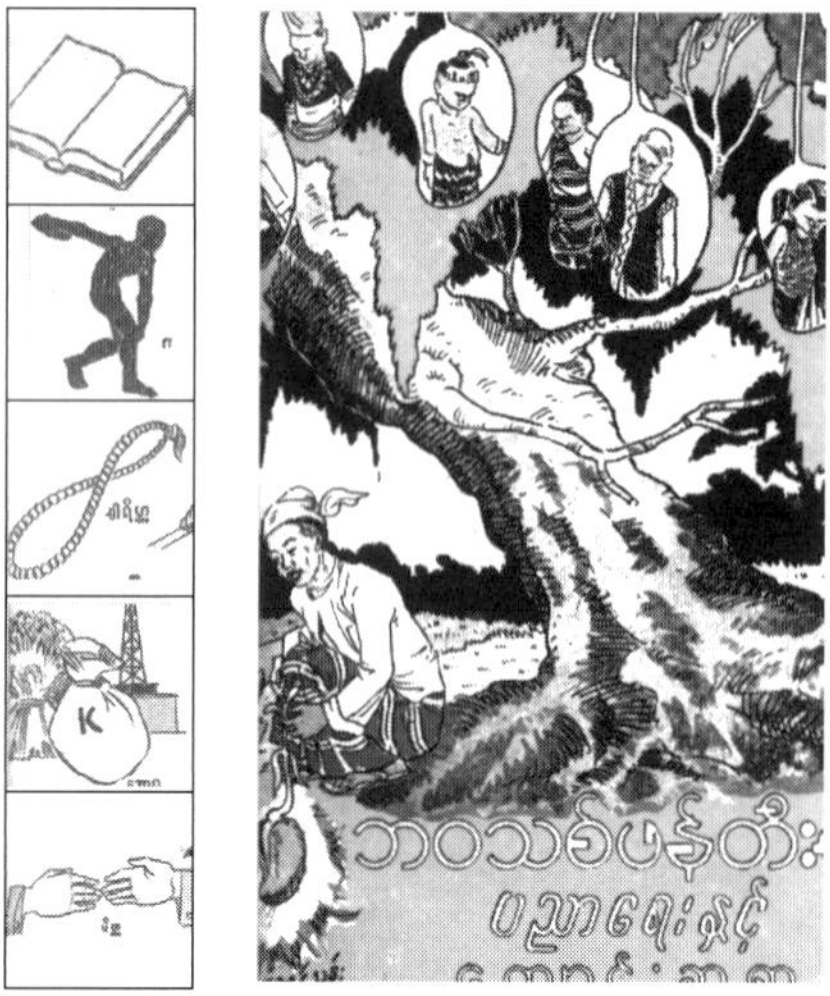

1954年発行の『ピードーター教育計画』の表紙とそこに掲載された五大能力のイメージ
注：上から知的能力、身体能力、道徳観、経済力、社会能力を指す。
（出典）The Union of Burma, "The Education Plan for Welfare State and the Teacher," 1954

た能力は前記(5)で述べられたビルマの民主主義を通して習得されるものであると考えられた。

また、前記(2)と(3)は独立前からビルマの官僚たちが抱いていた課題を解決するための具体的施策であると言える。というのも、当時のビルマの国内には科学者や技術者、高度に訓練された陸海空兵士がほとんど存在しないばかりか、国家の発展に重要とされる近代産業を支える人材さえも大きく欠いていたからである。

前記のピードーター計画で掲げた五つの目標を達成するために、パサパラ政府は次にあげる具体的な行動計画を策定し、実施に移した。この実施においては、これまでの教育局に代えて、教育省（Ministry of Education: MOE）を新たに設置し、その中に一般教育課（Directorate of Education）、教科書編纂課（Directorate of Textbook Production）、教員訓練課（Directorate of Teacher Training）、技術教育課（Directorate of Technical Education）の四つの課を置き、各業務にあたった。

(1) 新しい教育政策の基本となる新教育思想を策定すること
(2) 新教育思想に基づいた教育課程（カリキュラム及びシラバス）を開発すること
(3) 五大能力の調和のとれた発達を目指す新しい教育課程に基づいた教科書を編纂すること
(4) 全国各地にさらなる小学校、中学校、高等学校を設置すること
(5) 臨時的な教員訓練講習だけでなく、教員訓練のための新たな学校や大学を開設すること
(6) 職業訓練、例えば実践的農業、工芸技術、実業訓練、家政学、医学などの教育課程を提供すること
(7) 農業学校及び技術学校を新しく開校すること

これらの行動計画には、独立後の新しい政府の下での教育全般のあり方に関する事項はもちろん、一般教育に関するもの、教員訓練に関するもの、職業教育に関するものなどが含まれていることが分かる。そして、教育行政上でも新たな教育省の設置によって、これらの業務が省内で分担され、効率的に実施されたことが分かる。

では、以下ではこれら一つひとつの項目について具体的に見ていこう。

6　五大能力（Five Strengths）をここでは個々人が習得すべき能力と理解して記載したが、文献によってはこれら能力を「国力」と解釈して、①教育力（National Education）、②健全力（National Health）、③国家の特性（National Character）、④財力（National Wealth）、⑤連帯（National Unity）と英訳している文献もある。Thein Lwin, "Education in Burma (1945-2000)," 1999などがそうした解釈の一例である。

3　一般教育の普及

パサパラ政府は新しい国民学校に対して以下にあげる十項目を「連邦宣言（Union Message）」として公布し、すべての児童生徒がなすべきこととして誓わせた。

(1) 自信をもち、自国の文化を尊重すること
(2) 同胞の共通財産としての教育であること
(3) 熱意と決断力をもつこと
(4) 勇気をもち、粘り強く目標を達成すること
(5) 心や言葉遣い、行動を純潔にすること
(6) 協働すること
(7) 人種、出自、宗教の違いに関わりなく同胞を愛し、敬うこと
(8) 労働することに対して誇りをもつこと
(9) 憲法を敬い、忠実に守ること
(10) よりよい世界の創造に向けて献身すること

右記の内容を見ると、同国が長期間にわたるイギリス及び日本の植民地下での抑圧からようやく解放され、これからは世界の独立国の一員として大きな希望と期待を胸に国造りに励んでいこうという

強い意志が感じられる。

ピードーター教育計画の下、教育省が設置されたことはすでに触れたが、その一課である一般教育課内に教育課程開発部（Curriculum Development Branch、一九五二年）[7]が置かれ、国民学校の教育課程の開発が始まった。新しい国民学校の教育課程は、大きく必修教科（Compulsory Subjects）、追加教科（Additional Subjects）、選択教科（Optional Subjects）という三種類の教科から構成された。必修教科とは、児童生徒全員が履修しなければならず、試験が課され、その試験に合格しなければならない教科を指す。追加教科とは、児童生徒は履修するが試験が課されない教科を指す。選択教科とは、児童生徒の選択によって開講される教科であり、これには試験が課される。仮に、追加教科であっても試験が課される場合には、この教科は選択教科として扱われることになる。学年の始まりは毎年四月一日か

7　一般教育課内に置かれたのは、教育課程開発部以外に、教科書融資貸与部（Textbook Loan and Rental Branch、一九五二年）、私立学校登録部（Provate Schools Registration Branch、一九五三年）、視聴覚教育教材部（Audio-Visual Education Branch、一九五三年）があった（U Than Oo〈2〉、前掲書、一九九九年、p.217-218参照）。

必須教科（Compulsory Subjects）	すべての児童生徒の履修が義務付けられるとともに、試験が課され、その成績は進級・進学に大きく関係する教科。
追加教科（Additional Subjects）	すべての児童生徒の履修が義務付けられているが、試験は課されない教科。試験が課される場合は、選択教科として扱われる。
選択教科（Optional Subjects）	この教科は普通の学校では設定されておらず、一部の学校のみで設定されている。児童生徒の選択に任されており、試験が課される。

図 9-1　国民学校の教科構造

らで、終了は三月三十一日であった。

この新しい教科区分は、イギリス植民地時代のそれを少し単純化させたものと言える。すなわち、従来の「主要・必修」、「主要・選択」、「追加・必修」、「追加・選択」の四区分のうちの最後の「追加・選択」を削除して、「主要・必修」→「必修」、「主要・選択」→「選択」、「追加・必修」→「追加」、と名称を変更したということである。

しかし、教育課程を構成している教科一つひとつを見てみると、かなりの違いがあることが分かる。まず、「ビルマ語（Burmese）」が全教育段階において必修教科として設定され、「現地語（Vernacular）」が教育課程から削除されたこと、そして「英語（English）」がスタンダードV（中学校）からの設定になったことは非常に大きな変化である。次に、「理科」（小学校は「基礎理科〈Basic General Science〉」、中学校は「総合科学〈General Science〉」）が小学校段階から設定されたことも注目に値する。また、「家庭科（Domestic Science）」や「農業（Agriculture）」、「手工芸（Handicraft）」などの実用的な教科や「芸術（絵画）（Arts〈Drawing and Painting〉）」が新たに設定されたことも大きな特徴である。特に、これら実用的教科や芸術的教科の導入は、同国がこれから目指していかなければならないよりよい国造りのために、協働的生活習慣の強化や社会環境を自分たちの力でより適合したものに変えていく、そのためにはまず学校環境の変革から始めるべきであるという当時の同国の国造りの基本思想に合致したものであると考えられる。

加えて、「宗教（Religious Instruction）」の導入も指摘しておく必要があろう。この導入においては、先に触れた教育再編委員会の提案に沿ったものであると言える。繰り返しになるが、教育再編委員会

表9-1　初等教育の教育課程（1952-65年）

区分	教科	キンダーガーデン	スタンダードI	スタンダードII	スタンダードIII	スタンダードIV
必修	ビルマ語（Burmese）*1	✔	✔	✔	✔	✔
	算数（Basic Mathematics）	✔	✔	✔	✔	✔
	社会（地理・歴史）（Social Studies〈Geography and History〉）	✔	✔	✔	✔	✔
	基礎理科（Basic General Science）	✔	✔	✔	✔	✔
追加	宗教（Religious Instruction）	✔	✔	✔	✔	✔
	体育（Physical Education）（男女）	✔	✔	✔	✔	✔
	家庭科（Domestic Science）（女子のみ）*2	✔	✔	✔	✔	✔
	農業（Agriculture）*2	✔	✔	✔	✔	✔
	手工芸（Handicraft）*2	✔	✔	✔	✔	✔
	芸術（絵画）（Art〈Drawing and Painting〉）*2	✔	✔	✔	✔	✔

*1　ビルマ語を母語としない場合には、ビルマ語はスタンダードIIから開始される
*2　全国10,751校のうち、この4教科が開講されていた学校数はわずか147校であった（1965年3月31日時点）
（出典）Office of the Education Commissioner, "Creation of New Life Education: Curriculum and Syllabus for primary, middle and high schools," 1954 and 1955を参考にして筆者作成

表9-2　前期中等教育の教育課程（1952-65年）

区分	教科	スタンダードV	スタンダードVI	スタンダードVII
必修	ビルマ語（Burmese）	✔	✔	✔
	英語（English）*1	✔	✔	✔
	数学（Mathematics）	✔	✔	✔
	社会（地理・歴史・公民）（Social Studies〈Geography, History and Civics〉）	✔	✔	✔
	総合科学（General Science）	✔	✔	✔
追加	宗教（Religious Instruction）	✔	✔	✔
	体育（Physical Education）（男女）	✔	✔	✔
	家庭科（Domestic Science）（女子のみ）	✔	✔	✔
	農業（Agriculture）*2	✔	✔	✔
	手工芸（Handicraft）	✔	✔	✔
	芸術（絵画）（Art〈Drawing and Painting〉）	✔	✔	✔

*1　英語は外国語教育であり、スタンダードVから開始される
*2　全国454校のうち、この教科が開講されていた学校数はわずか14校であった（1965年3月31日時点）
（出典）Office of the Education Commissioner, "Creation of New Life Education: Curriculum and Syllabus for primary, middle and high schools," 1954 and 1955を参考にして筆者作成

表 9-3　後期中等教育の教育課程（1952-65 年）

区分	教科	スタンダード VIII	スタンダード IX
必修	ビルマ語（Burmese）	✔	✔
	英語（English）	✔	✔
	数学（Mathematics）	✔	✔
	社会（地理・歴史・公民）（Social Studies〈Geography, History and Civics〉）	✔	✔
	総合科学（General Science）	✔	✔
追加	宗教（Religious Instruction）	✔	✔
	体育（Physical Education）（男女）	✔	✔
	家庭科（Domestic Science）（女子のみ）*2	✔	✔
	農業（Agriculture）*3	✔	✔
	技術（Technical Science）*4	✔	✔
	協同経済（Economics of Cooperation）	✔	✔
	芸術（絵画）（Art〈Drawing and Painting〉）	✔	✔
選択*1	英語タイプ（English Typewriter）	✔	✔
	英語速記（English Steno）	✔	✔
	ビルマ語タイプ（Burmese Typewriter）	✔	✔
	ビルマ語速記（Burmese Steno）	✔	✔
	会計基礎（Basic Accountant）	✔	✔
	事務管理（Office Management）	✔	✔
	商業管理（Commerce Management）*5	✔	✔
	物理（Physics）	✔	✔
	植物学（Botany）	✔	✔

*1　これらの教科群の中からいくつかを選択する。その際、卒業試験局から出される教育課程に則らなければならない。試験は学年末のみに課される
*2　全国 238 校のうち、42 校でのみ開講（1958 年 3 月 31 日時点）
*3　全国 238 校のうち、30 校でのみ開講（1958 年 3 月 31 日時点）
*4　全国 238 校のうち、40 校でのみ開講（1958 年 3 月 31 日時点）
*5　全国 238 校のうち、わずか 2 校でのみ開講（1958 年 3 月 31 日時点）
（出典）Office of the Education Commissioner, "Creation of New Life Education: Curriculum and Syllabus for primary, middle and high schools," 1954 and 1955 を参考にして筆者作成

の報告書には、「すべての学校で児童の精神的支柱を形成するために『宗教』を必修教科とし、その実践に必要な仏教聖職者や仏教以外の宗教者の登用を考慮すること」が明記されていた。

新しい教育課程に示された教科数を各教育段階別に見ると、小学校では十教科（男子は家庭科がないので九教科）、中学校では十一教科（男子は十教科）の履修が課されており、その内、試験の課される必修教科はそれぞれ三教科、四教科となっている。高等学校では十二教科（男子は十一教科）及び選択教科のプラスαの履修となっており、必修教科は五教科となっている。こうして見ると、教育段階が上がれば履修教科数は一教科ずつ増えるが、十〜十五教科前後といったところである。

パサパラ政府の大衆教育の普及政策によって、一九五八年三月時点において国民学校の数は、小学校が一万七百五十一校、中学校が四百五十四校、高等学校が二百三十八校にまで拡充された。高等学校の二百三十八校には「国民高等学校（State High School）」（二百三十五校）のほか、「連邦高等学校（Union High School）」[8]（一校）及び「農業国民高等学校

表 9-4　ピードーター計画下での国民学校数の変遷

	国民小学校	国民中学校	国民高等学校	合計
1950/51年	2,465	43	97	2,605
1951/52年	3,335	72	108	3,515
1952/53年	4,795	310	137	5,242
1953/54年	8,888	347	202	9,437
1954/55年	10,175	405	220	10,800
1955/56年	10,226	415	220	10,861
1956/57年	10,751	454	238	11.443

(出典) U Than Oo (2)、前掲書、1999年、p.223-224を参考にして筆者作成

8　連邦高等学校は、ピードーター計画の下で設立された学校で、スタンダードVからⅨまで、すなわち国民学校の中学校課程と高等学校課程が提供された。同校の設立については、少数民族出身の子どもたちは同じ学校で教育を受ける機会を提供

（Agriculture State High School）」（二校）が含まれていた。

4　教員養成の強化

日本軍の占領が終わり、再びイギリスがビルマに復帰した頃、ようやくラングーン大学が再開され、同時にラングーン教員訓練カレッジの活動も再開された。しかし、すぐに教員養成において大きな変化がもたらされることになった。というのは、ラングーン大学では大規模な組織改革が進行中で、傘下にあった既存のカレッジはすべてラングーン大学に直属する学部に変更されたためである。したがって、ラングーン教員訓練カレッジもラングーン大学教育学部となり、これに伴い、これまでラングーン教員訓練カレッジで開講されていた教員養成課程はすべて、一九四七年、新たに開校された政府による教員訓練カレッジ（Teacher's Training Colleges: TTC）[9]に移された。ラングーン大学教育学部では唯一、教育学学士号取得課程（Bachelor of Education: B.Ed.）が開講され

表 9-5　当時の教員訓練カレッジ（TTC）及び教員訓練学校（TTS）

学校名	設立年	備考
ラングーン教員訓練カレッジ （Rangoon Teacher's Training College）	1947 年	現ヤンキン教員養成学校。現在の場所に移転したのは 1952 年
マンダレー教員訓練カレッジ （Mandalay Teacher's Training College）	1952 年	
ミッチーナ教員訓練カレッジ （Myitkyina Teacher's Training College）	1952 年	
モールメン教員訓練カレッジ （Moulmein Teacher's Training College）	1952 年	現モーラミャイン教員養成学校
バセイン教員訓練学校 （Bassein Teacher's Training School）	1952 年	現パセイン教員養成学校。カレッジに昇格したのは 1986 年
メティラ教員訓練学校 （Meikhtila Teacher's Training School）	1952 年	
チャウピュー教員訓練学校 （Kyaukphyu Teacher's Training School）	1953 年	

（出典）U Than Oo (2)、前掲書、1999 年、p.294-296 を参考にして筆者作成

ただけであった。

一九四八年の独立後、パサパラ政権下では、全国で急激に増える国民学校とそこで民主主義思想に基づいた新しい教育実践を行っていこうという政策に応えていくには、質の高い教師を大量に供給していくことが大きな課題であった。そこで政府は、教員訓練のための学校を積極的に開校し、そこで何千もの教員志望の学生の訓練はもちろん、現職教員に対しても毎年研修を行うことを決めた。パサパラ政権下では、小学校及び中学校の教員養成は政府によって設立された教員訓練学校（Teacher's Training School: TTS）や教員訓練カレッジで行われ、高等学校の教員養成はラングーン大学教育学部で行われた。[10]

される必要があり、そうすることで彼らは自分たちの伝統的文化や習慣をより深く理解することが可能となり、そのことは民族や州の団結を強化することにもなり、州という行政制度を末長く維持する上で非常に有用であるという考え方が基盤にあった。同校はもともとの計画では記念すべきパンロン（Pinlon）の地に開校されるはずであったが、実際には一九五四年四月にラングーン市内に開校された（U Than Oo〈1〉、前掲書、一九九九年、p.236-237参照）。

9　これは現在のヤンキン教員養成学校（Yankin Education College：YEC）である。当時は、ラングーン教員訓練カレッジ（TTC）と呼ばれていた。同校の設立は一九三七年頃から進められ、開校後は同国の教員養成学校のモデルとなった。なお、これは第6章で述べた一九三一年開校のラングーン大学傘下のラングーン教育訓練カレッジと名称は同じであるが、異なった学校であることに注意する必要がある。

10　ラングーン大学教育学部における教育学学位課程（Bachelor of Education: B.Ed.）は大学院課程で、取得まで六年を要した。すなわち、最初の四年間は普通学位の取得課程、その後二年間で教育学位の取得となっていた。当時の教員給与に比して学位取得までにかかる年数が長過ぎることから、教育学学位課程にはあまり学生が集まらなかった。そこで、大学側は二年制の教育学士課程（Bachelor of Arts in Education: B.A. Ed.）を新設した。また、教育学学位課程の年限を一年短縮することも行っ小学校教員（Primary Assistant Teacher: PAT）の養成は、普通課程（Ordinary）と特別課程（Special）の二つがあり、前者は「ビルマ語」、「算数」、「社会（地理・歴史・公民）」、「基礎理科」、「手工芸（男子のみ）」、「芸術（音楽）」の教科理論及び教授法が提供された。また「体育」、「絵画」、「校内園芸」といった実習教科の履修が義務付けられていた。他方、特別課程は「体育」や「絵画」に専門化された内容で、この課程を修了した者は当該教科の専門教員となった。

中学校教員（Junior Assistant Teacher: JAT）の養成においても、小学校教員と同じく、普通課程と特別課程が準備されていたが、両方の課程を修了することが義務付けられていた。特別課程に設置されていた教科は、「英語」、「科学」、「農業」、「技術」、「家庭科」、「体育」、「芸術（絵画）」で、この中から一つ、あるいは複数を選択して履修するようになっていた。

こうした教員養成を目的とした学校では、教員たちは五つから成る「教師の誓い」を繰り返し教え込まれた。それは、①ビルマ政府と憲法に忠実に従うこと、②ビルマ連邦の独立を守ること、③教員としての五つの義務[11]を果たすこと、④教員として模範的な生活を心がけること。なお、模範的な生活とは仏教やサンガ、あるいは家族においても共通するものである、⑤生徒が民主主義の考え方を理解し、実践できるように五大能力を習得させるために全力を払うこと、が含まれていた[12]。

5　職業教育の本格化

パサパラ政府の下での職業教育は主に二つの学校種によって行われた。一つは「偏向学校（Biased

School）」と呼ばれる学校で、国民学校の中から施設面などを考慮して選ばれた学校である。もう一つは「特別学校（Special School）」と呼ばれる学校で、職業教育を提供するために設置された学校である。

まず偏向学校についてであるが、これには「技術偏向学校（Technical Biased School）」と「農業偏向学校（Agricultural Biased School）」があった。前者では都市部の国民学校から選ばれ、手工芸や科学技術といった教育が提供されていた。手工芸は主として国民小学校で、科学技術は国民高等学校で開講された。後者の「農業偏向学校」は農村部の国民学校から選ばれ、校内園芸をはじめ、農業（酪農、養鶏を含む）が百九十八の国民小学校、十四の国民中学校、三十の国民高等学校で提供された。

次に特別学校について見ていこう。この種の学校は、地元の社会経済状況やニーズに合わせて職業技術を提供するために設置された学校である。もちろん普通教育も提供するが、教育全体に占める職業教育の割合が大きく、その質も高度で専門的であった。

た。加えて、教員資格をもたない現職教員を対象としたディプロマ課程も開講した（Institute of Education, "Education Panorama Volume I, Number 2," 1985, p.36-37 参照）。

11　ここにある「五つの義務」の内容は不明。

12　Ministry of Education, "Creation of New Life, Teacher's Guide and Textbook," 1952

表 9-6　国民学校のうち偏向学校の占める割合

	総数（校）	技術偏向学校（校・%）		農業偏向学校（校・%）	
国民小学校	10,751	N/A	N/A	198	1.8%
国民中学校	454	N/A	N/A	14	3.1%
国民高等学校	238	N/A	N/A	30	12.6%
合計	11,443	N/A	N/A	242	2.1%

注：数値は 1958 年 3 月 31 日時点。

(出典) U Tan Oo, "History of Myanmar Education (Curriculum Sector) 1948-1998," MERB, 1999 を参照し、筆者作成

特別学校には工業技術を提供する学校と農業技術を提供する学校があり、前者においては技術大学（Governmental Technical Institute）二校（ラングーン・インセイン地区及びマンダレー）、技術高校（Governmental Technical High School）一校（ラングーン）、技術研修センター（Technical Learning Center）二校（ラングーン及びマンダレー）の合計五校が開校された。他方、農業技術を提供する学校としては農業大学（Government Agricultural Institute）一校（ピンマナ〈Pyinmana〉）[13]、農業高校（Government Agriculture High School）二校（ミャウンミャ〈Myaung Mya〉及びミッタール〈Myit Thar〉）[14]、農業中学校（Government Agriculture Middle School）二校（プローム〈Prome〉、現ピイ〈Pyay〉及びシュエボー〈Shwebo〉）[15]の合計五校が開校された。

6　試験制度の整備

パサパラ政権下の「新生活の創造（ＣＮＬ）」教育計画では、一般教育の教育課程はすべての国民学校で実践されることになった。試験は従来からの伝統に従って、中間試験と学年末試験の二回実施された。これらの試験結果は児童生徒の学習到達度の評価はもちろん、進級・進学の決定にも用いられた。また、学年末試験は各学校内で実施されることになり、当該学校の校長の監督の下で行われた。実施学年は、小学校ではキンダーガーデンからスタンダードⅢまでの四学年で、中学校ではスタンダードⅤ及びⅥの二学年で、高等学校ではスタンダードⅧのみで実施された。すなわち、いずれの教育段階においても最終学年を除くすべての学年で実施されたということである。

他方、各教育段階の修了の有無を評価するための試験（卒業試験）は学校ではなく、それを管轄する教育局や試験局によって実施された。小学校卒業試験はタウンシップ教育局（Township Education Office）の監督の下でスタンダードⅣの児童を対象に、中学校卒業試験は県試験局（District Examination Board）の監督の下でスタンダードⅦの生徒を対象に、高等学校卒業試験は中央試験局（Central Examination Board）の監督下でスタンダードⅨの生徒を対象に実施された。中学校卒業試験、高等学校卒業試験に合格した生徒には、それぞれ県教育委員（District Education Commissioner）、国家試験委員（Government Examination Commissioner）から合格証が発行された。

高等学校卒業試験とは別に、マトリキュレーション試験も一時中止されていた時期もあったが、基本的には一九二〇年のラングーン大学開校以来、実施されていた。パサパラ政府の下では、この試験はラングーン大学の学長をトップに据えたマトリキュレーション試験局（Matriculation Examination Board）によって作成、実施されるようになり、合格者には同局長から合格証が発行され、大学への入学が認められた。しかし、しばらく後、高校卒業試験とマトリキュレーション試験を別々に行うことは非効率で、生徒の負担も大きいことが指摘され、一九五九年からこれら二つの試験が「高等学校卒業・マトリキュレーション試験（High School Final and Matriculation Examination）」として統合されることになった。そして、この統一試験は中央試験局によって実施されることになった。このため、中央試験局はラングーン大学学長を局長に迎え、新たに六名の大学教授と四名の教育省職員の増員が

13　二年制の教育課程が提供された。
14　同じく二年制の教育課程が提供された。
15　三年制の教育課程が提供された。

行われた。

統一試験で課された教科は以下のようであった。

表 9-7 「高等学校卒業・マトリキュレーション試験」で課された教科（1959 年 3 月実施）

必修教科	マトリキュレーション試験選択教科	高等学校卒業試験選択教科
ビルマ語（Burmese）	歴史（History）	社会（Social Studies）
英語（English）	地理（Geography）	歴史・地理（History and Geography）
数学（算術・代数・幾何）（Mathematics〈Arithmetic, Algebra and Geometry）	パーリ語（Pali）	総合科学（General Science）
	総合科学（General Science）	協働経済（Economics of Cooperation）
	選択英語（Optional English）	技術（Technical Science）
	数学応用（代数・幾何・三角法）（Additional Mathematics〈Algebra, Geometry and Trigonometry）	農業（Agriculture）
	化学（Chemistry）	ビルマ語タイプ（Burmese Typewriter）
	物理（Physics）	ビルマ語速記（Burmese Steno）
	植物学・動物学（Botany and Zoology）	英語タイプ（English Typewriter）
	協働経済（Economics of Cooperation）	英語速記（English Steno）
	農業（Agriculture）	会計基礎（Basic Account）
		事務管理（Office Management）
		秘書（Secretarial Practice）
		商業管理（Commerce Management）
		ビジネス（Business Organization and Practice）

（出典）U Tan Oo (1)、前掲書、1999 年を参考にして筆者作成

7　私立学校の存在と教育実践

ミャンマーでは歴史的に見て、地域の文化的拠点であり、地域住民の精神的安寧を提供する場でもあった僧院（Monastery）での仏教聖職者による子どもたちへの教育活動が近代教育の始まりであるとされている。また、イギリス植民地時代には大多数のビルマ人子弟を教育する現地語学校とは別に、英語学校や英語・現地語学校という少数のエリートを育成する私立学校が出現し、数は圧倒的に少ないものの、イギリス植民地政府の下で働く優秀な官僚を輩出したことから大きな影響力をもっていた。

さらに、イギリス植民地時代の末期には、反政府運動に参加する者やその子弟らが通う民族学校が全国に現れるようになった。これは各地域住民の寄付によって運営されており、まさに私立学校であった。

独立当初、民衆の間の教育熱の高まりの中、パサパラ政権が一般教育の迅速な普及に尽力したこともあり、政府の管轄下に置かれた国民学校が急速な勢いで全国に広がっていき、いずれの学校も多くの児童生徒を受け入れることになった。このような社会状況の下、国民学校とは違った目的をもって設立される私立学校も後を絶たず、その数は急速に増加していった。もちろん、従来からの僧院学校は全国各地に残っており、ヨーロッパから来訪した宣教師らによるキリスト教布教を目的にした教会私立学校なども存在していた。

こうした私立学校は、国民学校とは異なった目的をもっていたこともあって、国民学校で普通に行われていた教育課程には従わず、独自の教育課程で教育活動を行っていた。例えば、パサパラ政権下において策定された新しい教育政策では、「英語」の導入はスタンダードVからとされていたが、私立学校、例えばキリスト教の宣教師らによって設立された教会学校などでは小学校段階から「英語」の授業を行っていた。また、国民高等学校で開講されていた「タイプ」や「速記」、「会計基礎」、「商業管理」などの職業教育はほとんど行われることなく、代わりに「数学」や「理科」といった教科学習の時間に当てられていた。

このような状況下、一九五一年に私立学校登録法（Private School Registaration Law）が施行され、増加し続ける私立学校の政府による監督が行われるようになった。同法では、「私立学校」として政府に登録するためには少なくとも二十人の児童生徒が在校していることとされ、それを満たした学校は一九五七年時点で七百八十六校にまで膨れ上がっていた[16]。これら私立学校は大きく見て三つに大別することができる。一つはヨーロッパからの宣教師による教会学校や民族学校を基盤にしている私立学校、二つ目はインド人や中国人によって設立されたそれぞれの母国の文化的価値を重んじた学校、三つ目は試験（マトリキュレーション試験や中学校卒業試験など）の合格を目的としてある特定の教科や科目の教授に重点を置いた、いわゆる私塾の特徴を有した学校である。

以上、独立後のビルマには、益々高まる教育熱を反映して、政府による国民学校以外にも私立学校が各地に次々に設立され、急速にその数を増やしていった。同国の教育史の中ではこれら私立学校はイギリス植民地時代にはもちろん、独立後においても大きな役割を果たし、ビルマ社会に少なくない影響力を与えてきたことを念頭に置いておく必要があろう。

16　一九五七年時点における私立学校は、高等学校二百六十四校、中学校二百四十四校、小学校二百九校、私塾（学年設定及び定められた教科学習を行っていない学校）二十八校、商業学校二十八校、工業学校二校、という記録がある（U Than Oo〈2〉、前掲書、一九九九年、p.232参照）。

第10章　政局不安定期の教育（一九五八－六二年）

ビルマの独立を目指して抗日のために一九四四年に組織されたパサパラは、ようやく独立を成し遂げ政権掌握を果たしたものの、しばらくしてすぐに党内地位を巡る対立から分裂を起こした。ウー・ヌー（U Nu）やタキン・ティン（Thakhin Tin）を中心とした清廉パサパラとウー・バースエ（U Ba Swe）やウー・チョーニェイン（U Kyaw Nyein）を中心とした安定パサパラという二分裂である。また、当時は国内各地で共産主義活動や反政府活動が活発化しており、それに対してパサパラ政府は効果的な対処を行えない状況にあった。

ネーウィン将軍
（出典）Oxford Burma Alliance

こうした状況の下、一九五八年九月、首相ウー・ヌーがネーウィン（Ne Win）と話し合いをもち政権移譲の書簡を交わした。しかし、一九六〇年二月に行われた総選挙でウー・ヌー率いる清廉パサパラが勝利すると、一転して暫定政権を指揮していたネーウィンに代わって、同年四月から再び政権を握ることになった。清廉パサパラは、連邦党（Union Party）〈ピィータウンス〈Pyi Htaung Su〉〉と改称したことから、同政権は「連邦政府（Union Government）」あるいは「パタサ政府（Pa Hta Sa Government）」と呼ばれた。

このように目まぐるしく政権の交代が起こったこの時期は、政治的には非常に不安定な時期であったと言え、様々な面においてこの政権交代の影響が見られた。教育についても同様であり、以下において、その状況を見ていきたい。

ネーウィンがウー・ヌーから政権を譲り受け、暫定政権を樹立した頃、一九五二年から開始されていたピードーター教育計画は、国内の教育機会の量的拡大という第一次四ヵ年計画（一九五二－五六年）の目標を十分に達成し、第二次四ヵ年計画（一九五六－六〇年）に入っていた。この時期の目標は教育の質的改善であり、学校数の増大及び児童生徒の就学率の向上によって教員への需要が高まる中、新たに六つの教員訓練カレッジ（ＴＴＣ）の建設が進められた。

それに伴って教育省の内部組織にも変更が加えられ、一九六〇年にはこれまでの教員訓練課（Directorate of Teacher Training、一九五二年設置）が訓練計画課（Directorate of Training and Planning）と名称を変え、教員養成はもちろん、教育研究や教育計画、教育課程改革、教科書編纂、初等教育の義務化などの業務を行うようになった。ここで「初等教育の義務化」と書いたが、ご存じのように、パサパラ政権の初期において国民学校が設置されたことで、実質的には一般教育はすべて無償となっており、ちょうど同じ時期に大学教育も無償化されたことで、小学校から大学までは無償で享受できるようになっていたが、敢えて「義務教育」という用語は用いられなかった。しかし一九六〇年になってようやく初等教育のみ「義務教育」を推し進めていこうという政策的な決定が政府内で行われたのである。ただし、残念ながら、初等教育以外の教育段階については無償化が見直され、中学校や高等学校では授業料が徴収されるようになっていた。

学校教員に関して、もう一つ重要なことを述べておこう。この時期、中学校及び高等学校において従来、美術教員（Fine Arts Teachers）あるいは体育教員（Physical Education Teachers）として教職に就いていた者はすべて中学校の普通教員もしくは小学校の普通教員になり、一九五九年六月一日をもって右記の中学校及び高等学校の美術教員、体育教員の職は廃止された。残念ながら、この理由については分からないが、筆者の推測では、教員不足の解消に向けて一人でも多くの教員を小学校や中学校へ配置したい当時の政府の方針の表れではないかと考えている。

また、この時期、職業技術訓練分野の整備も行われ、技術訓練センターや農業訓練センター、牧畜訓練センターや商業学校が新たに開校された。

そのほか、「国民の日（National Day）」[1]や「独立記念日（Independence Day）」[2]、「民族統合記念日（Union Day）」[3]が国家の記念日として祝われるようになったのもこの時期からである。さらに、一九五九年にはベイクタノ（Beikthano）の古代遺跡の発掘が開始され、ミャンマー文化に新たな一頁が加えられた。加えて、この頃からミャンマー文化団が文化交流の一環として頻繁に海外に送られるとともに、外国からの文化団も積極的に招待された。マンダレーでは芸術学院（School of Arts）が開校され、芸術と文化の持続可能な発展に寄与することになった。

なお、従来予定されていた第三次四ヵ年計画（一九六〇－六四年）は不安定な政治状況もあり、結局は実施に移されることはなかった。

1　イギリス植民地政府による大学令に反対したラングーン大学生らが一九二〇年十二月五日にストライキを起こし、それが瞬く間に全国に広がり、イギリス統治に対する抗議行動となったのが「国民の日」の起源である。現在の新暦では毎年、祝日にあたる日が変わる。

2　一九四八年にイギリスの植民地支配から脱してビルマ連邦として独立したことを記念する日である。毎年一月四日と定められている。

3　イギリスから独立する前年の一九四七年二月十二日に独立運動指導者のアウンサンと少数民族の代表らが会談して、少数民族の自治権を認め、ビルマ族との連邦国家として独立することで合意したことを記念する日である。毎年二月十二日と定められている。

第11章　ネーウィン軍事政権下での教育（一九六二－七四年）

一九六〇年二月の総選挙で再び政権に返り咲いたウー・ヌーは、すぐにビルマ国軍の経済活動の拡大強化を抑え込むために経済の「ビルマ化」を推進した。しかし、これに反対するビルマ国軍を中心としたストライキがラングーンなどの大都市を中心に起こり、たちまち政治的な大混乱を招くことになった。

そこで、ネーウィンはビルマ連邦の危機的状況を克服するために一九六二年三月二日にウー・ヌーを逮捕するなどの強硬手段に出るとともに、ビルマ革命評議会（Revolutionary Council of the Union of Burma）を組織して議長となって再び政権を掌握した。ビルマ革命評議会は同年四月三十日に今後の政治及び各種政策についての声明を発表した。教育政策については、その声明書の中の第十七節（A）に「ビルマ革命評議会は、国民の生活に合わない既存の教育制度を速やかに変更し、国民の生活に合致したものにしていく必要があるという強い信念をもっており、特に、科学教育の導入は最優先事項であると考えている」（傍点は筆者による）と述べられているほか、「我々の目標はすべての国民が享受できる基礎教育（Basic Education）を普及させることであり、他方、高等教育に関しては、それを通して向上可能な将来的に有望な国民だけに開かれるものである」（傍点は筆者による）と明記されている。ここで注目すべきは、「科学教育」の重視と「基礎教育」の普及である。後に述べるが、前者の科学教育重視はこれ以降、同国の教育制度や社会体制に多大な影響を与えることになる。

ネーウィンを指導者とした右記のような基本的な政策の下、まず大学教育法（University Education Law）が一九六四年に、次に基礎教育法（Basic Education Law）が一九六六年に順次施行された[1]。実は、これまで「一般教育（General Education）」と呼ばれていたものが、ここに来て「基礎教育（Basic Education）」と称されるようになった。ビルマ革命評議会は、「基礎教育とは教育の基礎（Base of Education）であり、また土台（Foundation）を成す部分である」と定義しており、「基礎教育は力強く、しっかりしたものでなければならない。そして、基礎教育がしっかりしていれば、それに続く職業教育や大学教育を通してより効果的な知識や技術を習得することができる」と説明している。

基礎教育法を受けて、ビルマ革命評議会は基礎教育審議会（Basic Education Council）を組織すると早々に基礎教育の実施に着手した。同審議会には基礎教育カリキュラム・シラバス・教科書委員会（Basic Education Curriculum, Syllabus and Textbook Committee）、教師教育監督委員会（Teacher Education Supervisory Committee）、試験局（Examination Board）が含まれていた。なお、一九七二年には軍政における初めての行政改革が実施され、従来、教育省に置かれていた一般教育課、訓練計画課、技術教育課などが廃止されるとともに、新しい基礎教育局（Department of Basic Education）が設置され、右記の

1　基礎教育法が施行されたのは一九六六年四月二十八日からである。

委員会や試験局の業務は新しい局に包含された。

ビルマ軍政時代における基礎教育の実践は、その特徴の違いから大きく二つの時期に分けて考えることができる。一つ目は基礎教育法が施行された時期から、学生などによるデモやストライキが起こり政治的危機に直面した一九八八年までの二十数年間であり、二つ目は政治的危機を回避する目的で国家法秩序回復評議会（State Law and Order Restoration Council: SLORC）が政権を掌握した一九八八年から国家平和発展評議会（State Peace and Development Council: SPDC）を経て、二〇一一年から始まったテインセイン大統領による大規模な教育改革までの二十四年間である。また前者の期間はネーウィンによる軍事政権時代（一九六二－七四年）と社会主義政権時代（一九七四－八八年）の二つに分けることができる。本節では、このうちのネーウィンによる十三年間の軍事政権時代の教育状況について見ていく。

1　基礎教育の登場

ビルマ革命評議会が政権を掌握すると、それに反対するラングーン大学の学生らが中心となって一九六二年七月に大規模な反政府デモが起こった。このデモは国軍によって鎮圧されたが、こうした反政府デモは翌一九六三年十一月にも起こり、それ以降も小規模なものがいくつか続き、ついに一九六七年六月にはラングーンに戒厳令が布かれるまでに至る。

こうした大学生による一連の反政府デモに対し、政府はすぐに大学閉鎖を行ったが、しばらくして、教育改革を行うためには大学の再開が必要であることが認識され、一九六四年四月にラングーン大学において大学教育セミナーが開催された。ここではビルマ革命評議会声明書第十七節（A）に則った大学教育制度を採用した後、大学を再開すること、本セミナーでの提案を検討した後、一九六四年ビルマ連邦大学教育法（The Union of Burma University Education Law-1964）を施行することが決められた。この新法は従来の一九二〇年ラングーン大学法（The Rangoon University Act-1920）にとって代わるもので、これまでの総合大学・総合教育制度（Unitary System, Unitary Institution）が廃止され、新たに学芸大学（Arts and Science Universities、十校）と専門大学の誕生を促すことになった。

当時の教育改革は高等教育機関から始まったが、基礎教育分野においても改革は必要不可欠であった。一九六四年十月にはマンダレー学芸大学（Mandalay Arts and Science University）で基礎教育セミナーが開催され、その後、セミナーでの議論を受けて一九六六年ビルマ連邦基礎教育法（The Union of Burma Basic Education Law-1966）が制定、施行された。同法は、従来の「一般教育」という名称を「基礎教育」に変えただけでなく、教育課程や教授過程などを含む教育構造全体を改革するものであった。例えば、学校制度だけを見ても、これまでの「五－三－二」制から中学校教育を一年延長して「五－四－二」制となった。また、中学校課程を終えた生徒は最終学年であるスタンダードⅧの試験結果によって「Aリスト」と「Bリスト」に分けられ、「Aリスト」の生徒は理系、「Bリスト」の生徒は文系の高等学校課程に進むようになった。先に述べたように、当時の政権では「科学教育」が重視されていたため、成績優秀者、すなわち「Aリスト」の生徒はすべて理系に進むように促され、文系進学者との学力差がかなり顕著になっていった。

さて、右記のビルマ連邦基礎教育法によって新しく生まれた基礎教育は次のような目標が定められていた。[2]

(1) ビルマ連邦のすべての国民は、基礎教育を身に付け、健康で真面目な肉体労働者もしくは頭脳労働者になれること
(2) ビルマ連邦の国民は、ビルマ社会主義の思想をよく理解し、この社会主義を維持し守っていくこと
(3) すべての国民は、ビルマ社会主義を維持していくために、それぞれの進路に合った専門的教育を受けること
(4) 新しい製品の開発に不可欠であり、またそのほかの産業分野の発展にも必要な「理系教育」を重視すること
(5) 国家の文化や芸術、文学などの発展や理解にとって重要な「文系教育」を重視すること
(6) 大学教育に向けて基礎力をしっかりしたものとすること

以上のような目標に照らして、新しい小学校、中学校、高等学校が各地に新設され、そこで採用される教育課程も新たに編成し直された。この時期の基礎教育学校（Basic Education Schools）の数の変化は表11－1に示す通りである。この数値を見ると、「一般教育」という名称の下で教育の量的普及を目指した一九五二年開始のピードーター教育計画にも劣らない早さで基礎教育学校が各地に開校さ

れていったことが分かる。

教育課程については、小学校ではこれまで必修教科と追加教科に分けられ合計十教科で構成されていたもの（ただし、実際にはほとんどの学校では六教科程度しか教授されていなかった）が、五教科に精選された。特に、これまで独立した教科として設定されていた「社会」と「基礎理科」が「社会・理科（Social and Science）」に統合されたことは注目すべきである。筆者は、ミャンマーの教育関係者にこの理由を尋ねたが、残念ながら的確な回答は得られなかった。そこで、あくまでも筆者による推測の域を出るものではないが、小学校段階での教育は総合的な基礎力の習得が目指されたためではないかと考えている。これは一九六四年

2　ここで掲げられた目標は、その後の一九七三年ビルマ連邦基礎教育法（The Union of Burma Basic Education Law-1973）にもそのまま引き継がれた。

表11-1　基礎教育学校の数の変化（1962-73年）

	基礎教育小学校	基礎教育中学校	基礎教育高等学校	合計
1962/63年	12,851	625	308	13,784
1972/73年	16,986	1,048	527	18,561

（出典）U Than Oo (2)、前掲書、1999年、p.273を参考にして筆者作成

表11-2　初等教育の教育課程（1966-84年）

教科	キンダーガーデン	スタンダードI	スタンダードII	スタンダードIII	スタンダードIV
ビルマ語（Burmese）	✔	✔	✔	✔	✔
算数（Basic Mathematics）	✔	✔	✔	✔	✔
社会・理科（Social and Science）	✔	✔	✔	✔	✔
保健体育（Physical Education and Health）	✔	✔	✔	✔	✔
教育課題（Educational Tasks）	✔	✔	✔	✔	✔
民族語（Ethnic Language）*1	✔	✔	✔	✔	✔

*1　本教科は各州及びチン州の特別な区における小学校で開講
（出典）U Tan Oo (1)、前掲書、1999年を参考にして筆者作成

の大学教育法による一般教養の習得を目指す学芸大学の設立とも無関係ではないかもしれない。また、「宗教」がなくなったことをはじめ、「手工芸」や「芸術（絵画）」なども削除された。

中学校でも八教科に精選され、小学校課程と同様に「手工芸」や「芸術（絵画）」が削除された。また、これまで「社会」として一つの教科に括られていたが、「地理」と「歴史」という独立した別教科として設定された。「理科」も独立教科として設定された。

高等学校の教育課程は文系と理系という二つのコースに分けられたことから、これまでの教育課程とは教科構成において大きく異なっている。従来の高等学校での履修教科数は十一教科+αであったが、新しい制度では文系・理系とも八教科に精選された。

さらに、小学校から高等学校のすべての教育課程に「教育課題（Educational Tasks）」あるいは「実用的教育開発課題（Practical Education Development Tasks）」と呼ばれる新しい教科が設定された。これは、主として農作業や職業技術に関する実用的訓練

表 11-3　前期中等教育の教育課程（1966-84 年）

教科	スタンダード V	スタンダード VI	スタンダード VII	スタンダード VIII
ビルマ語（Burmese）	✔	✔	✔	✔
英語（English）	✔	✔	✔	✔
数学（Mathematics）	✔	✔	✔	✔
歴史（History）	✔	✔	✔	✔
地理（Geography）	✔	✔	✔	✔
総合科学（General Science）	✔	✔	✔	✔
体育（Physical Education）	✔	✔	✔	✔
実用的教育開発課題（技術・職業教科）（Practical Education Development Tasks〈Biased and Vocational Subjects〉）	✔	✔	✔	✔

（出典）U Tan Oo (1), 前掲書、1999 年を参考にして筆者作成

であり、将来的な社会主義国家に向けた「よき労働者」を育成するという国家方針が投影されたものであると考えられる。
実は、高等学校においては一九七六年まで下記のような文理選択型の教育課程が採用されていた。しかし、先に少し触れたように、この教育課程の下では試験で高得点を獲得した優秀な生徒が理系に割り振られたことから、理系選択者における優越感と、それとは逆に文系選択者の劣等感が次第に顕著になってきた。また、この文系あるいは理系の進路選択は中学校の卒業試験の結果をもとに決定されていたことから、「このような早い時期に進路を決めることは子どもの教育にとってよくない」と言う批判的な意見が各方面から出されていた事実があったことを指摘しておきたい。

表11-4　後期中等教育の教育課程（1966-76年）

区分	教科	スタンダードIX	スタンダードX
必修	ビルマ語（Burmese）	✔	✔
	英語（English）	✔	✔
	体育（Physical Education）	✔	✔
	実用的教育開発課題（技術・職業教科）（Practical Education Development Tasks）	✔	✔
理系必修	数学（代数、幾何、三角法）（Mathematics〈Algebra, Geometry and Trigonometry〉）	✔	✔
	物理（Physics）	✔	✔
	化学（Chemistry）	✔	✔
理系選択（1教科）	地学（Geology）	✔	✔
	生物（Biology）	✔	✔
	農業（Agriculture）	✔	✔
文系必修	歴史（History）	✔	✔
	地理（Geography）	✔	✔
	経済基礎（Basic Economics）	✔	✔
文系選択（1教科）	パーリ語（Pali）	✔	✔
	数学（代数、幾何、三角法）（Mathematics〈Algebra, Geometry and Trigonometry〉）	✔	✔
	選択ビルマ語（Optional Burmese）	✔	✔

（出典）U Tan Oo (1)、前掲書、1999年を参考にして筆者作成

2　専門教育の重視と高等教育機関の新設

この時期、教育の量的及び質的拡大に伴い知識人と技術者の需要は日増しに増大していた。そこで、政府は高度な知識や技術を有する人材の育成を目指し、そのために専門大学を次々に設立していった。本節では、こうした専門大学の設立背景について詳しく見ていくとともに、当時設立された教育機関についても確認しておきたいと思う。

ネーウィンを議長とするビルマ革命評議会が政権を掌握してちょうど二年後の一九六四年、全ビルマ教育会議（All Burma Education Seminar）がラングーン大学で開催された。この会議では、従来から政府によって主張されていたビルマ式社会主義の建設においては教育を核として進めていくという基本理念に基づいた新しい教育制度の構築について議論された。そして、同年十月には新しい大学教育制度が実施に移されることになった。

この制度では、ラングーン大学とマンダレー大学はそれぞれ教養教育を忠実に行うラングーン学芸大学（Rangoon Arts and Science University）及びマンダレー学芸大学（Mandalay Arts and Science University）に改編され、これら学芸大学から切り離し、独立した形で専門研究教育機関が設立されることになった。医学大学（Institute of Medicines: IOM）、ラングーン工科大学（Rangoon Institute of Technology: RIOT）、獣医学大学（Institute of Animal Husbandry and Veterinary Science: IOAHVS）、農業大学（Institute of Agriculture: IOA）、経済大学（Institute of Economics: IOECO）、教育大学（Institute of Education: IOE、後述を参照）などがその例である。そして、さらなる教育と技術習得を目指した研究者養成のための大

第三代国際連合事務総長を務めたウー・タント
（出典）国際連合広報センター

学院課程も新たに開講された。また、一九六四年にはヤンゴンに外国語大学（Institute of Foreign Languages: IOFL）、サガインに民族統一発展大学（Institute of Union National Development: IOUND）が開校された。

このように、ネーウィン軍事政権の初期においては将来的なビルマの発展のために必要な高度な人材を養成していこうという積極的な姿勢が見られたことは事実である。しかしながら、同政権は一九六二年の開始当初からラングーン大学の学生らを中心とする大規模な反政府デモに見舞われ、その鎮圧のために幾度にもわたって大学閉鎖を行ってきた事実を忘れてはならない。一九六二年に続いて、六七年の排華事件[3]の影響によるラングーン戒厳令の施行と教育機関の閉鎖、六九年及び翌七〇年のラングーン開催のイベントへの入場を巡る学生の暴動に起因する約一ヵ月に及ぶ全国の学校の閉鎖、七四年のラングーンでの学生暴動に起因する六月からの約二ヵ月間にわたる全国規模の学校閉鎖、また同年十二月の元国連事務総長ウー・タント（U Thant、一九〇九－七四年）の遺体略奪事件を契機とした小中高等学校の約

3　一九六七年六月二十六日、ラングーンで華人排斥事件が起こった。原因は、北京での文化大革命の革命外交路線と閉鎖的なビルマ式社会主義路線との衝突であった。ネーウィンはこの事件を民衆の対軍事政権への不満緩和に利用しようとした。この事件によって、ビルマでは大量の華僑・華人の移民が強いられると同時に、華人のビルマ国籍の取得と同化を促進した。（範宏偉・金向東「中国ビルマ関係の分裂とビルマの華僑社会」p.129-147、立命館大学『社会システム研究〈第19号〉』二〇〇九年参照）

一ヵ月の閉鎖及び大学の約五ヵ月の閉鎖など数え上げればきりがない。ネーウィン軍事政権に批判的な民衆の存在が明らかにこの時期に見られるようになったと言えるであろう。

3　教育大学（ＩＯＥ）の誕生による新たな教員養成制度

先述の新しい大学制度によって誕生した教育大学（ＩＯＥ）はこれまでのビルマの教員養成のあり方に大きな変化をもたらすことになった。本節では従来の教員訓練制度と新しい教員養成制度を比較しながら、その変化について見ていこう。

すでに述べたように、従来の制度の下では小学校教員志望者は政府によって設立された教員訓練学校（ＴＴＳ）において訓練を受け、中学校教員志望者は教員訓練カレッジ（ＴＴＣ）において訓練を受けてから教員となっていた。また、高等学校教員志望者はラングーン大学教育学部を卒業する必要があった。

しかしながら、ネーウィンの軍事政権では、その制度が大きく変更されることになった。新制度の下では、教員志望者は大学卒業後、まず小学校の教員になり教壇に立つことになった。ただし、大学を卒業したばかりの若者は教育についての専門的な能力や技能をもたないため、政府の教員訓練学校（ＴＴＳ）で小学校教員訓練課程を受けなければならなかった。この課程は通学課程と通信課程の両方があり履修年限は共に一年であった。つまり、新米教員は教員訓練学校への入学を待ちながら小学校の教員として子どもたちの指導に当たるというようになったのである。なお、教員訓練学校に入学で

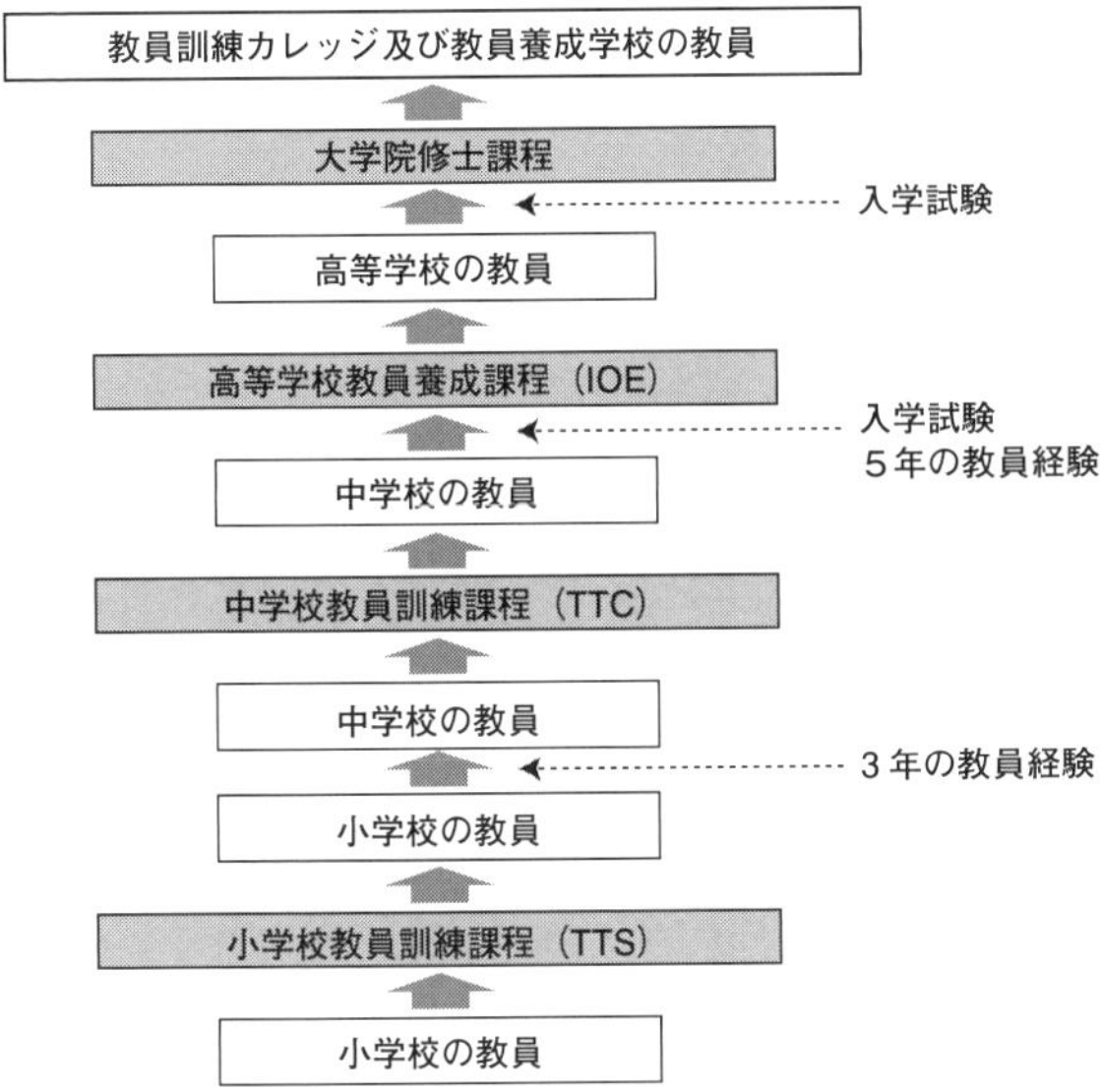

(出典) ヌヌウェイ「ミャンマーと日本における学校教育と教員養成課程に関する比較研究」北海道大学教育学部『北海道大学教育学部紀要』1998年、p.140を参考にして筆者作成

図11-1　軍政下での教員養成制度

きればその一年間は勉学に専念し教壇には立つことはなかった。

　そして、右記課程を修了し、かつ三年の教員経験を積めば中学校の教員に昇進することができた。しかし、中学校の教員になった場合には政府の教員訓練カレッジ（ＴＴＣ）において中学校教員訓練課程を受けなければならなくなった。同課程も通学課程と通信課程があったが、共に一年間である。同課程での勉学中は教壇に立たなくてもよいというのは小学校教員の場合と同様である。

　さらに、高等学校の教員になる場合には、当時新たに開校された教育大学（ＩＯＥ）に入学して当該課程を修了しなければならないとされた。同大学の入試受験資格は中学校教員訓練課程修

表 11-5　新たに開校された教員訓練学校

学校名	設立年	備考
タウンジー教員訓練学校（Taunggyi Teacher's Training School）	1962 年	
サガイン・ワティチ少数民族開発大学（Sagaing Ywathikyi Institute of Development of National Races）	1964 年	同校は1988年には公務員選定課（Civil Service Selection Board）に移され、その後1991年には大学に昇格した
テゴン教員訓練学校（Thegone Teacher's Training School）	1965 年	現ロイコウ教員養成学校
タウングー教員訓練学校（Toungoo Teacher's Training School）	1967 年	
サガイン教員訓練学校（Sagaing Teacher's Training School）	1968 年	
プローム教員訓練学校（Prome Teacher's Training School）	1968 年	現ピイ教員養成学校
ミャウンミャ教員訓練学校（Myaungmya Teacher's Training School）	1969 年	
ラングーン・テンガンジョン教員訓練学校（Rangoon Thingangyun Teacher's Training School）	1969 年	現テンガンジョン教員養成学校
ボーガレイ教員訓練学校（Bogalay Teacher's Training School）	1970 年	

（出典）U Than Oo (2)、前掲書、1999 年、p.294-296 を参考にして筆者作成

了証と小学校教員から数えて通算五年以上の教員経験が必要とされた。また、同課程にも通学課程と通信課程があったが、前者の履修年限が一年なのに対し、後者は二年であった。なお、通信課程は入学試験が免除されていた。

加えて、高等学校の教員が大学院の修士課程での勉学を希望する場合、高等学校での二年以上の教員経験があれば受験資格が与えられた。修士課程は三年制で卒業後は教員訓練学校や教員訓練カレッジの教員になる可能性が開かれていた。

以上見てきたように、ネーウィン軍事政権下では、教員志望者はほぼすべての者が小学校教員から始め、徐々に中学校教員や高等学校教員に進んでいくという教員キャリアの道筋が形成さ

れた。すでに第3章で触れたように、これは現在のミャンマーで採用されている教員昇進制度に通じるものがあり、現行の教員昇進制度の原型がこの時期に形作られたと考えられる。

なお、第9章で触れたように、これまでに四つの教員訓練カレッジと三つの教員養成学校が開校されていたが、この時期にはさらに九つの教員養成学校が開校され、全国に十六校の教員養成の教育機関をもつようになっていた。この時期に開校された新たな教員養成学校は表11－5の通りである。

4　試験制度の改革

ネーウィン軍事政権下でもパサパラ政権時代と同様に、基礎教育のすべての段階の最終学年で卒業試験が実施された。小学校ではスタンダードⅣ、中学校ではスタンダードⅧ、高等学校ではスタンダードⅩである。それぞれの試験の実施責任母体は、小学校卒業試験では以前と同様にタウンシップ教育局であったが、中学校卒業試験はこれまでの県試験局に代わって中央試験局（Central Examination Board）が行うようになった。また、高等学校卒業試験も中央試験局から高等学校試験局（Basic Education High School Examination Board）へと実施母体が変更された。ただし、高等学校卒業試験は後に中央試験局の管轄に戻されている。

軍政下における試験制度改革において重要な点は二つあり、一つは中学校の最終学年であるスタンダードⅧで実施される卒業試験での生徒の振り分け制度であり、もう一つはマトリキュレーション試験のさらなる変更である。

まず、前者の中学校の卒業試験で採用された新たな制度は、試験の成績によって優秀な「Aリスト」の生徒とそれ以外の「Bリスト」の生徒に分けられるようになったことである。当時、ネーウィン軍事政権が科学教育を重視していたことから、成績優秀な生徒、すなわち「Aリスト」の生徒は自動的にすべて理系に振り分けられるようになった。そして、この振り分けに基づいて高等学校への進学が決められたのである。このように「優秀な生徒＝理系」、「劣った生徒＝文系」という区別の結果、高等学校への進学希望者の約七〇％が理系へ、残り三〇％が文系へという不均衡な状況が発生することになった。

実は、この振り分け方法は高等学校の最終学年であるスタンダードXでの試験結果でも同様に用いられた。すなわち、「Aリスト」に入った生徒は大学への入学が許可されたが、「Bリスト」に入ってしまった生徒は職業専門学校にしか進めなかったという具合である。このように当時の試験制度は、生徒をその試験結果によって早期に振り分け、将来の進路あるいは職業、もっと言えば、人生そのものを決定してしまうものだったと言える。

次に、後者のマトリキュレーション試験のさらなる変更について見ていこう。すでに触れたように、パサパラ政権下の一九五九年に高等学校卒業試験とマトリキュレーション試験を別々に行うことは非効率であるという指摘のもと、これら二つの試験が統合され「高等学校卒業・マトリキュレーション試験」となった。ただし、この統合は二つの試験を同一日程で行う試みであり、試験自体は二つに分けられたままであった。しかし、軍事政権下ではこの二つの試験を一つに統合したのである。具体的には、高等学校卒業試験の中にマトリキュレーション試験の内容を含ませた。こうして一九六八年から

表 11-6　基礎教育高等学校卒業試験における対象教科（1968年3月実施）

区分	教科	留意事項
必修	ビルマ語（Burmese）	試験時間は一教科3時間
	英語（English）	
選択	翻訳（緬語→英語）、あるいは選択ビルマ語、選択英語でも可（Translation〈Burmese to English or English to Burmese〉or Optional Burmese or Optional English）	左記教科目の中から三教科目を選択
	歴史（History）	
	地理（Geography）	
	パーリ語（Pali）	
	数学（代数、幾何、三角法）（Mathematics〈Algebra, Geometry and Trigonometry〉）	
	物理（Physics）	
	化学（Chemistry）	
	生物／動物学（Biology and Zoology）	
	農業（Agriculture）	
	地学（Geology）	
	経済（Economics）	

（出典）U Tan Oo (1)、前掲書、1999年を参考にして筆者作成

はマトリキュレーション試験は高等学校卒業試験に包含されるようになり、名称も「基礎教育高等学校卒業試験（Basic Education High School Examination）」と呼ばれるようになった[4]。

すでに第2章及び第3章で触れたように、現行のマトリキュレーション試験も高等学校卒業試験を兼ねたものとなっている。実は、現行制度の原型はネーウィン軍政時代のこの試験制度改革に見られたと言えよう。参考までに、一九六八年三月に実施された基礎教育高等学校卒業試験の試験教科を上表に示しておく。

基礎教育高等学校卒業試験に合格した生徒は大学への入学が認められ、また、その点数に応じて入学する大学とその専攻もある程度決定された。特に、理系もしくは文系の進路選択はすでに中学校の最終学年（スタンダードⅧ）での

4　この試験制度は一九七八年まで継続された。

「数学」、「英語」、「総合科学」の試験の得点によって決定されており、これら三教科の高得点獲得者にのみ理系の道が開かれていた。そして、彼らが基礎教育高等学校卒業試験において再度、高得点を獲得すると、専門大学（Professional Institutions）、特に医科大学、工科大学への進学の道が開かれた。

このような状況下、中学校卒業後は理系の進路に人気が集まり、反対に文系の進路選択者は強い劣等感を抱くようになっていた。加えて、高等学校卒業後は専門大学に進学することが最高の進路であるのに対し大学の理系学部への進学は一段落ちるものであり、さらに大学の文系学部はそれよりさらに低いものと考えられるようになっていた。こうして、各学校では中学校卒業試験及び基礎教育高等学校卒業試験での高得点を目指した補習や特別授業に対する要求が年を追うごとに高まっていった[5]。

5　私立学校の国有化政策

ビルマには歴史的に仏教聖職者が修行を積む僧院や外国からのキリスト教宣教師らによってキリスト教普及を目的に開校された学校など、いわゆる政府の管轄外にある私立学校が全国各地に数多く存在していた。もちろん、独立後、パサパラ政権によるビルマ人への一般教育の普及の必要性によって全国各地に政府管轄の国民学校が設立され、そこでの教育は無償で行われたことから、学校数や就学児童生徒数を見る限りでは、圧倒的に国民学校が大多数を占めていたことは言うまでもない。

しかし、一九六二年にネーウィンによる軍事政権が布かれると、ビルマ国内にあったこれら私立学校に大きな変化が見られるようになった。同政権下では、私立学校は基本的に政府に登録をし、国民学校と同じ教育課程を提供しなければならなくなったのである。いわゆる私立学校の国有化である。参考までに、同軍政時代の初期の頃の私立学校の状況を以下に示しておく。これを見ると、当時はまだ政府登録をしている私立学校は全体のわずか三〇％弱であったが、年を経るとともにその登録数は増加し、最終的にはほぼすべての学校が登録することになる。ちなみに、軍政時代後期にはすでにキリスト教系学校は消滅しており、仏教系の僧院学校が農村部で細々と教育活動を続けていた程度であったということである。

5　これら補習や特別授業は、各学校において担当教科の教師が放課後に希望生徒を集め授業料を徴収して行うものである。給与の安い教員にとってはこの補習や特別授業から得られる収入は家計を支える大きな収入源となっていた。

表11-7　私立学校の種類と数（1965年3月31日時点）

	小学校	中学校	高等学校	合計
政府登録学校	53	77	139	269 (28%)
非登録学校	158	173	133	694 (72%)
合計	211	250	272	963

(出典) U Tan Oo (2)、前掲書、1999年を参考にして筆者作成

第12章　社会主義政権下の教育（一九七四－八八年）

一九七四年三月二日、第一回人民議会が召集され、新憲法[1]の規定に沿ってビルマ革命評議会のネーウィン議長は国政権を人民に委譲することを正式に決定した。これによってビルマ革命評議会は解散し、代わって人民議会には二十八名からなるビルマ連邦社会主義共和国評議会（State Council of the Socialist Repblic of the Union of Burma: SCSRUB）が設置されることになった。ここにビルマが対外的に社会主義国家として舵を切ったということができる。ただし、実質的には一九六二年にネーウィンが政権を掌握した時点で、同国の社会主義革命が行われたと言え、国内的にはネーウィンによる軍事政権であったことに変わりはない。

1　一時しのぎの高等学校の教育課程改革

前章で触れたように、ネーウィン軍事政権においてはビルマ連邦のさらなる発展のために科学教育を重視したことから、パサパラ政権以来採用されてきた教育のあり方に大きな変化がもたらされた。

特に高等学校の教育課程が従来の文理統合型から文理選択型に変更されたことはその大きな変化の一つであった。しかし、一九六六年から始まった文理選択型の教育課程は、その決定が中学校段階という早期に行われていたことから、「長期的な視野に立った場合、子どもの教育にとってよくない」という強い批判が出されていた。

こうした批判を受けて、社会主義政権下では早速、高等学校段階における文理選択型の教育課程の見直しが始まり、一九七七年から再び文理統合型の教育課程が導入されることになった。この新しい教育課程は以下に示した通りであるが、これを見て分かることは、これまで採用されていた文理選択型の教育課程から必修教科（両系必修、理系必修、文系必修を含む）だけを取り出し、その

1　新憲法は一九七四年一月三日に公布された。この憲法起草においては、一九七一年九月に九十七人委員会が組織され、その後、第一次草案、第二次草案、第三次草案が作成され、一九七三年十二月三日に国民投票が行われ、九〇％以上の賛成票を獲得し新憲法への移行が行われた。

表12-1　後期中等教育の教育課程（1977-84年）

教科	スタンダードIX	スタンダードX
ビルマ語（Burmese）	✔	✔
英語（English）	✔	✔
数学（Mathematics）	✔	✔
歴史（History）	✔	✔
地理（Geography）	✔	✔
経済基礎（Basic Economics）	✔	✔
物理基礎（Basic Physics）	✔	✔
化学基礎（Basic Chemistry）	✔	✔
体育／軍事訓練基礎（Physical Education and Basic Military Training）	✔	✔
道徳（Character Development）	✔	✔
実用的教育開発課題（Practical Education Development Tasks ）	✔	✔

（出典）U Tan Oo (1)、前掲書、1999年を参考にして筆者作成

中の理系科目（「物理」及び「化学」）については基礎的な内容だけに絞ったものとして再構成されているということであり、本教育課程の編成に関して慎重な議論を経たとは考えられず、比較的安易に編成されたという印象は拭えない。

また、この教育課程には「道徳（Character Development）」が教科として新たに追加されているが、これは社会主義政権における社会主義思想を国民に徹底するためのものであることは明らかである。

このように社会主義政権下での最初の教育改革は、加熱する「理系信仰」を抑制することが最大の目的となってしまい、長期的な視野でのビルマ人の教育という視点は欠落していたと言えよう。したがって、このような教育は当然のことながら長く維持されることはなく、三年後には早くも新しい教育改革の検討が開始され、八年後には新しい教育課程に取って代わることになる。

なお、高等学校教育課程の変更により、従来から行われていた基礎教育高等学校卒業試験（マトリキュレーション試験を兼ねる）も変更されることになった。以下にその試験科目を示したが、選択教科目はなくなり、すべての生徒に六教科目すべてが課されるようになった。従来の試験が五教科目であったことから、今回の変更により生

表 12-2　基礎教育高等学校卒業試験（1979 年 3 月実施）

区分	教科	留意事項
必修	ビルマ語（Burmese）	試験時間は一教科 3 時間
	英語（English）	
	数学（Mathematics）	
	歴史（History）	試験時間は一教科 2 時間
	地理・経済基礎（Geography and Basic Economics）	試験時間は一教科 3 時間
	物理基礎・化学基礎（Basic Physics and Basic Chemistry）	

注：この試験は「Basic High School Arts and Science Examination」と呼ばれた。
（出典）U Tan Oo (1)、前掲書、1999 年を参考にして筆者作成

徒の負担が増えたことになる。この試験に合格した生徒は、後述する地方大学（Regional Colleges: RC）に進学することになった。

2 新教育プログラム（NEP）の下での基礎教育課程の大改革

ビルマ連邦社会主義共和国評議会（SCSRUB）は、一九八〇年十一月と八二年五月の二回にわたって教育会議を招集し、「世界水準の教育の実現に向けて（Towards World Standard Education）」というテーマで議論を行った。この会議の後、「新教育プログラム（New Education Programme: NEP）」が立ち上げられ、基礎教育をはじめ、職業教育、高等教育の質的向上に向けた改革が開始されることになった。

新教育プログラムの下では、小学校、中学校、高等学校を含む基礎教育段階の教育課程が大幅に改訂され、それに基づいた新しい教科書が編纂された。小学校の教育課程では「英語」が追加されたことが非常に大きい。これは「新教育プロ

表12-3　初等教育の教育課程（1985-97年）

教科	低学年			高学年	
	キンダーガーデン	スタンダードI	スタンダードII	スタンダードIII	スタンダードIV
ビルマ語（Burmese、のちMyanmar Language）	✔	✔	✔	✔	✔
英語（English）*1	✔	✔	✔	✔	✔
算数（Mathematics）	✔	✔	✔	✔	✔
地理（Geography）				✔	✔
歴史（History）				✔	✔
実用的教育開発課題（Practical Education Development Tasks）	✔	✔	✔	✔	✔

*1　1981年より「英語」はキンダーガーデンから履修されることになった
（出典）U Tan Oo (1)、前掲書、1999年を参考にして筆者作成

グラム」（フェーズ1）の理念の下、子どもにより高い言語能力の習得を求めたものである。また、これまで「社会・理科」として設置されていた教科が、「地理」と「歴史」に分割され、「理科」に相当する内容は削除された。この背景には、これまで加熱し過ぎていた「理系崇拝」を抑えることが目的であったことは明らかで、小学校の教育課程から「理科」を失くすことでそれが解決できると考えた当時の政権の安易さがうかがえる。加えて「保健体育」も削除された。中学校の教育課程は従来のものとそれほど大きな違いはないが、小学校に倣って「体育」が削除された。

高等学校の教育課程は、一九六六年から七六年まで約十年間続いた文理選択型の教育課程に回帰したと言える。ただし、いくつかの違いがあり、その一つは文系選択において「数学」を含むコースと含まないコースが設定されたこと、二つ目は「体育」や「実用的教育開発課題」は削除されたこと、三つ目は「英語」、「数学」、「物理」、「化学」、「生物」、「経済」の教科書は英語で書かれ、教授も英語を使って行われるようになったことである[2]。

特に、三つ目の特徴は現在の教育課程にも見られる現象で、その起源がこの社会主義政権の時代にあったことが分かる[3]。この結

表 12-4　前期中等教育の教育課程（1985-98 年）

教科	スタンダードⅤ	スタンダードⅥ	スタンダードⅦ	スタンダードⅧ
ビルマ語（Burmese、のち Myanmar Language）	✔	✔	✔	✔
英語（English）	✔	✔	✔	✔
数学（Mathematics）	✔	✔	✔	✔
総合科学（General Science）	✔	✔	✔	✔
地理（Geography）	✔	✔	✔	✔
歴史（History）	✔	✔	✔	✔
実用的教育開発課題（技術・職業教科）（Practical Education Development Tasks）	✔	✔	✔	✔

（出典）U Tan Oo (1)、前掲書、1999 年を参考にして筆者作成

2　高等学校において、これらの教科目の教科書は英語で執筆され、教授も英語で行われることになった理由として、筆者が様々な教育関係者から収集した情報によると、当時の政権で大きな権力を誇っていたネーウィンの娘がイギリスへ留学するために大学の試験を受けたが、英語力が十分でなかったことから合格することができなかった。この結果を受けて、ネーウィンはその原因が同国における英語教育が十分でないことであると判断し、すぐにこれらの教科目の教科書及び教授はすべて英語で行うことという命令を下したということである。そして、この状況が現時点（二〇一七年六月）においても続いている。

3　現行の教育課程では「経済」の教科書はミャンマー語で記述され、教授もミャンマー語で行われている。これは、国家法秩序回復評議会（State Law and Order Restoration Council: SLORC）政権の下、一九九六年に従来の規定が変更されたことに起因する。

表12-5　後期中等教育の教育課程（1985-92年）

区分	教科	スタンダードIX	スタンダードX
理系	ビルマ語（Burmese、のちMyanmar Language）	✔	✔
	英語（English）*1	✔	✔
	数学（Mathematics）*1	✔	✔
	物理（Physics）*1	✔	✔
	化学（Chemistry）*1	✔	✔
	生物（Biology）*1	✔	✔
文系（標準）	ビルマ語（Burmese、のちMyanmar Language）	✔	✔
	英語（English）*1	✔	✔
	応用ビルマ語（Optional Burmese、のちOptional Myanmar Language）	✔	✔
	歴史（History）	✔	✔
	地理（Geography）	✔	✔
	応用英語（Optional English）*1	✔	✔
文系（数学を含む場合）	ビルマ語（Burmese、のちMyanmar Language）	✔	✔
	英語（English）*1	✔	✔
	数学（Mathematics）*1	✔	✔
	歴史（History）	✔	✔
	地理（Geography）	✔	✔
	経済（Economics）*1	✔	✔

*1　これらの教科の教科書は英語で書かれ、教授も英語で行われた
（出典）U Tan Oo (1)、前掲書、1999年を参考にして筆者作成

果、現在でも同様であるが、生徒は教科の内容の難しさというよりも英語での教科教育についていけず、教科内容が十分に理解できないという状況が生まれてきた。教員側も英語による教科教育にはかなりの困難を感じ、教科内容を深く掘り下げるような教育ができないという状況が生まれるようになった。結局、英語を媒介にした教育の強制によって、生徒の内容理解はかなり低下したようである。

また、高等学校の教育課程が文理選択型となったことにより、基礎教育高等学校卒業試験（マトリキュレーション試験を兼ねる）で課される教科目も変更された。これまでのように、受験生全員に同じ教科目の試験を課すのではなく、「ビルマ語」と「英語」のみが必修教科とされ、それ以外は選択教科目として高等学校において履修した教科目の中からいくつかを選択して受験するように変更された。

さらに試験の得点によって、生徒は「Aリスト」と「Bリスト」に分けられ、「Aリスト」の生徒には大学への入学が許可され、「Bリスト」の生徒には高等学校卒業は認められたものの、大学への入学は許可されなかった。なお、どちらのリストにも入らなかった生徒は不合格を意味し、留年するか、退学するかの決定を行わなければならなかった。

3　地方大学（RC）の実験的試み

社会主義政権下では、経済計画と教育計画の二つを考慮した上で労働環境の変化に合わせた人材の育成を促進していくために、一九七六年から実験的に地方大学（Regional Colleges: RC）が創設された。この地方大学は教育省とともに各地方の人民評議会によって管理運営され、翌七七年までに全国で十七校が設置されたということである。

この地方大学に入学するためには、基礎教育高等学校卒業試験（マトリキュレーション試験を兼ねる）に合格することが必要であり、合格者は二年間の高等教育を受ける資格が得られた。そして、地方大学での教育課程を修了すると、学生らは各自の専門分野に応じた職場で一年間の実習を受ける義務が課された。実習後、学生らはラングーン大学などをはじめとする四年制の大学に編入して勉学を継続した。編入する大学の決定は地方大学の二年目の試験成績をもとに行われた。

ただし、この地方大学は、残念ながら、当初意図した目的が十分に達成できないと政府によって判断されたため、一九八〇年には同制度は解体され、わずか四年弱の短命に終わった。

4　政治教育の重視

ビルマ連邦社会主義共和国評議会（SCSRUB）に掌握された政権下では社会主義政策が推し進められ、教育分野においてもその影響がかなり顕著になってきていた。その中で特に注目すべきは政治学の重視である。

同政権下では、国民が社会主義の知識と愛国心を養うことは当然の義務と考えられ、そのために一九七二年頃から政治学が教員訓練学校や教育大学、経済大学、工科大学などで講義されるようになっていた。そして一九七九年にはすべての高等教育機関で政治学は必修科目と定められた。

5　市民権法による人権侵害

一九八二年十月、ビルマ連邦社会主義共和国評議会（SCSRUB）は市民権法（Citizenship Law）を制定した。この市民権法において、「市民権保有者とは一八二四～一九二五年にかけてのイギリスによる第一次ビルマ併合以前にビルマに居住していた人々及びその子孫を指す」と定められたことで、当時百二十万人から百五十万人と推測されるインド系及び中国系の住民がビルマの市民権を剥奪されるという大きな問題が起こった。

実は、このことは先の一九八〇年に定められた教育省規則[4]によって、これら市民権をもたないインド系及び中国系住民は大学進学の道を絶たれることになった。さらに、仮に大学に入学できたとしても、医学や工学といった専門性の高い学科への入学は禁止された。

これは大きな人権侵害であり、その後、深刻な社会問題にまで発展し、同国内における人種差別、民族対立に拍車をかけることになった。

4　一九八〇年の教育省規則では、「大学入学申請者は『ビルマ国籍（Burmese Nationals）』を有していなければならない」と定められていた。

コラム7
教科書に見る一面的な教育成果の強調

ミャンマーの現行教育課程では中学校及び高等学校において「ミャンマー史」を学ぶことになっている。そのうち、高等学校二年生（Grade 11）ではネーウィンによる軍事政権及び社会主義政権の時代の社会状況についてわずかではあるが触れられている。ただ、ここでの記述は、歴史的に見た当時の同国内の状況というよりも、むしろ当時の政権の成果が列記されているに過ぎない。というのも、ミャンマーでは当時の政権に対する歴史的な価値判断を検討する機会がもたれておらず、その時代をどう客観的に記述すべきかについての方法論が確立していないからである。加えて、現行の教科書は軍事政権時代に編纂されたものであり、その時代を否定するような記述を書くことは許されなかったという事情もあろう。

　では以下に、高等学校の「ミャンマー史」教科書の社会主義政権下での教育状況についての記述を示す。[5]

―高等学校「ミャンマー史」教科書[6]の記述抜粋―

この時代、政府は若者に対する教育活動の一環として、優秀生徒の表彰やボランティア活動への参加、学校委員会活動、社会主義的若者活動（「ランジン〈Lanzin〉」と呼ばれた）などを積極的に推奨した。優秀生徒の表彰に関しては、一九六三年に優秀な若者を選抜して彼らに社会主義国家を担うための知識を身に付けさせる目的で「ルーイェチュン（Lu Ye Chun）」（優良青少年）制度が発足している。優秀生徒と言うのは、教科教育やスポーツ、教養、知能といったそれぞれにおいて設定された基準を、校内試験、タウンシップ試験、県試験と順に突破して選ばれた優秀な生徒で、い

---

5 以下の記述は、高等学校における現行「ミャンマー史」教科書からの抜粋であるが、原文はミャンマー語による記述のため、翻訳家に英訳をしてもらった後、それを筆者が和訳した。

6 Ministry of Education, "Myanmar History Grade 11," Curriculum, Syllabus and Textbook Committee, 2014-15.

わゆるエリート生徒であった。同年には早速ンガパリ(Ngapali)でルーイェチュン・キャンプが行われた。

ボランティア活動への参加については、もともと生徒らは夏休みなどの学校休業期間を利用して政府系建設現場に派遣され、労働経験を積むことが多かった。しかし、こうした労働経験とは別に一九六四年からは識字率向上を目指した社会運動への参加が盛んになっていた。当時、農村部の小作農や労働者、特に女性に非識字者が多かった。そこで、中央識字向上委員会(Central Literacy Committee)は全国各地で若者のボランティアを募って識字率向上運動を開始した。一九六九年にはメティラ(Meiktila)がそのパイロット地域に選ばれ、積極的に活動を実施した。翌七〇年にはこの活動は周辺のサガイン(Sagaing)とチャウセ(Kyaukse)にも広がり、七一年にはさらに周辺のシュエボー(Shwebo)、モンユワ(Monywa)、ミングン(Mingun)、マグウェー(Magwe)にまで広がった。この社会運動はユネスコ(UNESCO)からも表彰された[7]。

また、保健活動や体育活動も従来以上に奨励された。具体的には、この時期、教育省は保健省(Ministry of Health: MOH)と協力して学校保健プログラムを実施している。このプログラムでは、各学校に担当医が配置され、検診と病気にかかった時の対処、保健に関する知識などが教授されるようになった。また、政府は積極的にスポーツ及び体育活動を奨励し、国民の身体的、精神的な健康づくりを目指すようになった。スポーツと体育の実践における具体的な指示が政府から公布されたことで、体育活動は国家的な一大運動となっていった。こうして、従来は一握りの人々による活動であったスポーツや体育が一般国民のための活動になったのである。

さらに、優秀なスポーツ選手の育成のために指導者養成も行われるようになり、指導者を目指す者たちはそのノウハウを学ぶために海外へ派遣された。加え

7　ビルマの中央識字向上委員会における識字運動は、一九七一年UNESCOの国際裁判所から「モハメッド・リザ・パラヴィ賞(Mohammad Reza Pahlavi Prize)」を受賞した。

て、海外から選手団を招待し同国の選手と対戦させたり、あるいは同国の選手団を積極的に国際大会へ参加させるなども行った。特に同国の伝統競技である「チンロン（Chin Lone）」、「トーセートー（Htoe-Se-Toe）」、「キックボクシング（Lethwei）」[8]などは積極的に推進されたスポーツ種目である。さらに、サッカー、重量挙げ、ボクシング、射撃、ボート、バドミントンなども政府の後押しによってその質がかなり向上した。

――以上――

8「チンロン」は竹で編んだ小さなボールを手以外の体の部分を使って行うミャンマー式バレーボールと言った競技である。一九五三年に政府によって正式な競技規則が制定され、指導員が普及に尽力したことで全国に広まり、一九五八年にはすべての公立学校で導入されるようになった。「トーセートー」は一種の陣取りゲームのようなもので、地面に線を描き、鬼となった人の攻撃を防ぎながら地面に描いた線を越えるゲームである。ミャンマー式「キックボクシング」も同国の伝統武術でキックとパンチを用いて対戦するものである。

上記のような教科書の記述を見ると、当時の政権が如何に児童生徒の教育に力を入れていたかという印象ばかりが目立つが、現状は決してそのようなものではなかったことが、当時を生きてきた人々の声や数少ない貴重な資料などから判明している。

特に、当時の政権下ではスポーツが振興されたという記述があるが、先に当時開発された教育課程で見たように、この時期はすべての教育段階において従来設置されていた「体育」が削除されるという事態が起こっていた。この二つの一見矛盾する事実をどのように理解すればよいのか、判断が難しいところではあるが、筆者が考えるに、当時の政権内では「国民全体に対する教育」という意識は薄く、「政権持続のための教育」という意識が強く出されていたのではないかと思われる。すなわち、優秀な一部の者に対してスポーツを奨励し、その成果を「国家的成果」とすることで、対外的に政権の力量を強調していこうという意識が強くあったのではないかということである。反対に、一般国民に対する教育はあくまでも二の次だったと言える。

第13章　絶対的軍事政権下の教育（一九八八－二〇一一年）

一九六二年から始まったネーウィン政権、さらに突き詰めれば一九七四年からのネーウィン独裁による社会主義政権は八〇年代に入ると、その構造的問題が顕在化してきた。というのは、ビルマ社会主義経済の下では、所得税や地租、消費物価の価格は低く抑えられていたので、政府歳入は横ばいであるにもかかわらず、開発投資の対外借款は増加傾向にあり、債務返済額は年々増加していたのである。加えて、米やチーク材の国際価格が低下傾向にあり、輸出が振るわないこともあって、外貨不足が深刻な問題となっていた。政府は、輸入制限措置をとったが、これによって原材料の深刻な不足を招き、国営の工業部門を中心に生産が大きく落ち込む結果となった。こうしてたちまち物不足となり、闇商品への依存が高まり、かつインフレが進行し、都市部を中心に住民の生活は圧迫されるようになっていった。

こうした状況下、一九八五年十一月、政府は突然、高額紙幣（二〇、五〇、一〇〇チャット）の流通を停止し、手持分についても銀行に預金するように布告を出した。これは、不正所得や闇取引・密輸資金の回収、国家財政の補塡、インフレの抑制などを意図したものであるというのが政府の見解であったが、国民の政府に対する不満と不信は大きくなるばかりであった。

一九八七年十月、すでに大統領職を退いていたネーウィン[1]は異例の会議を招集し、過去における諸政策に失敗のあったことを認め、この点については是正すべきであり、そのためには憲法改正をも躊躇すべきではない旨を述べ、経済改革に乗り出した。この経済改革では、これまで統制下に入っていた米や豆類など農産物主要九品目の取引が自由化され、また地租も従来の金納から現物納に改められた。また、二〇チャット、三五チャット、七五チャット紙幣を廃貨処分とした。

こうした状況の中で、民衆の不満は徐々に高まり、ついにそれが爆発する時がやってきた。一九八八年三月、ラングーン工科大学の学生と地元有力者の息子とが地元の喫茶店で音楽テープを巡って喧嘩となり、これに治安警察が出動し一人の学生活動家ポーモウ（Phone Maw）が射殺された。これは一気に学生と軍政府との対立までに発展した。ラングーン工科大学やラングーン大学の学生らが大規模なデモを行うと、軍はこれを弾圧し、インヤー湖（Inya Lake）沿いのダダーピュー（Dadaphyu）で大量の死傷者を出す事態に至ったのである。そのすぐ後六月にも再びラングーンで学生デモが始まった。ちょうどこの時、経済政策の違いからネーウィンに解任されたアウンジー（Aung Gyi）元准将の体制批判文書が町中に出回ったことから、このデモは一般市民をも巻き込んで大きなものとなっていった。さらに、ネーウィンは同年七月に召集された臨時党大会において、自身の党議長職からの辞

1　大統領職はサンユー（San Yu）将軍に委譲したが、ビルマ社会主義計画党（Burmese Socialist Programme Party BSPP）の議長の地位は維持していた。

任と、国民が希望するなら複数政党制へ移行することも検討するという考えを述べたことで、これまでの反ネーウィン運動が一気に民主化運動の色彩をもつようになった。

一九八八年七月二十七日、ネーウィンは党議長職を辞職、サンユー（San Yu）大統領も辞任し、後任にセインルイン（Sein Lwin）が選出され、彼が両方を兼任することになった。しかし、彼は軍内強硬派の一人で、一連の学生デモ弾圧の直接の責任者でもあったので、学生や市民はますます不満を抱き、八月に入るとセインルイン打倒のゼネストが起こった。彼は軍を出動させ、発砲したことで、再び多数の死傷者が出る事態となり、市民らは政府に対してより反発を強める結果となった（「８８８８民主化運動」と呼ばれる）。

このようにビルマ社会主義計画党（Burmese Socialist Programme Party: BSPP）の弱体化に伴う市民グループらの大規模なデモやストライキは、国内を統一していく上での危機的な状況を生むことになった。すなわち、国家の独立と主権の喪失という危機である。そこで一九八八年九月十八日、ビルマ国軍は国家法秩序回復評議会（State Law and Order Restoration Council: SLORC）を組織し、改めて政権を掌握したのである。この時、国名も「ビルマ連邦（Union of Burma）」に変更された。また、この十ヵ月後には英語国名が「ビルマ」から「ミャンマー（Myanmar）」に変更された。ＳＬＯＲＣは十二項目[2]から成る目標を掲げ、特に「連邦を崩壊させない」、「国民の団結を解体させない」、「主権を永久に維持する」という三つの主要な国家目標を前面に押し出して各方面での改革を進めた。

一九九〇年、ＳＬＯＲＣの公約通り総選挙が行われた。しかし、その結果は軍政府の予想を大きく覆し、アウンサン・スーチー率いる国民民主連盟（ＮＬＤ）が大勝したのである。軍政府はこの結果に驚き、これを無視してしまう。その理由は、政権移譲よりも新憲法制定を優先させなければならず、選挙結果に基づいた新議会では特定の政党の主義主張に偏ってしまう危険性があるというものであった。

一九九二年四月にはソウマウン（Saw Maung）議長が引退し、代わってタンシュエ（Than Shwe）上級大将がその座に就き、同国の政治を主導した。そして、九七年にはミャンマーが東南アジア諸国連合（Association of South-East Asian Nations: ASEAN）に加盟したこともあって、政権を新たにするという意味も込めてＳＬＯＲＣを廃止し、国家平和発展評議会（State Peace and Development Council: SPDC）を新たに立ち上げた。

1　国家法秩序回復評議会（ＳＬＯＲＣ）の下での教育改革

一九九一年九月二日、国家開発に向けて既存の教育制度を見直すためにミャンマー教育委員会（Myanmar Education Committee: MEC）が設立された。この委員会の具体的な責任範囲はミャンマーが国家としての統合を維持し、国家主権を保ち、社会、経済及び政治の動向と歩調を合わせながら長期的な国家の利益にかなう教育政策を可能ならしめる教育基本法策定のための助言をすること、ミャンマー国民が高度な知識を習得でき、かつ技術の向上も可能となる教育プロジェクトについて主導的

2　これら十二項目の目標は、政治的な目標、経済的な目標、社会的な目標がそれぞれ四項目ずつで構成されていた。

な提言を行うこと、世界の状況変化に応じた教育プロジェクトの実践について国際機関や各種教育機関と連携しながら適切な指導を行うことなどが含まれていた。

新しい総合大学や単科大学の開学、単科大学の総合大学への昇格、あるいは専門学校の単科大学への昇格などが各地域から出されていた人的資源開発や高い教育水準の要求に基づいて行われた。また、国家の発展を効果的に支援できるように、海外で教育を受けた技術者と同等の人材を育成するために、一九九四年にはヤンゴン大学（University of Yangon、旧ラングーン大学）に、一九九八年にはマンダレー大学と経済大学にそれぞれ博士課程が開設された。

■中途半端な基礎教育改革

ＳＬＯＲＣ政府は十二項目からなる目標のうち、社会目標にあたる「全国民の健康状態及び教育水準を向上させる」を達成するために、基礎教育分野の改革も進めた。当時の基礎教育就学率、修了率を見ると、全国の子どものうち、約四〇％の子どもたちが学校に行ったことがなく、小学校に行ったとしてもその四分の三の児童は途中退学してしまっていた。中等教育への就学率・修了率になるともっと低く、小学校入学児童の約二％のみが中等教育を修了しているという状況であった[3]。

この主な原因は、学校施設及び教員の著しい不足であり、また国境付近における内戦であった。特に、国境付近における内戦では少数民族の子どもたちは学校どころではなかったと言える。その他、疾病、学校への無関心、教育費が負担できないなどの理由もあった。こうした状況は、軍政時代（社会主義政権時代も含めて）が義務教育という制度について十分に検討しなかったことの結果である。ただ、幸運にも公教育を受ける機会に恵まれなかった子どもたちも各地域の僧院で、生きていくための最低限の読み書き計算だけは教えてもらっていた。しかし、これだけでは実際に社会の担い手となっていくには全く不十分というほかなかった。

ＳＬＯＲＣ政府は、具体的には各地に学校を建設し小中高等学校の量的拡大を図ると同時に、質的な面においても中学校の最終学年であるスタンダードⅧで行われていた外部機関による試験を廃止し、学校内における試験に変更する措置をとった（一九九三年）。また、高等学校で文系・理系に分けて実施されていた試験を廃止し、文系・理系の区別なく共通の試験を受けるように改訂した（スタンダードⅨは一九九三年から、スタンダードⅩは一九九四年から開始）。さらに、一九九六年に新しい高等学校の教科書を開発、導入した。ただし、これまで英語での記載及び教授とされていた「経済」をミャンマー語での記載及び教授に変更した。「経済」以外、すなわち「数学」、「物理」、「化学」、「生物」といった理系教科目は従来通りであった。

ＳＬＯＲＣ政権時代、このように基礎教育における量的及び質的改革が行われたにもかかわらず、やはり前政権時代の教育から大きく改善されることはなく、どちらかと言うと、学問的知識を重視し、それ以外の道徳教育や芸術教育、さらに職業技術教育は軽視されていたと言えよう。加えて、体育教育なども、特に高等学校段階になると、それほど重視はされていなかったようである。このよう

3　Khin Maung Kyi, "Economic Development of Burma: A Vision and A Strategy, A Study by Burmese Econonic," Olof Palme International Centre, Sweden, 2000, p.146参照。

表 13-1　基礎教育学校の数の変化（1982－92 年）

	基礎教育小学校	基礎教育中学校	基礎教育高等学校	合計
1982/83 年	23,265	1,407	624	25,296
1991/92 年	38,378	2,054	856	38,378

（出典）U Than Oo (2)、前掲書、1999 年、p.282 を参考にして筆者作成

表 13-2　後期中等教育の教育課程（1993－99 年）

教科	スタンダード IX	スタンダード X
ミャンマー語（Myanmar Language）*1	✔	✔
英語（English）	✔	✔
数学（Mathematics）	✔	✔
科学（物理、化学、生物）（Science〈Physics, Chemistry and Biology〉）	✔	✔
社会科学（Social Science）	✔	✔
道徳公民（Moral and Civics）	✔	✔
スポーツ・体育（Sports and Physical Education）	✔	✔
芸術・実用的開発（Arts and Practical Development）	✔	✔

*1　同国では 1989 年から対外的に英語国名を「ビルマ」から「ミャンマー」にしたことにより教科名も「ビルマ語」から「ミャンマー語」に変更された

（出典）U Tan Oo (1)、前掲書、1999 年を参考にして筆者作成

表 13-3　高等学校の学年末試験教科（1993－99 年）

試験教科	留意事項
ミャンマー語（Myanmar Language）*1	試験時間は各教科 3 時間
英語（English）	
数学（Mathematics）	
科学（物理、化学、生物）（Science〈Physics, Chemistry and Biology〉）	セクション A, B, C のそれぞれの冊子に解答する。試験時間は 3 時間
社会科学（Social Science）	セクション A, B, C のそれぞれの冊子に解答する。試験時間は 3 時間

*1　同国では 1989 年から対外的に英語国名を「ビルマ」から「ミャンマー」にしたことにより教科名も「ビルマ語」から「ミャンマー語」に変更された

（出典）U Tan Oo (1)、前掲書、1999 年を参考にして筆者作成

表13-4　SLORC政権時代の大学閉鎖とその期間

閉鎖時期	開校時期	閉鎖期間	主要な原因
1988年6月	不明	不明	ラングーン大学学生の反政府デモ。ラングーンに戒厳令
1991年12月	1992年5月	6ヵ月	アウンサン・スーチーのノーベル平和賞受賞を支持するデモ
1992年11月	1993年6月	7ヵ月	学生による反政府デモ
1993年7月	1994年3月	8ヵ月	学生による反政府デモ
1994年1月	1995年9月	8ヵ月	学生による反政府デモ
1994年12月	1995年7月	7ヵ月	学生による反政府デモ
1995年9月	1996年5月	8ヵ月	学生による反政府デモ
1996年5月	1996年12月	7ヵ月	学生による反政府デモ
1996年12月	1997年8月	8ヵ月	ヤンゴン大学、ヤンゴン工科大学での学生デモ

（出典）増田知子「ミャンマー軍事政権の教育政策」工藤年博編『ミャンマー軍事政権の行方　調査報告書』アジア経済研究所、2010年、p.5-10参照

に、この時期の教育は子どもたちの将来的な進路や社会に出てからのキャリア形成に必要な知識や能力について十分に検討がなされたとは言い難く、調和を欠いた教育課程であったと言える。

■度重なる高等教育機関の閉鎖と教育の質的低下

一九八八年に起こったラングーンでの学生による大規模なデモ以来、SLORC政権は学生が何か起こせばすぐに大学閉鎖という形で対処するようになっていた。このため、SLORCが政権を掌握していた約十年間は大学での教育はほとんど実施されることはなく、教育の停滞と同時に、教育の質的低下が著しく見られるようになった。

特に大学閉鎖が頻繁に行われた時期には、通常の四年間で大学の教育課程を修了することが不可能となっていたため、大学当局は卒業に必要な時間数を一年あるいは一年半などに短縮する臨時措置をとった。このことは、卒業生の能力について社会的信頼

を揺るがす原因となり、高等教育機関に対する信用度が大きく低下していった。SLORC政権時代の大学閉鎖とその期間は前頁に示した通りである。

2　国家平和発展評議会（SPDC）の下での教育改革

SLORC政権下で行われた教育改革は、引き続き、一九九七年に成立した国家平和発展評議会（SPDC）政権下でも継続された。SPDC政権は平和で近代的な開発国家の建設を目指して新たに十もの教育計画を立案し、この中には「教育振興プログラム（Education Promotion Programme: EPP）」（フェーズ1）も含まれていた。実はこれらの教育計画は一九九八年五月にパウンジー（Phaunngyi）[4]の中央官僚養成大学（Central Institute of Civil Service）で行われた検討会の結果を受けて策定されたもので、早速同年から開始された。

■教育振興プログラム（EPP）の実施

「教育振興プログラム（EPP）」（フェーズ1）では、以下のような改革内容が含まれていた。

(1) 小学校の教育課程の改訂
(2) 児童生徒の学力到達度の評価方法の改革
(3) 大学入学試験制度の改革

(4) 教授学習活動における新しい技術の効果的な使用
(5) 幼稚園教育の導入
(6) 教員養成学校の改善と教員養成課程の再開
(7) 教員資格をもたない現職教員のための現職教員研修の展開
(8) 学校群制度（School Families Scheme）の導入
(9) ＰＴＡの拡充と学校評議員会の設立
(10) 調和のとれた市民育成を目的として、児童生徒の「包括的個人記録（Comprehensive Personal Record: CPR）」の実施

「教育振興プログラム（ＥＰＰ）」（フェーズ1）では最初に小学校の教育課程の改革が行われた。これは同国の教育史上注目すべきことである。というのは、同国の教育課程はこれまで上の教育段階、例えば高等学校から行われてきたからである。

さて、ここで開発された小学校の教育課程を見ると、低学年で「総合学習（General Studies）」と呼ばれる新しい教科が導入された。この導入の背景には、当時、日本の国際協力機構（Japan International Cooperation Agency: JICA）から同国教育省にカリキュラム・アドバイザーが派遣されており、その意見や提案がこのような形になったものと考えられる。ちなみに、我が国でも時期を同じくして「総合

4　ヤンゴンの北、レグー（Hlegu）タウンシップに位置する町。

的な学習の時間」の導入が検討されていたことは周知の通りである。[5] ただし、ミャンマーの「総合学習」は我が国のものとは大きく異なり、「自然理科（Natural Science）」、「道徳公民（Moral and Civics）」、「ライフスキル（Lifeskills）」という三つの教科から構成され、それぞれが別々に扱われるという状況であった。言い換えると、「総合学習」として既存の教科間の壁を取り除き、広領域な内容を統合的に学習させるという本来の意図は実現されず、単にいくつかの教科を纏めて便宜的に一つの括りにしただけのものとなってしまったのである。

また、高学年でも合科としての「社会（Social Studies）」が設定されたが、現状は前記の「総合学習」と同様、「地理・歴史（Geography and History）」、「道徳公民」、「ライフスキル」という教科が別々に扱われるという状況であった。

これら以外に、「理科」が十三年ぶりに復活したことも大きな特徴である。低学年では「総合学習」の中に含まれたが、高学年では独立した教科として設置された。また、「体育（Physical Education）」、「芸術（Aesthetic Education）」の復活も指摘しておかなければならない。前者は十三年ぶり、後者については実に三十二年ぶりの復活であった。

加えて、教科間における区分として、「主要教科（Core Curriculum）」及び「正課併行教科（Co-Curriculum）」が名称は異なるものの三十二年ぶりに復活した（以前は、「必須教科」、「追加教科という名称」）。主要教科には「ミャンマー語（Myanmar Language）」、「英語（English）」、「算数（Mathematics）」、「理科（Basic Science）」（総合学習の中の自然理科も含む）、「社会」の中の「地理・歴史」の四教科一科目が含まれ、正課併行教科には「芸術」、「体育」、「総合学習」あるいは「社会」の中の「道徳公民」と

表13-5　初等教育の教育課程（1998－2015年）[6]

区分	教科	低学年			高学年	
		キンダーガーデン	スタンダードI	スタンダードII	スタンダードIII	スタンダードIV
主要	ミャンマー語（Myanmar Language）	✔	✔	✔	✔	✔
	英語（English）	✔	✔	✔	✔	✔
	算数（Mathematics）	✔	✔	✔	✔	✔
	総合学習（General Studies）	✔	✔	✔		
主要	自然理科（Natural Scicncc）					
併行	道徳公民（Moral and Civics）					
併行	ライフスキル（Lifeskills）					
	社会（Social Studies）				✔	✔
主要	地理・歴史（Geography and History）					
併行	道徳公民（Moral and Civics）					
併行	ライフスキル（Lifeskills）					
主要	理科（Basic Science）				✔	✔
併行	芸術（Aesthetic Education）	✔	✔	✔	✔	✔
	体育（Physical Education）	✔	✔	✔	✔	✔
	学校活動（School Activities）	✔	✔	✔	✔	✔

注1：「連邦精神（Union Spirit）」は1999年から週1コマ（年36コマ）の教授が義務付けられた。
注2：民族語基礎学校（Ethnic Language Basic School）では低学年で該当民族に関する教科を週2コマ教授しなければならない。この週2コマ分は「体育」、「学校活動」の時間を充てる。
注3：表には掲載されていないが、2012年より当時の教育大臣の指示により「農業（Agriculture）」が正課併行教科として追加された。この追加によって「学校活動」の時間数が削減された。
注4：低学年の1コマは30分、高学年の1コマは35分とする。
注5：一年は36週とし、一日当たり8コマ、週当たり40コマの授業とする。
（出典）田中義隆『21世紀型スキルと諸外国の教育実践』明石書店、2015年、p.249を参考にして筆者作成

5　我が国では、「総合的な学習の時間」は、国際化や情報化をはじめとする社会の変化を踏まえ、児童生徒が自ら学び考える力など全人的な生きる力の育成を目指して、学習指導要領が適用されるすべての学校において、二〇〇〇年（平成十二年）から段階的に導入された。

6　同教育課程は二〇一五年まで採用されたが、第2章で触れたように、同国では二〇〇四年に各学年の呼称を変更したため、それ以来、低学年はグレード1からグレード3、高学年はグレード4からグレード5となる。

「ライフスキル」、「学校活動（School Activities）」の二教科二科目一活動が含まれた。

教育省教育計画訓練局（Department of Educational Planning and Training: DEPT）は、主要教科に関しては、教科書と教員用指導書を、正課併行教科については教員用指導書を編纂し各児童及び学校に配布した。

実は、この教育課程の施行においては、従来から続いてきた教師による講義を中心とした暗記暗唱学習から脱し、児童生徒の興味関心を中心にしながら、彼ら自身が学習の主体となって積極的に学習活動を進めていく、いわば、アメリカで十九世紀以降盛んになった進歩主義教育（Progressive Education）に基礎を置いた教授学習方法への転換が試みられた。同国では「児童中心型アプローチ（Child-Centered Approach: CCA）」と呼ばれ、ここでも我が国の国際協力機構（ＪＩＣＡ）が技術的な支援を行った。具体的には、「算数」、「総合学習」、「社会」、「理科」の四教科において、ＣＣＡを用いた教授法を中心にした教員用指導書を開発したのである。

小学校の教育課程の改訂に合わせ、中学校の教育課程も一部改訂された。中学校の教育課程でも主要教科と正課併行教科という区別がされ、前者には「ミャンマー語」、「英語」、「数学」、「科学」、「地理」、「歴史」の六教科、後者には「道徳公民」、「ライフスキル」、「体育」、「芸術」、「学校活動」の四教科一活動が含まれた。主要教科だけを見ると、従来の教育課程（一九八五年導入）とほとんど変わらない。ただ、正課併行教科が追加になったことが、この改訂の大きな特徴であると言える。

高等学校の教育課程は、文理統合型と文理選択型が時代時代によって入れ替わり立ち代わり採用されてきた経緯がある。ここで改めてその変遷を振り返っておくと、独立後から一九六五年までは文理統合型、その後ネーウィン軍事政権が科学重視を打ち出したことで一九六六年からは文理選択型に変更された。しかし、理系と文系選択者の能力差と優劣意識が顕著になってきたことから一九七七年には再び文理統合型に戻されている。しかしそれも長くは続かず、一九八五年には再度、文理選択型が採用され、それが九二年まで続いた。その後また一九九三年からは文理統合型になり、二〇〇〇年には再び文理選択型の教育課程に戻ったという具合である。

ただ、今回の文理選択型の教育課程は以前の文理選択型の教育課程（一九六六年導入及び八五年導入のもの）と比べると大きな違いがみられることを指摘しておかなければならない。これまでは理系選択者は「ミャンマー語」、「英語」、「数学」及

7　同教育課程は現在でも採用されているが、同国では二〇〇四年に学年の呼称を変更したため、それ以来、前期中等教育はグレード6からグレード9までとなる。

表13-6　前期中等教育の教育課程（1999年－現在）[7]

区分	教科	スタンダードV	スタンダードVI	スタンダードVII	スタンダードVIII
主要	ミャンマー語（Myanmar Language）	✔	✔	✔	✔
	英語（English）	✔	✔	✔	✔
	数学（Mathematics）	✔	✔	✔	✔
	科学（Science）	✔	✔	✔	✔
	地理（Geography）	✔	✔	✔	✔
	歴史（History）	✔	✔	✔	✔
併行	道徳公民（Moral and Civics）	✔	✔	✔	✔
	ライフスキル（Lifeskills）	✔	✔	✔	✔
	体育（Physical Education）	✔	✔	✔	✔
	芸術（Aesthetics Education）	✔	✔	✔	✔
	学校活動（School Activities）	✔	✔	✔	✔

注1：表には掲載されていないが、2012年より当時の教育大臣の指示により「農業」が補助教科として追加された。この追加によって「学校活動」の時間数が削減された。

注2：1コマは45分とする。

注3：一年は36週とし、一日当たり8コマ、週当たり40コマの授業とする。

（出典）田中義隆、前掲書、2015年、p.249を参考にして筆者作成

後期中等教育の教育課程（2000年－現在）[8]

区分	教科	スタンダードIX	スタンダードX
必修	ミャンマー語（Myanmar Language）	✔	✔
	英語（English）*2	✔	✔
	数学（Mathematics）*2	✔	✔
併行	道徳公民（Moral and Civics）	✔	✔
	体育／ライフスキル（Physical Education and Lifeskills）	✔	✔
	芸術（Aesthetic Education）	✔	✔
選択コース *1	経済・物理 *2・化学 *2（Economics, Physics and Chemistry）	✔	✔
	地理・歴史・選択ミャンマー語（Geography, History and Optional Myanmar Language）	✔	✔
	経済・歴史・選択ミャンマー語（Economics, History and Optional Myanmar Language）	✔	✔
	歴史・物理 *2・化学 *2（History, Physics and Chemistry）	✔	✔
	物理 *2・化学 *2・選択ミャンマー語（Physics, Chemistry and Optional Myanmar Language）	✔	✔
	物理 *2・化学 *2・生物 *2（Physics, Chemistry and Biology）	✔	✔
	地理・物理 *2・化学 *2（Geography, Physics and Chemistry）	✔	✔
併行	学校活動（School Activities）	✔	✔

*1　選択コースは、この7コースの組み合わせから1コースを選択する
*2　これら教科の教科書は英語で書かれ、教授も英語で行われる
注1：表には掲載されていないが、2012年より当時の教育大臣の指示により「農業」が補助教科として追加された。この追加によって「学校活動」の時間数が削減された。
注2：1コマは45分とする。
注3：一年は36週とし、一日当たり8コマ、週当たり40コマの授業とする。
（出典）田中義隆、前掲書、2015年、p.249を参考にして筆者作成

び自然科学系教科のみの履修、逆に文系選択者には「歴史」、「地理」や「経済（Economics）」などの人文科学系教科のみの履修でよかった。しかし、新しい教育課程における選択コースは自然科学系教科と人文科学系教科がバランスよく配置されており、それぞれの教科を履修しなければならなくなった。

そのほか、「道徳公民」、「体育」、「芸術」といった教科の設定は、以前の文理統合型の教育課程から引き継がれた。

このように、SPDC政権では各教育段階の教育課程においてかなり大きな変更が行

われたが、そこには根本的な問題や課題も残されていた。ティエン・ルウィン（一九九九年）[9]によれば、例えば、小学校課程における「社会」の中に設定された「道徳公民」などにその事実が認められると指摘されている。彼によれば、本来、社会への積極的な参加を促進することを目的に学習される教科であるにもかかわらず、従順であることが全学年を通して強調されていると言うのである。すなわち、軍政下において、教育活動が政治的道具として用いられ、子どもから思考活動をとりあげ、それに代わって政権に忠誠を誓い、従順な市民を育成していこうという意図が明らかであると言うのである。

■基礎教育の評価制度の改革

基礎教育段階における児童生徒の学習到達度の評価についても、「教育振興プログラム（EPP）」（フェーズ1）において、従来の評価方法の検討が行われ改革が開始された。同プログラムでは一九九八年に学校長らから成る「資格検査チーム（Qualification Scrutinizing Team）」が組織され、単元末試験や学年末試験をはじめ、児童生徒の出席率と上級学年への進級割合などについて精査が行われた。そして、同精査の結果を受けて新しい評価制度が導入されるようになったのである。この新しい評価制度は「継続評価自動進級制度（Continuous Assessment and Progression System: CAPS）」

8　同教育課程は現在でも採用されているが、同国では二〇〇四年に学年の呼称を変更したため、それ以来、後期中等教育はグレード10からグレード11までとなる。

9　Thein Lwin, "Education in Burma (1945-2000)," 1999. (http://burmalibrary.org/docs/Education_in_Burma_(1945-2000).htm)

と呼ばれ、児童生徒は学習成果及び包括的個人記録（CPR）によって当該教育段階の修了が判断されるようになった。また、この新制度では児童生徒の知的能力、道徳的能力、社会的能力、身体的能力や技能などを客観的に評価することとされ、毎年、進級・進学できた児童生徒については一覧[10]にして周知されるようになった。これは、導入当初、全国四万四百五十校のうち九千二百十校において試行された。以下の表は、各教育段階における教育課程修了の基準を示したものである。

従来、進級や進学は、学年末試験の結果によって判断されており、この試験に対する児童生徒へのプレッシャーはもちろん、父兄や教員への影響も非常に大きいものとなっていた。しかし、CAPSという新しい評価制度の導入によって、学年末試験に対する大きなプレッシャーが大幅に軽減されると同時に、児童生徒の日常の学習理解度についてのアセスメントの重要性とそれに伴う単元

表 13-8　各教育段階における教育課程修了の基準

教育段階		教育課程修了を認める基準
小学校	KG 及び スタンダード I	・ミャンマー語、英語、算数の三教科において満足いく学習到達度に達している
	スタンダード II、III、IV	・75％以上の出席率 ・単元末試験を受験し、各教科の得点が平均以上 ・学校活動への参加度（スタンダード III 及び IV）
中学校	スタンダード V 及び VI	・75％以上の出席率 ・単元末試験において各教科の得点が平均以上 ・学校活動への参加貢献度
	スタンダード VII 及び VIII	・75％以上の出席率 ・前期試験において得点が平均以上 ・学校活動への参加貢献度
高等学校	スタンダード IX	・75％以上の出席率 ・前期試験において得点が平均以上 ・学校活動への参加貢献度
	スタンダード X	・75％以上の出席率 ・全単元末試験の受験 ・学校活動の参加貢献度

（出典）U Tan Oo (1)、前掲書、1999 年を参考にして筆者作成

末試験の新しい活用方法が認識されるようになった。

ＣＡＰＳは現時点（二〇一七年六月）においても継続されており、詳細についてはすでに第3章で述べた通りである。ただし、この制度は近年かなり柔軟に運用されるようになってきており、初めて導入された一九九八年当時とは運用面でかなり異なっている部分もあるため、ここでは導入当初の同制度に焦点を当てながら見ていくことにする。

ＣＡＰＳでは、まずキンダーガーデン（ＫＧ）とスタンダードⅠの児童については定期的な筆記試験は実施せず、「ミャンマー語」と「英語」、「算数」の三教科においてのみ日常の授業実践を通して形成的評価を行うこととされた。スタンダードⅡからは主要教科（Core Curriculum）において年間七回の筆記試験が行われることとなった[11]。その内訳は単元末試験（Chapter-End Test: CET）五回、学期末試験（Semester End Test: SET）二回であった。

小学校のこれら試験はタウンシップ教育局（ＴＥＯ）が運営管理の責任を有しており、具体的な実施日を各学校に通達するとともに、模範試験（案）を作成し、各学校に配布した。各学校はタウン

10　この一覧は正式には「上級学年への進級・進学児童生徒一覧（The list of Students Who Have Been Promoted to the Next Standard）」あるいは「高等学校の卒業認定生徒一覧（The list of Students Who Have Graduated from High School）」と呼ばれていた。

11　主要教科（Core Curriculum）に含まれるのは、低学年では「ミャンマー語」、「英語」、「算数」、「自然理科」（「総合学習」の中の一科目）の三教科一科目、高学年では「ミャンマー語」、「英語」、「算数」、「理科」、「地理・歴史」（「社会」の中の一科目）の四教科一科目である。

シップ教育局からの通達に従って試験日を決定し試験問題を作成した。これら試験はすべて授業時間を使って行われ、スタンダードⅡは各試験三十分、スタンダードⅢ及びⅣは三十五分で実施された。一日当たり一～二教科が実施された。

中学校においても、基本的には小学校と同様で、年間、単元末試験を五回、学期末試験を二回実施することとなった。主要教科である「ミャンマー語」、「英語」、「数学」、「理科」、「地理」、「歴史」の六教科において実施され、通常の授業時間を利用して行われるため、一教科四十五分であった。一日当たり一教科ずつ実施された。中学校の定期試験の実施監督機関は県教育局（DEO）であり、具体的な実施日を通達するとともに、模範試験（案）を各学校に配布していた。

高等学校の定期試験も、小学校や中学校と同様、年間七回実施され、「ミャンマー語」、「英語」、「数学」の三教科は全員必修、「地理」、「歴史」、「経済」、「物理」、「化学」、「生物」、「選択ミャンマー語」については各生徒の選択に応じて三科目が課された。試験時間は各教科目四十五分で行われ、一日当たり一教科目ずつ実施された。試験監督機関は管区教育局（Division Education Office: DEO）あるいは州教育局（SEO）であった。

これら定期試験の結果は「月極記録カード（Monthly Report Card: MRC）」に記録され、各学校に保管されるとともに、児童生徒の保護者にも定期的に通知された。

「包括的個人記録（CPR）」についても詳細を見ておこう。これは「教育振興プログラム（EPP）」において初めて同国に導入されたもので、児童生徒の学校での学習活動の状況を記録する非常に重要な文書である。ここには筆記試験の得点はもちろん、いくつかの項目からなる「学校規定（School

教育省
基礎教育局

学校名＿＿＿＿＿＿＿＿＿　タウンシップ名＿＿＿＿＿＿＿＿＿

基礎教育初等教育段階（低学年）

月極記録カード（MRC）

氏名＿＿＿＿＿＿＿＿＿＿
学校登録番号＿＿＿＿＿＿＿＿
学年＿＿＿＿＿＿＿＿＿＿
学校名＿＿＿＿＿＿＿＿＿

月極記録カード（MRC）
基礎教育初等教育段階（低学年）

氏名＿＿＿＿＿＿＿　学校名＿＿＿＿＿＿＿　学年＿＿＿　組＿＿＿

月	ミャンマー語	英語	算数	総合学習	合計	ランク	出席日数	担任 サイン・日付	保護者 サイン・日付	校長 サイン・日付
6 月										
7 月										
8 月										
9 月										
10 月										
11 月										
12 月										
1 月										
2 月										
合計点										
平均点／ランク										

担当評＿＿＿＿＿＿＿＿＿＿　校長評＿＿＿＿＿＿＿＿＿＿
担任サイン＿＿＿＿＿＿＿＿　校長サイン＿＿＿＿＿＿＿＿

月極記録カード（MRC）

ミャンマー連邦共和国
教育省　基礎教育局
（小学校）

学校登録番号 ____________

包括的個人記録　氏名

1. 個人記録

男女 ____________
生年月日 ____________
国籍 ____________
宗教 ____________
民族 ____________
出生地 ____________

2. 保護者・養育者

	父親	母親	養育者
氏名			
国家登録番号			
民族			
宗教			
学歴			
職業			
生存・死亡			
児童との関係			
家族数			
住所			

包括的個人記録（CPR）①

表13-9　「小学校規定」の内容

番号	内容
1	75％以上の出席率
2	単元末試験、学期末試験、学年末試験の受験
3	犯罪及び学校規則に違反した行為がないこと
4	教師への義務を果たすこと
5	草木を育て、学校環境をよくすること
6	日頃から両親の手伝いをすること
7	スポーツや体育活動へ参加すること
8	芸術活動（文学、美術、音楽）へ参加すること
9	身体を清潔に保つこと

（出典）教育省に対する聞き取り調査をもとに筆者作成

Anecdotal)」への貢献度も評価され、記録される。このＣＰＲは進級・進学時に用いられる。一例として、上に「小学校規定（School Anecdotal for Primary Level)」をあげておく。小学校規定は九項目から成っていることが分かる。

このように、新しいＣＡＰＳの導入で同国における児童生徒の学習到達度評価が大きく変わったことは言うまでもない。しかしながら、このＣＡＰＳの導入にも問題がなかった訳ではない。例えば、児童生徒が政府系の組織である「連邦団結発展協会（Union Solidarity and Development Association: USDA)」の組合員である場合には、試験において十六点が加点されるという利点があり、それ故、保護者などの勧めで組合員になる者が多く、ひいては軍政のよき追従者となっていくということもあった。[12]

12　Thein Lwin, "Education in Burma (1945-2000)," 1999を参照（http://burmalibrary.org/docs/Education_in_Burma_(1945-2000).htm）。「連邦団結発展協会（ＵＳＤＡ）」とは国家法秩序回復評議会（ＳＬＯＲＣ）によって一九九三年九月に設立された翼賛団体であり、軍事政権に対する後援の糾合に力を尽くし、民主化活動家の活動を阻害する存在でもあった。二〇一〇年十一月には総選挙のため、テインセインを党首とする連邦団結発展党（ＵＳＤＰ）と称する政党に衣替えした。なお、筆者はいくつかの学校現場の教員に対してこのことをヒアリングしたところ、この事実を知っている教員はおらず、実際にこのようなことが行われていたのかは確認がとれていない。

学習達成度の記録

出席日数 ＿＿＿＿＿＿＿＿

第４学年

教科	学習達成度	児童の達成度	担当教員日付サイン
ミャンマー語	1. しっかり聞くことができる 2. はっきり話すことができる 3. きっちり読むことができる 4. 単語、短文及び文章が正確に書ける		
英語	1. 単語や文章を理解しながら聞ける 2. 単語、文章を正しく使って話せる 3. 単語や文章を理解しながら読める 4. 単語や文章を正しく書ける		
算数	1. 数と測定：幾何学的図形の理解 2. 加減乗除の基本的理解 3. 身の回りの物事に対して算数的知識やスキルを応用できる 4. 算数の問題を正しく解ける		
社会	1. 我が国の天然資源についての理解と私たちの生活についての正しい認識 2. 愛国心：我が国を愛する精神と独立の精神 3. 正しい道徳的習慣を確立し、礼儀正しさや責任感をもつことでよき市民となる 4. 環境に柔軟に適応し、生きていく上で必要なスキルを実践する		
理科	1. 自然現象に興味をもち、環境について考える習慣を身に付ける 2. 天然資源の利点を理解し、日常生活においてそれを上手く活用する能力を養う 3. 自然環境に愛着をもち、保全していく気持ちを育てる 4. 自分自身や家族の幸福を考え、衣食住を行う 5. モノ作りにおいて理科の重要性を理解する		

包括的個人記録（CPR）②

教育活動への参加に関する評価記録

	第4学年	
	程度	担当教員 日付サイン
75%の出席率		
単元末試験の受験		
学校規則の遵守		
学校行事への参加、家事手伝いの励行、地域社会活動への参加、兄弟姉妹の子守		
草木の栽培		
両親の手伝い		
スポーツや体育活動への参加		
身体を清潔に保つ		
芸術活動や音楽活動への参加		

行動についての特記事項（必要であれば…）

校長からの意見

校長サイン　　　　　　　　進級・留年

包括的個人記録（CPR）③

表 13-10　マトリキュレーション試験（1999 年実施）の教科

試験教科	試験時間	備考
ミャンマー語	3 時間	六つの設問からなり、全て解答しなければならない
英語	3 時間	九つの設問からなり、全て解答しなければならない
数学	3 時間	設問は英語で記載 A, B, C という三つのセクションからなり、セクション A と B はすべての設問に解答、セクション C は六つの設問を選択し解答。合計設問数は 15
科学	3 時間	設問は英語で記載 セクション A（物理）、セクション B（植物学 / 動物学）、セクション C（化学）からなり、すべての設問に解答。合計設問数は 9
社会	3 時間	セクション A（歴史）、セクション B（地理）、セクション C（経済）からなり、すべての設問に解答。合計設問数は 9

（出典）U Tan Oo (1)、前掲書、1999 年を参考にして筆者作成

■マトリキュレーション試験の改革

従来行われていたマトリキュレーション試験についても「教育振興プログラム（EPP）」（フェーズ1）の中で若干の変更が行われた。これまでのマトリキュレーション試験の変遷を振り返ると、一九五九年から同試験は高等学校卒業試験と併せた形（「高等学校卒業・マトリキュレーション試験」と呼ばれた）で実施され、六八年にはこれら二つの試験が内容的に統合された形（「基礎教育高等学校卒業試験」と呼ばれた）で実施されるようになっていた。今回の改革でもマトリキュレーション試験は高等学校卒業試験を兼ねるという基本的な方針は継続された。

ただし今回の改革では、これまで選択教科目として十一種類の試験冊子[13]に分かれていたものを整理・簡素化するとともに、各州・管区にある指定大学（合計十校）で一斉に実施されるという点が大きな変更であった。そして、採点、結果発表、各大学への入学生徒の決定と許可といった同試験に係る一連の業務もこれまで以上に正確を期し、迅速に行われることになった。

■教員養成学校（EC）の開設

「教育振興プログラム（EPP）」（フェーズ1）の下、一九九八年十一月には全国に十九の教員養成学校が新たに開校された[14]。これらの学校は「エデュケーション・カレッジ（Education College: EC）」と呼ばれた。この中で二年制課程を提供して小学校及び中学校の教員を養成する学校は「レベル1」、一年制課程だけの提供で小学校教員のみを養成する学校は「レベル2」と呼ばれた。レベル1及びレベル2の学校の内訳はそれぞれ五校と十四校であった。

新しい教員養成学校（EC）の開校にあわせて、新しい教育課程やシラバスが作成された。これらはモジュール形式になっており、初めて単位取得制度が採用された。新しい教員養成学校における学生の受入は一九九八年末に始まり、同年度中に第二回目の受入も行われた。新制度では、教員養成学校の課程を修了した学生が引き続き教育を継続する場合には教育大学（IOE）に進学するようになった。

こうした新しい制度の導入によって、適切な教育を受けた教員が増し、学校現場における教育の質も飛躍的に向上したことは確かであるが、他方で課題もない訳ではなかった。主要な課題としては、小学校の教員の資格である。右記のように、小学校教員になる場合には教員養成学校のレベル2を修

13　一九六八年の高等学校卒業試験と併せた形で実施されたマトリキュレーション試験（正式名は「基礎教育高等学校卒業試験」）では選択教科目として、①翻訳、②歴史、③地理、④パーリ語、⑤数学、⑥物理、⑦化学、⑧生物／動物学、⑨農業、⑩地学、⑪経済、の十一の設定があり、試験問題も十一分冊となっていた。

14　現在、教員養成学校は二十五校ある（二〇一七年六月現在）。

了、すなわち一年制課程を修了しさえすればよかった。小学校の児童、特に低学年の児童はまだ思考力や判断力が未熟な上に識字能力も弱いため、学習においてはかなりの工夫が必要であり、その点では各教科の内容もさることながら、児童心理学などの知識から導き出された教育方法論や学習方法論などの知識が不可欠である。これらの知識や技能を本当にたった一年間で習得することが可能なのかという問題である。ミャンマーは歴史的に見ても、教育段階の低い小学校の教員に対してはあまり高い能力を求めておらず、その考え方が新しい教員養成制度においても引き継がれたのである。換言すれば、同国の教員養成制度は、教員のキャリアという点については非常に偏った思考の下で構築されているとも言えよう。

コラム8 軍事政権下での教育行政

軍事政権下で再編された教育行政組織は、同政権時代を通じてかなり長期にわたって機能してきた。この時代の教育省の特徴は、「高等教育局（Department of Higher Education: DHE）」は上ミャンマー（Upper Myanmar）担当と下ミャンマー（Lower Myanmar）担当の二局に分けられ、「基礎教育局（Department of Basic Education: DBE）」は右記二地域に加え、ヤンゴン管区を含めて合計三局に分けられていたことである。このように地域別の担当課が設置されていたのである。ここでいう「上ミャンマー」と「下ミャンマー」は同国の政治的・地理的な区分けで、「上ミャンマー」は通常マンダレーを中心とした中央平原地域を指し、より広く捉える場合には、カチン（Kachin）州やシャン（Shan）州も含まれる。他方、「下ミャンマー」はヤンゴンを中心としたデルタ地帯とラカイン（Rakhine）及びタニンサリ（Tanintharyi）地方の沿岸部を指す。[15]

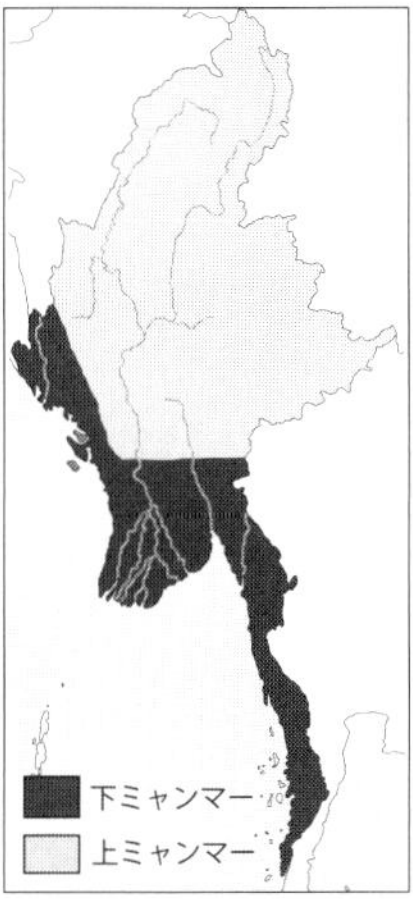

ミャンマーの地理的区分
(出典) Wikipedia, "Lower Burma" を参考に筆者作成

これ以外に、同国の基礎教育の方針や教育課程及び教科書の開発、さらには教員養成及び現職教員の研修などを一手に担当する、いわば教育省の心臓部とも言える

15 「上ミャンマー」及び「下ミャンマー」という呼称は、同国がイギリス植民地下に置かれた際に使用されていた「上ビルマ」、「下ビルマ」がもとになっている。第二次英緬戦争（一八五二−五三年）後までに植民地下に入った地域を「下ミャンマー」、それ以外の地域を「上ミャンマー」と呼ぶようになった。しかしながら、現時点（二〇一七年六月）ではこの呼称は全く使われなくなった（教育省への筆者によるヒアリング）。

「教育計画訓練局（Department of Education Planning and Training: DEPT）」が設置されていたことも大きな特徴である。

　また当時は、各部局は連邦教育大臣の下に直結されており、副大臣が二名配置されてはいたが、大臣が変わると常に教育省の業務がしばらくの間滞るという事態もよく発生していた。ただし、第12章から第13章でも触れたように、軍政時代は軍に忠実な人材を育成することのみに政府の関心があり、反対に大衆教育における関心は極めて低かったことから、教育省自体の業務量はそれほど大きなものではなく、決まった同じような作業を毎年繰り返し行ってい

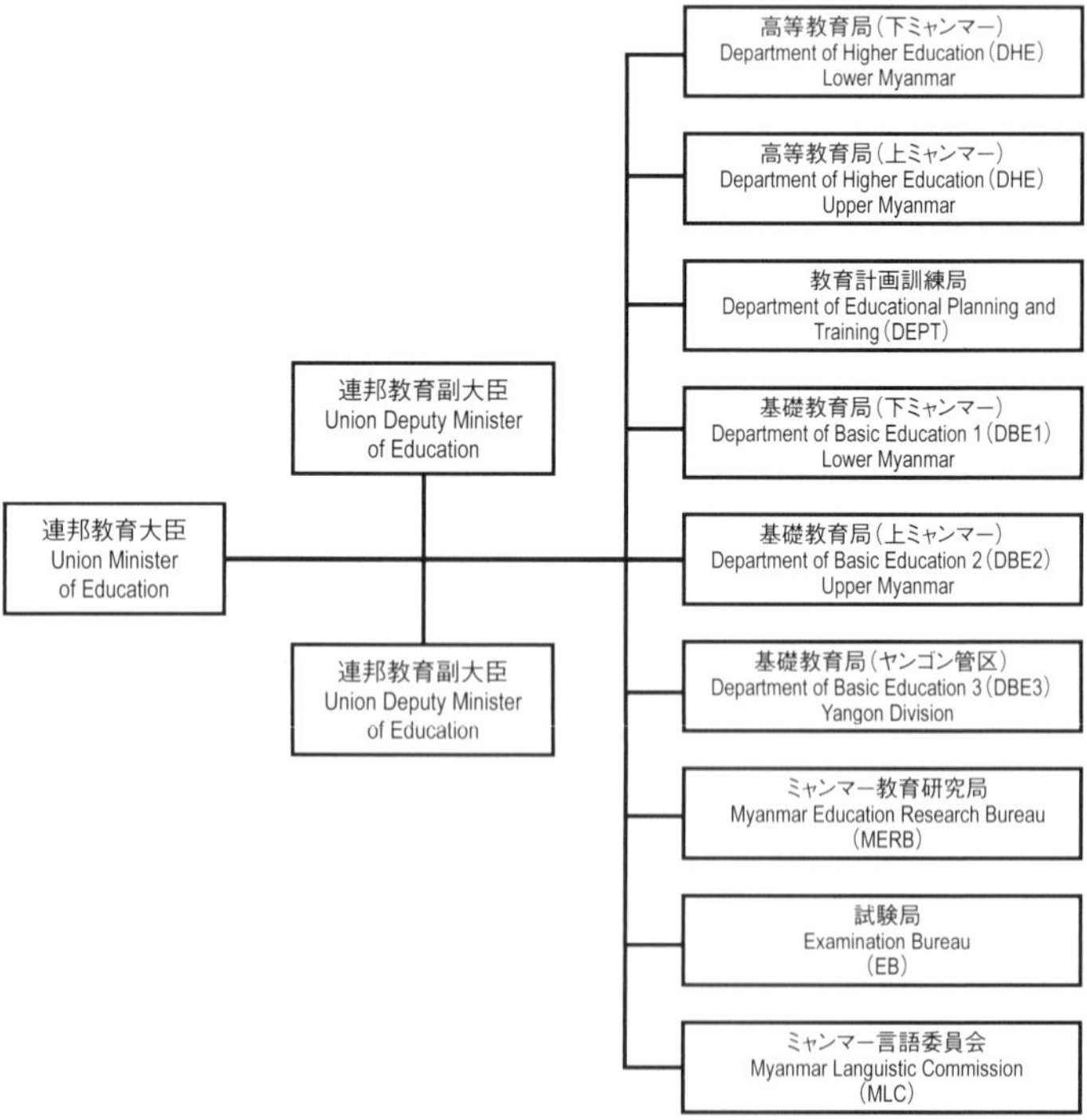

（出典）教育省に対する聞き取り調査結果をもとに筆者作成

軍事政権時代の教育省（1998－2014年）

たと言っても過言ではない。

軍事政権末期の二〇一一年三月、軍人によって掌握されていた国家平和発展評議会（ＳＰＤＣ）は解散され、二〇〇八年発布のミャンマー連邦共和国憲法の規定に則り、テインセインを大統領とする新政権が発足した。もともとテインセインは軍人であったが、大統領に就任するちょうど一年前に軍籍を離脱していることから、従来の軍事政権とは異なり、ある意味、文民政権であるとも言える。

テインセイン政権は、発足後すぐにこれまで長く続いた軍事政権の負の遺産を解消し、新しい民主主義的な社会を構築するためには教育改革が必要であり、特に基礎教育の拡充は最優先事項であると考え、大改革に向けたシナリオ作りのために包括的な教育分野のレビューを行った。これが「包括的教育分野評価（Comprehensive Education Sector Review: CESR）」と呼ばれるもので、二〇一二年から一五年まで続いた。

この評価調査と並行して教育行政を担う教育省の再編を行い、これまで九局から構成されていた構造を八局に編成し直した。この部局再編で特徴的なことは、従来、地域担当ごとに分けられていた「高等教育局（ＤＨＥ）」及び「基礎教育局（ＤＢＥ）」の地域担当制を廃止したことである。これによって、局編成がかなり簡素化されたと言える。また、従来、教育政策や教育課程開発、教科書編纂、教員養成や現職教員の研修などを担っていた「教育計画訓練局（ＤＥＰＴ）」を廃止して、それに代わる部局として「ミャンマー教育研究局（ＤＭＥＲ）」と「教師教育研修局（ＤＴＥＴ）」を新たに設置した。さらに、新たに設置された「人材教育計画局（ＤＨＲＥＰ）」はこれまでにはなかった局であるが、設立はされたもののその業務範囲は不明確であった。加えて、これまで連邦教育大臣が教育省全体の監督をするという体制になっていたが、このような体制では教育大臣が変わった場合に、教育省の継続的な業務が難しくなることから、新たに「次官（Permanent Secretary）」ポストを新設し、大臣と共に教育省全体の業務進捗を管理監督することになった。

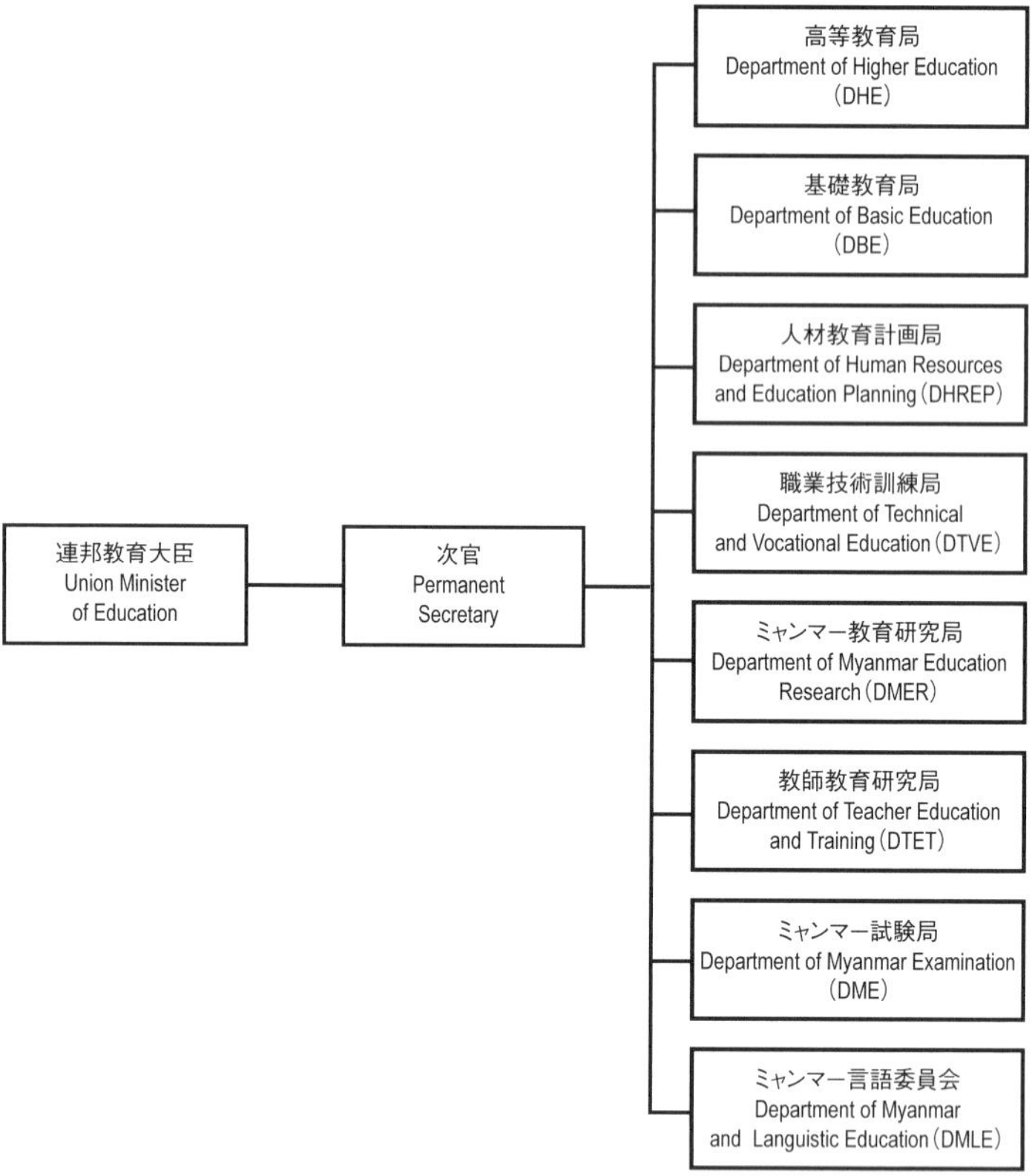

(出典) 教育省に対する聞き取り調査結果をもとに筆者作成

テインセイン政権時代の教育省 (2014－16年)

第Ⅲ部　ミャンマーの教育の将来

第14章　現在進行しているミャンマーの教育大改革

ミャンマーでは二〇一一年三月にテインセイン政権が発足すると、教育の拡充はこれからの国家の重要政策課題の一つとされ、大規模な教育改革が開始された。その後、総選挙によってアウンサン・スーチー率いる国民民主連盟（NLD）政権が二〇一六年四月に誕生すると、この教育改革はさらに促進されることとなった。そして現在、同国ではまさに歴史的に見ても、独立以来の大規模な教育改革が進行中である。

この教育改革は、教育関連法規はもちろん、教育制度や学校制度、カリキュラム、教授法、教員養成のあり方にまで及ぶ包括的なものである。二〇一四年には新しい国家教育法（NEL、二〇一四年九月三十日成立、二〇一五年六月二十五日改正）[1]が公布され、それをもとに本格的な教育改革が始動した。なお、同法施行細則、基礎教育法、義務教育法、高等教育法、職業技術教育法、教師教育法など関連法案の策定も現在着々と進められている。

この教育改革では学校制度に大きな変更が加えられる予定である。同計画では、基礎教育課程については幼稚園教育一年（KG）、初等教育五年（Grades 1~5）、前期中等教育四年（Grades 6~9）、後期中等教育三年（Grades 10~12）というKG－五－四－三制（十三年制）とした上で、まず初等教育の五年間を義務教育と定め、その後義務教育年限を順次拡大していく予定である。[2] すでに二〇一六年六月からは新しい幼稚園教育（KG）課程が、二〇一七年六月から新しい小学一年（Grade 1）教育課程が導入された。

また、二〇〇一年以来行われてきた継続評価自動進級制度（CAPS）にも大きな変更が加えられる予定である。つまり、各回の定期試験の成績を六〇ポイント、個人の学習態度などを四〇ポイントとして、その合計点によって「A」から「D」に分け、「D」は不合格として留年とする予定であり、また二〇一四年から試験的に実施されていた小学校卒業試験と中学校卒業試験を継続し、成績が十分でない場合には進学を認めないという措置を採る予定である。[3]

高等教育については、高等教育機関に運営面、学術研究面、人材面、財政面などを含むあらゆる面での自治権を与え、質の向上を強化する計画である。従来からあるヤンゴン大学やマンダレー大学を

1　国家教育法は二〇一四年九月に国会において承認されたが、その後、学生や市民による反対運動が起こった。政府は学生や市民側の要求事項を検討し、国家教育法の一部を改正して、二〇一五年六月二十五日に改正法を発効した。

2　二〇一三年に小学校教育の五年間、二〇一四年に中学校教育の四年間、二〇一五年に高等学校教育の二年間が無償教育とされたが、現時点（二〇一七年六月）において義務教育年限については明確な発表がない。ただし、ミャンマー連邦共和国憲法（二〇〇八年）の第二八条にある「国家は無料の初等義務教育を実施しなければならない」と改正国家教育法（二〇一五年公布）の第一七条にある「小学校教育における無償義務化が成功裏に施行された後、この無償義務教育は順次拡大されていく」という二つの条文から、現時点においては小学校が無償教育かつ義務教育と一般に理解されている。

3　The Voice, "Assessment System Based on Final Exam will be abolished," February 6, 2017 を参照。

はじめとする国立大学や専門高等機関だけでなく、新たな私立大学の設立も積極的に奨励していくようである。さらに、小学校から高等学校の教員を育成する教員養成学校の改革も検討されており、現在の二年制から四年制に延長するという案なども出されている。

1　学校制度の大改革

ミャンマー政府は二〇一六年より改正国家教育法（二〇一五年六月公布）に基づき、新しい学校制度の導入に踏み切った。ただし先にも述べたように、この新制度の導入は各教育段階において毎年一学年ずつ行われる計画で、初等教育から後期中等教育までのすべてが新制度に置き換わるのは二〇二二年である。

新しい学校制度は、幼稚園教育（KG）、初等教育、前期中等教育、後期中等教育がそれぞれ一年、五年、四年、三年となり、合計十三年間の単線型教育制度を採用しており、現行の制度と比べると基礎教育は二年間延長されることになる。この二年間の延長は、新しい幼稚園教育の導入とこれまで二年制であった後期中等教育を三年制に変更したことによるものである。

新しい幼稚園教育（KG）はすでに二〇一六年六月から導入され、現時点（二〇一七年六月）において機能している。この幼稚園教育の対象児童年齢は、従来の小学一年生（Grade 1）の児童と同様に五歳であるが、同課程でのカリキュラム、すなわち学習内容がこれまでとは大きく異なっている。従来の五歳児の教育は「初等教育課程」と認識され、「ミャンマー語」や「算数」などをはじめとした教

表14-1　新しい教育課程の導入予定時期

年	2016	2017	2018	2019	2020	2021	2022
幼稚園教育	KG						
初等教育		G1	G2	G3	G4	G5	
前期中等教育				G6	G7	G8	G9
後期中等教育					G10	G11	G12

注：「KG」は「キンダーガーデン（Kindergarten）」、「G」は「グレード（Grade）」を表す。
（出典）教育省に対する聞き取り調査結果をもとに筆者作成

科教育が行われていた。しかしながら、新しい五歳児の教育は「初等教育課程」の前段階と見なされ、教科教育はなく、情操教育に力を入れた教育が行われている。従来からあった教科書は消え、その代わりに各学校には教育玩具が備えられるようになった。この実践を見ていると、幼児教育の祖と言われるドイツの教育学者フレーベル（一七八二－一八五二年）の幼稚園教育実践が彷彿させられる。

また、二〇一七年六月には初等教育の第一学年（Grade 1）において新教育課程が導入された。

今後、二〇一八年には初等教育の第二学年（Grade 2）で新しい教育課程が導入され、二〇一九年には初等教育の第三学年（Grade 3）に加え、前期中等教育の第六学年（Grade 6）での新教育課程の導入が予定されている。そして引き続き、二〇二〇年には初等教育の第四学年及び前期中等教育の第七学年（Grade 7）、さらに後期中等教育の第十学年（Grade 10）、二〇二一年には初等教育の第五学年（Grade 5）及び前期中等教育の第八学年（Grade 8）、後期中等教育の第十一学年（Grade 11）、二〇二二年には前期中等教育の第九学年（Grade 9）と後期中等教育の第十二学年（Grade 12）へ導入されて、現行の教育改革は完了することになる。

ここで、ミャンマーの幼稚園教育について補足しておく必要がある。という

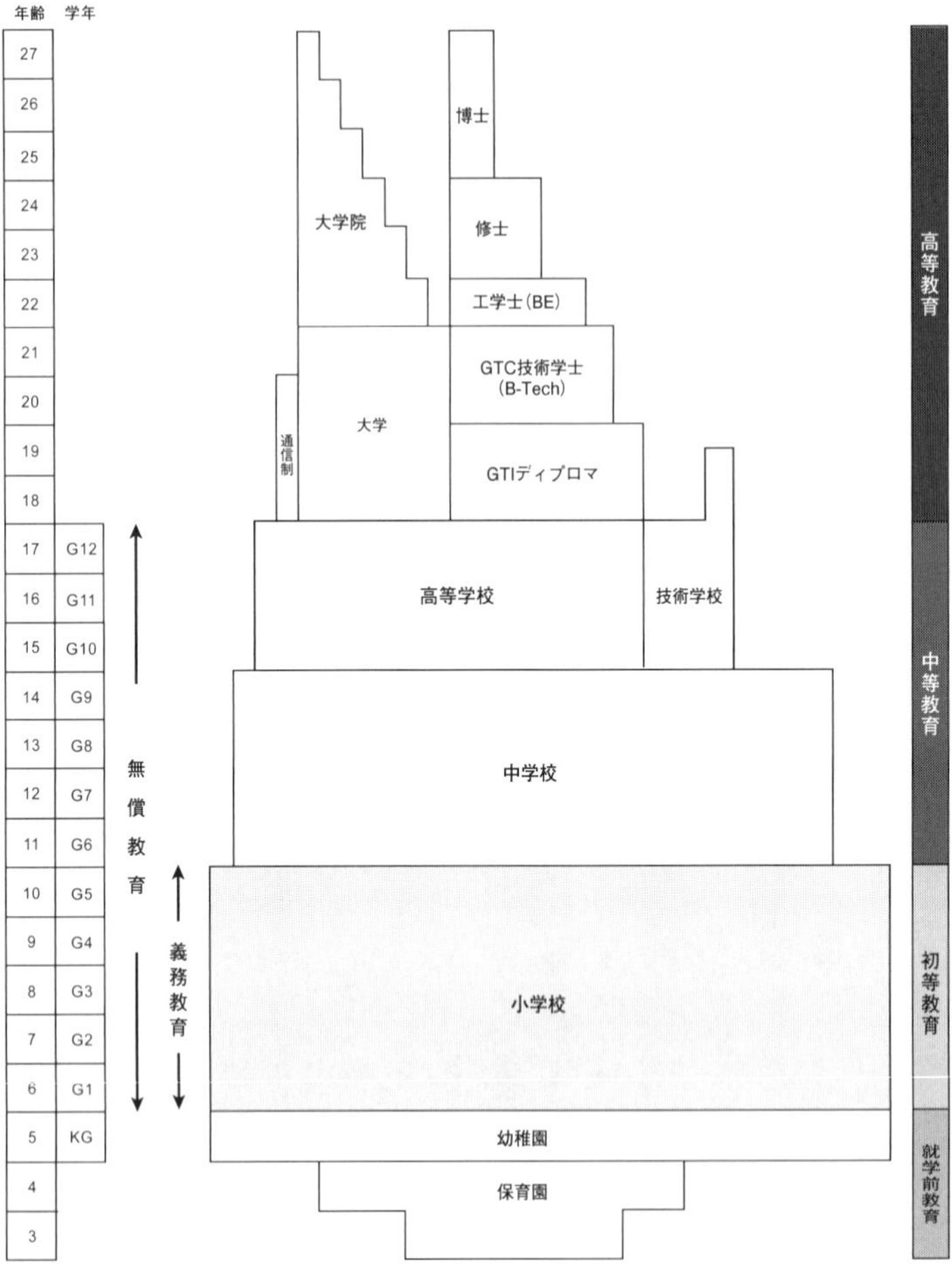

注 1：上図は 2022 年に完成する新教育制度を示しており、現時点（2017 年 6 月）ではこの制度に至っていない。
注 2：2015 年には小学校から高等学校までの教育が無償化された。また、2008 年憲法及び 2015 年の改正国家教育法にて初等教育のみが義務教育と一般に理解されている。
（出典）教育省の資料を参考にして筆者作成

図 14-1　ミャンマーの新しい教育制度（2022 年完全施行予定）

のは、同国の幼稚園教育についての理解は結構難しく、二〇一六年六月からの新学校制度の導入によって、さらに複雑化してきたからである。同国の幼稚園教育は、従来から幼児教育という観点に立って三歳児及び四歳児を対象に行っているが、その役割を既存の小学校が担っている場合が多い。もちろん、小学校における教育活動であるので、教育省がその管理運営をしている。他方、〇歳児から四歳児までの乳幼児を対象に保育という観点から世話を行っている保育園と呼ばれる施設もある。この保育園は社会福祉救済復興省（Ministry of Social Welfare, Relief and Resettlement: MSWRR）の管轄下に置かれている。

また、同国では一九五二年以来、小学校の第一学年を「キンダーガーデン（KG）」と呼んでいた。この「キンダーガーデン」が幼稚園教育に含まれるかと言えば、答えは否である。これは「キンダーガーデン」という呼称ではあるが、事実上は小学校課程であり、初等教育に含まれていたのである。しかしながら、新しい学校制度の下で二〇一六年六月に導入された「KG」は初等教育ではなく、幼稚園教育（すなわち、就学前教育の一部）と位置付けられている点に注意しなければならない。

2　教育行政制度の大改革

アウンサン・スーチー率いる国民民主連盟（NLD）政権は、国家教育法（NEL、二〇一四年九月三十日成立、二〇一五年六月二十五日改正）に基づいて着々と教育改革を進めている。前節で見たように、これは学校制度だけに留まらず、あらゆる教育分野を視野に入れたもので、教育行政制度も例外ではない。教育行政の主役を担う組織はもちろん教育省であり、第2章で現行の同組織についてはすでに触れた。ただ、ここに来て新たな独立機関が組織され、それが同国の教育政策などを担うことになりそうである。以下、その組織について少し触れておきたい。

■大きな権限をもつ独立組織の誕生

国家教育法（NEL）には国家教育政策委員会（National Education Policy Commission: NEPC）が教育省とは独立した機関として設置され、同国の教育目的や教育政策の策定といった役割を担うことが明確に示されている。同委員会は二〇一六年九月に正式に設立され、二十一名の専門委員によって構成された。[4] 同委員会の主要な役割は以下の通りである。

ヤンゴンにある国家教育政策委員会（NEPC）

（1）同国の教育目標及び教育政策の策定
（2）国家カリキュラム委員会（National Curriculum Committee: NCC）及び国家教育水準質保証評価委員会（National Education Standard and Quality Assurance Evaluation Committee: NESQAEC）のほか、教育目標達成のために必要な委員会などの組織[5]
（3）教育計画の実施及び教育制度、教育政策の検討、分析、評価
（4）教育の質的保証に係る助言や政策の策定
（5）中央政府及び地方政府の教育予算の調整

(6) 国内及び海外からの教育支援受け入れ体制構築と調整
(7) 学校の新規開校及び閉校に関する政策策定
(8) 教育省及び関係省庁からの教育計画の調整と協力
(9) 同委員会は業務進捗を六ヵ月に一度国会及び閣議にて報告する

（国家教育法 第四章 第六条より抜粋）

同委員会の役割を見ると、同国教育政策全般に及んでいると考えられる。筆者はこれを見た時、「国家教育政策委員会が同国の教育政策に係るほとんどの実権を握るとなれば、教育省は一体何のために存在するのだろうか？」という素朴な疑問をもった。この疑問に対して国家教育政策委員会の議長からは次のような回答があった。「国家教育政策委員会はミャンマーの教育政策を、教育省はミャンマーの教育行政を担う機関である」[6]。このことは、結局、国家教育政策委員会は同国教育の「意思決定機関」であり、教育省はそこで決定された政策や計画を実施に移す「実施機関」に過ぎないとい

4　国家教育政策委員会（NEPC）のメンバー二十一名は、うち五名を除く十六名が教育省や大学を退職した人物であり、平均年齢は七十歳を超えていると思われる。彼らの立場は、国会議員と同様であり、月給も約二〇〇万チャットと、同国の教員給与の最高額一八万チャットと比べても破格である。
5　国家カリキュラム委員会（NCC）は二〇一六年十一月に設置、国家教育水準質保証評価委員会（NESQAEC）は二〇一七年一月に組織された。
6　二〇一六年十一月二十三日に国家教育政策委員会（NEPC）の議長との面談において、議長よりこの旨の発言があった。

うことを意味しているようである。[7]

■教育省はどうなるのか？

国家教育政策委員会から前記のような発言があったとはいうものの、教育省としてはその発言をそのまま鵜呑みにすることはできないし、同国におけるこれまでの制度及び将来的な教育行政の視点から見ても、教育省が教育政策に関して意思決定権をもたないということはあり得ない。しかし、国家教育政策委員会は独立機関であり、その位置付けも教育省と対等、もしくはそれより上位に位置付けられているために、教育省からそれに対する反論や意見は出されていない。というか、問題を大きくしないように静観しているという印象がある。

既に述べたように、二〇一六年四月にアウンサン・スーチー率いる新政権誕生以来、教育省は再編され九局から構成される組織となった。その中で、教育課程（カリキュラム）や教科書開発など基礎教育に関わる政策及び計画の立案の責任を負うのは教育研究計画訓練局（DERPT）とされているが、まだ設置されて間もないことやスタッフが配置されていないことなどから、[8] 現時点（二〇一七年六月）においてはまだ手探りの状態であり、十分にその役割を果たしているとは言い難い。

また、新政権で新たに任命された教育大臣においても大きな問題を抱えている。本来、教育大臣は国家の教育政策及び教育計画の立案や実施において全権を与えられているべきであるが、残念ながらそのようにはなっていない。もともとNLDには教育方面にかなり知見をもったその人物がおり、NLDが野党であった時代からその人物が同党の教育専門家として君臨してきた。現在、その人物は立場上、教育政策場面での表面的な露出は少なくなったが、実は「教育大臣はその人物の傀儡である」という噂もあるくらい、陰ではその人物が同国の教育政策に少なくない影響を与えているようである。加えて、国家教育政策委員会のメンバー選定においては、かなりその人物の意見が反映されているということも聞かれている。

このような状況に加え、先に述べたような国家教育政策委員会の議長による発言などもあって、教育省の権限はかなり地に落ちたという状況にあることは間違いない。今後、もう少し時間が経って、教育省の体制が十分に確立した時に、教育省がどのように出てくるか、筆者は今後の教育省の出方にすべてがかかっているのではないかと考えている。

3　教育課程（カリキュラム）の大改革

■カリキュラム・フレームワーク（CF）の策定

教育課程（カリキュラム）に関しては、二〇一五年五月に初等から後期中等までを含む基礎教育カ

7　二〇一七年六月二十日、NEPC議長が急死し、現在議長の座は空席になっている。

8　現時点（二〇一七年六月）において、教育省のスタッフ配置は不十分であり、まだ半分以上が空席状態である。早期にスタッフを配置していく必要があるが、中央省庁がネピドー（Nay Pyi Taw）というヤンゴンから離れた地域にあることから、スタッフの異動を行うことがなかなか難しいということである（教育省への筆者によるヒアリングより）。

リキュラム・フレームワーク（Curriculum Framework: CF）が教育大臣によって承認された。この新しいカリキュラム・フレームワークは、先述のように「カリキュラム＝教科」というこれまでの考え方を打ち破るもので、同国における初めての試みでもある。

この大きな特徴は、まず一つ目として幼稚園教育（KG）から第十二学年（Grade 12、高等学校三年生に相当）を基礎教育課程として合計十三年間の教育を包括的に捉えていることである。そして、同国の現行学校制度五-四-二制（十一年制）及びその対象年齢五歳~十五歳という長らく続いてきた制度をKG＋十二制（KG-五-四-三制）に変更するとともにその対象年齢も五歳から十七歳へと拡大していることである。

二つ目の特徴として、習得すべき能力・スキルを前面に強調したことである。新しいカリキュラム・フレームワークでは「21世紀型スキル（21st Century Skills）」と「五大能力（Five Strengths）」について言及されており、21世紀型スキルを五大能力に上手く組み込んだ能力モデルが示されている。この詳細については後述する。

三つ目の特徴として、「よき市民（Good Citizenship）」の育成が重視されていることがあげられる。現行の「道徳公民」の学習においても「よき公民（Good Citizens）」ということが目標の一つとなってはいるが、ここで言う「よき公民」とは礼節や忠誠といった主従関係における道徳的価値観が重んじられてきた。他方、新しいカリキュラム・フレームで重視される「よき市民」は民主主義社会の中できっちりと責任を果たし、権利を行使できる市民を育てることが中心課題となっている。

最後の特徴として、現行の主要教科とその他の教科（正課併行教科）という区別を廃止し、すべて

表 14-2　新しいカリキュラム・フレームワークにおける教科目

<table>
<tr><th rowspan="2"></th><th rowspan="2">初等</th><th rowspan="2">前期
中等</th><th colspan="2">後期中等</th></tr>
<tr><th>文系</th><th>理系</th></tr>
<tr><td>年齢（歳）
学年（グレード〈Grade〉）</td><td>6-10
1-5</td><td>11-14
6-9</td><td colspan="2">15-17
10-12</td></tr>
<tr><td>ミャンマー語
(Myanmar)</td><td>✔</td><td>✔</td><td>✔</td><td>✔</td></tr>
<tr><td>英語
(English)</td><td>✔</td><td>✔</td><td>✔</td><td>✔</td></tr>
<tr><td>算数・数学
(Mathematics)</td><td>✔</td><td>✔</td><td>✔</td><td>✔</td></tr>
<tr><td>理科
(Science)</td><td>✔</td><td>✔</td><td></td><td></td></tr>
<tr><td>物理
(Physics)</td><td></td><td></td><td rowspan="2">✔ *1</td><td>✔</td></tr>
<tr><td>生物
(Biology)</td><td></td><td></td><td>✔</td></tr>
<tr><td>化学
(Chemistry)</td><td></td><td></td><td></td><td>✔</td></tr>
<tr><td>社会
(Social Studies)</td><td>✔</td><td></td><td></td><td></td></tr>
<tr><td>地理
(Geography)</td><td></td><td>✔</td><td>✔</td><td rowspan="3">✔ *2</td></tr>
<tr><td>歴史
(History)</td><td></td><td>✔</td><td>✔</td></tr>
<tr><td>経済
(Economics)</td><td></td><td></td><td>✔</td></tr>
<tr><td>体育
(Physical Education)</td><td>✔</td><td>✔</td><td>✔</td><td>✔</td></tr>
<tr><td>ライフスキル
(Life Skills)</td><td>✔</td><td>✔</td><td>✔</td><td>✔</td></tr>
<tr><td>芸術
(Arts)</td><td>✔</td><td>✔</td><td>✔</td><td>✔</td></tr>
<tr><td>道徳公民
(Morality and Civics)</td><td>✔</td><td>✔</td><td>✔</td><td>✔</td></tr>
<tr><td>情報・メディア技術
(Information, Media & Technology)</td><td></td><td></td><td>✔</td><td>✔</td></tr>
<tr><td>就職技術・人格形成
(Employability & Personal Development)</td><td></td><td>✔</td><td>✔</td><td>✔</td></tr>
<tr><td>地方裁量
(Local Curriculum)</td><td>✔</td><td>✔</td><td>✔</td><td>✔</td></tr>
</table>

*1　選択コースとして「物理」、「生物」、「選択ミャンマー語」が設定されている
*2　選択コースとして「地理」、「歴史」、「経済」が設定されている
（出典）Ministry of Education, “National Curriculum Framework version 5,” 2015.

の教科を主要教科（Core Curriculum あるいは Core Subject）として位置付けたことである。現行制度では主要教科においては児童生徒の学習到達度を評価することが求められているが、正課併行教科では評価が求められていない。したがって、学校によっては正課併行教科を実質上実施していないという状況も多々報告されている。新しいカリキュラム・フレームワークでは、すべての教科は児童生徒の人間的発達を支援するものであるという考え方から、教科間のバランスを重視するとともに、多様な方法を用いて児童生徒の学習状況を評価することを義務付けようとしている。

◇21世紀型スキル

前述のように、新しいカリキュラム・フレームワークでは、児童生徒が学習を通して習得すべき能力・スキルが前面に強調されており、その能力・スキルのモデルとして「21世紀型スキル（21st Century Skills）」が言及されている。このモデルはアメリカの「21世紀スキル協同事業（Partnership for 21st Century Skills: P21）」[9]によって開発されたものである。

ここで少しP21という組織について説明をしておこう。P21はアメリカの教育界、ビジネス界、コミュニティ、政府等からの多様な関係者の共同の下、二十一世紀のレディネスを教育の中心に据えることを目的として二〇〇二年に設立された組織である。この設立に際しては、連邦政府が一五〇〇万ドルを提供し、アップル（Apple）、デル（Dell）、マイクロソフト（Micorsoft）、アメリカン・オンライン（American Online: AOL）といった情報技術系企業の参加のほか、教育界からは全米教育協会（National Education Association: NEA）が加わった。ここで開発された「21世紀型スキル」は、二十一世紀社会

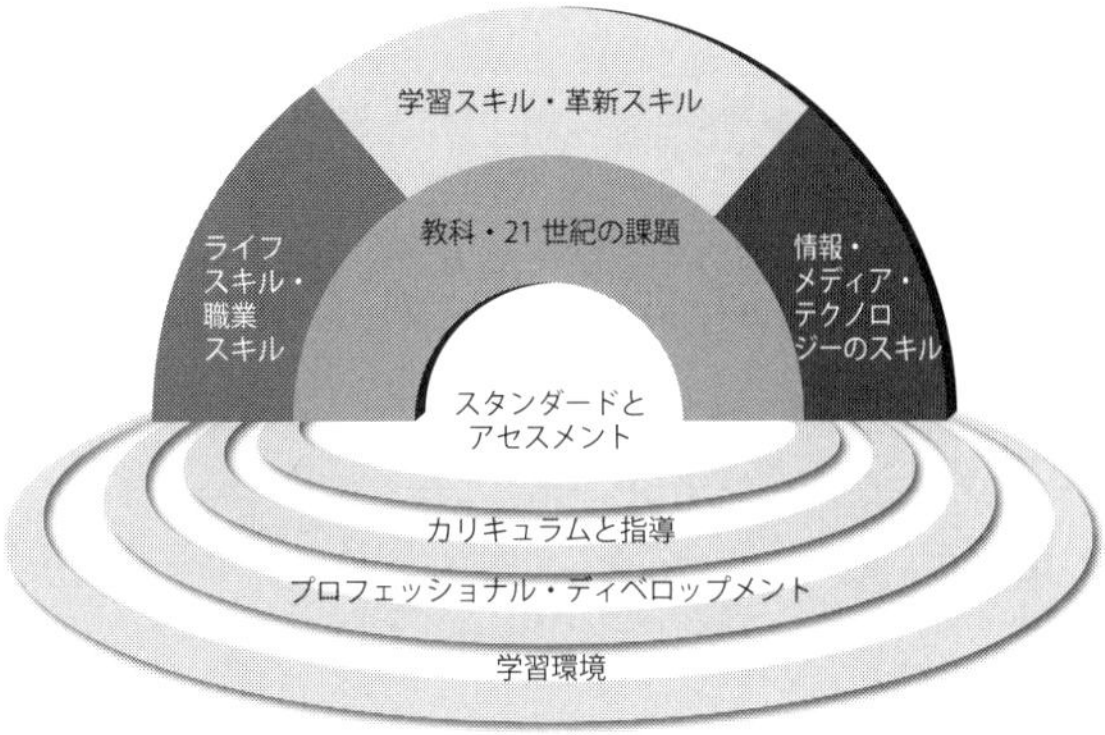

(出典) P21のウェブサイト (www.p21.org/)

図14-2　P21による「21世紀型スキル」の基本的枠組み

における労働者や市民として成功するために必要とされる本質的なスキルを定義している。基本的な枠組みは、二〇〇二年に発表されたＰ21の報告書『二十一世紀の学び(Learning for the 21st Century)』において示されたが、その後、二〇〇七年に社会状況の変化や学習理論研究の進展を踏まえて改訂され、現在に至っている。

「21世紀型スキル」の基本的枠組みは、生徒のアウトカムとして、①教科及び二十一世紀の課題の習得、②学習スキル・革新スキルの習得、③情報・メディア・テクノロジーに係るスキルの習得、④ライフスキル・職業スキルの習得、という四点があげられている。そして、それを支援するために、㋐スタンダードとアセスメント、㋑カリキュラムと指導、㋒プロフェッショナル・ディベロップメント、㋓学習環境、という四つの支援システムが示されている。以下、それぞれについて詳細を示す。

9　Ｐ21は二〇一五年三月にワシントンＤＣで開かれた「21世紀の学びを考える会議」において、今後同組織の活動範囲を拡大していくことを宣言し、それに伴い組織名を「21世紀学びの協同事業 (Partnership for 21st Century Learning: P21)」に変更した。

生徒のアウトカム（Student Outcomes）

①教科及び二十一世紀の課題（Core Subjects and 21st Century Themes）

教科には、「国語（英語）」、「読書（または言語芸術）」、「外国語」、「芸術」、「数学」、「経済学」、「科学」、「地理」、「歴史」、「公民」が含まれる。二十一世紀の課題は、各教科に含まれるものの教科横断的な特徴をもち、⑴グローバルな認識（Global Awareness）、⑵金融・経済・ビジネス・起業に関するリテラシー（Financial, Economic, Business and Entrepreneurial Literacy）、⑶公民に関するリテラシー（Civic Literacy）、⑷健康に関するリテラシー（Health Literacy）、⑸環境に関するリテラシー（Enviromental Literacy）が含まれる。

②学習スキル・革新スキル（Learning and Innovation Skills）

このスキルは、ますます複雑化する人生と近年の労働環境に適応できるか否かに関わるスキルであり、⑴創造性と革新性（Creativity and Innovation）、⑵批判的思考と問題解決（Critical Thinking and Problem Solving）、⑶コミュニケーションと協働（Communication and Collaboration）が含まれる。

③情報・メディア・テクノロジーのスキル（Information, Media and Technology Skills）

有能な市民や労働者は一連の機能的かつ批判的な思考スキルをもつ必要があり、⑴情報に関するリテラシー（Information Literacy）、⑵メディアに関するリテラシー（Media Literacy）、⑶ＩＣＴ（情報通信技術）リテラシー（ICT〈Information, Communication and Technology〉Literacy）が含まれる。

④ライフスキル・職業スキル（Life and Career Skills）

グローバル競争の苛烈な情報社会において、ますます複雑化する人生や労働環境に適応するためには、適正なライフスキルや職業スキルの習得が求められる。それには、（1）柔軟性と適応性（Flexibility and Adaptability）、（2）率先力と自主独往（Initiative and Self-direction）、（3）社会スキルと異文化スキル（Social and Cross-cultural Skills）、（4）生産性と透明性（Productivity and Accountability）、（5）指導力と責任感（Leadership and Responsibility）が含まれる。

二十一世紀の支援システム（21st Century Support Systems）

㋐スタンダードとアセスメント（Standards and Assessment）

二十一世紀におけるスタンダードについては、21世紀型スキル及び専門的な知識に焦点を当てながら、各教科及び二十一世紀の課題に対する理解を深めるために、実際にデータや様々なツール、あるいは専門家とのコンタクトを積極的に進めていくことが重要になる。また、スキルや知識の習得のためには、一つの方法だけではなく様々な方法があることを許容する必要がある。21世紀型スキルのアセスメントは、質の高い標準化されたテストによって形成的評価と総括的評価をバランスよく行い、日々の学習の改善に資する有用なフィードバックを行うことが重要である。さらに、21世紀型スキルの習得度を測るためにポートフォリオの開発も積極的に行う必要がある。

㋑カリキュラムと指導（Curriculum and Instruction）

21世紀型スキルは各教科及び二十一世紀の課題の両方で指導する必要があり、生徒の学習においてそのための機会を積極的に提供することが大切である。情報技術の活用、探究型や問題解決型のアプローチ、高度な思考スキルなどを融合させた革新的な学習方法が要求される。

㋒プロフェッショナル・ディベロップメント（Professional Development）

二十一世紀のプロフェッショナル・ディベロップメントにおいては、いくつかの重要な点がある。教室における授業実践で21世紀型スキル、ツール、教授方法をどのように融合するか、プロジェクト型の学習方法と講義型の教授方法とのバランスを如何にとるか、教科内容の深い理解が問題解決や批判的思考、21世紀型スキルの習得に有用であることを如何に示すか、生徒の学習方法、知的レベル、長所及び欠点などを教師が明確に把握する能力をどのように付けるか、一様ではない生徒を評価するために教師が多様な方法を用いる能力をどのように習得するかなどを十分に考慮して行う必要がある。

㋓学校環境（Learning Environments）

二十一世紀の学習環境とは、教育者が協働しよりよい授業実践を共有しながら21世紀型スキルを教室の中で使っていくことができる環境を意味する。また、質の高い学習ツール、テクノロジー、リソースに容易にアクセスできることや、学習において直接的もしくはオンラインベース等で国際的な交流活動が実践できることも重要である。さらに、小集団やチーム、あるいは個々人の学習にとって効果的な二十一世紀型の建築と内装を備えている必要がある。[10]

◇二十一世紀の学びのための五大能力

新しいカリキュラム・フレームワークには、グローバル化が進み、複雑化する二十一世紀の社会を生きていくために必要な能力として、「二十一世紀の学びのための五大能力（Five Strengths Targeted for Learning in the 21st Century）」が規定されている。この能力は同フレームワークで重視されている「市民」がもつべき「コンピテンシー（Competencies）」であるとされている。五大能力とは、①知的能力、②身体的能力、③道徳倫理的能力、④社会的能力、⑤経済的能力を指す。以下、それぞれの能力についてもう少し詳細に見ていく。

①知的能力（Intellectual Strength）

知的能力は、大きく知識とコンピテンシーに分けられ、前者には言語についての知識、数学についての知識、科学についての知識を含んだ学問的リテラシー（Academic Literacy）と環境についての知識（Environmental Literacy）が含まれる。後者には読み書き能力（Language/Literacy Skills）、数的能力（Mathematical Skills）、科学的能力（Scientific Skills）、ＩＣＴスキル（Technology〈ICT〉Skills）、創造力と革新能力（Creative and Innovation Skills）が含まれる。

10　P21, "P21 Framework Definition," 2009 を参照。

②**身体的能力**（**Physical Strength**）

身体的能力も大きく知識とコンピテンシーに分けられ、前者には保健に関する知識（Health Literacy）、後者には保健に関連したライフスキル（Health-related Lifeskills）、健康的で持続可能な環境を創造する能力（Healthy and Sustainable Environment）が含まれる。

③**道徳・倫理的能力**（**Moral and Ethical Strength**）

道徳・倫理的能力は価値観に基づいた知識を意味し、具体的にはグローバルな認識と市民としてのリテラシー（Global Awareness and Civic Literacy）と道徳的・倫理的・美的リテラシー（Moral, Ethical and Aesthetic Literacy）が含まれる。

④**社会的能力**（**Social Strength**）

社会的能力は大きく見て個人間能力（Interpersonal Skills）と個人内能力（Intrapersonal Skills）の二つからなり、前者には他者との関係構築能力（Social Skills）、平和構築能力（Peace Building Skills）、コミュニケーション能力（Communication Skills）が含まれ、後者には自己動機付け能力（Self-Motivated Learning）や生涯学習能力（Life-Long Learning）などが含まれる。

⑤**経済的能力**（**Economic Strength**）

経済的能力は知識とコンピテンシーから構成され、前者には金融に関する知識（Financial Literacy）、経済に関する知識（Economic Literacy）、ビジネスに関する知識（Business Literacy）、起業に関する知識（Entrepreneurial Literacy）が含まれる。後者には就職に役立つスキル（Vocationally Relevant Skills）と就職に必要なスキル（Employability Skills）が含まれる。

⑥分野横断的なスキル及びコンピテンシー（Cross Cutting Skills and Competencies）

新しいカリキュラム・フレームワークでは、右記の五つの能力のほかにそれらに共通する能力として高度な思考力（Higher Order Thinking Skills）、認知能力・創造的思考力・問題解決能力（Cognitive Skills, Creative Thinking Skills, and Problem Solving Skills）、指導力（Leadership Skills）の三つが定められている。

以上、新しいカリキュラム・フレームワークの大きな特徴となっている「21世紀型スキル」と「二十一世紀の学びのための五大能力」について見てきた。すでにお気付きの方もおられると思うが、この五大能力は第9章の第2節で触れたミャンマー独立後の一九五二年に初めて策定された「新生活の創造（CNL）」と呼ばれる教育計画の目標の一つに掲げられたものである。一九五二年と現在とでは科学技術の進歩の度合いも大きく異なっているので、それぞれに含まれる内容は多少の違いがあるが、五つの能力という枠組みは当時のものと全く同様である。このことは、すなわち、長らく続いたイギリス及び日本の植民地主義者やファシズムからようやく逃れることができ、これから民主主義を基調としたミャンマー人による自由で希望に満ちた国家を建設していこうという当時の期待が六十年

（出典）Ministry of Education, "National Curriculum Framework version 3," 2013. を参考にして筆者作成

図 14-3　21 世紀の学びのための五大能力

ぶりに復活したとも言える。ちょうど政治的にも一九六二年以来続いてきた軍事政権が二〇一一年のテインセイン政権誕生によって事実上終わり、二〇一五年のＮＬＤ政権によって完全に幕を閉じ、新しい民主化の時代が始まろうとしている社会変化とも重なっている。

実はもう一つ、この五大能力の枠組みは一九五二年のＣＮＬの復活であることは疑う余地はないが、その内容を詳細に検討するとアメリカ生まれの「21世紀型スキル」の中身とほぼ重なっていることが分かる。例えば、各種のリテラシーをはじめ、「ＩＣＴスキル」や「革新能力」、「コミュニケーション能力」、「他者との関係構築能力」、「創造的思考力」、「問題解決能力」などである。

こうしたことから新しいカリキュラム・フレームワークの「二十一世紀の学びのための五大能力」は、実は同国の独立当初に策定された「五大能力」の枠組みに、近年アメリカで開発された「21世紀型スキル」をうまく入れ込んで統合したものであると言えるのである。[11]

◇教科の平等性

現行の基礎教育カリキュラムはすでに見たように、主要教科（Core Curriculum）と正課併行教科（Co-Curriculum）から構成されている。主要教科においては、単元末試験や学期末試験、さらに卒業試験などの対象とされ、その成績結果は月極記録カード（MRC）や包括的個人記録（CPR）などに記載され、学校関係者はもちろん、児童生徒の保護者に通知されている。

他方、正課併行教科については、定期試験の対象から外され、右記のような記録簿にも一切これらの教科における児童生徒の学習状況について触れられることはない。このことは、仮にある学校がこれら正課併行教科について授業を全く行っていなかったとしても、表面的には分からないことになり、実際これをよいことに、多くの学校では正課併行教科の授業数を故意に削減して、その授業時間を主要教科に割り振るなどの違法行為が行われている。ただ、学校現場には「体育」や「芸術」などの専門性のある教員が配置されていないとか、それらを実践するための校庭や教材がないという状況があるため、違法行為を行ったとしても、それによって学校が罰せられるということは現時点（二〇一七年六月）ではない。

11　現時点（二〇一七年六月）において、カリキュラム・フレームワークの法的立場は揺らいでいる。同フレームワークはテインセイン政権時代の二〇一五年五月十五日に当時の教育大臣によって正式に承認され、正規の教育規則と見なされていたが、二〇一六年四月にNLD政権成立後、同フレームワークの内容を再検討しようという動きもある。こうした政治的な動きに加えて、現行のカリキュラム・フレームワークは、その原案に掲載されていたP21の「21世紀型スキル」モデルの図、「二十一世紀の学びのための五大能力」の図が削除され、単に文字だけの説明に留まっている。教育省関係者によれば、二〇一五年に同フレームワークが当時の教育大臣に提出される際に、教育省の官僚がそれらについて十分に理解できていなかったために、説明を求められた際に正確に回答できないことを危惧して意図的に削除したということである。

しかし、このような違法行為が決して少なくない数の学校でほぼ公に堂々と行われている状況を放置しておくことはできないと教育省自身も認識している。新しいカリキュラム・フレームワークでは、すでに述べたように「21世紀型スキル」及び「五大能力」の習得が目指されており、あらゆる知識やスキルにおいて調和のとれた発達が目標とされている。このことは、換言すれば、主要教科や正課併行教科という区分をなくし、すべての教科を同じように重要なものと位置付けるということである。もちろん、正課併行教科については、児童生徒の学習状況が評価されず、一切の記録が残らないことが現場教員に軽視されている理由であることも十分に考慮し、すべての教科において児童生徒の学習進捗を記録することも義務付けていく必要がある。

■新しい教科書の開発

新しいカリキュラム・フレームワークに基づいて、今後、幼稚園教育、初等教育、前期中等教育、後期中等教育へ順次、新しい教科書や教材が導入されていく計画であるが、二〇一六年にはいち早く新しい幼稚園教育（KG）の導入が行われ、翌二〇一七年には初等教育の第一学年（Grade 1）に新しい教育課程が導入された。今後、引き続き、初等教育の他学年への新教育課程の導入とともに、二〇一九年には前期中等教育、二〇二〇年からは後期中等教育においても新教育課程の導入が予定されており、教科書もそれに合った新しいものに代わっていく計画である。

◇幻となったKGワークブック

新しい幼稚園教育は、子どもの情操教育を主眼に身体的活動を通して身の回りの事柄について学んでいくという教育方法が採用されたことにより教科書やワークブックはない。しかしながら、この決定まではかなりの紆余曲折があった。

ここで少し裏話を紹介すると、もともとの幼稚園教育の考え方は先に述べた情操教育を主眼としたものであり、学問的な教科は取り扱わないとされていた。ところが、この導入を一年後に控えた二〇一五年六月、政府内で「新しい幼稚園教育においても、これまでと同様にミャンマー語の文字や英語のアルファベット、さらに算数の基本的な計算は教えるべきである」というこれまでの方針とは矛盾する意見が出された。そこで、教育省は急遽、幼稚園教育用のワークブックの編纂に取りかかり、短期間で百九十二頁からなるワークブックを開発した。

しかし、二〇一六年四月にNLD新政権が発足すると、新政権内から突然、「旧政権の開発したワークブックの内容のほとんどがインターネットからの盗用であり、教科書としては相応しくない」という厳しい批判が出された。すでにワークブックの印刷と各学校への配布まで終えていた教育省は仕方なく、「すでに配付したワークブックは使用してはいけない」という緊急指示を出したのである。この指示によって、同ワークブックは各学校の倉庫に放り込まれ、持ち出し厳禁とされて現在に至っている。

幼稚園教育用のワークブック
（出典）教育省

なお、新政権内から出された「インターネットからの盗用」という指摘の妥当性の有無は分からないが、短期間ではあったにしろ、教育省が要した決して少なくない労力と費用は全く日の目を見ることなく葬り去られてしまったと言える。

◇小学校の教科書

二〇一七年六月から小学校の第一学年（Grade 1）で新しい教育課程の導入が始まった。新しい教育課程での初等教育は「ミャンマー語（Myanmar）」、「英語（English）」、「算数（Mathematics）」、「理科（Science）」、「社会（Social Stuides）」、「体育（Physical Education）」、「ライフスキル（Life Skills）」、「芸術（Arts）」、「道徳公民（Morality and Civics）」の九教科及び地方裁量カリキュラムから構成され、従来のものとは教育内容もさることながら、教科構成の面でも大きく異なる。

新しい小学校の教科書開発においては、我が国の国際協力機構（JICA）が二〇一四年五月から技術支援を行っており、上記九教科すべての教科書の開発をミャンマー教育省とともに行っている。現時点（二〇一七年六月）では第一学年の教科書開発を終え、第二学年の教科書開発を進めているところである。この教科書開発作業では基本的にそれぞれの教科について学年ごとに一冊の教科書を作成しているが、「芸術」のみ「図工（Visual Arts）」と「音楽（Performing Arts）」の二分冊としている。そのため、新しい小学校課程においては全十冊の教科書があることになる。

新しい小学一年生用の教科書の特徴はカリキュラム・フレームワークに述べられているように、「五大能力」の調和のとれた発達を目指すとともに、ますます複雑化していくグローバル社会で生き抜い

新しい小学1年生の教科書
（出典）教育省

ていくために必要な「21世紀型スキル」の習得を考慮したものとなっている。具体的には、児童が自ら考え、知識を創造していく探究的な学習を実現するために、多くのイラストや写真を掲載し、児童はそれらを見ながら、ある時には「なぜ、こうなるのか?」と自らに問いかけたり、また別の時にはイラストから新しい発見をしたりしながら学習が進められるように工夫がされている。

また、すべての教科書は見開き二頁が一つの授業単位となるように構成されており、授業中に児童が教科書の頁を繰る必要がないようにデザインされている。

参考までに以下に「社会」の教科書内容を一部紹介しておこう。

次頁の「社会」の教科書は、「第3章　わたしたちのまいにちのしょくじ」の一例である。一般的な家庭の夕食で供される煮込みカレー（チキンと魚）を中心に、野菜炒め（空芯菜）と白米、それに食後のデザート（ミカン）を取り上げ、そこに使われている食材は何かをまず考え、次にそれらの食材がどのようにして育てられるのかについて考える学習である。もちろん、教科書にあげた煮込みカレーは一例であり、実際には各々の児童が昨夜食べた食事について各自が考えていく授業の展開が期待されている

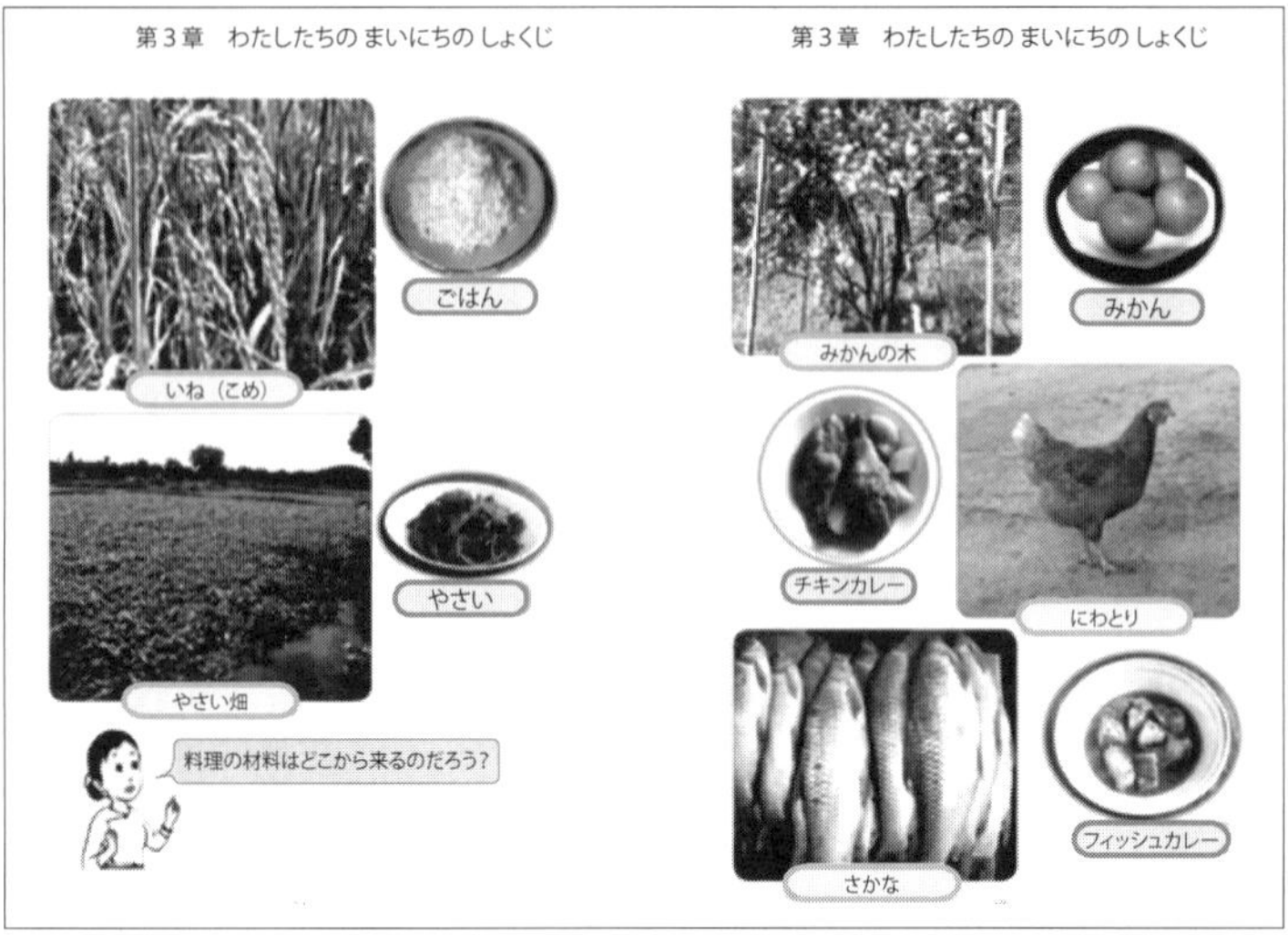

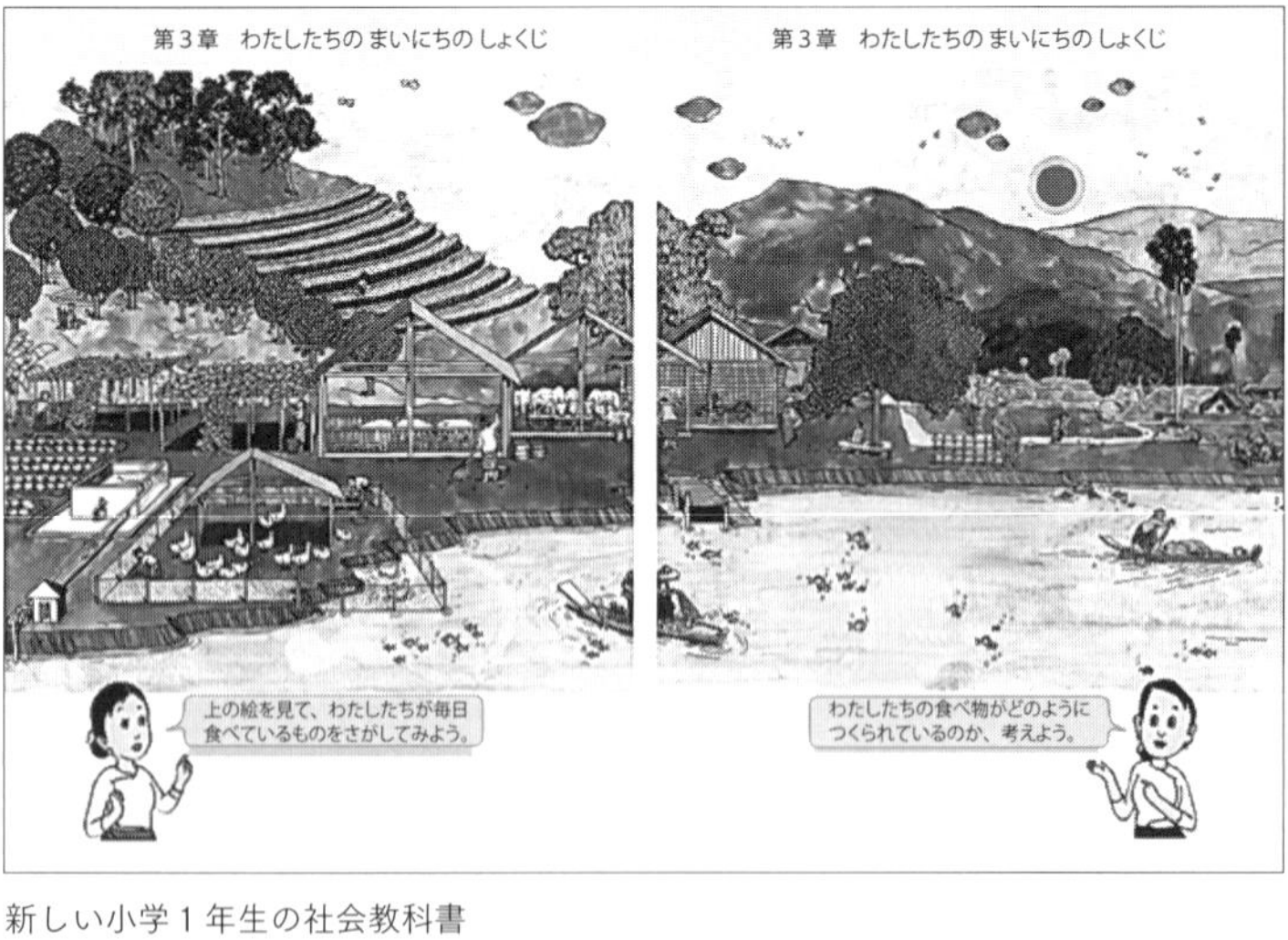

新しい小学1年生の社会教科書
（出典）教育省

ことは言うまでもない。

夕食のメニューとそこで使われた食材が分かったところで、今度は見開き二頁全面に描かれた地域社会の絵を見ながら、こうした食材がどのような場所（山、平地、池など）で、どのようにして育てられているのか、また収穫されていくのかを考えていく学習に移る。ここでは単に食材の名称だけに留まらず、その育成や収穫には多くの人々が関わっていることを学べるようになっている。

この新しい「社会」の教科書は、従来の教育内容及び方法を大きく変えることを目指している。というのは、従来の「社会」はいわゆる「モノ」や「コト」を覚えることが学習の中心で、そこには児童が思考するという学習過程は全く含まれていなかった。また、「モノ」や「コト」の存在や生起の過程において「ヒト」が必ず関係しているはずであるが、その「ヒト」が完全に無視されていた。新しい「社会」の学習は、身の回りの「モノ」や「コト」を題材に、「なぜ、そうなるのか?」、「なぜなのか?」というふうに児童一人ひとりが思考することを重視し、そこに関わっている「ヒト」、もっと言えば「ヒト」の関わりや労働といったことを児童に考えさせ、すべての社会にある「モノ」や「コト」には必ず「ヒト」の労働が関与していることを認識させ、それによって私たちが暮らす社会が成り立っていることを理解させるように工夫されている。

このように従来の教育内容や方法を大きく改善することを目指す革命的な教科書が十冊開発された訳であるが、その直後に教育省は「ミャンマー語」、「英語」、「算数」、「理科」、「社会」、「道徳公民」の六教科のみ全国の小学生児童に配布するという決定を下したことで、残りの四冊は配布されなかった。ただし、教員には全十冊が配布された。このような決定が下された背景には、教育省によれば、予算的な制約や児童の通学に伴う負担（小さな身体の小学一年生が十冊の教科書を毎日もって通学することは難しい）などがあるようである。[12]

◇中学校及び高等学校の教科書

中学校の新しい教育課程導入は二〇一九年六月から、高等学校へは二〇二〇年六月からの予定であるため、現時点（二〇一七年六月）では、教科書開発の作業が始まったばかりである。中学校及び高等学校の教科書開発においても、小学校の教科書開発と同じく、教育省が中心となって作業を進めていく予定であるが、その技術的な面での支援をアジア開発銀行（Asian Development Bank: ADB）が行う。

4　教員養成の大改革

現在進行中のミャンマーの教育大改革は、教員養成制度にも言及されている。従来から教員養成は長らく教育省の教育計画訓練局（DEPT）の管轄であったが、テインセイン政権下での改革で教師教育研修局（DTET）が設置され、一時期ここが教員養成を管轄することになった。ただ、この制度はわずか一年半（二〇一四年九月～一六年三月）で終了したので、教師教育研修局はその責務を十分に果たすことなく消滅したことになる。

二〇一六年四月からの新政権下での行政改革後は高等教育局（DHE）が教員養成を管轄することになった。現時点（二〇一七年六月）ではまだ具体的な改革の動きはないが、二〇一六年六月ヤンゴンで開催された教育会議の場で教育大臣から「二〇一七年末までに全国にある二十五の教員養成学校をすべて四年制大学に格上げする」ことが言及された。ここには、教員養成が高等教育局の管轄となったことで、教員養成を行う学校も高等教育機関となるべきであるという大臣の意図がはっきりとうかがえる。

ただ、現在でも学校現場における教員数の不足が深刻で、それに対応するために教育省は臨時措置として「日給臨時採用教員（DWT）」の大量雇用を行った。二〇一三年に約三万人、二〇一四年には約四万人が雇用されている。また、現行の教員養成学校でも学位をすでに保有している学生を対象にした六ヵ月コースの教員養成課程を新たに設置するなど短期間での教員数の増加を目指している。

こうした状況の中で、これまでの二年制から一気に倍の四年制に移行させることは、教育省がこれまで行ってきた現状に対応した施策とは一見矛盾するものである。実際、全国すべての教員養成学校を四年制にするとなると、現状のままでは教室などをはじめとする教育施設の不足や学生寮の不足、さらには教員の不足など数々の問題がすぐに表面化してくることは明らかである。

教育省内部では、大臣の発言を考慮しながらも、実現可能な選択肢をいくつか検討しており、その一つとして、現行の教員養成学校の中で比較的施設が充実している学校から順次、四年制化していくという案が有力になっている。この案では、二〇一七年十二月に四校、二〇一八年十二月に新たに四

12　現時点（二〇一七年六月）において、新しい教科書の評判は上々であり、各地の学校から「児童が興味関心をもって授業に臨んでいる」などの声が聞こえている。ただし、すでに触れたように、教育省が充分に機能していないことが原因で、新学年を迎えたにもかかわらず、教科書が児童の手元に届いていない学校がかなりあるという問題も露呈している。

校、二〇一九年十二月にはさらに四校というように、二〇二二年まで毎年四校ずつ四年制大学に昇格させていくというものである。

すべての教員養成学校が四年制化される予定である二〇二二年は、先にも触れたように、小中高等学校すべてにおいて新しい教育課程の導入が完了する年でもあり、教育省はこの案で計画を進めていきたい意向である。

なお、現時点（二〇一七年六月）では具体的にどの教員養成学校をどの時期に四年制化するかということについては未定であるが、教育省関係者からのヒアリングでは、二〇一七年十二月の最初の四年制昇格として、ヤンキン教員養成学校、マンダレー教員養成学校、タウンジー教員養成学校、タウングー教員養成学校の名前があげられているようである。実は、この中のタウングー教員養成学校は、我が国の無償資金協力によって二〇一七年一月に新しい学校設備が完成したばかりで、他の二十四校とは比較できないほど、広大な敷地を有し、最新式の校舎、さらに快適な学生寮を備えた学校に生まれ変わった[13]。同国教育省としてもこのタウングー教員養成学校は「モデル校」として、将来的に同国の教員養成を牽引していってほしいという強い希望をもっている。

13　タウングー教員養成学校の改修支援は、二〇一四年六月に我が国とミャンマー政府の間で無償資金協力のための契約が結ばれ、その金額は二十五億一千三百万円であった。新しい学校は千人の学生を収容することができ、従来の二百五十人の収容規模に比べると格段に拡大された言える（JICA Myanmar Office, "Opening Ceremony of the New Buildings of Taungoo Teacher Education College under the Japan Grant Program to Improve Quality of Basic Education in Myanmar," 2017）。

日本支援による新しい
タウングー教員養成学校
①学校空撮（未来を印象付ける学校施設配置）
②学校玄関、③大集会場、④コンピュータ教室、⑤教室棟、⑥学生寮
（出典）①は JICA ミャンマー事務所提供、②〜⑥は筆者撮影

第15章　ミャンマーの教育における今後の課題

これまでミャンマーにおける教育の現状をはじめ、同国の教育史について概観してきた。さらに前章では現在進行中のミャンマーの教育大改革についても触れた。こうして分かってきたことは、ミャンマーの教育はイギリス植民地時代、独立後の時代、そして軍事政権時代という政治的に全く異なったいくつもの時期を経ながら、その中で様々に変遷してきたということである。そして、二〇一六年四月からのＮＬＤによる民主政権の誕生で、さらにその変化が急速に進んでおり、現時点（二〇一七年六月）はその大変革の真っ最中であるということである。

現在進行中の教育の大改革は、ある面ではこれまでの軍事政権時代の負の遺産を取り除き、民主的な国家建設を行っていく上での必要不可欠な活動であると捉えられるが、他面、急速な改革の進行によってあらゆる方面での混乱が起こっていることも事実である。

そこで、本章では最後の纏めても兼ねて、現在行われているこの教育改革を踏まえた上でミャンマーの将来的な教育開発にとって今後より慎重な検討が必要とされる課題について少し触れておきたいと思う。これらの課題が円満に解決されてこそ、初めてミャンマーの将来的な教育の展望が見えてくると考えるからである。

1　学校制度改革の移行期をどう乗り切るか？

現在実施中の教育改革には学校制度の改革及び教育課程（カリキュラム）の改訂が含まれており、この新制度・新課程の導入は二〇一六年六月の幼稚園教育（KG）を皮切りに、二〇一七年には初等教育の第一学年、二〇一九年には前期中等教育の第六学年、二〇二〇年には後期中等教育の第十学年というように、三つの教育段階を同時並行的に、かつ各教育段階においては毎年一学年ずつ実施されていく計画である。旧制度から新制度への移行が完了するのは二〇二二年六月であり、この改革は七年もの期間を要することになる。実は、この移行期にあたる七年間は学校制度及び教育課程の両方において容易に混乱が生じる状況が生起する可能性があり、同国教育省をはじめとする教育関係者はそれを最小限にするために慎重に対応していくとともに、事前の国民への十分な説明が必要である。

では、どのような混乱が予想されるのであろうか。ここでは具体的に見ていきたい。まず、各学年の呼称における混乱が生じてくる。二〇一五年までの従来の学校制度ではグレード1からグレード5までが小学校、グレード6からグレード9までが中学校、グレード10からグレード11までが高等学校となっており、小学校は五歳児から対象にしていた。しかし、二〇一六年に新しい幼稚園教育が五歳児を対象として導入されたことで、この年には小学校はグレード2からグレード5の四学年となり、グレード1という学年が無くなった。翌二〇一七年に新しいグレード1が導入された際には、小学校

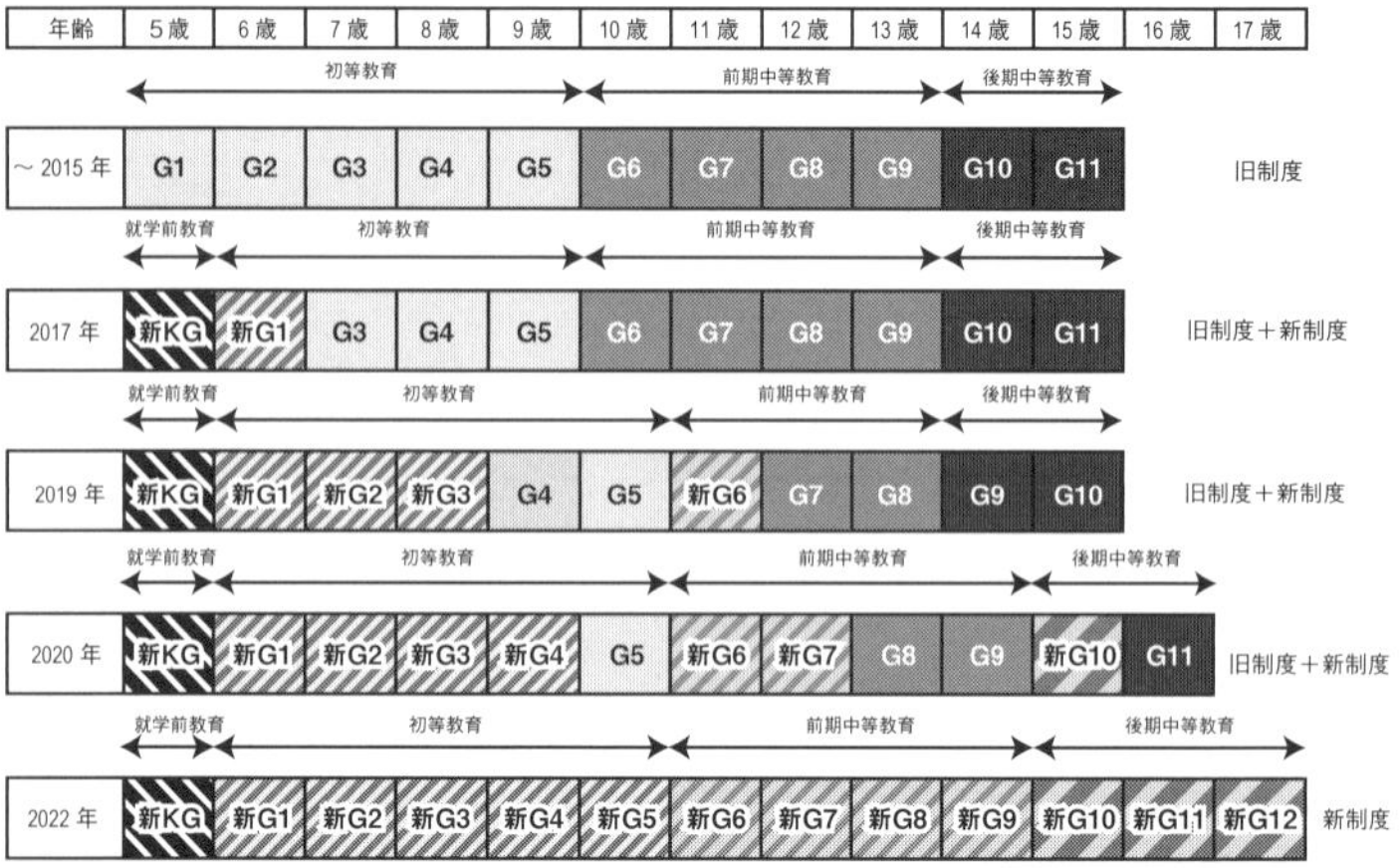

注：「KG」はキンダーガーデン（kindergarten）の略で「幼稚園教育」を意味する。また、「G」はグレード（grade）を示す。
（出典）筆者作成

図 15-1　旧制度から新制度への移行

は新グレード1及び旧グレード3から旧グレード5という四学年となり、グレード2という学年が無くなった。同じように、二〇一八年にはグレード3という学年が一時的に消滅する。

ただし、二〇一九年六月にはこれまで以上に複雑な状況が生まれる。というのは、新グレード3の導入と同時に、中学校課程に新グレード6も同時に導入されるからである。この年になって初めて学年の旧呼称はすべて消滅することになり、新しい学年呼称に取って代わられる。その際、前年にグレード5であった児童は形式的にもう一度グレード5を履修するという矛盾した状況が生じる。

加えて、この二〇一九年六月には教育課程上の大きな問題が起こってくることが予想される。同年には小学校では新グレード3まで、中学校では新グレード6において新しい教育課程が実施され、教科書も新しいものとなる予定である。しかし、同年のグレード5の児童の教育課程はどうなるのかという問題が残る。この学年は前年もグレード5であり、すでに旧制度・旧課程のグレード5の学習は履修済みである。新制度では初等教育課程が一年延長されたことで、再度、グレード5という形式的には矛盾する状況に置かれるのである。彼らの教育課程はまだ旧課程のままなので、従来のグレード6（従来の中学校）の教育課程を履修するのか否かという問題が生じるのである。

同様のことが、二〇二〇年六月にグレード9の生徒にも起こる。同年のグレード9は呼称こそ新制度のものであるが、教育課程はまだ旧課程のものを使っているので、彼らが履修するのは、従来のグレード9、すなわち高等学校第一学年の教科書を使うのか否かという問題が生じることになる。

この二〇一九年のグレード5と二〇二〇年のグレード9の問題は、当事者となる生徒やその父兄にとってはかなり深刻な問題であるため、教育省はその対策を今から十分に検討しておく必要がある。この問題を円滑に乗り切ることができない場合、現政権における大きな過誤と見なされ、政権維持がかなり難しくなることは目に見えている。

2　評価制度・試験制度を改革できるのか？

ミャンマーの評価・試験制度はその歴史を見ていくと、大学や高等学校といった教育段階の上の部分での改革が先にあり、それに合わせるような形で中学校や小学校の評価制度や試験制度が制定されてきた。

同国では長い間、定期試験の結果によって進級が決定され、また進学の際には当該教育段階の卒業試験に合格することが必要であった。しかし、こうした一度限りの試験結果で進級・進学を判定する制度を大きく転換したのが一九九八年に採用された「継続評価自動進級制度（CAPS）」であった。この新制度は、従来の評価・試験制度を「課程主義」から「年齢主義」へと変更する、すなわち、パラダイム的転換を意味する大改革であったと捉えることができる。

しかし、その大転換からすでに十年近くが経過した現在、このCAPSがすでに機能していないという声も学校現場から聞かれるようになってきている。そのもとになったのが、二〇一四年から導入された小学校及び中学校における卒業試験である。これによって、CAPSの考え方が基本的に失われてしまったと言っても過言ではない。

現在、教育省はCAPSに代わる新しい評価・試験制度の導入を検討しているようである。この新しい評価・試験制度がどのようなものであるのか、まだ具体的な情報は発表されていないので何とも言えないが、メディアからの報道や教育関係者から漏れ聞こえてくる情報を総合すると、定期試験の成績と日頃の学習態度などをそれぞれ六〇ポイント及び四〇ポイントに換算して、「A」から「D」までの四段階の判定を行い、「D」と判断された児童生徒は進級・進学できないというような措置が検討されているようである。また、二〇一四年から実施の卒業試験についても将来的に継続されるようである。このように現在は再び一九九八年以前の「課程主義」への回帰の傾向が非常に強く見られる。

他方、従来から様々な面で批判が出されていたマトリキュレーション試験については、一部の教育関係者からは早急な改革が必要であるという強い意見が出されているものの、現時点では教育省はこの点については何も触れていない。筆者は、現行のマトリキュレーション試験が抱える最大の問題は、高等学校卒業試験と大学入試を兼ねているという点であり、同試験で一教科目でも合格点に達しない場合には高等学校卒業と認められず、翌年に再度受験しなければならないということであると考えている。一回限りの試験結果で、生徒のこれまでの二年間の学習成果を測ることが本当に妥当なのか、その点を再度、慎重に見直してほしいと思っている。加えて、同試験の成績のみで将来的な生徒の進路や入学大学を決定する現行のあり方にも大きな違和感をもつ。例えば、現行では高得点を獲得した生徒には、医学、工学などの理系大学へ進学することが許され、他方、あまり得点が高くない生徒には経済学、教育学、文学などの文系大学への進学の道が開かれるという状況である。

以上のように、現在のミャンマーには評価制度、試験制度という大きな難題が残されている。これらの問題をどのように解決していくか、もしくは改善していくかということは教育省の今後の大きな責任であり、これに向けた活動が行われてこそ、現在実施中の新しい学校制度や教育課程の導入を含めた教育改革が意味をもち、その本来の意図が十分に発揮されるのではないだろうか。

3　多民族国家が抱える問題をどう解決していくか？

ミャンマーには大きく八つの民族が存在していると言われている。その中で最大の人口を誇るのがビルマ（Bruma）族で約七割を占める。その次に多数を占めるのがシャン（Shan）族であるが、約二百万人と全人口の約四％に過ぎない。これら八つの主要民族は、その居住地域を中心に行政単位として州（State）を構成している。カチン（Kachin）族のカチン州、カヤ（Kayah）族のカヤ州、カレン（Karen）族のカイン州、チン（Chin）族のチン州、ラカイン（Rakhine）族のラカイン州、モン（Mon）族のモン州、それにシャン族のシャン州である。ビルマ族が多数を占める中央平原部は州ではなく、地方域（Regions）という行政単位になっている。実は、これら八つの主要民族は、その言語や文化習慣などをもとにさらに細かく分類されており、ミャンマー全体では百三十五もの少数民族に分けられている。

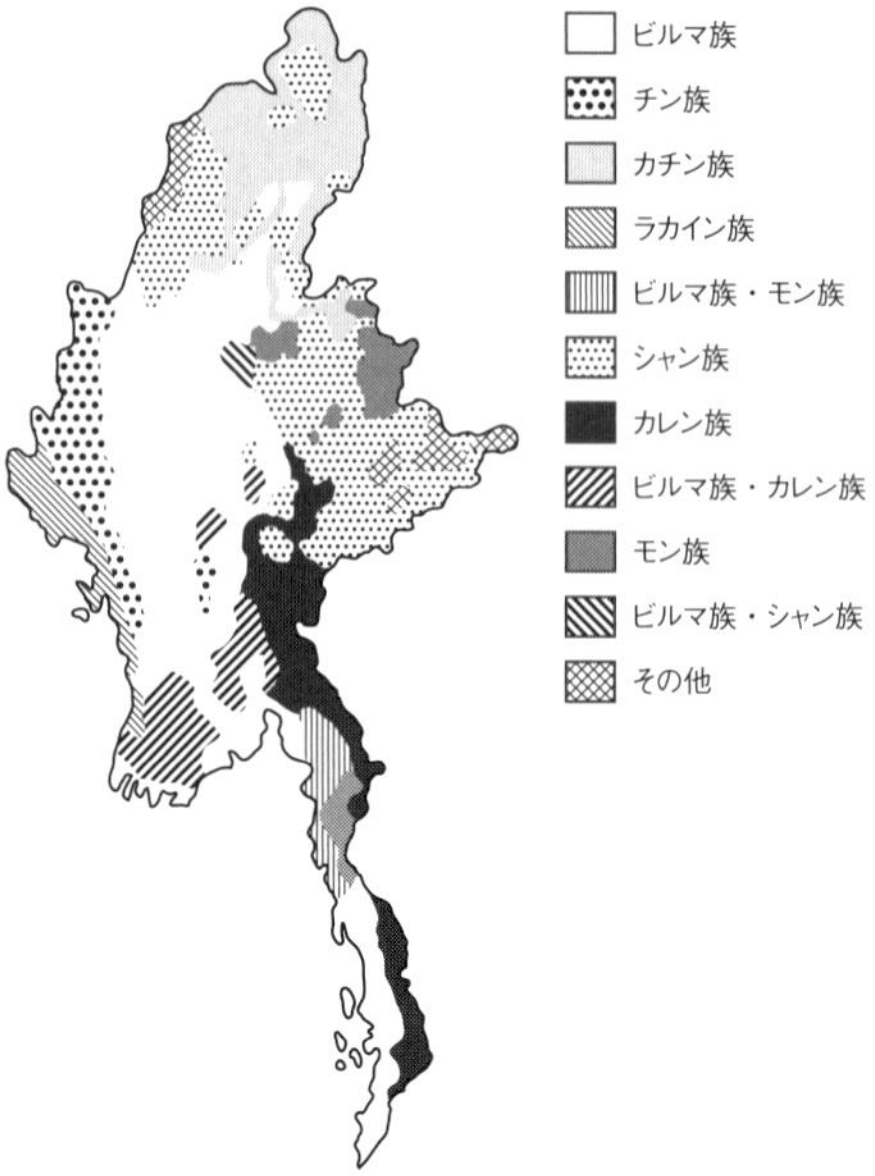

（出典）ウィキペディア「ミャンマーの民族一覧」より

図 15-2　ミャンマーの民族分布

同国の教育において、こうした多民族の存在が大きく影響してくるのが言語の問題である。ミャンマーで大多数を占めるビルマ族はその大部分が中央平原部に居住しているが、他方、ビルマ族以外は少数民族として国土の周辺部に居住している。その大部分は農村部であり、相対的に交通事情もよくない。少数民族は、伝統的に独自の言語をもち、文化や習慣もビルマ族や他の民族とはかなり異なっている。

これら少数民族は、通常、集落を形成し、小集団単位で生活している。彼らの地域社会では独自の民族言語が広く用いられており、特に家族内ではその民族言語のみを用いて意思疎通を行っているという場合が少なくない。したがって、こうした少数民族の子どもの多くは、彼らの民族言語を第一言語としてまず習得することになる。

ミャンマー語の習得は、小学校教育の中で徐々に行われていくのが普通であるが、入学したばかりの子どもの多くはミャンマー語を全く理解しない場合が多いため、小学校の担任教員は彼らの民族言語を用いて教科教育を行っている。こうした状況は小学二年生ぐらいまで続く。それ以降になると、子どもたちも徐々にミャンマー語が理解できるようになり、ミャンマー語で授業が行われても、ある程度分かるようになるということである。

右記の教育実践はミャンマーにおいて伝統的に行われてきたことであり、多くの地域においても今なおその伝統は受け継がれてはいる[1]。しかし、こうした教育実践には欠かすことができない絶対条件があることを忘れてはならない。それは、担任教員が児童らが使う民族言語を話せるということである。同国では伝統的に地元出身者が教員になる場合が多く、こうした少数民族地域の学校の教員は、やはりその地区出身の若者が務めてきた。したがって、教員自身も地区の少数民族出身であり、当然

1　少数民族地域の小学校、特に低学年の児童に対しては当該地域で使われている民族言語を適宜使用しながら教授学習活動が行われているが、同国で長らく続いた軍事政権時代にはビルマ語を公用語としていたため、正規にはビルマ語を使うことが原則であった。しかしながら、二〇一四年から施行されている国家教育法では、第四三条及び第四四条において少数民族語の使用やその学習が認められるようになった。

のこととしてその地区の民族言語を話すことができたのである。

しかし、近年、事情が大きく変わろうとしている。先にも触れたように、二〇一三年から「日給臨時採用教員（ＷＤＴ）」と呼ばれる臨時教員が多数採用されており、彼らは小学校の教員として、地方の学校へ配属されるようになった。その中には少数民族地域の学校も含まれている。実は、こうした臨時教員の多くは赴任先とは無関係で、当然、赴任地区で使われている民族言語について全く知識がない。仮に、彼らが低学年の担任になったり、低学年の児童に対して教科目を教えなければならなかったりした場合、一体どのような状況が起こるであろうか。読者の皆さんにも容易に想像がつくのではないだろうか。すなわち、教員と児童の間のコミュニケーションが成り立たず、意思疎通ができない状態が生まれるのである。これでは全く教育活動にならないのであるが、実際こうした状況があちこちで見られるようになってきている。これは、同国における深刻な教育問題の一つであり、放置しておくことは許されない。

このような状況下では、児童は学校に対して何の意義も感じないであろう。また、農村部の少数民族地域の多くがそうであるが、父兄にとっても子どもが学校に行くことに対する意義を見出していない場合が多い。というのも、学校を卒業したところで、その後の継続的な教育機会もほとんどなく、就業機会も非常に限られているからである。したがって、学校に意義を見出せない児童は小学校の初期の段階で退学してしまうことが多い。

次頁の表は、行政区分ごとの小学校における児童の進級率を示したものである。この表からは、小学一年生から二年生への進級率が他の学年に比べて相対的に低いことが分かる（全国平均を見ても

表15-1　州及び地方域ごとの小学校における進級児童率（2010-13年）

地方域・州	1年生→2年生	2年生→3年生	3年生→4年生	4年生→5年生
カイン州	0.8078	0.9265	0.9031	0.8850
タニンサリ地方域	0.8516	0.9404	0.9258	0.8963
バゴー地方域（東部）	0.8737	0.9428	0.9315	0.9004
バゴー地方域（西部）	0.8803	0.9470	0.9407	0.9237
モン州	0.9005	0.9478	0.9285	0.9021
ラカイン州	0.8537	0.9204	0.9721	0.9111
エヤワディ地方域	0.8190	0.9225	0.9091	0.8899
カチン州	0.9083	0.9783	0.9725	0.9710
カヤ州	0.9099	0.9758	0.9675	0.9480
チン州	0.7994	0.9336	0.9513	0.9596
サガイン地方域	0.8635	0.9727	0.9704	0.9603
マグウェー地方域	0.9172	0.9686	0.9607	0.9462
マンダレー地方域	0.8735	0.9788	0.9709	0.9702
ネピドー連邦領	N/A	N/A	N/A	N/A
シャン州（南部）	0.8989	0.9473	0.9369	0.9256
シャン州（北部）	0.7683	0.8804	0.8945	0.8818
シャン州（東部）	0.7528	0.8522	0.8673	0.8738
ヤンゴン地方域	0.8809	0.9743	0.9650	0.9558
全国平均	0.8713	0.9490	0.9450	0.9294

注：表内の数値は「1」に近いほど進級率が高いことを示す。
（出典）牟田博光「基礎教育における生徒数の変化分析」国際協力機構（JICA）、2014年

0.8713と低い）。その中でも特に低いのがシャン州及びチン州である。シャン州東部は0.7528、シャン州北部は0.7683、チン州は0.7994であり、約二割から二割五分の児童が二年生に進級していないことが分かる。また、他の州や地方域においても、シャン州やチン州ほどではないにせよ、約一割から多い場合には二割近くの児童が進級していない状況が見られるのである。これは、同国の教育分野が抱える非常に深刻な問題である。

現在進行中の教育改革において、採用されるカリキュラム・フレームワークには、初等及び中等教育段階において地方裁量カリ

キュラム（Local Curriculum）が含まれており、地方域や州、郡区、学校などが独自に当該地域の教育ニーズを考慮して決定する教科であると定められている。そして内容例として、民族言語、民族の歴史や伝統文化、地域の商業や農業、コンピュータの基礎技能などがあげられている。これら地方裁量カリキュラムは、小学校では週当たり五授業時間、年間百二十授業時間以内、中学校及び高等学校の第十学年及び第十一学年では週当たり四授業時間、年間百八授業時間以内、高等学校の第十二学年では週当たり二授業時間、年間五十四授業時間以内で履修することが認められている。

このような地方裁量カリキュラムの公教育における導入は同国の歴史上初めての試みであり、これによってかなりの地域の教育ニーズが実現可能であると考えられている。ただ、現時点（二〇一七年六月）において、教育省はこのための準備を何も行っておらず、二〇一七年から初等教育段階の第一学年に新教育課程が導入されたにもかかわらず、地方裁量カリキュラムは取り入れられていない。[2]

多民族国家ミャンマーが従来から抱えてきた問題に対して、その解決のための第一歩として早急に地域裁量カリキュラムを施行できるように準備を進めていくことが望まれる。

2　現時点（二〇一七年六月）において、ユニセフ（UNICEF）が地方裁量カリキュラムの開発において技術支援を表明している。

おわりに

本書の執筆を終えた今、改めてその過程を振り返って見ると、「たいへんだった！」という一言ですべてが表現できてしまうように思います。

本書は、副題に「学校制度と教育課程の現在・過去・未来」と付けたようにミャンマーの教育の現状はもちろん、同国の独立以前から独立後、そして軍事政権時代の教育状況、さらに現在実施中の大改革が目指す将来的な教育のあり方という大きく三つの内容から構成しました。しかし、実際に執筆を始めるといろいろな問題に直面し、途中で断念しようかと真剣に悩んだ時期も何度もありました。

まず一つ目の問題は、ミャンマーの教育の現状がなかなか正確に把握できなかったということです。ご存じのように、二〇一一年に改革派のテインセインが大統領に就任すると、彼はあらゆる分野における大改革を実行しました。教育分野も例外ではなく、この改革によって法律が変わり、教育行政が変わり、学校制度が変わるなど様々な変化がほんの短期間のうちに起こりました。それに加えて二〇一五年十一月に実施された総選挙によってアウンサン・スーチー率いる国民民主連盟（ＮＬＤ）が大勝利を収め、翌年四月から新政権に移行すると、教育省が再び編成し直され、新しい政府組織が次々に生まれ、教育行政に再び大きな変化が生じました。この変化は現時点でも続いており、「ミャンマーの教育現状」と言った場合、どの時点の状況を捉えて記述するべきか、かなり迷うと同時に、どのように変わったのかを把握するだけでも一苦労でした。聞く人によって回答が異なっていたからです。結局、書いても書いても一週間後には全文書き直しという状況が何度もありました。

二つ目の問題は、同国の教育の歴史的変遷の部分を執筆するにあたって活用できる資料がほとんど見つからなかったということです。ただ、ある特定の時期に政府から出された通達や文書などが僅かに残っていたので、それらを主要な資料として執筆を続けていましたが、これらの記述はすべてミャンマー語で書かれていたことから、それら資料を一つひとつ英語に翻訳してもらわなければならず膨大な時間と費用がかかりました。加えて、政府から出された文書は事実のみが書かれているだけなので、そうした事柄がどのような原因で起こったのかを知るにはその当時をよく知る歴史家や教育史家を見つけて、その方々にご教示をいただくしかありませんでした。これにもかなりの時間と労力が必要でした。

そして三つ目の問題は、現在進行している教育大改革の方向性がなかなか定まらず、この部分の記述をどのようにすればよいかがなかなか決定できなかったことです。先に触れたように、現在進行中の教育大改革は前政権（テインセイン政権）の時代に開始され、表面上は新政権にそれが引き継がれた形になっています。しかし、実際には前政権の意図した内容がそのままの形で引き継がれたとは言えず、改革の中身についてはかなりの変更も見られたことは事実であり、今なお未確定な内容も数多く残っています。したがって、この部分を事実に反しないように、かつ将来的なミャンマーの教育の方向性を示しながら記述することが極めて難しかったのです。

以上のような三つの問題を何とか克服して、本書の執筆を終えた訳ですが、本書の執筆中に発見した数多くの文献や資料はもちろん、たまたま出会った歴史研究及び教育研究を専門にしておられるミャンマーの方々から多くのことを学べたことは、先にあげた苦労を忘れてしまうくらい私にとっては有意義なものだったと言えます。

僧院教育という伝統に根付いた教育活動から始まったミャンマーの教育は、イギリス植民地時代には差別化された学校制度によって翻弄され、日本占領時代になると国土荒廃による厳しい状況に直面しました。一九四八年ようやく念願の独立を果たしたミャンマーは全国民による教育熱によって早期に近代教育制度を整備していきましたが、ネーウィンによる軍事政権時代にはそれが政治的手段として利用され、教育活動が徐々に硬直化していきました。

現在のミャンマーの教育は、基本的にこのネーウィンの軍事政権時代に始まる制度や方法を引き継いでおり、世界的動向から見るとかなり時代錯誤的な印象を拭いきれません。こうした現状を克服すべく、現在の教育大改革が国内で進行しているのですが、この改革はまだ始動したばかりです。この改革を成し遂げるためには、乗り切らなければならないいくつもの課題があることは本書で述べた通りです。いかにこれらの課題を克服し、教育先進国に肩を並べるまでに成長していけるか、私はこれからもこの国を長期的な視点と温かい気持ちをもって見守っていきたいと思っています。

さて、本書の執筆においては多くの方々から温かいご支援とご協力を頂きました。元教育省基礎教育局の局長であったタン・ウー氏、元教育省アドバイザーのミン・ティエン氏、元教員養成学校の教官であったキン・セイン・ウィン氏、ムー・ムー氏にはミャンマーの教育についての多くの資料や情報、そして示唆を提供していただきました。また、私が現在従事している国際協力機構（ＪＩＣＡ）

による「ミャンマー国初等教育カリキュラム改訂プロジェクト」のメンバーの皆様には、同国の小学校の新しい教科書開発という仕事を通して多くのことをご教示頂きました。心から感謝を申し上げたいと思います。加えて、本書の出版においては、明石書店編集部の森富士夫氏に多大なご援助を頂きました。私の勝手な要求や幾度にもわたる修正にもかかわらず、毎回快くお引き受け下さり、私がイメージした以上のものが出来上がったことに改めてお礼を申し上げたいと思います。

最後になりますが、一年の三分の二以上が海外出張という状況にもかかわらず、日本で我が家をきっちりと守ってくれている妻ジンジャーと愛娘みあにはいくら感謝しても仕切れません。特に、娘は私が本書を執筆している間、「私もパパを応援したい！」と言って、自らペンをとり私へのプレゼントとして以下の物語を書いてくれました。ここに、娘への感謝を込めて、その物語を紹介しておきたいと思います。

うごくホットケーキ

ジゼルはホットケーキを焼いていました。どんなホットケーキがいいかな～と考えていた時、とつぜん、ホットケーキがフライパンの外に逃げていきました。ジゼルはあわててホットケーキをつかまえようとしたけれど、つかまえられません。ジゼルは考えました。でも、つかまえる方法が思いつきません。そうして考えているうちにホットケーキはどんどんと遠くに行き、飛行機に乗り、海を泳いで、温泉に入って楽しい時間を過ごしました。そんなことを知らないジゼルは、どうやってつかまえようかと考えるばかりでした。

みあ（小学二年生）

〈注記〉娘曰く「ジゼル」は娘自身、「ホットケーキ」は海外出張ばかり行っている私（パパ）だということです。

なお、本書の内容は、筆者個人の見解によるもので、筆者が現在従事する国際協力機構（ＪＩＣＡ）及び同機構実施の「ミャンマー国初等教育カリキュラム改訂プロジェクト」における統一見解ではないことをご承知いただきたいと思います。したがって、本書の記述における責任は、すべて筆者にあることを申し添えておきます。

二〇一七年六月
田中義隆
ミャンマーのホテルの部屋にて

国際連合広報センター
http://www.unic.or.jp/activities/secretary-general/list_sg/thant/
- チン州の位置と州旗（図）
ウィキペディア「チン州」
https://ja.wikipedia.org/wiki/%E3%83%81%E3%83%B3%E5%B7%9E
- チン族の地域社会（写真）
Wikipedia, “Chin people”
https://en.wikipedia.org/wiki/Chin_people
- J. デューイ（写真）
ジョン・デューイ名言
http://todays-list.com/i/?q=/%E3%82%B8%E3%83%A7%E3%83%B3%E3%83%BB%E3%83%87%E3%83%A5%E3%83%BC%E3%82%A4/1/1/
- 独立前後から現在までのミャンマーの国旗の変遷とシャン州の州（図）
ウィキペディア「ミャンマーの国旗」
https://ja.wikipedia.org/wiki/%E3%83%9F%E3%83%A3%E3%83%B3%E3%83%9E%E3%83%BC%E3%81%AE%E5%9B%BD%E6%97%97
- P21による「21世紀型スキル」の基本的枠組み（図）
P21, “P21 Framework Definition,” 2009.
www.p21.org/
- ビルマ連邦初代首相のウー・ヌー（写真）
Wikipedia, “U Nu”
https://en.wikipedia.org/wiki/U_Nu
- J. ブルーナー（写真）
Jerome S. Bruner (child development)
http://what-when-how.com/child-development/jerome-s-bruner-b-1915-child-development/
- ミャンマーの地理的区分（図）
Wikipedia “Lower Burma”
https://en.wikipedia.org/wiki/Lower_Burma

Law," 2015.
U Tan Oo (1), "History of Myanmar Education (Curriculum Sector) 1948-1998," Myanmar Education Research Bureau, 1999.
U Tan Oo (2), "History of Myanmar Education Department," Pyinnyadazaung, 1999.
U Tan Oo, "Teach to Accomplish Learning Achievement Assess to Achieve Success," Pyinnyadazaung, 2014.
不詳 "Burma Educational Calendar – April 1st 1941 to March 31st 1942," Rangoon, SUPDT, Government Printing and Stationary, Burma, 1941.
2014 年度実施の小学校卒業試験　「社会」試験問題

〈オンライン資料〉

- アーサー・パイレ（写真）
  Arthur Purves Phayre First Commissioner of Burma
  http://www.ebay.co.uk/itm/ARTHUR-PURVES-PHAYRE-First-Commissioner-of-Burma-Antique-Print-1886-/351380503566
- カレン州の位置と州旗（図）
  ウィキペディア「カレン州」
  https://ja.wikipedia.org/wiki/%E3%82%AB%E3%83%AC%E3%83%B3%E5%B7%9E）
- サガインにある僧院学校（写真）
  Teaching to Teach in Monastic Schools
  http://www.moses.it/en/teaching-to-teach-in-monastic-schools/
- J. J. シュワブ（写真）
  Schwab, Joseph J. The University of Chicago, Photographic Archive.
  http://photoarchive.lib.uchicago.edu/db.xqy?one=apf1-07492.xml
- 1900 年代初頭のラングーン・カレッジ（写真）
  Arnold Wright, "University of Yangon" Wikipedia
  https://en.wikipedia.org/wiki/University_of_Yangon
- 僧院学校（写真）
  Chai Ada, "The Effects of the Colonial Period on Education in Burma," 2014.
  http://commons.trincoll.edu/edreform/2014/05/the-effects-of-the-colonial-period-on-education-in-burma/
- 第三代国際連合事務総長を務めたウー・タント（写真）

Burma, 1954.
Lily T.K.De, "Colonial Education in Burma and Malaya: The Move Away From Indian Education Policy," 発行年不詳（http://journalarticle.ukm.my/508/1/1.pdf#search='Colonial+Education+in+Burma+and+Malaya'）
Ministry of Education, "Basic Science Grade 4," Curriculum, Syllabus and Textbook Committee, 2014-15.
Ministry of Education, "Basic Science Grade 5," Curriculum, Syllabus and Textbook Committee, 2014-15.
Ministry of Education, "Educational Theory - Educational College First Year Course," 2014.
Ministry of Education, "Educational Psychology - Educational College First Year Course," 2014.
Ministry of Education, "History - Education College Second Year Course," 2014.
Ministry of Education, "Mathematics Grade 2," Curriculum, Syllabus and Textbook Committee, 2014-15.
Ministry of Education, "Moral and Civics Grade 4," Curriculum, Syllabus and Textbook Committee, 2014-15.
Ministry of Education, "Moral and Civics Grade 5," Curriculum, Syllabus and Textbook Committee, 2014-15.
Ministry of Education, "Myanmar Grade 3," Curriculum, Syllabus and Textbook Committee, 2014-15.
Ministry of Education, "Myanmar History Grade 11," Curriculum, Syllabus and Textbook Committee, 2014-15.
Ministry of Education, "National Curriculum Framework version 3," 2014.
Ministry of Education, "National Curriculum Framework version 5," 2015.
Ministry of Education, "Social Studies Grade 1," 2017-18.
Ministry of Education, "Social Studies Grade 4," Curriculum, Syllabus and Textbook Committee, 2014-15.
Ministry of Education, "Social Studies Grade 5," Curriculum, Syllabus and Textbook Committee, 2014-15.
Ministry of Education, Teacher's Guide for Social Studies Grade 4," Curriculum, Syllabus and Textbook Committee, 2014-15.
The Republic of the Union of Myanmar, "National Education Law," 2014.
The Republic of the Union of Myanmar, "The Law Amending the National Education

SUPDT., *Burma Educational Calendar – April 1st 1941 to March 31st 1942*, SUPDT. Government Printing and Stationary, Rangoon, Union of Burma, 1941.

SUPDT., *Octennial Report on Education in Burma (1947-48 to 1954-55)*, SUPDT. Government Printing and Stationery, Rangoon, Union of Burma, 1956.

SUPDT., *Report of the Burma Textbook Enquiry Committee 1940*, SUPDT. Government Printing and Stationery, Rangoon, Union of Burma, 1941.

Thein Lwin, "Education in Burma (1945-2000)," 1999.（http://www.ibiblio.org/obl/docs/Education_in_Burma_(1945-2000).htm）

Thein Lwin, "Training Burmese Teachers," 発行年不明（http://www.hurights.or.jp/archives/pdf/asia-s-ed/v10/11Training%20Burmese%20Teachers.pdf#search='Training+Burmese+Teachers'）

The Union of Burma, "The Education Plan for Welfare State and the Teacher," 1954.

The Voice, "Assessment System Based on Final Exam will be abolished," February 6, 2017.

U Myint Aye and Daw Tin Kyi, "Myanmar-National aspects of curriculum decision-making," 発行年不明

UNESCO, "Strengthening and Upgrading of Teacher Training Colleges and Teacher Training Schools," 1990.

UNICEF, "Development of a Teacher Education Strategy Framework Linked to Pre- and In-Service Teacher Training in Myanmar," 2013.

UNICEF, "Rapid Review of Myanmar Basic Education Policy and Proposed Way Forward," Comprehensive Education Sector Review, 2013.

UNICEF, "Research Consortium on Education and Peacebuilding," 2016.

UNICEF, "Snapshot of Social Sector Public Budget Allocation and Spending in Myanmar," 2013.

USAID, "School Communities and Community Engagement in Education in Karen State," 2016.

U Tan Oo, *Myanmar Educational Thought*, Yangon, 2001.

〈ミャンマー語文献〉

Government of the Union of Burma, "Creating New Life: CNL, Teacher's Guide and Textbook," 1952.

Government of the Union of Burma, "Education Plan for Welfare State, Syllabus for Primary Department," Rangoon, SUPDT. Government Printing and Stationary,

Study by Burmese Economic," Olof Palme International Centre, Sweden, 2000.
Lall, Marie, "Diversity in Education in Myanmar," Pyoe Pin Programme and UKAID, 2016.
Lily T.K.De, "Colonial Education in Burma and Malaya: The Move Away From Indian Education Policy," 発行年不明（http://journalarticle.ukm.my/508/1/1.pdf#search='Colonial+Education+in+Burma+and+Malaya'）
MICC, "Statement by Union Minister for Education at the Conference on Development Policy Options with Special Reference to Education and Health in Myanmar," 2012.
Ministry of Education, "Development of Education in Myanmar," 2004.
Ministry of Education, *Education Plan for Welfare State: Syllabus for Primary Department, Syllabus for Middle Department, and Syllabus for High Department*, SUPDT, Govt. Printing and Stationery, Burma, 1954.
Ministry of Education, *Education Statistics Year Book, 2014*, 2014.
Ministry of Education, "Myanmar School Survey 2015," 2016.
Ministry of Education, *Statistical Year Book, Number of Schools, Teachers and Students Population, 2015*, 2016.
Ministry of Education, *The Report of the Technical, Agricultural and Vocational Education Committee*, SUPDT, Govt. Printing and Stationery, Union of Burma, 1956.
Ministry of National Planning and Economic Development, "Myanmar Data on CD-ROM," 2015.
Muta, Hiromitsu, "Study on the Future Expansion of Education due to Reduced Dropouts," 2014.
Myo Oo, "The Burmese in the History Textbook Prescribed for Burmese Vernacular Schools," Southeast Asian Studies Symposium. Antony's College, University of Oxford, 2012（発表資料）
Office of the Education Commissioner, "Creation of New Life Education: Curriculum and Syllabus for primary, middle and high school," 1954.
Office of the Education Commissioner, "Creation of New Life Education: Curriculum and Syllabus for primary, middle and high school," 1955.
Oxford Business Group (OBG), "Changes to Myanmar's education sector needed," 2016.
Oxford Business Group (OBG), "Myanmar's budget targets infrastructure and education," 2015.

牟田博光「ミャンマー国教育政策アドバイザー業務　業務結果報告書」国際協力機構（JICA）、2014年
牟田博光「ミャンマーの教育の現状・課題、特に質の観点から」（発表資料）、2016年
森第7900部隊『緬甸軍政史』1948年

〈英文文献〉

Aung Mya Kyaw, "Myanmar's Budget System Reform," 2015.（発表資料）
Ba Kyaw, *Octennial Report on Education in Burma (1947-48 to 1954-55)*, The Union of Burma, Ministry of Education, 1955.（http://www.khamkoo.com/uploads/9/0/0/4/9004485/octennial_report_on_education_in_burma_1947-1955.pdf#search='Octennial+Reper+on+Education+in+Burma'）
Burma Baptist Missionary, *Seventh Annual Report of the Burma Baptist Missionary Convention*, American Baptist Mission Press, 1935.
Campbell, *Report of the Vernacular and Vocational Education Re-organization Committee*, Rangoon: Government Printing Press, 1938.
Cheesman, N., "School, State and Sangha in Burma," "Comparative Education Volume 39 No.1," Carfax Publishing, 2003（http://www.burmalibrary.org/docs19/cheesman_School_State+Sangha.pdf#search='AngloVernacular+Schools+in+Burma'）
Council of National Education, *Syllabus for National Schools*, National Printing Works, Rangoon, Burma, 1923.
ELEVEN, "Myanmar to spend more on education," August 30, 2016.
ELEVEN, "Myanmar to spend more on education," 2017.（http://elevenmyanmar.com/local/5798）
Index Mundi, "Myanmar – School Enrollment," 2014. (www.indexmundi.com/facts/myanmar/school-enrollment)
Institute of Education, *Education Panorama Volume I, Number 1*, 1983.
Institute of Education, *Education Panorama Volume I, Number 2*, 1985.
Institute of Education, *Education Panorama*, 1986.
Institute of Education, *Education Panorama*, 1988.
JICA Myanmar Office, "Opening Ceremony of the New Buildings of Taungoo Teacher Education College under the Japan Grant Program to Improve Quality of Basic Education in Myanmar," 2017.
Khin Maung Kyi, "Economic Development of Burma: A Vision and A Strategy, A

参考文献・資料

〈日本語文献〉

安彦忠彦『「教育」の常識・非常識』学文社、2010年

石井均「日本軍政下における南方占領地の教育政策に関する研究」、岡山県立大学『岡山県立大学短期大学部研究紀要　第1巻』、1994年

上別府隆男「ミャンマーの高等教育―『民政』下の改革―」、『ウェブマガジン「留学交流」vol. 44』、2014年

工藤年博「補足資料　ミャンマー連邦共和国憲法（日本語訳）」、『ミャンマー軍事政権の行方　調査研究報告書』アジア経済研究所、2010年、p. 補1- 補112.

国際協力機構『ミャンマー国教育セクター情報収集・確認調査（教師教育）業務完了報告書』別添2、2014年

小松健太「～外国法制・実務～ミャンマーの立法過程について」、『IDC NEWS 第67号』、2016年、p.34-43.

田上辰雄「ビルマ進駐直後の軍政と日本語学校」セクパン会編『せくぱん―ビルマ日本語学校の記録―』修道社出版、1970年

田中義隆『カリキュラム開発の基礎理論』国際開発センター、2006年

田中義隆『21世紀型スキルと諸外国の教育実践―求められる新しい能力育成―』明石書店、2015年

田中義隆「ミャンマー人と教育―その性格や思考はどのように形成されたのか―」、『REGIONALTREND』IDCJ、2014年、p.2-15.

田中義隆『ミャンマーの歴史教育―軍政下の国定教科書を読み解く―』明石書店、2016年

ヌヌウェイ「ミャンマーと日本における学校教育と教員養成課程に関する比較研究」p.119-147、北海道大学教育学部『北海道大學教育學部紀要』、1998年

範宏偉、金向東「中国ビルマ関係の分裂とビルマの華僑社会」、立命館大学『社会システム研究（第19号）』、2009年、p.129-147.

増田知子「ミャンマー軍事政権の教育政策」、工藤年博編『ミャンマー軍事政権の行方　調査報告書』アジア経済研究所、2010年

松本典子「『国語』教育から『東亜の日本語』教育への道―植民地・占領地の日本語教育―」、九州大学日本語教育研究会『日本語教育研究』、1997年、p.71-88.

水越敏行『発見学習の研究』明治図書出版、1975年

牟田博光「基礎教育における生徒数の変化分析」国際協力機構（JICA）、2014年

10		10	頻度多角形 累積頻度曲線 10.2 頻度曲線 頻度曲線の種類 視覚に訴えたデータ発表の効果
11	第 11 課　学習到達度試験	11	第 11 課　傾向の測定 11.1 傾向の測定 意味 効果 11.2 傾向の測定の種類 平均値 中央値（メディアン） 最頻値（モード） 平均値の計算 頻度分布図から中央値を求める 頻度分布図から最頻値を求める 平均値、中央値、最頻値の比較
12	第 12 課　筆記試験の種類	12	第 12 課　変化の測定 12.1 変化の測定の定義及び特性 12.2 変化の測定の種類 範囲 平均偏差 標準偏差 分散 12.3 変化の測定方法
13	第 13 課　試験の計画作り	13	第 13 課　パーセンタイルとその順位 13.1 パーセンタイル 13.2 パーセンタイル順位 13.3 パーセンタイルとパーセンタイル順位の活用 乱数データからパーセンタイル 順位の計算の仕方 頻度分布図からパーセンタイル 順位の計算の仕方
14	第 14 課　試験の内容開発	14	第 14 課　相関 14.1 相関の意味及び特性 14.2 相関の種類 正の完全相関関係 正の相関関係 ゼロ相関 負の完全相関関係 負の相関関係 14.3 相関の計算方法
15	第 15 課　妥当性と信頼性	15	第 16 課　基礎教育段階のアセスメント 16.1 基礎教育段階のアセスメント原則 16.2 基礎教育段階のアセスメント制度 単元末試験 月例報告カード

（出典）ミャンマー教育省「教育心理（1 年目コース）」及び「同（2 年目コース）」2014 年

<table>
<tr><td>5</td><td>第5課　4種類の学習者
（想像力に富んだ学習者、分析的な学習者、分別のある学習者、活動的な学習者）</td><td>5</td><td>第5課　学習理論
5.1 学習における異なった視点
5.2 オペラント条件付け
5.3 認知学習
潜在的学習
洞察学習
観察学習</td></tr>
<tr><td>6</td><td>第6課　動機付け</td><td>6</td><td>第6課　記憶
6.1 記憶モデル
感覚的記憶
短期記憶
長期記憶
6.2 符号化過程
6.3 情報の取り出し
6.4 忘却
6.5 記憶の改善
過剰学習
理解に基づく学習
学習方策
集中力</td></tr>
<tr><td>7</td><td>第7課　習慣</td><td>7</td><td>第7課　人格と適応
7.1 人格
7.2 適応
攻撃
昇華
合理化
退行
代償
7.3 不適応児童の症状
7.4 不適応児童への支援方法
身体的不適応児童
才能のある子ども
思考能力の不適応児童
劣等感をもった児童</td></tr>
<tr><td>8</td><td>第8課　記憶</td><td colspan="2">パートB</td></tr>
<tr><td colspan="2">パートB</td><td>8</td><td>第8課　筆記試験
8.1 記述式試験
記述式試験の特性
記述式試験の種類
8.2 客観試験
客観試験の特性
客観試験の種類</td></tr>
<tr><td>9</td><td>第9課　試験及び教育測定の特徴と定義</td><td>9</td><td>第9課　教育統計と試験
9.1 教育統計と試験の特性
9.2 データの読み方</td></tr>
<tr><td>10</td><td>第10課　試験の主な機能と目的</td><td>10</td><td>第10課　視覚に訴えたデータ発表
10.1 グラフの種類
円グラフ
棒グラフ
ピラミッド
ヒストグラム</td></tr>
</table>

10	モンテソーリ法
11	コンピュータの基礎
パート C　教育経営	
12	基礎教育を扱う 4 つの局
13	公務員の規則
14	学校及び学級経営 ・生徒の入学 ・入学登録の作り方（B リスト） ・出席と月例報告の作り方 ・転学届の書き方 ・学校経営 ・全校集会の開催の仕方 ・学級経営の知識 ・時間割 ・学校図書館
15	教員の責務と規則
16	学校規則
17	PTA、学校運営委員会、学校群
18	休暇
19	教員の尊厳
20	教員の行動規範
21	就学前教育

（出典）ミャンマー教育省「教育理論（1 年目コース）」及び「同（2 年目コース）」2014 年

■教育心理

1 年目		2 年目	
パート A　教育心理		パート A　教育心理	
1	第 1 課　教育心理の特性及び定義、役割 1.1　教育心理の内容及び定義 1.2　教育心理の役割 1.3　教育心理と教授活動との関係性	1	第 1 課　教育心理について 1.1　教育学 1.2　心理学 1.3　教育心理
2	第 2 課　精神的健康	2	第 2 課　教育心理と教授活動
3	第 3 課　小学生の発達と育成 3.1　年齢に応じた子どもの身体的発達 3.2　年齢に応じた子どもの精神的発達 3.3　年齢に応じた子どもの社会的発達 3.4　年齢に応じた子どもの感情的発達	3	第 3 課　人材開発の概念と理論 3.1　人材開発の影響を与える要因 3.2　子どもの発達段階 3.3　人材開発の教授法 3.4　ピアジェの認知発達の理論
4	第 4 課　多重知性	4	第 4 課　中学生の発達 4.1　身体的発達 4.2　知的発達 4.3　感情的発達 4.4　社会的発達 4.5　学校の重要性 教師の役割

資料7　ミャンマーの教員養成学校（EC）の教科書内容

■教育理論

1年目	
パートA　教育理論	
1	教育、カリキュラム、シラバス、正課併行教科の定義
2	学習の基本原則
3	複式学級での教授
4	教育哲学思想
5	調和のとれた教育
パートB　教育技術	
6	教育技術の定義と特性
7	系統的教授法（改良型）
8	教授学習のための教具教材
9	効果的な学習のための教授法

2年目	
パートA　教育理論	
1	ミャンマーにおける歴史教育
2	基礎教育の目的と前期中等教育カリキュラム 2.1 基礎教育の目的 2.2 前期中等教育カリキュラム
3	ミャンマーにおける教育振興プロジェクト 3.1 調和のとれた生徒の育成 3.2 国境地域における教育 3.3 年間計画の作成
4	多様な教育団体との協力 4.1 すべての人々に対する教育 4.2 継続評価及び自動進級制度と生徒 4.3 教育経営と情報制度 4.4 学校ベースの健康な生活とHIV予防教育（SHAPE） 4.5 幼児の養育と発達（ECCD） 4.6 人的開発
パートB　教育技術	
5	効果的な教授モデル
6	近代的な教授技術強化プログラムの活用 6.1 20世紀の教授学習モデル 6.2 教授学習方法とその効果 6.3 コミュニケーションにおけるメディアの活用 6.4 コンピュータ技術 6.5 複式学級
パートC　教育行政	
7	7.1 校長の役割 7.2 校長の質 校長の義務と機能 7.3 学校経営 校長による書類 人的経営 カリキュラム経営 モニタリング 学校試験の実施 学校委員会 学校と地域との関係 補助的サービス

■体育

10年生	
体育	
1	記憶力を上げる身体的運動
実践的運動	
2	準備体操
3	頭と首の運動
4	手の運動
5	腰の運動
6	瞑想
フィットネス	
7	サーキット・トレーニング
列を作る	
8	手を叩きながら前進
9	数えながら
10	モットーを言いながら
11	右後方への移動
12	駆け足でもとのところに戻る
スポーツ	
13	キャッチボール
14	線を越えてジャンプしながらの駆け足
15	バレーボールの基本
16	バスケットボール選手に必要な技
17	卓球
18	バトミントンの試合とその道具
19	ネットボールの構成

11年生	
体育	
1	記憶力を上げる身体的運動
2	チームで行う機敏で巧みな運動
3	個人で行う機敏さと巧みさをバランスよく発達させる運動
4	呼吸法
5	ボディフィットネス
実践的運動	
6	足の運動
7	呼吸
8	瞑想
フィットネス	
9	サーキット・トレーニング
列を作る	
10	列を維持する
11	輪を維持する
12	列の外に出る
13	参加する
スポーツ	
14	キャッチボール
15	線を越えてジャンプしながらの駆け足での秘訣
16	バレーボールの技
17	チーム、指導者の役割とデモンストレーション
18	サーブの仕方
19	バドミントンのルール
20	ネットボールの審判

（出典）ミャンマー教育省「体育」教員用指導書 Grades 10-11、2014年

■道徳公民

10年生		11年生	
1	道徳とは	1	道徳とは
2	雨とマンゴー、壺とネズミ	2	訓戒
3	運命を握る14のアイテム	3	リーダーシップの美徳
4	演説のための10の重要事項	4	怒りの感情の喪失
5	道徳における留意点	5	道徳における留意点
6	訓戒	6	悪い行為をよい行為に変える
7	荒廃	7	危険を避ける
8	油断しない	8	有利な立場にない人々
9	無謀	9	見捨てられた場所
10	親友	10	不幸

（出典）ミャンマー教育省「道徳・公民」教科書 Grades 10-11、2014年

■ライフスキル

10年生		11年生	
1	目標達成における問題	1	目標、期待と危険
2	将来に向けた目標達成のステップ	2	価値と行動
3	ESSE、危険な行動	3	両親の責任範囲
4	STI治療	4	優先度の高いものを選ぶ
5	HIVと積極的な人生	5	会話が成り立たない
6	性的行為の拒否	6	同情とHIV/AIDS
7	行動が他人に及ぼす影響		
8	個人の危険：麻薬		
9	青少年の妊娠		
10	無計画な妊娠を防ぐ		

（出典）ミャンマー教育省・UNICEF「ライフスキル」ハンドブック Grades 6-9、2005年

■芸術

10年生		11年生	
1	歌（伝統音楽と近代音楽）	1	歌（伝統音楽と近代音楽）
2	舞踊（二種）	2	舞踊（二種）
3	楽器演奏（木琴）	3	楽器演奏（木琴）
4	一般的な音楽知識（ミャンマー管弦楽団、ミャンマー伝統音楽と舞踊）	4	般的な音楽知識（人形劇、ミャンマー演劇）

注：「芸術」には音楽分野と美術分野が含まれるが、美術分野の情報は未入手。
（出典）ミャンマー教育省「芸術」教員用指導書 Grades 10-11、2014年

■歴史（世界史）

10年生		11年生	
1	先史時代	1	第一次世界大戦（1914-1918）
2	古代文明 メソポタミア文明、エジプト文明、インダス文明、黄河文明、ギリシャ文明、ローマ文明、東南アジアの文明	2	ロシアの社会主義革命
3	中世ヨーロッパ　経済、社会	3	民族運動の勃興
4	君主国家の誕生 イギリス、フランス、スペイン、ポルトガル	4	ファシストの台頭
5	市民革命 イギリス革命、フランス革命	5	第二次世界大戦（1939-1945）
6	産業革命 イギリス産業革命、ヨーロッパにおける産業革命	6	第二次世界大戦後の世界 国際連合、冷戦、東アジア、東南アジア
7	資本主義の拡大 東南アジア、中国、アフリカ		

（出典）ミャンマー教育省「世界史」教科書 Grades 10-11、2014年

■経済

10年生		11年生	
1	経済学とは	1	資源配分の課題と市場経済
2	財とサービス	2	需要供給分析の要素
3	経済活動、経済構造、経済システム、経済組織	3	国家の収入（歳入）
4	ミャンマーの人口	4	貨幣と銀行業
5	ミャンマーの経済構造	5	財政
6	ミャンマーの農業、畜産業、漁業部門	6	国際的な経済関係
7	ミャンマーの林業部門		
8	ミャンマーの鉱業、エネルギー部門		
9	ミャンマーの工業部門		
10	ミャンマーの貿易、金融、交通・通信部門		

（出典）ミャンマー教育省「経済」教科書 Grades 10-11、2014年

16	鉱物資源	19	イギリス
17	気候	20	フランス
18	土壌	21	ドイツ
19	植生	実用的地理	
20	人口と民族	22	縮尺
21	農業と牧畜業	23	等高線
22	水産業	24	地形図の学習
23	林業	25	空中写真の解釈
近隣国の地理			
24	インド		
25	バングラデシュ		
26	中国		
27	タイ		
28	ラオス		
実用的地理			
29	気候による分類		
30	経済の統計数値を使ったグラフを描く		
31	実地調査		

（出典）ミャンマー教育省「地理」教科書 Grades 10-11、2014 年

■歴史（ミャンマー史）

10 年生		11 年生	
1	先史時代	1	反英国植民地主義運動 武力闘争、民族主義の覚醒、ドウバマー・アシー・アヨウン
2	古代の都市国家	2	独立のための革命 英国帝国主義への反抗、反ファシスト運
3	都市国家の社会経済制度と文化	3	行政・社旗㋐経済制度・文化 英国植民地時代、日本占領時代
4	パガン朝	4	独立後の時代 独立後の時代（1948-62）、（1962-88）、（1988-現在）
5	小国分裂時代		
6	ハンターワディー朝		
7	インワ朝		
8	ハンターワディー朝及びインワ朝の行政・社会経済制度・文化		
9	コンバウン朝：王朝初期の時代、王朝後期の時代		

（出典）ミャンマー教育省「ミャンマー史」教科書 Grades 10-11、2014 年

■生物

10年生		11年生	
1	生物とは	1	植物の構造
2	生物の一生とその特徴	2	花、受粉、胞子生殖
3	植物と動物	3	果物と種子の散布
4	植物と動物の細胞	4	種子と発芽
5	多様な生物	5	典型的な哺乳類
		6	栄養
		7	呼吸
		8	水との関係
		9	調整
		10	生殖
		11	遺伝
		12	環境生物学

（出典）ミャンマー教育省「生物」教科書 Grades 10-11、2014年

■地理

10年生		11年生	
地球の状態		地球の状態	
1	地球の構造	1	地球の構造
2	天気と気候	2	地殻
3	大気の温度	3	地殻の移動
4	大気圧と風	4	陸地
5	降雨	5	湖、沼、島嶼
6	気候と地域	人的地理と経済的地理	
7	海洋底	6	金属資源
8	海洋	7	非金属資源
9	潮	8	水力
10	海流	9	製造業
11	海底の鉱物資源	10	交通・通信
人的地理と経済的地理		11	貿易
12	人口の増大と分布	ミャンマーの地理	
13	人間の定住	12	鉱業
14	農業と牧畜業	13	製造業
15	水産業	14	交通・通信
16	林業	15	貿易
ミャンマーの地理		近隣国の地理	
13	国土の位置、面積、境界	16	アメリカ
14	起伏	17	日本
15	河川	18	オーストラリア

■物理

	10年生		11年生
1	物理と測定	1	仕事量と力
2	ベクトル	2	圧力
3	動作の記録	3	熱の伝導
4	力	4	紐の振動、共鳴、空気の振動
5	仕事量とエネルギー	5	光の入門
6	熱と温度	6	光の屈折、回析、干渉
7	熱の測定	7	電磁界
8	波の概念と音波	8	電位
9	光の反射	9	静電容量
10	静電気	10	電流と回路
11	磁力	11	電気エネルギーと力
		12	電磁気
		13	近代的物理

（出典）ミャンマー教育省「物理」教科書 Grades 10-11、2014年

■化学

	10年生		11年生
1	物質とその変化	1	原子の構造と元素表、化学結合
2	元素、化合物、混合物	2	気体の状態と法則
3	溶解	3	化学量論
4	化学反応の法則と原子	4	電気分解
5	物質の原子と分子の配列	5	酸化と還元
6	原子と分子のかたまり	6	反応と平衡
7	記号、定理、等式	7	化学反応におけるエネルギーの変化
8	定理の書き方と名付け	8	希少金属とその化合物
9	モルの概念	9	金属の反応
10	酸素とその混合物	10	窒素とその化合物
11	酸化物と水酸化物	11	硫黄とその化合物
12	水素	12	ハロゲン
13	水	13	酸と塩基と中和
14	酸と塩基	14	有機化学
15	炭素とその混合物	15	社会の中の化学

（出典）ミャンマー教育省「化学」教科書 Grades 10-11、2014年

■英語

10年生		11年生	
1	車輪	1	カレンダー
2	勇敢な少年	2	多すぎる知識は人を愚かにする
3	会話1：あいさつ、休暇願い、紹介	3	月：旅行先には最高？
4	蒸発	4	時を刻む掛け時計
5	血液の循環	5	セルフサービスとスーパーマーケット
6	会話2：人柄を表現する	6	ロボット
7	父親のいない子ども	7	夢がかなう
8	短い物語の読み方	8	広告～長所と短所
9	会話3：提供、要求、感謝	9	睡眠と夢
10	最後の一葉	10	見た目よく
11	学習習慣の改善の仕方	11	蚊～敵を知れ
12	会話4：招待と謝罪	12	東南アジアへの旅(1)
13	地震	13	東南アジアへの旅(2)
14	伝統薬	14	ヘレン・ケラー
15	会話5：尋ねる、情報を与える	15	詩：橋
16	詩：光	16	詩：矢と歌
17	詩：虹	17	詩：木の心臓
18	詩：目の見えない少年	18	詩：人生
19	詩：水仙	19	詩：娯楽
		20	詩：雲の動物園
		21	詩：月

（出典）ミャンマー教育省「英語」教科書 Grades 10-11、2014年

■数学

10年生		11年生	
1	集合と関数	1	関数
2	座標幾何学の入門	2	剰余の定理と因数定理
3	指数と平方根	3	二項定理
4	対数	4	不等式
5	方程式	5	数列と級数
6	割合、比、偏差	6	行列
7	統計と確率の入門	7	統計と確率の入門
8	相似	8	円
9	円と弦と接戦	9	相似三角形の面積
10	三角法関数とその応用	10	ベクトルと図形移動の入門
		11	三角法
		12	微積分

（出典）ミャンマー教育省「数学」教科書 Grades 10-11、2014年

資料6：ミャンマーの高等学校の教科書内容

■ミャンマー語

10年生		11年生	
1	ヤーザクマーの石碑	1	花のような黄金
2	賢者〜シン・マハ・ティラウンサ	2	ミンサン（黄金の町）
3	ザナカ王子の尊敬	3	文系と理系とビジネス
4	ヨウ・ミンチの精神	4	霧の深い春
5	愛されし息子	5	戦闘場
6	上ミャンマーの古都	6	勇気と幸運を運ぶ花、タジン
7	最も価値ある投資	7	ダバウン月の落葉
8	貴族の妻	8	まだ町は遠い
9	ミャンマー舞踊祭り	9	農夫
10	友達	10	冬
11	異なった人々と地域	11	瞑想の家
12	読書習慣	12	入職の時
13	勇気と尊敬	13	あなたが亡くなった時
14	春の美観	14	3人の英雄と旅人
15	エメラルド色の湖	15	雪の見える瞬間
16	審美的筆致の随筆	16	芸術家の強み
17	散文の指導者	17	テインガツの娘
18	連邦とミャンマーの国	18	ポーソウ女王
19	愉快なエメラルド色の湖	19	喧嘩
20	毎日、花のように保ちなさい	20	縞のターバンを来て、縞の模様のある馬に乗った英雄
21	もし、最も若い女性を欲するなら	21	母の悲しみ
22	雨季	22	狩人タウノテラと象王サダン
23	マエザ森林のふもと	23	勉強に躊躇は禁物
24	ミャンマー太鼓団のメンバー	24	母親のいない子どものパーティー
25	8人の入植者	25	国民の日
26	湖に咲く金色のハス	26	ルビーで飾り付けた刀
27	黄金のルビー洞窟	27	賞賛を触れ回る町役人
28	アンヤの結婚式	28	王子
29	波	29	どこにでもいる若者
30	美の場所	30	ミャンマー語の上手な文章の書き方
31	世界を飾る	31	力強い散文
32	小川	32	夕暮れのアヴァの風景
33	雪を超えた冬	33	真実と勇気
		34	ミャンマーの伝統と風習

（出典）ミャンマー教育省「ミャンマー語」教科書 Grades 10-11、2014年

12	笛による列の管理	12	身体の前で手を伸ばす	12	右一列	12	走っている時に急に止まる
13	ジャンプによる左右半回転	13	普通の位置に手を下す	スポーツ		13	ある場所でバランスを取りながら拍手
14	ジャンプによる左右全回転	14	腕の外側を伸ばす	13	サッカー	14	拍手を変える
15	後ろ回転と休憩	スポーツ		14	陸上競技	15	拍手をやめる
16	ラインアウト	15	サッカー	15	ミニバレーボール	スポーツ	
スポーツ		16	陸上競技	16	バスケットボール	16	サッカー
17	サッカー	17	ミニバレーボール	17	卓球	17	陸上競技
18	陸上競技	18	バスケットボール	18	バドミントン	18	ミニバレーボール
19	ミニバレーボール	19	卓球	19	ゴムひもを用いたゲーム	19	バスケットボール
20	バスケットボール	20	バドミントン	20	伝統的陣取りゲーム	20	卓球
21	卓球	21	ゴムひもを用いたゲーム	21	水泳	21	バドミントン
22	バドミントン	22	伝統的陣取りゲーム	22	器械体操	22	ゴムひもを用いたゲーム
23	ゴムひもを用いたゲーム	23	水泳			23	伝統的陣取りゲーム
24	伝統的陣取りゲーム	24	器械体操			24	水泳
25	水泳					25	器械体操
26	器械体操						

（出典）ミャンマー教育省「体育」教員用指導書 Grades 6-9、2014 年

■芸術

6年生		7年生		8年生		9年生	
1	歌（伝統音楽と近代音楽）	1	歌（伝統音楽と近代音楽）	1	歌（伝統音楽と近代音楽）	1	歌（伝統音楽と近代音楽）
2	舞踊（二種）	2	舞踊（二種）	2	舞踊（二種）	2	舞踊（二種）
3	楽器演奏（木琴）	3	楽器演奏（木琴）	3	楽器演奏（木琴）	3	楽器演奏（木琴）
4	一般的な音楽知識（基本的なリズム）	4	一般的な音楽知識（国際的音楽、ハープ）	4	一般的な音楽知識（ミャンマーの音楽、都会的音楽）	4	一般的な音楽知識（リズム、国際的音楽）

注：「芸術」には音楽分野と美術分野が含まれるが、美術分野の情報は未入手。

（出典）ミャンマー教育省「芸術」教員用指導書 Grades 6-9、2014 年

■体育

6年生		7年生		8年生		9年生	
体育		体育		体育		体育	
1	体育	1	体育における実用的技術	1	ミャンマー生徒の体育祭	1	外傷
2	身体的成長と発達	2	身体的活動における安全	2	体育の目的	2	内傷
3	予防	3	競争や練習前の準備体操	3	身体的動きと栄養	3	運動をする人のための安全な環境
4	運動前の準備体操と運動後の体操	実践的運動		実践的運動		実践的運動	
5	筋肉を伸ばす際の注意事項	4	腕を伸ばしながら拍手	4	手の運動	4	手の運動
実践的運動		5	腰の運動	5	腰の運動	5	腰の運動
6	準備体操	6	足の外側の伸ばし	6	足の運動	6	足を伸ばしてジャンプ
7	頭の運動	フィットネス		フィットネス		7	呼吸法
フィットネス		7	バランス	7	その場に立ったままでジャンプ	フィットネス	
8	身体フィットネス	列を作る		列を作る		8	多様な動きを組み合わせた運動
9	血圧測定の箇所	8	いろいろな列	8	ある位置でバランスを保つ	9	腰を曲げて、つま先に触れる
10	身体フィットネスを試験する活動	9	自転車による列	9	バランスを取りながら左右に回転	列を作る	
列を作る		10	一列から三列への変形	10	バランスを取りながら後ろ回転	10	走ったり、止まったり
11	ジャンプによる様々な足	11	まっすぐな列	11	左一列	11	バランスをとって走る

6	問題解決	6	集団や仲間からの圧力	6	論理的思考	6	危険なSTI
7	責任を果たす	7	動機要因：麻薬使用	7	拒否するためのステップ	7	STIの予防
8	10代の身体的変化	8	麻薬・目標と期待	8	断定的な会話	8	危険予防：HIV感染
9	10代の精神的変化	9	受動的、断定的、攻撃的	9	麻薬の使用とHIV	9	情報の検証
10	必要な栄養	10	気持ちを表現する	10	拒否する意志：麻薬	10	青少年に関する組織を地図に記す
11	栄養不足	11	アルコール	11	個人の安全	11	麻薬
12	麻薬、その種類と影響	12	効果的な会話（1）	12	思考力	12	論理的な意思決定
13	キンマとタバコ	13	アンフェタミン	13	断定的な会話：性的交渉の拒否	13	責任を果たす
14	喫煙の拒絶	14	男女関係	14	必要、権利、責任	14	仲間からの誘惑、麻薬使用
15	ESSEという病気	15	境界線の維持	15	性別と役割	15	性的行為の拒否
16	動物によって媒介される病気	16	A型、B型、C型肝炎	16	家族の責任	16	男友達・女友達関係
17	デング熱	17	HIV、HBV、HCVの予防	17	HIVやAIDSの影響	17	家族の関係
18	病気の原因と予防	18	感染性の病気	18	危険な会話	18	積極的な自分自身との会話
19	HIVとAIDS	19	蚊によって媒介される病気：マラリア	19	HIV患者を差別しない	19	反省と行動
20	ESSEとHIV	20	効果的な会話（2）	20	結核の伝染	20	HIV患者の世話
21	農薬と肥料	21	欲しいものと必要なもの	21	結核の予防	21	情報に基づいた意思決定
22	上下水道	22	必要なカロリー	22	緊急安全：洪水	22	意思決定と安全な行動
23	地図の効用と危険	23	栄養過多	23	火事における安全策	23	価値と行動：HIV、STI
24	積極的な思考	24	食習慣	24	保護	24	個人の危険：HIV、STI
25	否定的な思考形態	25	エコロジーと食物連鎖	25	危険地区を地図に描く	25	価値と行動：支援
26	感情のコントロール	26	防災	26	助けを求める	26	価値と行動：麻薬使用

（出典）ミャンマー教育省・UNICEF「ライフスキル」ハンドブック Grades 6-9、2005年

■道徳公民

6年生		7年生		8年生		9年生	
1	道徳的観念の改善(1)	1	10人の善人への尊敬の気持ち	1	ニャウン・ピン・ター・ウー・ポン・ガの訓戒抜粋(A)	1	こんにちは
2	道徳的観念の改善(2)	2	影響をもつ10人の善人への尊敬の気持ち	2	ニャウン・ピン・ター・ウー・ポン・ガの訓戒抜粋(B)	2	愛情と親切心
3	10の悪行	3	影響をもつ10人の善人に対する非礼	3	愛情や親切心からくる親交	3	ロカサラ（ラカインの知恵）
4	10の善行	4	シン・マハ・ラタタレの5つの訓戒	4	人に富と幸福をもたらす7つの事項	4	価値ある教え
5	善行の練習	5	シン・マハ・ティラウンサの訓戒(A)	5	4つの崇高で神聖で永遠なもの	5	演説の知恵
6	シン・マハール・テラワンサの訓戒	6	シン・マハ・ティラウンサの訓戒(B)	6	聖人との友情	6	最上の避難
7	怠け者に対する非難	7	賢者の特徴	7	悪人に対して我慢する	7	徳の高い人と邪悪な人
8	技術的知識の恩恵	8	カエルの自尊心	8	価値のない悪人	8	いろいろな善し悪し
9	視覚的知識の収集	9	加齢のプロセス	9	聖人のよき態度	9	知恵を得ることは難しい
10	プロセスの評価	10	教養の価値	10	聖人の質	10	すぐに悩ませる
11	プロセス	11	豊かな知識・貧弱な知識	11	聖人は祖先を育む	11	忍耐
12	教師の善意	12	賢者と花の感覚	12	聖人は平和をもたらす	12	罪を犯さないように

（出典）ミャンマー教育省「道徳・公民」教科書 Grades 6-9、2014年

■ライフスキル

6年生		7年生		8年生		9年生	
1	目標と期待	1	目標設定	1	不合理な思考と行動	1	目標と期待
2	多様性と行動原理	2	対人関係・友人関係	2	不合理な思考の結果	2	自己改善
3	強みを生かす	3	友人・仲間	3	感情的思考	3	お互いに守り合う
4	健康的な表現、不健康な表現	4	対立と関係	4	友人を超えた関係	4	生殖器官
5	価値と行動	5	暴れん坊	5	感情の抑制	5	青少年の性行為の結末

18	大戦の背景
19	大戦の状況
20	大戦後の世界
21	世界のブロック化
社会主義国家の誕生	
22	20 世紀のロシア
23	1917 年革命
民族解放運動	
24	民族解放運動の特性
25	インドの国民運動
26	東南アジアの民族解放運動
26	中国の国民運動
ファシズム	
27	ファシズムの特性
28	イタリアのファシズム
29	ドイツのファシズム
第二次世界大戦	
30	大戦の背景
31	大戦の影響
32	国際連合
東南アジア諸国連合（ASEAN）	
33	東南アジア諸国連合の成立の背景
34	東南アジア諸国連合の成立目的
35	構成国

（出典）ミャンマー教育省「歴史」教科書 Grades 6-9、2014 年

資料5　ミャンマーの中学校の教科書内容

■歴史

6年生		7年生		8年生		9年生	
	ミャンマー史		ミャンマー史		ミャンマー史		ミャンマー史
	アニャーディアン文化（先史時代）		二度目の統一王朝		最後の統一王朝		英国植民地時代
1	石器時代とは	1	タウングーの興隆	1	三度目の統一王朝（コンバウン朝）の誕生	1	武装闘争
2	石器時代の社会経済制度	2	インワ朝の誕生	2	コンバウン朝	2	民族主義の台頭
3	石器時代の文化	3	ハンターワディー朝とインワ朝の行政・社会経済・文化	3	王朝初期の戦い	3	ビルマ人団体総評議会（BCGA）
	最初の統一王朝　パガン朝	4	ヨーロッパ人の到来	4	王朝後期の戦い	4	はじめての大学生ストライキ
4	パガン朝の誕生と歴代国王	5	国際関係	5	コンバウン朝の行政・社会経済・文化	5	ドウバマー・アシー・アヨウン
5	パガン朝の行政・社会経済・文化	6	王朝の崩壊	6	コンバウン朝の滅亡	6	農民一揆
6	パガン朝の滅亡		世界史		世界史	7	仏暦1300年革命
	世界史		古代ギリシャ文明		資本主義の初期	8	ビルマ自由ブロック
	氾濫原の古代文化	7	ギリシャ文明の誕生	7	新天地の発見	9	反植民地運動
7	メソポタミア地域	8	行政・経済・社会・文化	8	ポルトガル人の進出	10	ビルマ独立義勇軍（BIA）
8	ナイル河流域	9	ギリシャ文明の衰退	9	オランダ人の進出	11	反ファシズム運動
9	インダス河流域		古代ローマ帝国		資本主義の繁栄	12	独立
10	黄河流域	10	ローマ帝国の誕生		君主国家	13	植民地時代の行政・経済
	東南アジアにおける古代文明	11	行政・経済・社会・文化	10	君主国家の誕生		独立後の時代
11	アンコール王国	12	ローマ帝国の衰退	11	イギリスの君主国家	14	パサパラ政権
12	ベトナム王国			12	フランスの君主国家	15	暫定政権
13	シュリーヴィジャヤ王国（スマトフ）				産業革命	16	パサタ政権
14	マジャパヒト王国（ジャワ）			13	イギリスにおける産業革命	17	社会主義革命
15	タイ			14	ヨーロッパにおける産業革命		世界史
							第一次世界大戦

25	世界の保全と保護	地球と宇宙		24	宇宙と天候	25	外気圏
26	環境についての知識	25	宇宙と天候	25	異なった雲や低気圧のでき方	地球と宇宙	
27	大気圏と水圏と水源、岩流圏と土壌、野生動物と森林	人間と科学		26	嵐からの防御	26	宇宙と天候
地球と宇宙		26	新たな発見	人間と科学		27	太陽光と世界
28	宇宙と気候			27	コンピュータとその活用	28	大気圏、空気とその影響
29	太陽光システムと宇宙					人間と科学	
30	宇宙の活用					29	情報通信技術
人間と科学							
31	革新と創造						

（出典）ミャンマー教育省「科学」教科書 Grades 6-9、2014 年

■地理

6年生		7年生		8年生		9年生	
世界を構成する要素		世界を構成する要素		世界を構成する要素		世界を構成する要素	
1	地球の形と大きさ	1	宇宙と太陽光システム	1	地球の環境	1	環境破壊による地球の構造の変化
2	緯度と経度	2	月	2	天気と気候	2	世界の水圏
3	陸地と海洋	3	月食と日食	3	大気の温度	3	島嶼
4	地球の特徴	4	地球の構造	4	気圧と風	国土の特徴	
国土の特徴		5	火山	5	結露と降雨	4	鉱業
5	ミャンマーの位置と形と境界	6	地震	国土の特徴		5	工業
東南アジア諸国		7	大陸と海洋の構造	6	人口と人種	6	交通・通信
6	カンボジア	国土の特徴		7	経済：農産物、水産物、畜産物、木材	7	貿易
7	バングラデシュ	8	気候	東南アジア諸国		東南アジア諸国	
実用的地理		9	植生と動物	8	マレーシア	8	インドネシア
8	地図の学習	10	土壌	9	ブルネイ	9	シンガポール
		東南アジア諸国		10	インド	10	ラオス
		11	フィリピン	実用的地理		11	中国
		12	ベトナム	11	地図の学習	実用的地理	
		13	タイ	12	測量	12	縮尺
		実用的地理				13	等高線
		14	地図の学習			14	地形図の学習

（出典）ミャンマー教育省「地理」教科書 Grades 6-9、2014 年

■科学

6年生		7年生		8年生		9年生	
1	科学とは	1	科学とは	1	科学的思考と態度	1	未来の科学技術
生き物		生き物		生き物		生き物	
2	人体の機能	2	動き	2	多様性	2	成長
3	生物と食べ物	3	有機体	3	住処	3	生態
4	花の機能	4	植物界・動物界	4	恩恵	4	食物連鎖
物質		物質		5	遺伝	5	受精
5	水の循環	5	硬水と軟水	6	適応	物質	
6	水の様々な形態	6	物質	7	受粉	6	酸と塩基
7	物質の溶解	7	物質の変形	物質		7	空気の組織
8	原子	8	混合物の分離方法	8	混合物の性質	8	窒素と水素
9	混合物	9	ペーパー・クロマトクラフィー	9	混合物における二種類の変化	9	有機化合物
10	合成物	エネルギー		10	燃焼とさび	エネルギー	
11	分子	10	音の感じ方と速度	11	空気の組織	10	音波
エネルギー		11	反射	12	酸素と二酸化炭素	11	聞こえる音と聞こえない音
12	音とその性質	12	鏡に反射した影	エネルギー		12	光
13	音の伝導	13	万華鏡と望遠鏡	13	音の反射とエコー	13	磁界
14	光	14	磁石の利用	14	光	14	AC 発電機
15	磁石	15	方位磁石の利用	15	光の反射	15	DC 原動機
16	永久磁石と一時的な磁石	16	電磁石を作る	16	光の分散とスペクトラム	16	直列と並列
17	静電気	17	電磁石を使った道具	17	磁石	17	フューズ
18	雷	18	エネルギーと仕事量	18	電池と自動車のバッテリー	18	電気に関する事故とその対策
19	雷から身を守る	19	仕事量の定義	19	電気回路、電圧、伝導体、絶縁体	19	電気回路
20	熱の測定	20	簡単な機械と摩擦	20	エネルギーと仕事量	20	エネルギーと仕事量
21	三種類の熱伝導	21	慣性	21	力と仕事量とエネルギー	21	エネルギー保存の法則
22	エネルギーと仕事量	自然保護		自然保護		22	異なった電源
23	太陽光エネルギーとその便益	22	環境の保全と環境	22	世界の環境保全、世界環境保全の日、国連の環境活動	自然保護	
24	熱のエネルギー	23	人間と人間によって興される破壊	23	公害と地球温暖化	23	世界の環境保全、森林伐採、土壌汚染、植物相と動物相の保全
自然保護		24	人口と貧困と工業化、過剰な車の使用と環境、環境教育と行動	地球と宇宙		24	気圧計、比重計、液柱計

■数学

6年生		7年生		8年生		9年生	
第一分冊		第一分冊		第一分冊		第一分冊	
1	自然数と整数	1	整数	1	有理数	1	実数
2	整数の計算	2	最大公約数と最小公倍数	2	指数	2	ベキ指数（3乗）と根
3	素数と最大公約数、最小公倍数	3	分数と小数	3	平方と平方根	3	公式とその応用
4	分数と小数	4	割合と比	4	代数的操作	4	代数式
5	割合、百分率、平均	5	平均	5	因数	5	因数分解と恒等式
6	多項式	6	数式	6	有理式	6	有理式
7	等式	7	百分率	7	有理等式	7	角度を用いた方位の表し方
8	数直線	8	代数式	8	等式	8	連立一次方程式
9	統計（1）	9	一次方程式	9	二次方程式	9	座標上にグラフを描く
10	測量の単位	10	点	10	二次方程式の解法	10	集合
第二分冊		11	統計（2）	11	定式	11	数列
11	幾何とは	12	様々な単位	12	座標における点	12	数え方
12	身の周りにある様々な形	第二分冊		13	統計（3）	13	推定誤差
13	点、線、半径、線分	13	平行線と平行四辺形	14	割合、百分率、平均	14	統計（4）
14	角度	14	三角形の合同	15	損益、利子、税、メートル法	15	割合、比例、連比例、偏差
15	三角形	15	三角形	第二分冊		16	代数の活用
16	円	16	対称	16	合同三角形	第二分冊	
17	平行線	17	証明	17	四角形	17	相似
18	線対称	18	円	18	円	18	証明の性質
19	体積と容積	19	体積と容積	19	ピタゴラスの定理	19	体積と容積
		20	図形の基本	20	体積と容積	20	組み立ての基本
				21	図形の基本	21	図形の実践
				22	角度を用いた方位の表し方		

（出典）ミャンマー教育省「算数」教科書 Grades 6-9、2014年

■英語

6年生		7年生		8年生		9年生	
1	復習	1	復習	1	復習	1	復習
2	事故	2	シンデレラ（1）	2	同じ、それとも違う？	2	首飾り
3	ライオンとネズミ	3	シンデレラ（2）	3	王様のナイチンゲール	3	ノーベル賞
4	海辺のピクニック	4	シンデレラ（3）	4	賢い召使と愚かな主人	4	TV番組の制作
5	忙しい家族	5	サガインへの訪問	5	像	5	詩：母音のなぞなぞ
6	フクロウ	6	怠け者の少年	6	復習	6	復習
7	愚かな人	7	車で帰宅（1）	7	ガリバーと小人たち（1）	7	賢者の二語
8	炎（1）	8	車で帰宅（2）	8	ガリバーと小人たち（2）	8	ペニシリン
9	炎（2）	9	笛吹童子（1）	9	健康的な習慣と生活	9	楽器
10	早寝早起き	10	笛吹童子（2）	10	奇妙な人	10	明日の天気は？
11	炎（3）	11	笛吹童子（3）	11	私たちの国	11	雨はなんと素晴らしいのだろう！
12	親指トム（1）	12	卑しい犬	12	復習	12	復習
13	親指トム（2）	13	母への贈物	13	健康的な生活のためのよりよい習慣	13	勉強の仕方
14	親指トム（3）	14	君は何をするつもり？天気はどうかな？	14	イソップ童話	14	偉大な発明家
15	虹	15	アリババと40人の盗賊（1）	15	飛ぶ	15	誘惑
16	文法練習	16	アリババと40人の盗賊（2）	16	何が見える？	16	オリンピック
		17	太陽	17	月	17	勇敢な犬
		18	火をおこす	18	復習	18	月
		19	文法練習	19	文法練習	19	復習
				20	不規則動詞	20	文法練習

（出典）ミャンマー教育省「英語」教科書 Grades 6-9、2014年

資料5　ミャンマーの中学校の教科書内容

■ミャンマー語

6年生		7年生		8年生		9年生	
1	二人の玉売り商人	1	詩：善人	1	鹿のニジョウハ王	1	訓戒
2	詩：金色の孔雀	2	文学について話す	2	殉教者の家	2	ローカタラ
3	自由なマ・ミャ・イン	3	詩：真珠の首飾り作り	3	賢い牡牛	3	兵士
4	ミャンマー伝統の合唱団	4	絵描きウー・バー・ニャン	4	ピーソウダ王子	4	我々の村
5	詩：甘いスープ	5	インレー湖	5	賢い坑夫	5	ジャスミン
6	ミングンの鐘	6	詩：インレーのなぞなぞ	6	ブマセナ	6	粉にする音
7	詩：牛車	7	伝統のことわざ	7	感謝の意を表すライオン	7	夕暮れに歌う鳩
8	ヒバリとワシ	8	詩：川の兄弟	8	ゴマを盗んだ王子	8	マンダレー丘の陰
9	詩：学びたければ	9	歴史的遺産	9	口げんかをするキツネ	9	歌うバッファロー少年
10	漫画家ウー・バージャン	10	詩：太鼓の音	10	タンワヤ王子	10	牛の兄弟
11	ミャンマー伝統のなぞなぞ	11	旅行者	11	クダラ・オウムの王	11	蛍
12	詩：どの町のファッションがよいか	12	詩：頂上	12	白い腹をしたワシとその友達	12	母
13	ミャンマーの新聞	13	チャイック・テー・イー	13	蜘蛛と9万のカモ	13	技術者
14	詩：手提げランプ	14	古代のミャンマー劇場				
15	火事を防ぐ	15	詩：ポー・ソー・ケー				
16	ラ・ドウ・タは話すのが得意	16	カニはサギより賢い				
17	詩：ダハットの花	17	国立博物館				
18	雨傘	18	詩：我々の血				
19	12ヵ月の雨	19	オリンピック				
20	ミャンマーの森	20	詩：我々の村				
21	詩：知識習得	21	ミジャウンの花				
		22	金色のミャナンサンチョウ宮殿				
		23	ミャンマーの木琴				

（出典）ミャンマー教育省「ミャンマー語」教科書 Grades 6-9、2014年

25	ハトとスズメ・ゲーム	25	もの運びゲーム	25	ボール受け渡しリレー
26	アエさんと蚊帳ゲーム	26	人助けゲーム	26	二人三脚
27	ジャガイモ・石の早とり	27	「サ・ル・サ・ル」ゲーム	27	豆袋ゲーム
28	列車競争			28	シャトル競争
29	闘鶏			29	足の上を飛び越えゲーム
30	カエル跳び				
31	ボート漕ぎ				
32	硬貨の置き直しゲーム				

4年生		5年生	
1	集団で身体運動（準備体操）	1	集団で身体運動（手の運動）
2	集団で身体運動（準備体操、首、足、腰、腕の運動）	2	集団で身体運動（腰、足、腕、呼吸の運動）
3	走行・止る、左・右回転	3	カニやラッコ、ラクダのような動き
4	列、縄跳び、回転、逆立ち、腕立て伏せ、前屈、縄掴み、回転、ロープ登り、人間ピラミッド	4	手をたたく音で走ったり、止まったり、エアロビクス体操、人間ピラミッド、縄跳び
5	ラッコやカメ、アヒルの動き	5	二つの足と一つの手、一つの足と二つの手、一つの足と一つの手
6	偉大なヘビ：ネズミとヘビのゲーム	6	左から右ゲーム
7	場所取りゲーム	7	ノット・トリオ・ゲーム
8	川渡ゲーム	8	尻尾摑みゲーム
9	逃亡者サン・ペ・ゲーム	9	漁夫ゲーム
10	布製ボール一撃ゲーム	10	オイルランプ上下ゲーム
11	生き残り王様ゲーム	11	ヒーローゲーム
12	インディアン・ラインの上を歩くゲーム	12	ウサギ罠取りゲーム
13	ペアーゲーム	13	一週間の日曜日ゲーム
14	ラクダ走りゲーム	14	投げて座るゲーム
15	可哀そうな魚ゲーム	15	ゴキブリ競争
16	場所移動ゲーム	16	網で魚取りゲーム
17	菩提樹の水入れゲーム	17	トウ・シ・トウ
18	トンネルに逃げるゲーム	18	呼ばれたら出るゲーム
19	白い鳥、黒い鳥ゲーム	19	象と象のゲーム
20	棒引き抜きゲーム	20	布袋投げゲーム
21	腕相撲	21	車輪リレーゲーム
22	ボール打ちゲーム	22	ジグザグゲーム
23	おんぶで運ぶゲーム	23	ドゥ・ト・トゥツ・ト
24	タグ取りゲーム	24	カート押しゲーム
25	棒跳びゲーム		

（出典）ミャンマー教育省「体育」教員用指導書 Grades 1-5、2014 年

■体育

1年生		2年生		3年生	
1	首の運動	1	身体運動：血液循環を活性化するための運動	1	集団での身体運動（腕振りと回転）
2	腕を上下に動かす運動	2	身体運動：準備体操、首、腕と肩、腰、足	2	集団での身体運動（腰、腕と肩、足、呼吸）
3	腰を左右に動かす運動	3	跳躍（左右、後ろ）	3	一列並び、横並び、輪になって
4	静止した状態での足踏みと腕振りの運動	4	列、跳躍、足を変えて跳躍、歩行、回転、身体を曲げる、伸ばす、前転	4	列並び、走行、縄跳びスキップ、飛び降り、前転
5	普通歩行、つま先歩行、かかと歩行	5	ゴキブリやラクダの動き	5	アヒルや熊、ラッコのような動き
6	走る、止まる、両足跳び、歩く、片足跳び	6	歌に合せて振付練習：シュエボーの家	6	歌に合せて振付練習：月、地球、太陽
7	歌に合せて振付練習：十の花	7	歌に合せて振付練習：四方向	7	歌に合せて振付練習：偉大なる大河エヤワディ
8	歌に合せて振付練習：私	8	歌に合せて振付練習：団結	8	歌に合せて振付練習：私たちは幸せ
9	歌に合せて振付練習：協力して	9	歌に合せて振付練習：音楽隊	9	歌に合せて振付練習：細長い競技用ボート
10	歌に合せて振付練習：雷の轟を聞いて	10	歌に合せて振付練習：協同的な輪	10	歌に合せて振付練習：小さな庭
11	歌に合せて振付練習：小さな茶色のリス	11	歌に合せて振付練習：小さなヤカン	11	歌に合せて振付練習：1から10まで数えよう
12	歌に合せて振付練習：大きな車で追い越そう	12	歌に合せて振付練習：ボート漕ぎゲームをしよう	12	歌に合せて振付練習：小さな植物
13	歌に合せて振付練習：ワゾー、ワカウグ（ミャンマー伝統）	13	誰が背中を叩いたの？	13	黄金の茶色の凧
14	歌に合せて振付練習：静かな風	14	母なる大海ゲーム	14	片足ゲーム
15	歌に合せて振付練習：手を前へ	15	蝶々	15	交代で走るゲーム
16	ストーリーでリング・ゲーム1	16	リスが逃げるゲーム	16	目隠しゲーム
17	1, 2, 3, 4 ゲーム	17	人食い鬼が柱を変えるゲーム	17	地面に触るのではなく、セメントに触るゲーム
18	ストーリーテリング・ゲーム2	18	星の明かり・月の明かりゲーム	18	亀の卵を隠すゲーム
19	反対ゲーム	19	子犬ゲーム	19	数の変更ゲーム
20	立ち座りゲーム	20	「年老いたキツネ、今何時？」ゲーム	20	ポー・ミャー主人のゲーム
21	バンタン	21	透明な王子ゲーム	21	庭師ゲーム
22	市街門開放ゲーム	22	人の苦情を聞くゲーム	22	定数外ゲーム
23	くし売りゲーム	23	タッグ・ゲーム	23	象とヤギのゲーム
24	雄牛、牧場から逃げ出すゲーム	24	ボールのスローイング・ゲーム	24	時間内に完成

■芸術

1年生		2年生		3年生	
1	素描する	1	素描する	1	素描する
2	記憶したことを描く	2	記憶したことを描く	2	記憶したことを描く
3	想像したことを描く	3	想像したことを描く	3	想像したことを描く
4	創造的に絵を描く	4	創造的に絵を描く	4	創造的に絵を描く
5	歌う：子ども向けの歌の意味を理解し、歌う練習をする	5	歌う：鐘や拍子木の音にあわせて「kjou thachin」を歌う、歌「htanta ja tei shin」の第一楽章の練習	5	歌う：「htanta ja tei shin」の第二、第三楽章を鐘や拍子木の音にあわせて歌う
6	踊る：ミャンマー舞踊の基本的な身体の動きを知る	6	踊る：「Si and Wah」の基本を覚える	6	踊る：ミャンマー舞踊には秩序のあることを知り、その芸術を楽しむ
7	楽器を演奏する（ミャンマー伝統楽器）	7	楽器を演奏する（ミャンマー伝統楽器）	7	楽器を演奏する（ミャンマー伝統楽器）

4年生		5年生	
1	素描する	1	素描する
2	記憶したことを描く	2	記憶したことを描く
3	想像したことを描く：児童が見慣れた自然の風景（野菜や花など）を線で描き、色を付ける	3	想像したことを描く：児童が見慣れた自然の風景（野菜や花など）を線で描き、色を付ける
4	創造的に絵を描く：色紙、布きれ、乾燥した葉っぱや羊毛を糊で貼り付け、花や花びらなどを作る	4	創造的に絵を描く：色紙、布きれ、乾燥した葉っぱや羊毛を糊で貼り付け、花や花びらなどを作る
5	歌う：伝統的な歌「kjou」の歌詞の意味とメロディを理解する	5	歌う：伝統的な歌「kjou」の歌詞の意味とメロディを理解する
6	踊る：ミャンマー舞踊には秩序のあることを知り、その芸術を楽しむ	6	踊る：ミャンマー舞踊には秩序のあることを知り、その芸術を楽しむ
7	楽器を演奏する（ミャンマー伝統楽器）	7	楽器を演奏する（ミャンマー伝統楽器）

（出典）ミャンマー教育省「芸術」教員用指導書 Grades 1-5、2014 年

4	従順な公務員	4	責任	4	責任
5	礼儀	5	文化的行為	5	文化の実践
6	物語	6	物語	6	物語

4年生		5年生	
1	愛国心	1	愛国心
2	品性	2	自己鍛錬
3	文化	3	文化
4	責任	4	責任
5	マナー	5	文化的な習慣
6	物語	6	物語

（出典）ミャンマー教育省「道徳・公民」教科書 Grades 1-5、2014年

■ライフスキル

1年生		2年生		3年生	
1	手を洗おう	1	歯を大切にしよう	1	身体を大切に
2	体力をつけるためにいろいろな物を食べよう	2	清潔な手はよき薬なり	2	異なった種類の物をバランスよく食べよう
3	見えないもの（細菌）	3	きっちりとすること	3	喫煙
4	体調の変化	4	これらの生き物は？（蚊とマラリア）	4	かまれない（蚊）
5	見知らぬ人による危険	5	私たちはいろいろできる	5	楽しいクラス
6	それをすべきですか？	6	事故に気を付けよう	6	危険を避ける
7	勇気を出そう	7	断ろう	7	礼儀正しい尋ね方
8	植物の美しさを知ろう	8	火、電気、薬には注意しよう	8	消費を減らそう
		9	正しく処理をしよう（ゴミ捨て）	9	本質的なこと

4年生		5年生	
1	いつも清潔にして病気を防ごう	1	健康に暮らそう
2	いろいろな物をバランスよく食べることの必要性	2	呼吸困難（風邪）
3	ヨウ素をとろう	3	アルコールを絶とう
4	蚊を探して追い払おう	4	麻薬の怖さ
5	お金を浪費しない	5	助けよう（HIV）
6	HIVを防ごう	6	出かける時は気を付けて
7	仲良く暮らそう	7	違う方法を考えよう
8	お互いに助け合おう	8	面白いことを見つけよう
9	嘘をつかない	9	心を開こう
10	考え、選び、そして実行しよう	10	マナーを守る（ゴミの捨て方）
11	他人を傷つけない		
12	きれいな空気		
13	周囲を緑に		

（出典）ミャンマー教育省・UNICEF「ライフスキル」ハンドブック Grades 1-5、2005年

資料4　ミャンマーの小学校の教科書内容

■社会

4年生		5年生	
1	家族とその家屋	1	私たちの国ミャンマー
2	私たちの家族	2	ミャンマーの民族
3	私たちの食べ物	3	マンダレー管区
4	私たちの衣服	4	ミャンマーと英国植民地主義政策
5	私たちの学校	5	カチン州
6	学校の環境	6	カチン州における植民地主義政策への反発（指導者ボ・ポ・ソーの下で）
7	地形	7	カヤ州
8	私たちの住む村や地域の状況	8	愛国的指導者ソー・ラー・ポー
9	私たちの村	9	カイン州
10	絵・縮図・地図	10	カイン民族の指導者マン・バーカイン
11	歴史的に重要な都市を示したミャンマー地図	11	チン州
12	アノーヤター王	12	チンの改革指導者チャウン・ビ
13	チャンシッター王	13	モン州
14	偉大な息子ヤーザクマー	14	国家指導者チット・ラン
15	バインナウン王	15	ラカイン州
16	偉大なるアラウンパヤー王	16	シュエ・ザン・アウン（ミャンマー文化と文芸を愛したラカイン人）
17	マハ・バンドラ将軍とパンワールの戦い	17	サガイン管区
18	ボ・ミャット・トゥン	18	偉大なるシャンの指導者アウン・ミャット
19	ミンドン王	19	タニンサリ管区
		20	バ・トゥ大佐
		21	バゴー管区
		22	農民による革命（指導者サヤサンの下で）
		23	マグウェー管区
		24	国家指導者アウンサン将軍
		25	エヤワディ管区
		26	愛国指導者バ・チョ（ディー・ドケ）
		27	シャン州
		28	団結の日（ユニオン・デー）
		29	ヤンゴン管区
		30	独立記念日のお祭り
		31	八方位と位置の学習
		32	天候の学習（気温、風、雲の状態、雨量、天気記号）

（出典）ミャンマー教育省「地理・歴史」教科書 Grades 4-5、2014年

■道徳公民

1年生		2年生		3年生	
1	愛国心	1	愛国心	1	愛国心
2	道徳	2	道徳	2	道徳
3	文化	3	文化	3	文化

7	同じ形の物質を異なった形の物質と区別しよう	7	熱を発する物質について説明しよう	7	固体、液体、気体を正しく説明しよう
8	熱いものと冷たいものを区別しよう	8	音の種類を区別しよう	8	摩擦で熱を起こそう
9	音を聞こう	9	光を発する物質	9	音によって感じられる気持ち
10	光と闇を区別しよう	10	磁石と電気	10	光の長所
11	磁石と電気	11	天気の状態を観察しよう	11	磁石と電気
12	一日の天気の状態を観察しよう	12	水源への感謝の気持ちをもって水の重要性について学習しよう	12	異なった種類の動き（運動）
13	家庭で使う水はどのようにして得られるのか学習しよう	13	土壌の色や手触りを地域と関連付けて学習しよう	13	天気
14	陸上にいる生き物とそうでないものを学習しよう	14	太陽、月、星を観察しよう	14	異なった土壌を比較しよう
15	日中空に見えるもの、夜空に見えるものを言おう	15		15	太陽と月

4年生		5年生	
1	異なった種類の生き物	1	生き物の分類と観察
2	動物（脊椎動物、無脊椎動物、食べ物、成長など）	2	動物（魚類、両生類、爬虫類、鳥類、哺乳類）
3	植物（花をつける植物、つけない植物）	3	植物（栽培される植物、自生する植物）
4	身の周りにある物質（固体、液体、気体）	4	物質の異なった形状
5	物質の性質	5	熱する前と後における物質の状態の学習
6	物質の状態の変化	6	熱
7	固体の溶解	7	音の伝導と聞こえ方
8	熱の発生源	8	直線的な光の進み方と影のでき方
9	物体が振動した時の音の発生	9	磁石と電気
10	光の発生	10	動き（運動）
11	磁石と電気	11	天気
12	動き（運動）	12	土壌侵食の原因
13	天気	13	地球、月、太陽
14	異なった種類の水		
15	地形		
16	地球、月、太陽		

（出典）ミャンマー教育省「自然理科」教科書 Grades 1-3、2014 年
ミャンマー教育省「理科」教科書 Grades 4-5、2014 年

5	10までの数字の足し算・引き算	5	ミャンマー貨幣	5	いろいろな形
6	20までの数字と読み書き	6	掛け算	6	掛け算
7	20までの数字の足し算・引き算	7	割り算	7	割り算
8	繰り上げ・繰り下がりのない足し算・引き算の筆算	8	様々な測定（長さ、重さ、容積、時間、日）	8	分数
9	ミャンマー貨幣	9	いろいろな形	9	ミャンマー貨幣
10	練習問題	10	練習問題	10	ミャンマーの重さと容積の単位
				11	時間と長さの測定
				12	図を用いた表現の基礎（棒グラフなど）

4年生		5年生	
1	数の基礎（四則計算）	1	数の基礎（四則計算）
2	10,000までの数字の読み書き	2	10,000,000までの数字の読み書き
3	足し算	3	足し算・引き算
4	引き算	4	幾何の基礎（点と線、角度、三角形、四角形、五角形、六角形、平行四辺形、円など）
5	幾何の基礎（正三角形、二等辺三角形、円、平行な直線、対称など）	5	掛け算
6	掛け算	6	割り算
7	割り算	7	分数と小数
8	ミャンマー貨幣	8	時間の測定
9	分数	9	重さと容積
10	重さと容積	10	ミャンマー貨幣
11	時間	11	長さの測定
12	長さの測定	12	周囲の長さと面積
13	辺と面積	13	容積の測定
14	図表と棒グラフ	14	図表を用いた表現

（出典）ミャンマー教育省「算数」教科書 Grades 1-5、2014年

■理科

1年生		2年生		3年生	
1	身の周りの生き物	1	身の周りの生き物	1	身の回りの生き物
2	生き物にとって必要なもの	2	生き物にとって必要なもの	2	生き物にとって必要なもの
3	生き物と環境との関係	3	生き物と環境との関係	3	生き物と環境との関係
4	教室にある物質の観察	4	身の周りにある物質の観察	4	環境保全
5	物質の比較（色、形）	5	物質の比較	5	身の周りにある液体の観察
6	大きさ	6	物質を種類によって分類しよう	6	気体（空気）の学習

4年生		5年生	
1	数えられない名詞	1	mine, yours, his, hers, ours, theirs
2	can	2	have breakfast など
3	like	3	単純過去形
4	but	4	単純現在形
5	That, Those	5	未来形（going to）
6	or	6	間接目的語
7	don't	7	副詞 I
8	me, you, him, her, it, us, them	8	副詞 II
9	too	9	疑問文 I
10	one	10	疑問文 II
11	形容詞	11	前置詞句
12	our, your, their, its	12	三つの季節
13	some, any, no, many	13	要求を表す表現
14	some, any no, many	14	マウン・バウク君の卵
15	Are there…? There aren't …	15	目的を表す表現
16	to bed, to school など	16	動物園へ行く
17	May I…?	17	サッカーの試合
18	a teacher, a doctor など	18	形容詞の最上級
19	形容詞の比較級	19	How much? How old? How often? など
20	Here is…Here are…	20	賢者
21	someone, sometimes, anyone, nothing など	21	ココとゾウゾウ
22	What is the time?	22	うさぎとかめ
23	was, were	23	
24	had	24	
25	very		

（出典）ミャンマー教育省「英語」教科書 Grades 1-5、2014 年

■算数

1年生		2年生		3年生	
1	数字を学ぶ前の基礎（大きさ、体積、位置、重さ、比較など）	1	0から20までの数	1	数の基礎（四則計算、偶数・奇数）
2	5までの数字と読み書き	2	100までの数字と読み書き	2	1,000までの数字と読み書き
3	5までの数字の足し算・引き算	3	100までの数字の足し算	3	足し算
4	10までの数字と読み書き	4	100までの数字の引き算	4	引き算

■英語

1年生		2年生		3年生	
1	大文字	1	a…, an…	1	a, an
2	小文字	2	It is a/an…	2	It is…
3	AからZ	3	I am…	3	He/She is…I am/You are…
4	数字	4	You are…	4	This is…
		5	This is…	5	This is…and this is…
		6	He/She is…	6	my, your, his, her
		7	I have a…, He/She has a…	7	What is this?
		8	My…	8	What is it? Is it…? Is this …? Is he/she…?
		9	Your…	9	Yes, it is. No, it is not. Are you…? Yes, I am. No, I am not.
		10	His/Her…	10	It is not…I am not…
		11	What is your/my/his name?	11	形容詞
		12	What is it?	12	命令法
		13	What is this?	13	現在進行形
		14	Is it…? Yes… No…	14	Yes, No Questions
		15	Is this …? Yes, it is. No, it is not.	15	…'s
		16	Is he/she a…? Yes, he/she is a…No, he/she is not a…	16	the
		17	It is not a…He is not a…	17	In, on, under, beside, behind, in front of, near
		18	Open, Shut, Stand, Sit, Hold up, Point, Come, Go, Draw	18	of the (at the top of, in the middle of など)
		19	He/She is …ing	19	単語の複数形の復習
		20	I am …ing	20	There is/are… Is there…?
		21	Is he/she …ing?	21	Where is/are…?
		22	and	22	How many…?
		23	yellow, green, white, black, blue, red, brown	23	These
		24	tall, short, big, little	24	They, We, You
		25	数詞	25	What is he/she doing?
		26	絵を用いた練習	26	直接目的語
		27	歌と詩	27	副詞的用法
		付録	語彙リスト 150 単語	28	Have/has
				29	Who…?
				30	What…?
				31	数えられない名詞

34	ポ・タ・トゥ	34	読み物：老人と三人の息子
35	朗読：楽しい森	35	朗読：ギャー・アエという名の子ども
36	第 11 課：母音	36	怠惰の六つの原因
37	ミンガラポエム	37	読み物：私たちの学校
38	第 12 課：母音	38	朗読：楽しくよく学ぶ
39	第 13 課：母音	39	朗読：裕福な男の愚かな息子
40	第 14 課：母音	40	国歌
41	朗読：願い		
42	朗読：健康と清潔さ		
43	復習		
44	朗読：児童の責任		
45	国歌		
4 年生		5 年生	
1	国家の日	1	三人の友人
2	私たちの学校	2	エヤワディ川
3	親友	3	校庭
4	蜂	4	シュエダゴン・パゴダ
5	男優フォエ・セイン	5	羊に変装したキツネ
6	善意	6	オーケストラの指揮者セイン・バイダール
7	米	7	賢者の詩
8	バンタン	8	学校図書館
9	伝統保存食ナピ	9	社会に貢献する心
10	説教	10	小川に沿って
11	偉大な隠者の例	11	タマネ祭り
12	殉教者アウン・サン	12	陶器の壺
13	ライトフェスティバル	13	賢いフクロウ
14	説教	14	バマーの息子
15	塩	15	アウンサン将軍
16	魚の養殖	16	ジャカタ説教：指導者
17	サッカーの試合	17	鶏の飼育
18	若いシカの後悔	18	贈賄と汚職は最大の悪
19	人の役に立つ鳥	19	軽率なウサギ
20	パガン	20	ジャスミンの森
21	太鼓のメロディー	21	説教
22	ヘビ	22	十の花：十の伝統芸術
23	彼は一人の男だけしか見なかった	23	ジャカタ説教：十の偉大なジャカタ
24	アウンサン将軍の歌	24	正しい綴りで書け、しかし実際の発音で読め

（出典）ミャンマー教育省「ミャンマー語」教科書 Grades 1-5、2014 年

資料4　ミャンマーの小学校の教科書内容

■ミャンマー語

1年生		2年生		3年生	
1	朗読：アルファベット	1	第1課：文字の発音	1	国旗
2	母音と子音	2	第2課：文字の発音	2	ウサギとカメ
3	アルファベットの名称	3	第3課：文字の発音	3	朗読：母
4	アルファベットの書き方	4	第4課：文字の発音	4	ヤンゴン市
5	読み書きの練習	5	第5課：文字の発音	5	友人への手紙
6	朗読：環境美化	6	第6課：文字の発音	6	朗読：父
7	朗読：子どもの毎日	7	第7課：文字の発音	7	朗読：ボ・トゥリー金色修道院
8	ミンガラポエム	8	朗読：マ・ニンの家	8	孔雀のふりをした鳥
9	読み書きの練習	9	朗読：月の天使	9	三つの季節
10	詩の朗読・筆記の練習	10	第8課：文字の発音	10	私たちの恩人－お百姓さん
11	朗読：早寝早起き	11	第9課：文字の発音	11	透明できれいな水
12	第1課：母音	12	第10課：文字の発音	12	朗読：祝いの詩
13	朗読：ポ・サ・ロンという人物	13	第11課：文字の発音	13	すべてのものを大切に
14	朗読：学校	14	第12課：文字の発音	14	稲の害虫
15	第2課：母音	15	第13課：文字の発音	15	ミャンマーの子どものおもちゃ
16	第3課：母音	16	第14課：文字の発音	16	礼儀正しく
17	朗読：小鳩	17	第15課：文字の発音	17	許可をもらう
18	朗読：詩	18	朗読：親の手伝いをしよう	18	朗読：竹林
19	第4課：母音	19	読み物：自分自身	19	オウムの兄弟
20	朗読：庭師	20	読み物：四つの方向	20	水かけ祭り
21	朗読：優しく話す	21	読み物：手洗い	21	蜂について
22	第5課：母音	22	毎月のお祝いごと	22	両親の責任、先生の責任
23	ミンガラポエム	23	朗読：白い鳥と黒い鳥	23	遠くに住む子どもたち
24	第6課：母音	24	読み物：ナウン・ビン・ター村	24	陣取りゲーム
25	第7課：母音	25	読み物：ミルクを飲もう	25	独立記念日
26	朗読：ジャスミンの花	26	私たちの国に住む民族	26	動物園
27	朗読：満ちていく三日月	27	朗読：子どもの責任	27	畜牛について
28	徒競走	28	読み物：バンジー・ビョー家族の家	28	朗読：田舎娘の村
29	第8課：母音	29	私たちの責任	29	朗読：感謝の念を忘れないネズミ
30	第9課：母音	30	朗読：私たちの責任	30	裏庭での店舗開店
31	朗読：植物を育てよう	31	読み物：アリとキリギリス	31	朗読：神に見放された場所
32	朗読：年老いた百姓の家	32	凧	32	なぞなぞ
33	第10課：母音	33	朗読：花の贈り物		

てられる。

46. アセスメントの結果、十分な学習到達度に満たなかった生徒に対して、各学校は放課後及び休業日を利用して、必要な教科についての補習を行うことができる。

結論

本基礎教育カリキュラム・フレームワークは、我が国のニーズはもちろん、国際標準に合わせて開発されたものであり、同カリキュラムが同フレームに書かれたように系統的に実践されてはじめて基礎教育の水準を高く維持することが可能となる。

れる。それぞれの授業では一貫性が確保され、生徒がすでに学んだ知識を基礎に進められる。

44. **アセスメント**　高等学校でのアセスメントでは形成的評価と総括的評価が行われる。形成的評価は教員及び生徒が各教科の理解できている点、理解できていない点を分かり、特に理解できていない点について改善するための手段である。他方、総括的評価は教員及び生徒が指導・学習後にその理解度を評価するためのものである。中学校生徒の学習到達度についてのアセスメントは次にあげる四つのレベルにおいて実施される。

(a) 学級内アセスメント

学級内アセスメントにおいては、筆記試験や宿題の結果、授業中の生徒の学習活動の観察などを通して、形成的評価を用いる

(b) 学校内アセスメント

学期末試験及び学年末試験は学校内アセスメントとして、すべての学年において実施される。このアセスメント結果及び上記の学級内アセスメントの結果によって、生徒の進級が認められる

(c) 各基礎教育段階の修了時のアセスメント

高等学校教育の修了時に行われるアセスメントは、中央政府による筆記試験が一年に一度実施される。高等学校教育の卒業試験は、生徒がどの程度高等学校教育の目標を達成したかを評価するもので、中央レベルで実施される。合格者には高等学校課程修了証書が授与され大学や職業教育に進学する道が開かれる。ただし、各大学の実施する入学資格を満たす必要がある。高等学校課程修了証書は当該生徒が高等学校教育の目標を達成したことを示すとともに、企業の雇用者に対して能力を示すものでもある。合格できなかった生徒は、不合格教科について再び試験を受けなければならない

(d) 全国レベルのアセスメント

全国レベルのアセスメントは、高等学校の第11学年の終了時に、主要教科における生徒の学習到達度を測る目的で毎年あるいは隔年で行われる。ただし、これは一定数の生徒を抽出して実施される

45. アセスメント結果は生徒に戻され、補習などの必要な学習措置のために用いられる。また、この結果は教員の教授方法やアプローチの改善にも役立

表4　高等学校における学習領域と時間配当（理系）

学習領域（文系）	第10、11学年			第12学年			21世紀型スキル及び職業関連スキル（学習領域との主要な関連）
	週当りの授業時数（コマ）	週当りの授業時間（時間分）	年間授業時間（時間）	週当りの授業時数（コマ）	週当りの授業時間（時間分）	年間授業時間（時間）	
ミャンマー語	5	3:45	135	6	4:30	162	21世紀型スキルの取り扱いにおいては、教科横断的でも、ある教科において特別に設定した単元を通じて行ってもよい
英語	5	3:45	135	6	4:30	162	
ビジネス数学	5	3:45	135	6	4:30	162	
社会（地理）	5	3:45	135				
社会（人間、場所、環境）				6	4:30	162	
社会（歴史、ミャンマーと世界）	5	3:45	135				
社会（グローバルな発展）				6	4:30	162	
社会（経済）	1	0:45	27				
社会（世界経済）				6	4:30	162	
ライフスキル	1	0:45	27				
体育	1	0:45	27				
芸術（音楽・美術）	1	0:45	27				
道徳公民	1	0:45	27				
選択（1科目選択）							
物理（物理と化学の統合）	2	1:30	54	2	1:30	54	
生物（生物と化学の統合）	2	1:30	54	2	1:30	54	
選択ミャンマー語	2	1:30	54	2	1:30	54	
合計	36	27	972	38	28:30	1,026	
地方裁量カリキュラム（雇用可能性、個人の成長）	週当たり4授業時間、年間108授業時間を超えてはならない			情報通信技術基礎　週当たり2授業時間、年間54授業時間			・民族語及び文化 ・職業技能 ・コンピュータ基礎 ・情報通信技術基礎 ・農業・家庭科 上記は地域のニーズを考慮して計画すること（第10学年、第11学年）
合計	高等学校教育段階においては、年間授業時数を1,080時間とする						
実用的な教育発展のための活動	学校委員会活動やクラブ活動は年間60時間を超えてはならない						
高等学校教育（文系）においては、年間1,140時間を超えてはならない							

の学習領域は中学校のものと同じである。六つの共通な学習領域として位置付けられるミャンマー語、英語、数学、社会（地理）、社会（歴史）、社会（経済）は第10学年及び第11学年では週5コマ、第12学年では週6コマ行われる。情報通信技術基礎を除くその他五つの学習領域は第10学年及び第11学年においては週8コマである。社会は、第10学年及び第11学年は我が国及び近隣諸国を中心に扱うが、第12学年ではその扱いは全世界にまで拡大される。理系科目からの選択は、物理（物理と化学が統合されたもの）、生物（生物と化学が統合されたもの）、あるいは選択ミャンマー語からの選択が可能であり、週当たり2コマである。

39. 高等学校の文系カリキュラムは11の学習領域からなり、そのうち一つは科学系科目の中からの選択である。学習領域及び時間配当は表4に示す通りである。

40. **地方裁量カリキュラム**　地方裁量カリキュラムは地方域や州、郡区、学校が独自に、それぞれの教育ニーズを考慮して決定する授業である。地方裁量カリキュラムの学習は教科横断的もしくは独自に設定された教科において行われる。地方裁量カリキュラムとしての設定される内容は、民族言語、民族の歴史や伝統的文化、地域の商業や農業、コンピュータの基礎技能などである。地方裁量カリキュラムは地域のニーズに合わせて設定され、地域の実情に合わせた内容が学習される。

41. 地方裁量カリキュラムの学習は、第10学年及び第11学年においては週当たり4授業時間、年間180時間を超えない範囲、第12学年においては週当たり2授業時間、年間54時間を超えない範囲で行う。

42. 学習内容、教科書、教材、教育方法、評価などを含めて、地方裁量カリキュラムの開発は地方域あるいは州政府によって行われる。

43. **教授学習方法**　高等学校教育段階では、コンピテンシーに基づいた教授学習方法が導入される。教員は多様な教育方法の中からそれぞれの教科や単元に合った方法を選んで活用することができる。教員はそれぞれの授業について、事前に指導案を作成し、そこには期待する目標や成果が記載さ

表3 高等学校における学習領域と時間配当（理系）

学習領域（理系）	第10、11学年			第12学年			21世紀型スキル及び職業関連スキル（学習領域との主要な関連）
	週当りの授業時数（コマ）	週当りの授業時間（時間分）	年間授業時間（時間）	週当りの授業時数（コマ）	週当りの授業時間（時間分）	年間授業時間（時間）	
ミャンマー語	5	3:45	135	6	4:30	162	21世紀型スキルの取り扱いにおいては、教科横断的でも、ある教科において特別に設定した単元を通じて行ってもよい
英語	5	3:45	135	6	4:30	162	
数学	5	3:45	135	6	4:30	162	
物理	5	3:45	135	6	4:30	162	
化学	5	3:45	135	6	4:30	162	
生物	5	3:45	135	6	4:30	162	
ライフスキル	1	0:45	27				
体育	1	0:45	27				
芸術（音楽・美術）	1	0:45	27				
道徳公民	1	0:45	27				
選択（1科目選択）							
社会（地理）	2	1:30	54				
社会（人間、場所、環境）				2	1:30	54	
社会（歴史、ミャンマーと世界）	2	1:30	54				
社会（グローバルな発展）				2	1:30	54	
社会（経済）	2	1:30	54				
社会（世界経済）				2	1:30	54	
合計	36	27	972	38	28:30	1,026	
地方裁量カリキュラム（雇用可能性、個人の成長）	週当たり4授業時間、年間108授業時間を超えてはならない			情報通信技術基礎 週当たり2授業時間、年間54授業時間			・民族語及び文化 ・職業技能 ・コンピュータ基礎 ・情報通信技術基礎 ・農業 ・家庭科 上記は地域のニーズを考慮して計画すること
合計	高等学校教育段階においては、年間授業時数を1,080時間とする						
実用的な教育発展のための活動	学校委員会活動やクラブ活動は年間60時間を超えてはならない						
高等学校教育（理系）においては、年間1,140時間を超えてはならない							

(b) 我が国に居住するすべての民族の言語、文化、習慣を尊重する
(c) 高等学校教育で特に重視される学習領域において、必要な知識や技能を習得するとともに、適切な態度を発達させる
(d) さらに高度な学習や職業教育のために必要な基礎的知識や技能、さらに適切な態度を発達させる
(e) よき市民に成長し、民主主義と公民的活動の発展を支援できるように、その基礎となる知識や技能、態度、さらには芸術的眼識や行動力を身に付ける
(f) 日常生活における体育的活動への参加や保健知識や健康を維持しようとする態度を通して、頑強な身体と健全な精神を発達させる
(g) 基礎教育の最終段階の修了の証拠として必要な知識や技能、態度を発達させる
(h) ミャンマー連邦共和国の一市民としての自覚と誇りをもつ

35. **カリキュラム構造**　　高等学校の一年は 36 週からなり、年間の授業時間は 1,080 時間である。一授業時間は 45 分で、一日当たり 8 授業、合計 6 時間程度の授業が行われる。

36. **理系**　　12 の学習領域のうち、第 10 学年及び第 11 学年で学習する 11 の学習領域は中学校のものと同じである。六つの共通な学習領域として位置付けられるミャンマー語、英語、数学、物理、化学、生物は第 10 学年及び第 11 学年では週 5 コマ、第 12 学年では週 6 コマ行われる。情報通信技術基礎を除くその他五つの学習領域は第 10 学年及び第 11 学年においては週8コマであり、第12学年になると週当たりのコマ数は減少する。なお、情報通信技術基礎は週当たり 2 コマである。文系教科からの選択は、地理、歴史、経済から選択可能であり、週当たり 2 コマである。こうした社会科学系の科目は、第 10 学年及び第 11 学年では我が国やその近隣諸国に焦点を当てるが、第 12 学年では全世界を扱う。

37. 高等学校の理系カリキュラムは 11 の学習領域からなり、そのうち一つは社会科学系科目から一科目の選択である。学習領域及び時間配当は表 3 に示す通りである。

38. **文系**　　12 の学習領域のいち、第 10 学年及び第 11 学年で学習する 11

セスメントは次にあげる四つのレベルにおいて実施される。

(a) 学級内アセスメント

学級内アセスメントにおいては、筆記試験や宿題の結果、授業中の生徒の学習活動の観察などを通して形成的評価を用いる

(b) 学校内アセスメント

学期末試験及び学年末試験は学校内アセスメントとして、すべての学年において実施される。このアセスメント結果及び上記の学級内アセスメントの結果によって生徒の進級が認められる

(c) 各基礎教育段階の修了時のアセスメント

基礎教育の中学校教育の修了時に行われるアセスメントは、当該地域において筆記試験によって一年に一度実施される。中学校教育の卒業試験は、生徒がどの程度中学校教育の目標を達成したかを評価するもので、地方域あるいは州単位で実施される。合格者には中学校課程修了証書が授与され、高等学校に進学することができる。合格できなかった生徒は、当該学校において不合格教科について補習を受け、再び試験を受けなければならない

(d) 全国レベルのアセスメント

全国レベルのアセスメントは、中学校の第7学年の終了時に主要教科における生徒の学習到達度を測る目的で毎年あるいは隔年で行われる。ただし、これは一定数の生徒を抽出して実施される

32. アセスメント結果は生徒に戻され、補習などの必要な学習措置のために用いられる。また、この結果は教員の教授方法やアプローチの改善にも役立てられる。

33. アセスメントの結果、十分な学習到達度に満たなかった生徒に対して、各学校は放課後及び休業日を利用して、必要な教科についての補習を行うことができる。

高等学校教育カリキュラム・フレームワーク

34. 高等学校教育の目的は次のようである。

(a) 年齢相応にすべてにおいて調和のとれた発達、すなわち知性及び身体、さらに社会的、道徳的、感情的、芸術的発達を促進する

表2　基礎教育の中学校段階における学習領域と時間配当

学習領域	週当りの授業時数（コマ）	週当りの授業時間（時間分）	年間授業時間（時間）	21世紀型スキル及び職業関連スキル（学習領域との主要な関連）
ミャンマー語	5	3:45	135	21世紀型スキルの取り扱いにおいては、教科横断的でも、ある教科において特別に設定した単元を通じて行ってもよい
英語	6	4:30	162	
数学	6	4:30	162	
理科	5	3:45	135	
社会（地理）	3	2:15	81	
社会（歴史）	3	2:15	81	
ライフスキル	2	1:30	54	
体育	2	1:30	54	
道徳公民	2	1:30	54	
芸術（音楽・美術）	2	1:30	54	
小計	36	27:00	972	
地方裁量カリキュラム（雇用可能性・個人の成長）	週当たり4授業時数、年間108授業時間を超えてはならない			・民族語及ぶ文化 ・職業技能 ・コンピュータ基礎 ・情報通信技術の基礎 ・農業・家庭科 上記は地域のニーズを考慮して計画すること
合計	中学校教育段階においては、年間授業時数を1,080時間とする			
実用的な教育発展のための活動	学校委員会活動やクラブ活動は年間60時間を超えてはならない			
中学校教育においては、年間1,140時間を超えてはならない				

習方法が導入される。教員は多様な教育方法の中からそれぞれの教科や単元に合った方法を選んで活用することができる。教員はそれぞれの授業について、事前に指導案を作成し、そこには期待する目標や成果が記載される。それぞれの授業では一貫性が確保され、生徒がすでに学んだ知識を基礎に進められる。

31. **アセスメント**　中学校でのアセスメントでは形成的評価と総括的評価が行われる。形成的評価は教員及び生徒が各教科の理解できている点、理解できていない点を分かり、特に理解できていない点について改善するための手段である。他方、総括的評価は教員及び生徒が指導・学習後にその理解度を評価するためのものである。中学校生徒の学習到達度についてのア

(h) 日常生活における体育的活動への参加や保健知識や健康を維持しようとする態度を通して、頑強な身体と健全な精神を発達させる
(i) ミャンマー連邦共和国の一市民としての自覚と誇りをもつ

25. **カリキュラム構造**　中学校教育カリキュラムは、ミャンマー語、英語、数学、理科、社会（地理）、社会（歴史）、ライフスキル、体育、道徳公民、芸術（音楽・図工）、地方裁量カリキュラムの 11 の学習領域から構成される。これらはすべて必修教科である。週当たりの授業時数は 40 コマである。特に、21 世紀型スキルの習得が目指され、これは教科ごとあるいは教科横断的に扱われる。21 世紀型スキルの中に含まれるいくつかのスキルについて扱う場合には、地域の実情に鑑みて行わなければならない。例えば、基礎的な ICT 技能やコンピュータ技能などは、生徒の生活環境に適切であるかを考慮した上で実施する。

26. 中学校の一年は 36 週からなり、年間の授業時間は 1,080 時間である。一授業時間は 45 分で、一日当たり 8 授業、合計 6 時間程度の授業が行われる。学習領域及び時間配当は次の表 2 に示す通りである。

27. **地方裁量カリキュラム**　地方裁量カリキュラムは地方域や州、郡区、学校が独自に、それぞれの教育ニーズを考慮して決定する教育である。地方裁量カリキュラムの学習は教科横断的もしくは独自に設定された教科において行われる。地方裁量カリキュラムとしての設定される内容は、民族言語、民族の歴史や伝統的文化、地域の商業や農業、コンピュータの基礎技能などである。地方裁量カリキュラムは地域のニーズに合わせて設定され、地域の実情に合わせた内容が学習される。

28. 地方裁量カリキュラムの学習は、週当たり 4 授業時間、年間 108 時間を超えない範囲で行う。

29. 学習内容、教科書、教材、教育方法、評価などを含めて、地方裁量カリキュラムの開発は地方域あるいは州政府によって行われる。

30. **教授学習方法**　中学校教育段階では、コンピテンシーに基づいた教授学

いは郡区単位で実施される。この試験に合格した児童には修了証が授与され、中学校に進学することができる。合格できなかった児童は当該学校において不合格教科について補習を受け、再び試験を受けなければならない

(d) 全国レベルのアセスメント

全国レベルのアセスメントは、小学校の第3学年の終了時に主要教科における児童の学習到達度を測る目的で毎年あるいは隔年で行われる。ただし、これは一定数の児童を抽出して実施される

22. アセスメント結果は児童に戻され、補習などの必要な学習措置のために用いられる。また、この結果は教員の教授方法やアプローチの改善にも役立てられる。

23. アセスメントの結果、十分な学習到達度に満たなかった児童に対して、各学校は放課後及び休業日を利用して必要な教科についての補習を行うことができる。

中学校教育カリキュラム・フレームワーク

24. 中学校教育の目的は次のようである。

(a) 年齢相応にすべてにおいて調和のとれた発達、すなわち知性及び身体、さらに社会的、道徳的、感情的、芸術的発達を促進する

(b) ミャンマー語における基本的な四つの技能を習得するとともに、その能力を日常生活の中で活用する

(c) 我が国に居住するすべての民族の言語、文化、習慣を尊重する

(d) 英語における基本的な四つの技能（聞く、話す、読む、書く）を習得するとともに、その能力を社会の中で人との関係性を構築したり、さらなる学習のために活用する

(e) 中学校教育段階で特に重視される学習領域において、必要な知識や技能を習得するとともに、適切な態度を発達させる

(f) さらに高度な学習や職業教育のために必要な基礎的知識や技能、また適切な態度を発達させる

(g) よき市民に成長するために、その基礎となる知識や技能、態度、さらには芸術的眼識や行動力を身に付ける

ではなく、地方政府によって開発され、地方域政府あるいは州政府によって承認される。

18. 地方裁量カリキュラムの学習は、週当たり5授業時間、年間120時間を越えない範囲で行う。

19. 学習内容、教科書、教材、教育方法、評価などを含めて、地方裁量カリキュラムの開発は地方域あるいは州政府によって行われる。

20. **教授学習方法**　児童中心型アプローチ（CCA）を含む効果的な教授学習方法の活用によって、児童は次にあげるような事象において自信をもって行えるようになる。
(a) お互いに協力し合える学習環境の創造
(b) 反省的思考及び行動の促進
(c) 新しく学習したこととの関連性の発見
(d) 協調学習の活用
(e) すでに学習した事柄や経験と新しい学習事項との結びつき
(f) 学習するための十分な機会の提供
(g) 教授と学習の関連性についての理解

21. **アセスメント**　小学校児童の学習到達度についてのアセスメントは次にあげる四つのレベルにおいて実施される。
(a) 学級内アセスメント
学級内アセスメントにおいては、筆記試験や宿題の結果、授業中の児童の学習活動の観察などを通して形成的評価を用いる
(b) 学校内アセスメント
学期末試験及び学年末試験は学校内アセスメントとして、すべての学年において実施される。このアセスメント結果及び上記の学級内アセスメントの結果によって児童の進級が認められる
(c) 各基礎教育段階の修了時のアセスメント
各基礎教育段階の修了時に行われるアセスメントは、当該地域において筆記試験によって一年に一度実施される。小学校教育の卒業試験は、児童がどの程度小学校教育の目標を達成したかを評価するもので、県ある

表1　基礎教育の小学校段階における学習領域と時間配当

	第1学年			第2学年			第3学年			第4学年			第5学年		
	週当りの授業時数（コマ）	週当りの授業時間（時間分）	年間授業時間（時間）	週当りの授業時数（コマ）	週当りの授業時間（時間分）	年間授業時間（時間）	週当りの授業時数（コマ）	週当りの授業時間（時間分）	年間授業時間（時間）	週当りの授業時数（コマ）	週当りの授業時間（時間分）	年間授業時間（時間）	週当りの授業時数（コマ）	週当りの授業時間（時間分）	年間授業時間（時間）
ミャンマー語	8	5:20	192	8	5:20	192	8	5:20	192	7	4:40	168	7	4:40	168
英語	3	2:00	72	3	2:00	72	3	2:00	72	5	3:20	120	5	3:20	120
算数	7	4:40	168	7	4:40	168	7	4:40	168	6	4:00	144	6	4:00	144
理科	2	1:20	48	2	1:20	48	2	1:20	48	3	2:00	72	3	2:00	72
社会	2	1:20	48	2	1:20	48	2	1:20	48	3	2:00	72	3	2:00	72
体育	2	1:20	48	2	1:20	48	2	1:20	48	3	2:00	72	3	2:00	72
ライフスキル	2	1:20	48	2	1:20	48	2	1:20	48	3	2:00	72	3	2:00	72
芸術	2	1:20	48	2	1:20	48	2	1:20	48	2	1:20	48	2	1:20	48
道徳公民	2	1:20	48	2	1:20	48	2	1:20	48	3	2:00	72	3	2:00	72
小計	30	20	720	30	20	720	30	20	720	35	23:20	840	35	23:20	840
地方裁量カリキュラム	週当たり5授業時間、年間120時間を超えてはならない									・民族語 ・当該民族の歴史・伝統・文化 ・地方の商業 ・農業 ・コンピュータ基礎 ・その他地方のニーズに合った内容					
合計授業時間	低学年においては年間授業時間は840時間とする									高学年においては年間授業時間は960時間とする					
実用的な教育発展のための活動	学校委員会活動やクラブ活動は年間60時間を超えてはならない														
低学年においてに、年間900時間、高学年においては年間1,020時間を超えてはならない															

読む、書く）を習得するとともに、その能力を日常生活の中で活用する
(c) それぞれの地方域や州が指定した民族語における基本的な四つの技能（聞く、話す、読む、書く）を習得するとともに、その能力を日常生活の中で活用する
(e) 基本的な数の計算を習得し、日常生活の様々な場面で活用する
(f) 身の回りの環境で生起する自然現象について科学的に調べ、そこで習得した科学的な知識や技能を日常生活の中で活用する
(g) 我が国の地理的事象や位置、歴史的出来事について理解し、ミャンマー連邦共和国に対する愛着や忠誠心を身に付ける
(h) よき市民に成長するために、その基礎となる知識や技能、態度、さらに芸術的眼識や行動力を身に付ける
(i) 日常生活における体育的活動への参加や保健知識や健康を維持しようとする態度を通して、頑強な身体と健全な精神を発達させる

15. **カリキュラムの構造**　小学校教育カリキュラムは、ミャンマー語、英語、算数、理科、社会、体育、ライフスキル、芸術、道徳公民、地方裁量カリキュラムの 10 の学習領域から構成される。

16. 小学校の一年は 36 週からなり、年間の授業時間は 840 ～ 960 時間である。第 1 学年から第 3 学年までの低学年においては一授業時間は 40 分で、一日当たり 7 授業、合計 4 時間 40 分の授業が行われる。年間では 840 時間の授業となる。他方、第 4 学年と第 5 学年を含む高学年においては一授業時間は 40 分で、一日当たり 8 授業、合計 5 時間 20 分の授業が行われる。年間では 960 時間の授業となる。学習領域及び時間配当は次の表 1 に示す通りである。

17. **地方裁量カリキュラム**　地方裁量カリキュラムは地方域や州、郡区、学校が独自にそれぞれの教育ニーズを考慮して決定する教育である。地方裁量カリキュラムの学習は教科横断的もしくは独自に設定された教科において行われる。地方裁量カリキュラムとして設定される内容は、民族言語、民族の歴史や伝統的文化、地域の商業や農業、コンピュータの基礎技能などである。地方裁量カリキュラムは地域のニーズに合わせて設定され、地域の実情に合わせた内容が学習される。地方裁量カリキュラムは連邦政府

をもつ
(d) 集団の安寧に貢献できる

10. **カリキュラムの構造**　幼稚園教育を実践するためにカリキュラムは子どもの年齢や発達段階によって次のような六つの学習領域から構成される。
(a) 幸福
(b) 道徳的、社会的、感情的発達
(c) コミュニケーション
(d) 芸術及び創造物の鑑賞
(e) 数の操作
(f) 外部世界についての知識と理解

11. 各学習領域における詳細な学習成果及びその計画は活動ガイドの形式で準備され、子どもが学習成果を達成したかどうかを測るために役立てられる。幼稚園での学習活動は毎日4時間、週当たり20時間、年間32週において行われ、年間の時間数は640時間となる。

12. **教授学習方法**　知的発達の差異により、多様な学習方法や統合的な方法など、子どもが積極的に活動に参加できる方法を用いる。学習活動はその内容や子どもの興味関心やニーズを考慮して周到に準備されるとともに、これらの活動は児童中心型アプローチ（CCA）として知られている学習環境を促進するものでなければならない。

13. **アセスメント**　伝統的な筆記式のテストや試験は課されない。アセスメントは、子どもたちの発達と学習についての様々な情報を収集し、解釈することによって行われる。教員は各種の活動を通じて、子どもたちがどのように学習を行い発達していくかを記録しなければならない。

小学校教育カリキュラム・フレームワーク
14. 小学校教育の目的は次のようである。
(a) 年齢相応にすべてにおいて調和のとれた発達、すなわち知性及び身体、さらに社会的、道徳的、感情的、芸術的発達を促進する
(b) 年齢に応じたミャンマー語における基本的な四つの技能（聞く、話す、

基礎教育の段階

7. 国家教育法 第5章 第16条、第18条、第19条に述べられているように、基礎教育の段階は次にあげるように設置される。

同法第16条

(a) 基礎教育は次のように三つのレベルに分けられる。これらは幼稚園での教育を終えた後、合計12年間行われる

i. 小学校教育

ii. 中学校教育

iii. 高等学校教育

(b) 幼稚園は小学校教育の基礎レベルと見なされる

(c) 上記三つのレベルの修了後の能力に関しては、各段階の修了時には、当該教育法の細則によって規定される

同法第18条

(a) 5歳児は幼稚園に入園することができる

(b) 6歳児は小学校の第一学年に入学することができる

同法第19条 英語は小学校段階から教授される。

基礎教育のカリキュラム構造

8. 基礎教育のカリキュラム構造は、次のようである。

(a) 幼稚園教育カリキュラム・フレームワーク

(b) 小学校教育カリキュラム・フレームワーク

(c) 中学校教育カリキュラム・フレームワーク

(d) 高等学校カリキュラム・フレームワーク

幼稚園教育カリキュラム・フレームワーク

9. 幼稚園教育の目的は次のようである。

(a) 自ら行動を統制できるとともに、自主性をもち、自分が存在していることを認識できる

(b) 心が充足し、身体的にも健康でよりよく成長していく

(c) 読み書きや数の計算などに興味をもち、それをやりたいという気持ち

得する

(f) ミャンマー社会及び現代経済において生きていく準備

ミャンマー社会で生きていく準備として、また現代経済の中で上手く暮らしていく手段として、必要な学習経験をもつ

(g) 調和のとれた学問的能力

調和のとれた学問的能力とは、文系や理系に偏ることなく、両方の学問分野についてある一定の能力を備えることである

(h) あらゆる文化、習慣、伝統への尊重

国内的にも、グローバル的にもあらゆる文化や習慣、伝統、民族を尊重する態度を養う

(i) 教授言語

ミャンマー語もしくは英語、あるいは両方の言語を教授言語として用いる。基礎教育段階では、必要に応じて民族言語をミャンマー語とともに教授言語として用いてもよい（国家教育法 第43条）

(j) 民族言語

国家教育法 第7章 第44条（少数民族言語や文学の学習は、地方教育局もしくは州教育局によって実施される。またこの学習は小学校段階から開始され、教育段階が上がるに従って徐々に拡大される）によれば、少数民族言語用の教科書は地方教育局あるいは州教育局によって開発されるが、同教科書は国家カリキュラム委員会の承認を得なければならない。同教科書をどの学年からどのような方法で用いるかについては当該地方域教育局あるいは州教育局の決定による

(k) 家族、学校、地域社会、社会全体への奉仕

家族、学校、地域社会、社会全体に対して奉仕するという態度を育成するとともに、そうした奉仕の機会をもつようにする

(l) 平和的共存と調和を保った生活

平和的共存を実現し、調和を保った生活を可能ならしめる技術、さらに対立を解決するスキルを習得し、地域社会、国家、世界といったあらゆる社会レベルにおいて発揮できるようにする

(m) 平等性の尊重

カリキュラムや教科書、その他学習教材は、児童生徒の学習を平等に促進させるものでなければならない。児童生徒の間に性別、人種、言語、経済状況などの違いがあったとしても、学習環境は平等に提供される

(e) ミャンマー連邦共和国の公用語であるミャンマー語に習熟するとともに、民族語や英語の能力も習得する

(f) より高度な教育や職業教育に必要な知識やスキルの基礎を習得する

(g) 体育活動や学校保健活動に参加することで健康な身体を作るとともにスポーツマンシップを発達させる。また、日常生活の中でこうした知識を有効に活用することができる

(h) 自然を敬い、それを維持する気持ちを育成する

(i) 人類の多様性について理解し、尊重すると同時に、平和的な日常を維持継続できる能力をもったグローバル・シティズンに成長する

(j) ミャンマー連邦共和国の市民としての自覚とプライドをもつ

5. 上記の目的を達成するために、我が国の基礎教育カリキュラムは次に述べる 13 の原則をもつ。

基礎教育カリキュラムの原則

6. 我が国の基礎教育カリキュラムの策定及び開発のおける基礎となっている 13 の原則は次のようである。

(a) すべてにおいて調和のとれた発達

知性及び身体、さらに社会的、道徳的、感情的、芸術的といったすべての面において調和のとれた発達を促す

(b) よき市民

国内的にもグローバル的にもよき市民として成長する

(c) 21 世紀型スキル

国内的にもグローバル的にも我が国の社会発展のために 21 世紀型スキルを習得する。これは学校教育において重要な部分であり、関連分野を統合した学習や各分野における詳細な学習を通して習得される

(d) 修了したことの証明

小学校、中学校、高等学校という基礎教育の三つの教育段階のそれぞれを修了した証拠として、知識、スキル、態度に関して調和のとれた発達を遂げる

(e) より高度な教育への準備

より高度な教育、すなわち学問的研究あるいは職業教育のいずれにおいても、それを継続していく上で必要な基礎的な知識、スキル、態度を習

資料3：ナショナル・カリキュラム・フレームワーク（全訳）

（2015年5月15日成立）

はじめに

1. 伝統的な僧院教育から発展し、近年の近代教育に至る従来の教育においては、シラバスや教科書、多様な教授法や評価方法を紹介した教員用指導書などが開発され、活用されてはいたが、「カリキュラム・フレームワーク」と呼ばれるものは存在しなかった。しかし、近年、我が国の教育水準を向上させようとする努力や国家教育法 第7章 第39条(f) に述べられている「基礎教育における各教育段階の標準的カリキュラムとその枠組みの開発」という条文に照らし、カリキュラム・フレームワークを開発し、我が国の基礎教育を発展させ、持続可能なものとしていくことは重要である。

カリキュラム・フレームワーク

2. カリキュラム・フレームワークとは、正規教育及びノンフォーマル教育におけるすべての学科について系統的に書かれたプログラムであり、教育目標を達成するために策定されている。また、そこには学習成果、学習内容、教育方法及び評価方法などが記載されている。
3. 上記のような定義に沿って、基礎教育におけるカリキュラム・フレームワークを策定し施行するのは、国家教育法 第2章 第3条で述べられている基礎教育の目的を達成するためである。

基礎教育カリキュラムの目的

4. 基礎教育カリキュラムの目的は以下のようである。基礎教育を修了した児童生徒は次のようなことが可能となる。

 (a) 基礎教育を修了するまで学校に通うことができる

 (b)「連邦精神」を涵養するとともに、我が国に居住するすべての民族の言語、文学、文化、芸術、伝統的習慣を尊重し維持し普及させることができる

 (c) 批判的思考力やコミュニケーション技術、社会的スキルをはじめとした五大能力を備えたよき市民となる

 (d) 日常生活において法を遵守し、公民的・民主的な行動がとれる

ればならない

第 69 条 本法の施行においては次にあげる事項を考慮しなければならない。
(a) 教育省及び関係省庁は中央政府の承認を得て必要に応じて規則や規定を策定する
(b) 国家教育政策委員会、教育省及び関連省庁の長によって設置された委員会や団体は、規則や規定を発行することができる

連邦共和国憲法に則って署名

テイン・セイン
大統領
ミャンマー連邦共和国

第63条
(a) 予算の支出においては、法や規則に則って行われなければならない。またその支出状況が公共の目に分かるようにきっちりと記録されなければならない
(b) 第62条 (b) にあげた寄付は教育活動のために効果的に活用されなければならない
(c) 教育支出は、教育大臣及び関係大臣の指示の下で精査される

第64条
(a) 中央政府または地方域政府、州政府は教育開発のための国家予算を財政法に則って責任をもって支出しなければならない
(b) 高等教育調整委員会及び高等教育を提供する学校は、独自に資金を集める権利を有する

第65条
(a) 国家教育政策委員会は教育省や関係省庁を通じて中央政府に予算要求を行う
(b) 国家教育政策委員会は、中央政府の承認を得て同機関が設置した各種委員会や団体における必要な謝金や運営費を支出することができる

第13章　移行期間

第66条　本法成立以前から存在していたすべての学校においても、同法発効の日から5年以内に同法を遵守するようにしなければならない。

第14章　その他の事項

第67条　本法成立以前に効力のあった教育関連法は、同法と矛盾しない限り継続して有効である。

第68条
(a) 宗教教育のみを行う学校は同法の管理下には置かれない
(b) 地方組織、民間組織、あるいは宗教団体が、同法第34条 (h) にある学校を開校を希望する場合、教育省及び関連省庁の規定や規則に従って設置されなければ

(a) 教育政策や教育戦略を策定するとともに、教育の質的向上を目的としたプロジェクトやプログラムの実施について承認を与える
(b) 教育政策、教育戦略、実施計画、教育開発プロジェクト、教育関連法や規則について広く市民に知らしめるとともに、保護者団体や専門家、教育文官の代表者からの意見や提案に耳を傾ける
(c) 教育活動を実施する地方政府に対して、専門家を派遣したり、技術支援や財政支援を行うとともに、新たに学校を開校したり、教育の質において地域格差が出ないように支援を行う
(d) 教育活動を推進するために、各省庁やその他政府機関、国内組織及び海外組織と効果的な協力を図る
(e) 財政法や関連規則に則って教育予算を支出する
(f) 教育課題の解決のために、国内組織や海外組織、専門家などと協力する
(g) 何らかの理由によって途中退学した生徒を特定し、彼らに適切な教育機会を再び提供する

第 59 条　迅速かつ効果的に教育プログラムを実施するために、教育行政官は教育行政に必要なデータや統計システムを構築する。

第 60 条　教育省は、民間によって設立された学校及び私立学校を監督するために専門家によって組織された監督団体を組織する。

第 61 条　教育省及び関連省庁は、僧院学校、慈善学校、特別教育プログラム、緊急避難学校、農村部の教育局、地域の教育プログラム、基礎教育レベルのノンフォーマル教育などを評価するとともに、必要であれば、学期中に財政支援や他の援助を行う。さらに子どもの学習到達度を一定のレベルにまで引き上げるために技術支援を行ったり、専門家を派遣したり、教材を提供したりする。

第 12 章　教育予算

第 62 条
(a) 政府は国内総生産の 20% を教育予算として提供する
(b) 学校やその他の教育組織は、国内あるいは国際的な組織からの寄付を受け取ることができる

第 10 章　アセスメント及び質的保証

第 54 条
(a) すべての教育段階において質的保証を担うプログラムを行う
(b) 教育の質及び水準の評価において組織内評価と外部評価を行う
(c) 国家教育政策委員会は質保証のために評価方法を構築する

第 55 条　国家教育政策委員会は独立した組織である国家教育水準質保証評価委員会を設置するために適切な人材を選定し、上記 54 条に掲げた業務詳細を実施する。

第 11 章　教育行政

第 56 条
(a) 教育省、関係省庁及び同法第 27 条によって設置される高等教育調整委員会は、既存の法律及び他の教育関連法に基づいて、大学を管理監督する
(b) 上記 (a) であげた学校は別として、学校運営は基本的に教育省、他の関連省庁、地方政府によって管理運営される

第 57 条
(a) 基礎教育段階の学校運営は教育省及びその他関連省庁によって管理運営される
(b) 連邦教育省、内務省、防衛省、国境省、宗教省によって設置された高等教育を提供する学校は、その業務の特性によって適切な教育法規に則って運営されなければならない
(c) 高等教育調整委員会は、高等教育学校の発展のために、これらの学校と協力したり、支援したりしなければならない。ただし、これらの学校の独立行政の権限を侵害しない範囲で行われる
(d) 上記 (b) であげた高等教育学校を除いて、他の高等教育学校は適切な教育法に則って教育活動及び運営を行うことができる

第 58 条　教育省の役割と責任は次にあげる通りである。

(d) 障がい者が学習を継続できるように必要な学習機会を提供する
(e) 当該地方出身ではない教員や教育行政官の居住や移動に困難がないように支援を行う
(f) 既存の法律及び他の教育関連法に則って教育活動を行う
(g) よりよい教育の提供に向けて、省庁や政府組織、地方組織との協力を効果的に行う
(h) 教育課題解決のために国内組織、国際組織、さらに学識者との協力を行う

第9章　教員

第50条　教員は次にあげる事項が保障される。
(a) 国家利益の有無に関係なく、自由に研究すること
(b) よりよい学習を実現するために、カリキュラムを実践する上で効果的な教授法を自由に選ぶこと
(c) 自身の教授能力の質を向上させるために、国内あるいは外国で学ぶこと
(d) 勤務を希望する地域や学校を自由に申し出ること

第51条　就学前教育学校、基礎教育学校、職業技術学校、高等教育を提供する学校、教員養成学校における教員の資格は、同法とは別の細則に記載される。

第52条　教育省及び他の教育関連省庁は、教員の能力向上に努め、彼らに外国の知見や経験を提供する。

第53条
(a) 教育省及び他の教育関連省庁は教員の義務及び権利を具体的に示す
(b) 各教育段階において従事する教員の間に差異はなく、教科間においても優劣はなく、すべて同等である
(c) 障がい者であろうと、教員になる上では健常者と同じ選抜過程を踏み差異はない

(b) 少数民族言語、文学、文化、芸術、歴史遺産について学べる講座を開設したり、大学においてこうした少数民族文化、文学、歴史を専攻する課程の設置を支援する

第 43 条
(a) 教授言語はミャンマー語あるいは英語とする。またミャンマー語及び英語の両方を用いてもよい
(b) 基礎教育段階においては、必要であれば、教授言語としてミャンマー語に加えて、少数民族言語の使用も許される

第 44 条　少数民族言語や文学の学習は、地方域教育局もしくは州教育局によって実施される。またこの学習は小学校段階から開始され、教育段階が上がるに従って徐々に拡大される。

第８章　教育における権利と責任

第 45 条　保護者は、学齢期の子どもを適切な学校に入学させ、政府によって無償義務教育と指定された教育段階のすべての学年での学習を修了させる責任を負う。

第 46 条　保護者は、子どもが入学資格を満たせば、本法及び他の関連法に基づいてどの学校へも入学させる権利を有する。

祭 47 条　保護者は、子どもの教育の質を向上させ、継続的な教育機会を提供するために PTA や学校支援団体などに参加する権利を有する。

第 48 条　地域や村落の住民はすべて、その地域に居住する子どもが無償義務教育段階を修了できるように学校関係の会合に参加することができる。

第 49 条　地方政府は次にあげる事項において責任を負う。
(a) 既存の法律及び他の教育関連法に則って、教育サービスを提供し監督する
(b) すべての子どもが無償義務教育を修了できるように努力する
(c) 優秀な児童生徒を表彰するためのプログラムを設定する

第７章　カリキュラム及び標準的カリキュラムの策定

第 39 条　国家カリキュラム委員会は、カリキュラムが次にあげる事項に合致していることを確認しなければならない。
(a) 批判的思考力をもち、調和のとれた市民の育成
(b) ミャンマー社会で生きていく上で有用なスキル、芸術力、科学的思考力の習得
(c) きっちりとした道徳的価値観をもち、多様性及び平等性を尊重するとともに、強い責任感と説明責任能力をもった、民主主義と人権尊重に価値をおく市民の育成
(d) すべての市民に必要とされる豊かな知識や文化芸術的素養、慣習ならびに全民族の歴史遺産を尊重する価値観の醸成
(e) 現状のニーズに合っていると同時に、国際的なカリキュラムの動向にも配慮したカリキュラム
(f) 基礎教育における各教育段階の標準的カリキュラムとその枠組みの開発
(g) 地方政府は、上記の標準的カリキュラムとその枠組みに基づいた地方裁量カリキュラムを開発する権限を有する
(h) 現実の生活に直結したカリキュラム

第 40 条　学校は、教育改革の流れに沿うと共に、我が国の社会経済の発展におけるニーズの変化に基づいて、既存の法律に照らしながらカリキュラムに修正を加えたり改良したりする権限を有する。

第 41 条　教育省及び関係省庁は次にあげる事項を考慮しなければならない。
(a) 基礎教育の各段階における標準的カリキュラムを開発し、国家教育政策委員会の承認を得る
(b) 障がい者を対象にした特別教育カリキュラムに精通した専門家を指名し、標準的なカリキュラムを検討する。

第 42 条　教育省、地方及び州政府、その他の地方政府は次にあげる事項を考慮しなければならない。
(a) 政府と学校間の意思疎通を円滑に行う

(g) 特別学校
(h) 臨時緊急避難学校
(i) 教育省あるいは他の省庁から承認された学校

第 35 条　基礎教育学校、訓練学校、職業技術学校、学位カレッジ、専門大学及びその他高等教育を提供する学校の開校については、既存法及び同法に照らして行われる。

第 36 条　同法及び他の教育法によって設置された学校は、それぞれの教育水準に応じて修了者に修了証書、ディプロマ、学位などを発行する権限を有する。

第 37 条　教育省及び関係省庁は次にあげる事項を考慮しなければならない。
(a) 障がいをもった者が健常者と同じように学習ができ、教材にアクセスできるような教育計画を策定し実行する。また各教育段階において適切な教育方法が用いられ、バリアフリーの学校環境が創造されるように調整を行う
(b) 特別教育プログラムを実践する学校の設立に向けた努力をする。民間の社会団体や障がい者団体などがこうした学校を開校したい旨の申請を行った際には、本法及びその他の教育関連法に基づいて速やかにその内容を検討し承認する

第 38 条　教育省及び地方の教育行政機関は次のような事項を考慮しなければならない。
(a) 出稼ぎ労働者の家族らも含めて、無償義務教育としての小学校教育が完全普及するように移動学校の設置を検討する
(b) 自然災害に見舞われた地域や交通が未発達な地域、治安に不安のある地域、さらに未開地域などに一時的な緊急避難学校を開設し、教育サービスを提供する
(c) 上記 (a) 及び (b) を実施に移すために、必要と思われる場合には様々な組織と協力する

異動がある。

第31条　教育省はノンフォーマル教育の施行において地域の組織や非政府組織の協力を歓迎する。

第32条　ノンフォーマル教育に関して、教育省は次にあげる事項を考慮しなければならない。
(a) 基礎的な識字教育及びそれに関連した教育活動の実践
(b) 学校外で学習を行いたい人々や何らかの理由で基礎教育を修了できなかった人々への教育機会の提供
(c) ノンフォーマル教育から正規教育あるいは職業技術教育へ移りたい生徒への同等教育プログラムの提供

第33条　万人の能力を向上させたり、個別教育を含む継続的教育の機会を提供するために、教育省は次のような事項について考慮しなければならない。
(a) 学習の機会を提供するとともに、そのためのプログラムを実践する
(b) 上記プログラムの実践において、民間その他の組織の支援を得ること以外に、こうした組織の参入を承認し、これらの組織がプログラムを実践しやすい環境を作る
(c) 多様な方法を活用して、教科書出版及び配送を行うとともに教育番組の放映などを実施する
(d) 図書館や学習のための掲示物などが必要な場合、民間組織や地元組織からの支援を要請する

第6章　学校の種類

第34条　学校には次にあげる種類がある。
(a) 政府学校
(b) 政府支援学校
(c) 地方組織所有の学校
(d) 私立学校
(e) 僧院学校
(f) 福祉学校

とする
(d) 教育段階や性別、年齢に関係なく、能力向上を目的としたノンフォーマル教育及び職業教育は、設置基準を満たす政府機関や私立の機関で提供される

第22条　関係省庁は、上記21条に掲げる各教育レベルにおけるカリキュラム、履修期間、学位の種類、卒業に必要な課程を設定する。

第23条　関係省庁は、何人であろうと職業技術教育を受けることができるように努力する。

第24条　職業技術教育を提供する学校及びクラスは、同法及び他の教育関連法に則って運営許可を得て開設される。

第25条　総合大学、学位カレッジ、単科大学、専門大学及びこれらと同等の学校は高等教育を提供する。

第26条　高等教育を提供する学校はその内容及び運営において独立している。

第27条　国家教育政策委員会はそれとは独立した高等教育調整委員会を設置する。同委員会の委員は高等教育に関して議論できる適切な人材から構成される。

第28条　先進的教育を実践する学校は次のような事項を考慮しなければならない。
(a) 研究及び開発を優先して行う
(b) 学習者自身が学びたい学問分野や大学については、彼ら自身が選び、入学申請する。これには大学側の承認を得ながら現制度を見直していく必要がある
(c) 大学の運営は、大学評議会によって行われる
(d) 先進的な学校の運営は独立して行われる

第29条　高等教育の施行に際しては通信教育も含まれる。

第30条　高等学校、職業技術学校、教員養成学校、大学の間における教員の

第 16 条
(a) 基礎教育は次のように三つのレベルに分けられる。これらは幼稚園での教育を終えた後、合計 12 年間行われる

i. 小学校教育
ii. 中学校教育
iii. 高等学校教育

(b) 幼稚園は小学校教育の基礎レベルと見なされる
(c) 上記三つのレベルの修了後の能力に関しては、当該教育法の細則によって規定される

第 17 条　小学校教育における無償義務化が成功裏に施行された後、この無償義務教育は順次拡大されていく。

第 18 条
(a) 5 歳児は幼稚園に入園することができる
(b) 6 歳児は小学校の第一学年に入学することができる

第 19 条　英語は小学校段階から教授される。

第 20 条　教育省及びその他関係省庁は次にあげる責任を負う。
(a) 正規教育及びノンフォーマル教育の円滑な施行のために教師教育を促進する
(b) 教員養成について、養成学校の入学資格、カリキュラム、履修期間などを細則によって定める
(c) 近代的な国家建設を担うことができ、かつすべての民族の言語、文学、文化、芸術、伝統及び歴史遺産に価値を置くことのできる教師を輩出する
(d) 各種プロジェクトは障がいをもった児童生徒に対しても適切な教育方法で教えることができる教師を養成するために実施される

第 21 条　職業技術教育は次のようなレベルに分けられる。
(a) 基礎レベルの職業技術教育は、小学校教育を修了した生徒を対象とする
(b) 中級レベルの職業技術教育は、中学校教育を修了した生徒を対象とする
(c) ディプロマレベルの職業技術教育は、高等学校教育を修了した生徒を対象

(h) 教育省及び関係省庁からの教育計画の調整と協力
(i) 同委員会は業務進捗を６ヵ月に一度、国会及び閣議にて報告する

第７条　同委員会は総合大学や単科大学、専門大学の独立法人であるという性格を犯すことなく、政策などを通してその発展を支援する。

第８条　同委員会の委員は公務員ではなく、連邦政府からの給与や手当、報酬を受け取れる。

第９条　教育省は同委員会に係る業務の調整を行う。

第10条　教育省は同委員会の運営に係る費用を省予算から支払う。

第５章　教育制度

第11条　政府は、教育制度を実施に移すために次にあげる種類の教育を活用するとともにお互いを連携させる。
(a) 正規教育
(b) ノンフォーマル教育
(c) 個別教育

第12条　幼児教育は、既存の政策に則って保護者をはじめ、村落、当該局、当該組織などによって実施される。

第13条　就学前教育は３歳から５歳児の子どもに対して実施される。

第14条　政府は正規教育を次のような種類に分け実施する。
(a) 基礎教育
(b) 職業技術教育
(c) 高等教育

第15条　郡部や村落などにおいては、基礎教育段階の正規教育及びインフォーマル教育は当該地方政府の支援の下で中央政府が実施する。

第４章　国家教育政策委員会の組織及びその責任と権限

第５条　国家教育政策委員会は次のように閣議によって組織され、連邦裁判所によって承認される。

i.　２名は大統領の推薦で公務員でない者
ii.　１名は上院議会議長の推薦
iii.　１名は下院議会議長の推薦
iv.　２名は教育省の推薦
v.　２名は教育省管轄の基礎教育分野の専門家
vi.　２名は教育省管轄の高等教育分野の専門家
vii.　２名は教育省管轄の職業技術教育分野の専門家
viii.　１名は教育省管轄の「万人のための教育」分野の専門家
ix.　２名は教育省管轄の教師教育分野の専門家
x.　２名は教育省管轄のカリキュラム専門家
xi.　１名は法律専門家

2. 議長及び副議長は同委員会の委員から選出される。
3. 同委員会の秘書の役割は教育省の代表者によって行われる。同業務は同委員会に対し報告責任を負う。
4. 必要な場合には連邦裁判所の承認をもって閣議で同委員会を再編することができる。
5. 同委員会は通常５年間である。

第６条　同委員会の責任と権限は次の通りである。
(a) 教育目標及び教育政策の策定
(b) 国家カリキュラム委員会及び国家教育水準質保証評価委員会、同法第 27 条に掲げる委員会及び教育目標の達成に必要な委員会や協議会などの設置
(c) 教育計画の実施及び教育制度、教育政策の検討、分析、評価
(d) 教育の質的保証に係る助言や政策の策定
(e) 中央政府及び地方政府の教育予算の調整
(f) 国内及び海外からの教育支援受け入れ体制の構築と調整
(g) 学校の新規開校及び閉校に関する政策決定

第３章　教育の原則

第４条　教育の原則は次のようである。
(a) 本法及び他の教育関連法によって教育は自由に行われる
(b) 省及び他省の教育政策や副次的法規、さらに条約策定の専門家や各種教育組織、保護者、教員の代表、生徒代表などからの提言を得ながら教育は実施される
(c) 大学においては、教員組合や学生組合は当該校の承認をもって独立的に組織され活動することができる
(d) すべての市民は教育の発展と改善の努力を行う
(e) すべての教育段階における民間部門の支援は歓迎されるべきことであり、私立学校などは当該法律に基づいて設立され認可される
(f) 特別教育プログラムやサービスが行われることによって、障がいをもっていたり、何らかの理由により教育機会に恵まれなかった者を含むすべての学齢期にある子どもや若者が教育を受けることができる
(g) すべての市民は教育を受ける権利を有し、生涯教育の機会が与えられる
(h) 国際水準の教育が行われるように近代的技術が有効に活用される
(i) 教育は日常の生活において社会的にも経済的にも有用である
(j) 総合大学及び単科大学は独立した組織であり、独自に運営する権利を有する
(k) 学習者自身が学びたい学問分野や大学については、彼ら自身が選び、入学申請するべきである。これには大学側の承認を得ながら現制度を見直していく必要がある
(l) 学校ではあらゆる宗教及び政治から自由である
(m) 初等教育における無償義務化が成功裏に実施された後には、順次それを他の教育段階にも拡大していく
(n) すべての教育段階及び教育分野において、標準的な教育水準が設定され質的保障に関するシステムが実施される
(o) 教育関係者すべての能力向上と生活水準の向上を目指して、将来的には教育の地方分権化を行っていく。ただし、地方教育行政官の意志決定能力や責任処理能力の程度に合わせて分権化を行っていかなければならない

(cc) 学校 - 就学前教育や基礎教育、職業教育、高等教育などの教育活動が行われる場所
(dd) PTA - 基礎教育学校において教員と父兄によって作られる組織で、児童生徒の教育活動の効果的な実施や、彼らのよりよい身体的及び精神的発達を助けることを目的とする
(ee) 学校支援組織 - 基礎教育学校において、教育的にも社会的にも認められた人々によって設立される組織で、学校の発展のためにPTAに対して支援を行うことを目的とする
(ff) 教育行政官 - 教育省や学校で教育行政を担当する人
(gg) 包括的教育 - 障がいによって十分な教育が受けられない人のために、正規教育あるいはノンフォーマル教育を享受する機会を与える教育

第2章　目的

第3条　教育は次のような目的をもって行われる。
(a) 批判的思考力をもち、身体的、精神的、道徳的、社会的、心理的に調和のとれた市民を育成する
(b) 市民として、また民主的社会の一員として、法を遵守し、人権を擁護する市民を育成する
(c) 連邦精神を高揚するとともに、すべての民族の言語、文学、文化、芸術、伝統、歴史的遺産を尊重し、そこに価値を見出し、維持していこうとする市民を育成する。また彼らは持続可能な発展を目指し、それを他者にも正しく伝え継承していくことができる
(d) 知識基盤社会における経済発展に必要な人材を育成する
(e) 情報通信技術の効果的な活用によって、国際水準の学習環境を創造するとともに、教授や学習、研究や行政の質を向上させる
(f) すべての学問分野において質の高い研究者や専門家、技術者を育成する
(g) 体育教育の向上と普及を図るとともに、学校保健活動を効果的に実施する
(h) 貴重な機会である学習する機会をすべての市民に保障する
(i) すべての人々に対して、教育や情報に関する法律はもちろん、教育戦略や教育政策、教育実践、教育計画、教育プロジェクトについて知らしめる

(o) 就学前教育 ‐ ３歳から５歳までの幼児を対象に、身体的、知能的、道徳的、社会的、精神的能力の発達を目指すとともに、小学校に入る準備を行うことを目的とした教育
(p) 幼稚園 ‐ ５歳児を対象とし、適切な教育方法で調和のとれた発達を促し、小学一年生へ容易に適応できるように準備を行う教育
(q) 基礎教育 ‐ 全国民が受けなければならない教育であり、言葉通り基礎的な教育を提供し、その後の職業教育や高等教育へ継続するための準備を行う教育
(r) 職業技術教育 ‐ 実用的な技術を習得した技術者を系統的に育成していくための教育
(s) 高等教育 ‐ 国家教育政策委員会によって承認された教育機関によって提供され、基礎教育を履修した後に引き続き継続される教育
(t) エクスクルーシィブ教育 ‐ 障がい者を対象にした学校において特別な方法と教育システムを採用した教育
(u) 通信教育 ‐ 教育機関が情報通信技術やその他の方法で講師と学習者を結び付けて実施する教育で、基本的には自学自習を基礎とする教育
(v) コミュニティーにおける教育 ‐ 農村など地方に居住する人々の生活水準や知識水準を向上させるために行われる教育で、人々のニーズに沿って行われる教育
(w) 無償義務教育 ‐ 国家が「無償・義務教育」と決定した教育段階を指し、中央政府や地方政府がこれにかかる費用などを負担することですべての該当年齢の子どもが履修することができる教育
(x) 特別教育プログラム ‐ 障がいをもつ子どもの学習のために特別に組織されたプログラムを行う学校の設立
(y) 特別教育サービス ‐ 国境付近の紛争が絶えない地域や低開発地域、また交通機関の未発達な地域、自然災害で被害を被った地域などで一時的あるいは緊急的に実施される学校とそこで行われる教育
(z) 国家教育水準質保証評価委員会 ‐ すべての教育段階において教育政策の実施の際に、質を保障するために設立される政府機関
(aa) 質保証 ‐ 学校や教育プログラムが提供する教育の質を、国家教育政策委員会が設定した基準に沿って、常に評価しその質を保障すること
(bb) カリキュラム ‐ 正規教育及びノンフォーマル教育におけるすべての教育活動について系統的に書かれたプログラムであり、これには教育目標を達成するように計画され、学習成果や内容、指導方法、評価などが含まれる

資料2　国家教育法（全訳）

（2014 年 9 月 30 日成立、2015 年 6 月 25 日改正）

連邦議会は本法を採択した。

第 1 章　用語の定義

第 1 条　本法は国家教育法である。

第 2 章　以下にあげる本法で用いられている用語の意味は次のようである。

(a) 国家 - ミャンマー連邦共和国

(b) 政府 - ミャンマー連邦共和国政府

(c) 機関 - 本法第 5 条に基づいて組織される国家教育政策委員会

(d) 省 - 連邦共和国教育省

(e) 関連省庁 - 本法に施行に政府より責任を与えられた省

(f) 地方政府 - 地方域、州、県、郡区、市・町、小区、村を管理する政府機関

(g) 国家教育 - 全国民の言語や文学、文化、芸術、伝統、歴史的遺産を向上させるとともに、現代のニーズを考慮して我が国を近代国家とするためにその発展を導き、調和のとれた自由な思考ができる人材を育てる教育

(h) 学習者 - 資質や能力を向上させるために、あらゆる教育段階において教育を受けている児童生徒

(i) 教師 - ある教育段階において定められた基準に則って指導を行う指導員

(j) 正規教育 - 学習者の年齢、学習期間、学習場所、学年、評価方法、カリキュラムなどを具体的に示した学校で行われる教育であり、就学前教育学校、小学校、中学校、高等学校、職業技術教育学校、大学が含まれる

(k) ノンフォーマル教育 - 学習者の学歴を向上させるため、カリキュラムに基づいて行われる正規教育以外の教育を指し、これはある程度柔軟に組織され、学習者に対する教育方法も柔軟である

(l) 同等教育プログラム - ノンフォーマル教育から正規教育に移る場合に必要とされる教育プログラム

(m) 個人教育 - 個人のニーズや興味に基づいて行われる教育

(n) 保育・幼児教育 - 生後 8 年以下の子どもに対して調和のとれた発達を促すために適切な方法で行われる教育

第390条
すべての国民は国家が行う以下の事業に貢献する義務を有する。（1）国家文化遺産の維持及び保護、（2）環境保全、（3）人材育成、（4）公共物の保護。

第15章　総則

第449条
この憲法はすべての国内法の基本となる法律である。

第450条
ミャンマー語を公用語とする。

第451条
国家は、立法、行政において国家の基本原則に従って慎重に行動しなければならない。しかしながら、いかなる裁判所においてもこのように行動させるよう訴追することはできない。

第452条
この憲法中の全文、本文、用語及び表現の解釈はミャンマー語の原文のみに基づくものとする。

第364条

政治目的で宗教を濫用してはならない。また、民族・宗教観の増悪、敵対心もしくは不和を引き起こすことを意図した、又は右を引き起こし得る行為は、この憲法に反するものであり、処罰の対象として法律を制定することができる。

第365条

すべての国民は、法律に従い自らが大切にしている文学、文化、芸術、慣習を自由に発展させる権利を有する。但し、その際には民族の団結に害を及ぼすことを避けなければならない。また、右行為が民族の利益に悪影響を及ぼす場合は関係者同士での協議を経て互いに了承した上で行うものとする。

第366条

すべての国民は、ミャンマー連邦が制定した教育政策に基づいて、（1）学習する権利を有する、（2）法律に規定された義務教育を受けなければならない、（3）科学的研究、文学及び芸術の発展に向けた創造と研究及び自由な文化研究の権利を有する。

第368条

国家は、優れた教養をもつ国民に対し、民族、宗教及び性別に基づく差別を行わなず、当該人物の資格に基づき支援を行う。

第386条

すべての国民は法の規定に従い、軍事訓練を受け、軍務に服する義務を有する。

第387条

すべての国民は連邦精神に基づき、民族間の団結、社会の平和及び安定に向け努力する義務を有する。

第388条

すべての国民は近代的かつ発展した国家を築く義務を有する。

資料1　ミャンマー連邦共和国憲法（教育に関する部分のみ抜粋）

第348条
国家は、いかなるミャンマー連邦の国民に対しても民族、出生、宗教、社会的地位、身分、文化、性別及び貧富に基づく差別を行ってはならない。

第349条
国民は、以下の分野において平等な権利を享受するものとする。（1）公務員によるサービス、（2）職業、（3）貿易、（4）営利事業、（5）技術教育を受け、技術職に就くこと、（6）学術、科学技術の探究。

第354条
国家の治安、法の支配、社会の平和又は国民の道徳のために規定された法律に反しない限り、すべての国民は以下の権利を自由に行使することができる。（1）自らの信念及び意見を自由に表現する権利、（2）武力を用いず平和裡に集会を行う権利、（3）結社の権利、（4）民族もしくは宗教による偏見を受けることなく、自らの言語、文学、文化、自らが信仰する宗教、習慣を自由に発展させる権利。

第360条
（1）経済・財政・政治もしくは他の世俗的な活動と関わりのある宗教活動は、第34条にある宗教の自由に含まれない、（2）宗教の自由は国家による社会福祉及び改革を目的とした法律の制定を妨げるものではない。

第361条
国家は、仏教を大多数のミャンマー国民が信仰する宗教として承認する。

第362条
国家は、憲法が発効した日にキリスト教、イスラム教、ヒンドゥー教及び精霊信仰もミャンマー国内に存在する宗教として承認する。

第363条
国家は、国家が承認した宗教を可能な限り支援し保護する。

第28条

国家は、（1）国民の教育と保健の向上のために努力しなければならない、（2）国民の教育及び保健に国民を参画せしめるために必要な法律を制定しなければならない、（3）無料の初等義務教育を実施しなければならない、（4）すべての正しい思想・見識と道徳を促進し、国家建設の利益となる時代に即した教育制度を実施しなければならない。

第32条

国家は、（1）母子、孤児、戦死した国軍兵士の子ども、高齢者、障害者を保護しなければならない、（2）障害を負った国軍兵士が相応の生活を送れるように、またこれらの者が職業教育を無料で享受できるようにしなければならない。

第33条

国家は、青少年の愛国心の向上及び正しい思想・見識と五つの力（体力、徳力、知力、経済力、社会力）の普及発展を図らなければならない。

第34条

すべての国民は、公序、倫理、国民の健康、その他憲法上の規定に反しない限りにおいて良心と信仰の自由が与えられなければならない。

第44条

人間の尊厳を犯すような刑罰を規定する権限は存在しない。

第45条

国家は、自然環境を保護しなければならない。

第8章　国民の権利・義務

第347条

国家は、すべての国民に対し法の下で平等な権利を与えなければならない。また法的保護を受ける権利も平等に与えなければならない。

このミャンマー連邦共和国憲法を起草した。

我々すべての国民は、

―連邦の分裂阻止、民族の団結及び国家主権の堅持という国家の目標をひたすらに遵守することを決意する。

―国内において、法の下の平等、自由及び平等という普遍的価値を発展させつつ、大多数の国民の安寧を確実なものとしていくため、絶えず行動をとり、これを守っていくことを決意する。

―国内において、民族平等の精神により、真の愛国心である連邦精神を堅固なものとして育み、常に手を取り合って共に暮らしていくことを決意する。

―世界平和と諸国家との協調関係を目指し、平和裡に共存できることを維持すべく努力していくことを決意する。

この憲法を、ミャンマー暦1370年カソウン月黒分10日（西暦2008年5月29日）に国民投票にて承認し採択した。

第1章　国家の基本原則

第22条

国家は、（1）民族の言語、文学、芸術及び文化の発展のための支援を行う、（2）民族相互間の連帯、友好、相互及び助け合いを発展させるための支援を行う、（3）低開発地域居住民族の教育、保健、経済及び交通等の社会経済開発のための支援を行う。

第25条

国家は、有識者及び技術者の利益の向上を支援する。

第26条

（1）国家公務員は政党政治に関わってはならない、（2）国家は公務員の職業の保証、衣食住の充足、結婚している女性公務員の子育ての権利、退職した公務員の衣食住及び社会福祉等にとって必要な法律を制定しなければならない。

第27条

国家は、国民文化の発展、強化及び保護のための支援を行う。

資料1　ミャンマー連邦共和国憲法（教育に関する部分のみ抜粋）

（2008年5月29日成立）

前文

ミャンマーは長い歴史を有する国家である。我々諸民族は一致団結して暮らしてきており、主権を有する独立した国家として建国し存立してきている。

1885年、我々は植民地主義者の侵略により国家の主権を完全に失った。その後すべての民族・国民が一致団結して反植民地運動及び民族独立運動に身を捧げた結果、1948年1月4日に再び主権を有する独立国家として存立することが可能になった。

独立を早期に達成するため、憲法を早急に起草し、1947年9月24日に議会がこれを承認し、独立が達成された時には国家はこの憲法に基づき議会制民主主義を採用した。しかし、国家が民主主義制度を上手く機能させることができなかったため、1974年に一党体制を基盤とする新たな憲法を起草し、国民投票により採択し、社会主義的民主国家として国家を再び建設することとなった。その後、1988年に国内において発生した状況のため、この憲法も廃止することとなった。

その後、国家平和発展評議会は国民の希望に則り、複数政党制民主主義と市場経済制度を自国に適合する形で実現できるよう精力的に国家建設に励んできた。

国家の将来に長期的な利益をもたらし、かつ堅固な憲法をもつことが必要不可欠であったため、国家平和発展評議会は1993年から国民会議を招集し開催してきた。

国民会議においては、政治、安全保障、行政、経済、社会及び法律等の様々な観点からの経験豊富な人物や国内に存在するすべての地域からの民族の代表が参加した。

国民会議の開催に際しては様々な困難や妨害に直面したが、2003年に決定された七段階のロードマップに従って固い決意と粘り強さで2004年の国民会議を継続することとし、堅固な憲法の出現に向け、憲法の基本原則及び詳細な原則を決定し、2007年9月3日に国民会議は成功裡に終了したのである。

我々すべての国民は国民会議が決定した基本原則及び詳細な原則に基づき、

わ行

ん

や行

ら行

ま行

な行

は行

た行

さ行

索　引

あ行

か行

[著者略歴]

田中義隆（たなか・よしたか）

1964年京都府京都市生まれ。滋賀大学経済学部卒業。モントレー・インスティテュート・オブ・インターナショナル・スタディーズ（米国カリフォルニア州）国際行政学修士課程修了。香川県の公立高等学校での社会科教諭、青年海外協力隊（JOCV）として中華人民共和国の北京での日本語教師、国際連合本部（ニューヨーク）でのインターンなどを経て、現在、株式会社 国際開発センター（IDCJ）主任研究員。専門は教育開発（カリキュラム開発・教育方法論）。

これまで日本政府による政府開発援助（ODA）の一環として、中国、モンゴル、タイ、ラオス、ミャンマー、ベトナム、インドネシア、フィリピン、マレーシア、ネパールなどのアジア諸国、及びパプアニューギニア、ソロモン諸島などの大洋州諸国での教育開発業務に従事。また、欧米諸国やオーストラリア、ニュージーランドなど先進諸国での教育調査も行う。

現在、ミャンマーにて同国教育省をカウンターパートとして、教育改革の支援を行っている。具体的には新しい初等教育の教育課程及び教科書などの開発を手掛けている。

主な著書として、『ベトナムの教育改革』、『インドネシアの教育』、『21世紀型スキルと諸外国の教育実践』、『ミャンマーの歴史教育』（以上、明石書店）、『カリキュラム開発の基礎知識』（国際開発センター）などがある。日本教育学会会員。

明石ライブラリー 164

ミャンマーの教育
——学校制度と教育課程の現在・過去・未来

2017年10月20日　初版第1刷発行

著　　者　田中義隆
発 行 者　石井昭男
発 行 所　株式会社 明石書店
〒101-0021 東京都千代田区外神田 6-9-5
電　話　03（5818）1171
FAX　03（5818）1174
振　替　00100-7-24505
http://www.akashi.co.jp
装丁　明石書店デザイン室
印刷・製本　モリモト印刷株式会社

（定価はカバーに表示してあります）　ISBN978-4-7503-4574-1

2017小学校学習指導要領の読み方・使い方 「術」「学」で読み解く教科内容のポイント
大森直樹、中島彰弘編著 ◉2200円

2017中学校学習指導要領の読み方・使い方 「術」「学」で読み解く教科内容のポイント
大森直樹、中島彰弘編著 ◉2200円

反転授業が変える教育の未来 生徒の主体性を引き出す授業への取り組み
反転授業研究会編 芝池宗克、中西洋介著 ◉2000円

21世紀型スキルとは何か コンピテンシーに基づく教育改革の国際比較
松尾知明 ◉2800円

21世紀型スキルと諸外国の教育実践 求められる新しい能力形成
田中義隆 ◉3800円

キー・コンピテンシー 国際標準の学力をめざして
ドミニク・S・ライチェン、ローラ・H・サルガニク編著 立田慶裕監訳 ◉3800円

キー・コンピテンシーの実践 学び続ける教師のために
立田慶裕 ◉3000円

ESDコンピテンシー 学校の質的向上と形成能力の育成のための指導方針
トランスファー21編著 由井義通、卜部匡司監訳 ◉1800円

〈価格は本体価格です〉

まんが クラスメイトは外国人 多文化共生20の物語
「外国につながる子どもたちの物語」編集委員会編 みなみななみ まんが ◉1200円

まんが クラスメイトは外国人 入門編 はじめて学ぶ多文化共生
「外国につながる子どもたちの物語」編集委員会編 みなみななみ まんが ◉1200円

まんがで学ぶ開発教育 世界と地球の困った現実 飢餓・貧困・環境破壊
日本国際飢餓対策機構編 みなみななみ まんが ◉1200円

シミュレーション教材「ひょうたん島問題」 多文化共生社会ニッポンの学習課題
藤原孝章 ◉1800円

身近なことから世界と私を考える授業 100円ショップ・コンビニ・牛肉・野宿問題
開発教育研究会編著 ◉1500円

身近なことから世界と私を考える授業II オキナワ・多みんぞくニホン・核と温暖化
開発教育研究会編著 ◉1600円

多文化共生のためのテキストブック
松尾知明 ◉2400円

多文化教育がわかる事典 ありのままに生きられる社会をめざして
松尾知明 ◉2800円